박은식과 신채호 사상의 비교연구

배 용 일

景仁文化社

책머리에

대학의 사학과에 입학하여 한국사를 전공한 지 40여 년, 후학 교육을 위해 강단에 선 지 30여 년, 보람과 아쉬움으로 점철된 세월이었다.

고교시절부터 인문학의 근간이 되는 文·史·哲에 관심을 갖기 시작했다. 그 가운데서도 역사를 택해 오늘에 이르렀지만, 지금까지 세상이 빠르게 엄청나게 변했어도 사학 전공과 교직을 후회해 본 적은 없다.

스스로 생각해보면 사학에 특별한 재능이 있는 것은 아니었다. 고등학교 국사 선생님의 영향을 받아 문과대학 사학과에 진학하면서부터 꾸준히 한국사학을 배우고 연구하며 후학교육에 전념하다 보니 후천적으로 역사학도의 소양을 갖추게 된 것이리라.

그동안 근대 한국독립운동사에 뜻을 두고 대학원에서는 민족주의 사학자이며 독립운동가인 박은식과 신채호의 사상을 연구하였으며, 후학을 가르치는 고향의 대학에서는 지역 의병사를 중심으로 향토사 연구에 나름대로 열성을 바쳐 왔다.

이 책은 박은식과 신채호 사상을 비교 연구한 것으로서 1977년의 논문 「申采浩의 古代史認識考」가 길잡이가 되어 이루어진 1997년의 박사학위논문『朴殷植과 申采浩 思想의 比較研究』를 고유명사나 전문적 용어를 제외하고는 누구든지 읽기 쉽도록 한글화로 재편집하고, 부록과 색인을 추가하여 엮은 것이다.

근대 한국의 자주독립과 국권회복을 위해 殺身成人한 위인들이 많으나, 필자가 특별히 박은식과 신채호에게 관심을 가지게 된 데는 나름의 이유가 있었다. 이들은 역사학자·애국계몽사상가·독립운동가 언론인으로서 기울어져 가는 나라와 겨레를 위하여 신명을 다 바쳤으며, 그 숭고한 대의, 그 순수한 인간 사랑과 세계평화에 대한 열정이 젊은 시절 필자를 매료시켰기 때문이다.

박은식은 『韓國痛史』에서 "옛 사람이 이르기를 나라는 가히 멸할 수 있으나 역사는 가히 멸할 수 없다고 하였으니 그것은 나라는 形이고 역사는 神인 때문이다. 이제 한국의 형체는 허물어졌으나 정신만이 독존할 수는 없는 것인가"라 하여 歷史國魂論을 정립하여 국권회복을 주창하였다.

신채호는 『朝鮮上古史』 「총론」에서 "역사란 무엇이뇨, 인류사회의 '我'와 '非我'의 투쟁이 시간부터 발전하며 공간부터 확대하는 心的活動의 상태의 기록이다"라 정의하여, 한민족 심적활동의 근본사상인 郎家思想을 발굴하여 이 사상의 회복과 이민족과의 투쟁을 통한 자주독립정신을 일깨웠다.

국내와 망명지에서 근대민족주의 사론과 역사방법론으로 박은식은 역사국혼론에 입각한 『한국통사』와 『韓國獨立運動之血史』 등을 저술하여 단절된 한국근대사를 체계화하였고, 신채호는 낭가사상에 입각한 『讀史新論』과 『조선상고사』 등을 저술하여 왜곡된 한국고대사를 체계화하였다. 이들은 사대적 중세사관과 일제의 식민사관을 극복하고 한국사의 주체적 史統을 확립함으로써 근대 민족주의사학의 개창자와 확립자로서 근대 한국사학사상 불멸의 업적을 남겼다.

뿐만 아니라 박은식과 신채호는 광복운동사상으로서 각각 世界平和思想과 民衆革命思想을 정립하여 광복운동의 사상과 이론을 뒷받침하였으며, 이를 몸소 실천한 知行合一의 행동하는 근대 한국 지성의 사표가 되었다.

필자는 이 책을 통하여 이들의 역사사상과 광복사상이 지닌 각각의 독자적인 특성을 밝혀내는 일도 중요하지만 두 사상이 대립적이거나 배타적인 이념으로 형성된 별개의 사상이 아닌 상호 보완적인 圓融的 사상, 즉 근대 한국독립운동사상의 양대 산맥으로서 和而不同의 金蘭的 사상이라는 사실을 밝혀내는 데 큰 의미를 두었다.

아울러 비록 하찮은 연구이지만 박은식과 신채호 사상이 우선 21세기 문화자본주의적 세계화의 와중에서 한국인 스스로 자주독립의 '我性'과 인류 공존의 '化合性'을 깨닫고 이를 창달하는 民族正氣로 계승되어, 궁극적으로 21세기 선진문화민족을 향한 제2의 조국광복인 南北統一의 달성과 통일한국의 희망찬 진로를 밝혀 줄 위대한 국민적 사상으로 승화되는 데 작은 보탬이 되었으면 하는 바람이다.

특히 올해는 일본의 '새역사 교과서를 만드는 모임' 등에서 출판된 중학교 검인정 역사교과서의 왜곡사태는 지난날 일제에게 침략을 당했던 한국을 비롯한 아시아 여러 국가의 자존심에 큰 상처를 입히기도 하였다. 이에 대한 근본적인 문제의식 제기와 올바른 대처방안도 바로 박은식과 신채호가 주창한 한국사통의 확립에 의한 식민사관의 극복과 바른 역사교육에 의한 미래지향적인 한국민족사상의 정립에서 그 해결의 실마리를 찾을 수 있음을 깨달아야 할 것이다.

이 책의 출판을 미루어두었던 것은 그동안 다른 일에 쫓긴 탓도 있지만, 필자의 회갑에 맞추어 보고자 했던 것인데 막상 날짜를 잡고 보니 개면쩍은 생각이 들기도 한다. 비록 40년 사학연구에 견줄만한 저술은 못되지만 늦게나마 열과 성을 다해 이룩한 조그만 연구성과임을 자위해 볼 뿐이다.

어쩌다가 벌써 耳順을 넘게 되었다. 더욱 寸陰을 아껴 한국 근대사와 향토사 연구에 매진하고, 강단에서 후학 지도에 최선을 다 할 것을 다시 한 번 다짐해 본다.

끝으로 오늘 이 책이 출판되기까지 그동안 학문 연구와 후학 지도의 한 길을 묵묵히 걸을 수 있도록 도와주신 많은 분들의 사랑과 도움에 감사를 드린다.

병약한 어린 손자에게 헌신적 사랑을 깨닫게 해주신 할머님(尹粉彦), 自手成家의 어려운 역경 속에서도 배움의 길을 열어주시고 성실과 개척의 정신을 일깨워주신 부모님(裵德守·昔貴粉), 일찍이 올바른 교육자의 길과 스승의 크신 사랑을 솔선수범하시며 인생의 꿈과 희망을 심어주신 元貴童 선생님, 생전에 교분이 두터웠던 신채호 선생의 장남 申秀凡 님의 영전에 삼가 이 책을 바친다.

그리고 학문적 인도와 격려를 베풀어 주신 李炫熙 교수님, 늘 따뜻한 마음으로 대학의 사명인 연구·교수·봉사활동을 후원해주신 포항1대학 河敏永 학장님, 대학과 대학원의 학우로서 학문적 조언을 아끼지 않았던 고려대학교 金貞倍 총장께 고마운 말씀을 올린다.

또한 연보 교정에 도움을 주신 박은식 선생의 손자 朴維徹 교수님, 신채호 선생의 자부 李德南 여사님께 감사의 글을 드린다.

지금까지 사랑과 인고의 내조를 아끼지 않았던 아내(金玉子), 부족한 가정교육에도 불구하고 건전하게 성장하여 제몫을 다하고 있는 아들(栽涓)과 딸(成禧), 그리고 손자(埈浩)를 안겨준 며느리(芮美羅)에게도 고마운 마음을 전한다.

아울러 시장성이 없는 책의 출판을 쾌히 응락해 주신 경인문화사 韓政熙 사장님과 편집부 여러분의 노고에 감사를 표한다.

2001년 12월 일

裵 勇 一

<목 차>

서 론

　　白巖 朴殷植(1859~1925)과 丹齋 申采浩(1880~1936)는 한국 민족이 자주와 개화의 격심한 진통을 겪었던 한말의 언론인·교육자·역사가로서 청년학생들을 비롯한 식자층과 국민들을 깨우치고 그들로 하여금 민족애와 조국애로 국권회복운동에 참여토록 하는 애국계몽운동에 큰 발자취를 남겼다.

　　두 사람은 나라가 망하자 곧 국외로 망명하여 임정을 비롯한 각종 독립운동단체의 사상적 지도자로서, 실천적 운동가로서 조국의 독립투쟁에 헌신하였다. 이들은 비록 나라가 망했어도 민족정신인 역사가 보존되어 민족정기가 회복되면 제국주의시대가 끝나는 세계사의 진운을 주체적으로 이끌어 광복을 가능케 할 수 있다는 신념을 가지고 있었다.

　　그리하여 이들은 각각 근대민족주의사학의 개척서인 『韓國痛史』·『韓國獨立運動之血史』와 『讀史新論』·『朝鮮上古史』 등을 비롯한 각종 저서와 논문을 집필하였다.

　　이들은 일평생을 국내외에서 한국의 근대민족주의가 당면했던 시대적 과제와 문제의식을 바로 인식하고, 역사조건과 시대상황에 따라 투철히 대응한 사상가와 운동가로서 知行合一의 삶을 실천함으로써 민족의 큰 사표가 되었다.

그동안 이들에 대한 연구는 4·19혁명 후 민족주의운동이 새롭게 등장한 1960년대에 민족주의사학 정신을 이어받은 洪以燮에 의해 제창되고, 뒤이은 李基白·金容燮 등에 의해 시도되었다.[1]

이후 1970년대부터 국학부흥운동에 힘입어 1971~1972년에 『나라사랑』 3집(단재 신채호선생 특집호; 논문 5편 수록)과 『나라사랑』 8집(백암 박은식선생 특집호; 논문 5편 수록)이 외솔회에 의해 출판되고, 1972년 『丹齋申采浩全集』 상·중·하·별집(1977) 4권이 단재신채호기념사업회에서, 1975년 『朴殷植全書』 상·중·하 3권이 단국대학교 동양학연구소에서 발간되면서부터 관심이 높아졌다.

이러한 경향은 1980년 『丹齋申采浩의 民族史觀』(단재 신채호선생 탄신100주년기념논총)이 나와 21편의 논문과 서지가 발표되고, 1986년에는 『申采浩의 思想과 民族獨立運動』(단재신채호선생 순국50주년추모논총)이 나와 21편의 논문과 자료가 발표되면서 크게 고조되었다. 이 시기에 李萬烈의 「朴殷植의 史學思想」(1976), 裵勇一의 「申采浩의 郎家思想考」(1977), 李炫熙의 「朴殷植의 平和思想」(1980), 申一澈의 『申采浩의 歷史思想研究』(1981), 慎鏞廈의 『朴殷植의 社會思想研究』(1982)와 『申采浩의 社會思想研究』(1984), 崔洪奎의 『申采浩의 民族主義思想』(1983)이 나와 두 사람에 대한 학문적 연구는 본궤도에 서게 되었다.

그후 지금까지 金孝善의 『白岩 朴殷植의 敎育思想과 民族主義』(1989), 李萬烈의 『丹齋 申采浩의 歷史學研究』(1990), 盧承允의

---

1) 홍이섭, 1960, 「丹齋史學의 理念」 『世界』 2권 4호 : ______, 1962, 「丹齋 申采浩」 『思想界』 4월호 : ______, 1968, 「朴殷植의 「韓國痛史」와 「韓國獨立運動之血史」」 『韓國史의 方法』, 탐구당 : 이기백, 1963, 「民族史學의 問題」 『思想界』 : 김용섭, 1970, 「우리나라 近代歷史學의 成立」 『韓國現代史』 6권, 신구문화사.

「朴殷植의 民族敎育思想硏究」(1987), 趙鍾煥의 「朴殷植의 愛國啓蒙的 國權恢復思想硏究」(1992), 韓永愚의 『韓國民族主義歷史學』(1994), 오장환의 『한국아나키즘운동사연구』(1998), 이호룡의 「한국인의 아나키즘 수용과 전개」(2000) 등의 논저와 박사학위논문 및 다수의 석사학위논문이 나오게 되어 이제 두 사람의 연구는 성숙단계에 이르른 감이 있다.

이 가운데 홍이섭은 광복 후 實證主義史學 계통이 학계를 주도하고 民族主義史學과 社會經濟史學의 학풍이 퇴조한 상황에서 민족주의사학, 특히 시대정신에 투철했던 박은식과 신채호의 역사사상과 역사인식을 조명하여 이들에 대한 학계와 일반인의 관심을 일으키는 데에 큰 역할을 하였다.

이기백과 김용섭은 이들을 근대민족주의사학의 개창자로서 평가함과 아울러 이들의 정신사관의 한계를 지적하여 민족주의 역사이론과 역사인식에 대한 바른 이해의 길을 제시하였다.

이현희는 박은식의 평화사상에 대한 첫 논고를 발표하여, 박은식이 평화사상을 터득한 것은 동서양의 명인의 이론에 의거한 것이며, 그의 평등·평화사상은 한국적 차원에서 세계적인 차원으로 그 안목과 의식구조를 넓히는 데에서 그 본질을 이해할 수 있다고 하여, 그동안 평화사상이 박은식 사회사상의 지엽적인 사상으로 인식되었던 점을 벗어나 새로운 시각에서 조명하여 박은식사상의 본질구명과 지평확대에 기여하였다.

신일철은 신채호 역사사상을 체계적으로 연구한 선도자로서 신채호 사론에 대한 역사철학적 고찰, 특히 梁啓超의 變法自强論에 의해 소개된 서구 근대역사사상의 수용에 관한 연구를 하였다. 그는 신채호의 역사 다윈(Darwin)주의가 사대주의 비판에 인도되어 동아시아에 있어서 중화주의적 명분질서의 붕괴와 함께 전개된 국제적 현실을 생존을 위한 싸움(struggle for existence)의 장으로 이해하여, 신채호의 역사이론이 사대권 편입기의 한국사 이해에는 아주 무력한 이론임을 밝혔다. 아울러 그의 단행본에 수록된 「박은식의 '國魂'으로서의 국사개념」(1974)에서 박은식의 국혼적 역사인식의 구조를 밝혀 박은식 역사사상의 이해에 도움을 주었다.

신용하는 박은식과 신채호 연구에 심혈을 기우려 여러 해에 걸쳐 작성한 논문들을 두 권의 논저로 엮었다. 신용하는 사회학자로서 사회과학적 접근방법으로 이들의 사상과 업적을 연구하고 여러 항목으로 분류하여 방대한 자료를 종횡으로 구사하며 체계적인 연구성과를 거둠으로써 역사연구방법의 폭을 넓혀 역사학계 연구의 기폭제가 되었다.

최홍규는 오랜 기간에 걸친 광범한 방증자료 수집과 답사 및 치밀한 고증을 토대로 근대민족주의사학을 개창한 신채호의 생애와 민족주의사상을 깊이 있게 학문적으로 연구하고, 이를 알기 쉽게 서술하여 학계의 신채호연구는 물론 식자층과 일반인의 신채호에 대한 관심을 고조시키는 데에 큰 지침서가 되게 하였다.

이만열은 박은식과 신채호 연구에 몰두하여, 특히 신채호의 역사학을 사론, 역사방법 및 구체적 역사인식에 이르기까지 분석적이고 종합적인 연구로 논저를 이루어 신채호 역사학연구의 새로운 장을 열었다. 특히 그의 「단재 신채호의 고대사인식시고」(1977)는 배용일의 「신채호의 고대사인식고」(1977)와 함께 『朝鮮上古史』·『韓國史硏究艸』 등 신채호의 구체적인 역사서술을 통해 신채호의 고대사인식을 체계적으로 고찰한 선구적인 논문이다.

조종환은 한말 지식인들이 전개했던 국권회복운동이 실패하고 일제의 식민통치를 받게 된 원인을 밝히는 데에 목표를 두고, 박은식의 현실인식, 사상변화의 배경, 신교육론의 특성과 한계 및 경술국치 후 사상변화와 국혼사상의 내용을 고찰함으로써 박은식의 애국계몽사상과 그 변화를 이해하는데 일조를 하였다.

배용일은 신채호의 郎家思想이 당대 여타의 민족주의 정신사관과 같은 범주로 처리되어 그의 구체적인 역사서술과 무관한 것으로 인식되고 있는 경향에 문제의식을 가지고, 그의 대표적 역사서술인 『조선상고사』 등에 내재한 낭가사상을 체계적으로 분석 고찰하였다. 그리하여 낭가사상이 신채호의 "我와 非我의 투쟁이 시간부터 발전하며 공간부터 확대하는 心的活動의 상태의 기록이다."라는 역사정의에서 그의 구체적인 역사인식의 사론적 근본 이념이 되고 있음을 밝힘으로써 체계적인 낭가사상연구와 함께 신채호사상의 이념연구의 새로운 길을 모색하였다.

지금까지 다각적인 시각에서 여러 형태의 분석과 고찰로 이루어진 선행 연구들은 사학계는 물론 인접 학문분야에 이르기까지 폭넓게 진행되어 두 사람의 사상에 대한 연구는 높은 수준에 다달은 감이 있다.

그러나 현재까지 두 사람의 국내에서의 애국계몽운동기와 국외의 광복운동기의 사상형성과 변화과정을 고찰하여 이를 종합하고자 한 연구가 미흡하다. 특히 국내외에서 꾸준히 심도 있게 개진된 박은식의 '世界平和思想'을 주목하지 않았을 뿐만 아니라 그의 모든 지엽적 사상을 포용하는 대표적인 사상으로 규정하는 데에 연구가 미치지 못한 점이 지적된다.

나아가 한국근대민족주의 사상가로서 양대 큰 봉우리라 할 수 있는 두 사람의 사상을 체계적으로 비교 고찰하여 두 사상의 실체를 객관적으로 구명하는 발전적 방법의 연구가 단편적인 경우를 제외하고는 전무한 실정이다. 또한 박은식의 국혼적 역사인식이 한말의 민족주의 정신사관의 범주 속에 매몰되고, 신채호의 구체적인 낭가사상에 가려져 그의 역사사상의 근본 이념으로서의 지위 규정이 미흡했던 점을 지적할 수 있다.

따라서 본고에서는 이상의 문제점에 유념하면서, 박은식과 신채호가 국내의 애국계몽운동과 국외의 광복운동에 참여하여 개진한 사회사상 전반에 걸쳐 이루어진 각종 사상의 근본이념이 무엇인가를 밝히고, 그 이념을 상징하는 종합적이고 대표적인 사상이 무엇인가를 설정하여, 이를 비교 분석하여 공통적이고 독자적인 특성을 구명한 후 미래 두 사상의 원융적인 융합의 길을 모색하자는 데에 연구목표를 두었다.

아울러 박은식이 신채호와 같이 한국고대사의 역사서술을 통해서 낭가사상을 체계적으로 발굴하는 방법을 취하지 않았으나, '歷史國魂論'[2]을 한국근대사에 구체적으로 구현한 것을 주목하여, 그가 이룩한 민족주의 정신사관의 실천적 독자성을 새로이 조명하고자 하였다. 그리고 망국 후 국내외에서 일으킨 민족의 독립운동과 그 사상을 '光復運動'과 '光復運動思想'[3]이란 명칭으로 서술코자 하였다.

국민의 애국계몽과 조국의 광복을 위해 일생을 바친 박은식과

---

2) 필자는 이 논문을 통해 박은식의 국혼론적 역사인식을 그의 역사사상의 이론적 배경으로 규정하여 사론의 입장에서 '歷史國魂論'으로 명칭의 개념화를 시도한다.

3) 박은식 등 국외에 망명한 민족독립운동사상가들이 사용했던 광복의 날·광복사상·광복사업·광복대업 등의 용어를 채택하여 지금까지 일반적으로 사용해 왔던 자주독립운동과 자주독립 사상보다 적극적인 민족의 독립에 대한 염원이 내재된 '광복운동'과 '광복운동사상'으로의 명명을 시도한다『韓國獨立運動之血史』「緒言」(1918) ;『全書』上, 449쪽 :「我同胞에게 告함」(1921년 2월) 譯文 ; 국사편찬위원회, 1968,『韓國獨立運動史』자료3(臨政篇 Ⅲ), 342쪽 :『獨立新聞』1923년 3월 1일「痛告 二千萬同胞」;『全書』下, 175쪽].

신채호의 생애는 그 실천적 활동의 정신적 바탕이 된 학문수학과 사상형성 등의 변화과정을 살펴보아 편의상 크게 세 시기로 나눌 수 있다. 이 논문에서는 1859~1898년간의 박은식과 1880~1905년간의 신채호의 학문수학기를 1기로, 1898~1910년간의 박은식과 1905~1910년간의 신채호의 애국계몽사상 형성기를 제2기로, 1911~1925년간의 박은식과 1910~1936년간의 신채호의 광복운동사상 정립기를 제3기로 설정하여 고찰한다.

이 연구는 그동안 다각도로 이루어졌던 선행의 연구성과를 참조하고 있으나, 두 사상에 대한 기존의 분류적 연구를 다른 차원의 수준으로 발돋움하게 하는 試考로서의 성격을 띨 수 있다는 전망 속에서 진행될 것이다. 본고는 전체를 서론과 결론을 포함한 6개의 장으로, 본론을 4개의 장으로 구성하여 진행하였다.

제1장에서는 두 사람의 성장과 학문수학을 고찰하여 그것이 두 사람의 사상형성에 어떤 영향을 미치고 구체적으로 어떤 성격과 사상을 형성하게 되었는가를 구명하고자 하였다.

제2장에서 두 사람은 애국계몽운동기간 많은 논설과 저서 및 번역문을 통하여 국권회복의 역량을 배양하기 위한 민족자강의 애국계몽사상을 일관되게 개진하였는데, 구체적으로 박은식은 교육자강론·陽明學論·儒敎求新論·大同思想·新民論·世界平和思想 등을, 신채호는 민족주체의 國粹保全論·儒敎改革論·英雄論·新國民論 등에 주력하였다. 이 가운데 대표적인 사상을 추출하여 그 異同의 특성을 고찰함으로써 두 사람 사상의 특성을 객관화하고, 이러한 객관화된 특성이 한국 근대민족독립운동의 다양한 발전에 어떤 역할을 했는가에 대한 이해에 접근하고자 하였다.

제3장에서는 애국계몽운동기와 경술국치 후 광복운동기에 한국 고유의 민족정신과 민족사상으로 주장된 역사사상을 박은식의 歷

史國魂論과 신채호의 郎家思想을 중심으로 비교 고찰하였다. 두 사상의 형성과정과 그 실상 및 그 사상들이 실제 역사현실에 어떻게 구현되었나를 고찰하여 이들의 실제 역사서술의 배경으로서 어떤 공통적인 특성과 상이한 특성을 지니고 있나를 구명하여 이들의 독자적인 정신사관을 객관화하고자 하였다. 이는 한국근대사학의 확립과정은 물론 당시의 시대정신과 사회사상을 이해하는 중요한 방법상의 접근이 되기 때문이다.

제4장에서는 애국계몽운동기부터 발상되어 망국 후 하나의 사상으로 형성되어 역사조건의 큰 변혁인 3·1운동을 경험하면서 발전 성숙된 박은식의 世界平和思想과 신채호의 民衆革命思想을 각각 이들의 모든 사상을 포용하는 최종적·대표적 사상으로 설정하고, 두 사상의 형성과정과 그 이념을 비교·고찰하여 이를 객관화하고자 하였다. 아울러 박은식과 신채호를 한국근대민족독립운동의 양대 사상가로 규정하고 나아가 두 사상의 융합을 미래 한국통일사상의 한 핵으로 삼고자 하였다.

이 연구에서는 논문의 성격상 동시대 인사들의 사상과 박은식·신채호의 구체적인 역사인식의 분석은 제외되었고, 두 사람의 역사사상을 다루는 제4장에서는 역사주체에 대한 인식의 변화는 이 논문의 각 장에서 언급되었기 때문에 다른 항목을 설정하지 않고 두 사람 사상의 사론적 근본이념이 되는 역사국혼론과 낭가사상을 중심으로만 고찰하였다.

이 책 연구의 일차 자료로는, 박은식과 신채호의 저서·논설·성토문·취지서·선언서·번역서·서간문·소설·수상 등이 수록된『박은식전서』3권과『신채호전집』4권을 활용하였다.[4] 또한

---

4) 그동안『박은식전서』와『신채호전집』에 두 사람의 글이 빠진 것도 있고, 두 사람의 글이 아닌 것도 수록되어 있다는 몇차례의 주장이 묵시적

당시의 신문·잡지·학회지, 동시대인의 국내외 저서·논설 및 국내외의 선행 연구물을 참고할 것이며, 학술대회시 발표자·토론자·참관자로 참여하여 안목을 넓히고, 上海·北京 등 두 사람의 활동지를 답사하여 이들의 사상을 재사고하여 1차 자료를 보강코자 하였다.

자료 인용에 있어서 국한문 혼용체로 된 문장은 가능한 한 원문을 그대로 인용하고, 순한문으로 쓰여진 문장은 될수록 번역하여 인용하기로 하였다.

으로 공인된 바이지만, 개중에는 서로의 이견도 있고 확실한 고증이 이루어지지 않는 것도 있는 관계로 일단은 두 책에 실린 글을 1차 자료로 삼았다(張道斌, 1962.4,「暗雲 짙은 舊韓末 」『思想界』, 248~285쪽 : 신용하, 1982,『朴殷植의 社會思想研究』「附錄」, 314~320쪽 : 原田環「ナショナリ ズ゛ムの 形成」『韓國民族運動研究』3,『靑丘文庫』, 1986, 40~53쪽 : 金昌洙,『韓國民族運動史研究』, 범우사, 64~99쪽). 그러나 타인의 글이 분명한 경우는 인용을 삼가하였다.

제1장

성장과 학문수학

Ⅰ. 성장배경과 성격형성

박은식은 「약력」과 「연보」[1]에 의하면 密陽人으로 1859년 음력 9월 30일 황해도 黃州郡 南面에서 농촌서당의 훈장인 朴用浩와 盧氏의 5남으로 태어났다. 그의 자는 聖七, 호는 謙谷 또는 白巖(白岩, 白菴 또는 白庵)이며, 庚戌國恥 후 중국에 망명하여 독립운동을 할 때에는 朴箕貞,『韓國痛史』에서는 太白狂奴,『夢拜金太祖』에서는 無恥生이라는 별호를 쓰기도 하였다. 박은식의 가문은 조부 朴宗祿이 力農治産하였고, 박은식 자신이 감자농사를 지은 일이 있다[2]는 기록으로 보아 殘班이었을 것으로 생각된다.

신채호는 「연보」[3]에 의하면 高靈人으로 1880년 12월 8일(음력 11월 7일) 충남 大德郡 山內面 於南里 桃林마을에서 농촌 寒士 申光植과 밀양 박씨의 차남으로 태어났다. 그의 이름은 처음에 宋浩로 표기하다가 뒤에 采浩로 바꾸었으며, 그의 호는 정몽주의 丹心歌에서 따온 一片丹生과 이를 줄인 丹生을 쓰다가 뒤에 丹齋로 고쳤다. 그밖에 필명으로 無涯生·錦頰山人·燕市夢人·한놈·赤心 등을 썼고, 국외에 망명하여 독립운동을 하는 기간에는 신분을

---

1) 단국대 동양학연구소, 1975, 「약력」과 「연보」『박은식전서』(이하『전서』로 줄임) 하권, 286~291쪽과 295~304쪽 : 신용하, 1982,『박은식의 사회사상 연구』참조.
2) 「送黃海監理成庵全君序」『謙谷文稿』;『전서』중, 434쪽.
3) 단재신채호선생기념사업회, 1977,『개정판 단재신채호전집』(이하『개전집』으로 줄임) 하권, 형설출판사, 495~507쪽.

은폐하기 위한 수단으로 필요에 따라 劉柄澤·劉孟源·王兆崇·王國錦·尹仁元 등 가명을 쓰기도 하였다.4)

신채호의 할아버지 申星雨는 신숙주의 16세 손으로서 1867년 문과에 급제하여 正言(정 6품)벼슬을 지낸 후 관직을 떠나 처가인 도림마을로 내려와 자리를 잡고5), 그의 아버지 신광식은 文才가 있는 한미한 농촌 선비였으나 가난하고 병약하여 신채호가 8세(1887년) 되던 해에 38세의 젊은 나이로 작고하였다.

이에 할아버지는 견디다 못해 그 해에 식구들을 이끌고 고향인 淸原郡 琅城面 歸來里(옛 이름은 고두미)로 이사하여 이곳에 서당을 차려 생계를 꾸려나갔다. 이러한 가운데 그는 12세 경에 평소 따랐던 8세 연상의 형이 20세로 요절하여 충격적인 슬픔을 경험하였다.

박은식과 신채호는 비록 몰락한 양반의 후손6)으로 생활이 궁핍한 가운데에서도 학문을 가르치고 배울 수 있는 서당의 훈장인 아버지와 할아버지의 자손이었던 점과 두 사람 모두 어려서부터 총명하고 재주가 뛰어났다는 점에서 학자와 사상가가 될 수 있는 유

---

4) 신채호의 생애에 대한 연보는『개전집』하의「연보」이외에도 같은 책의 申榮雨,「朝鮮의 歷史大家 丹齋獄中會見記」등을 비롯한「부록」과 金泳鎬, 1971,「단재의 생애와 활동」『나라사랑』3집 : 최홍규, 1983,「연보」『신채호 민족주의사상』, 형설출판사 : 신용하, 1984,『신채호의 사회사상연구』, 한길사 등 참조.

5) 신성우는 구한말 기호학파를 주도한 유림의 宗匠이며 도학자인 鼓山 任憲晦(1811~1876) 문하에서 수학한 유학자였다(琴章泰·高光植, 1989,「鼓山任憲晦」『續儒學近百年』, 여강출판사, 7~16쪽.

6) 신채호의 가계는 5대조부터 贈職조차 보이지 않을 정도로 몰락하였으며(이만열, 1990,『단재신채호의 역사학 연구』, 문학과 지성사, 57쪽), 박은식의 경우는 증조부 이상의 가계가 현재로서 불명하나(박은식의 손자 朴維徹씨의 증언), 그의 조부의 생활로 보아 몰락한 가계로 추정된다.

사한 가계와 학문수학의 배경을 지닌 것이 주목된다.

박은식이 태어나 자라난 1860년대는 서세동점의 격변기로서 국외의 중국에서는 에로우(Arrow)호 사건을 구실삼아 英·佛 연합군이 북경에 침입하였고, 일본에서는 페리(Perry)호 사건에 의해 개항된 후 명치유신이 단행되어 근대화를 추진하던 시기였다.

한편 국내 조선에서는 동학이 창시되고(1860), 세도정치와 민생의 피폐로 진주민란(1862)을 비롯한 농민의 봉기가 격발하고, 동학의 교주 崔濟愚가 체포되어 이듬해 惑世誣民의 죄로 처형(1864)되고, 청국을 통한 자본주의 상품의 밀수입과 국내유포 및 천주교세가 확대되고, 이양선 출몰에 의한 병인양요(1866)와 신미양요(1871) 등으로 전통사회에 대한 커다란 충격이 가해졌다.

이러한 가운데 興宣大院君이 집정(1864~1873)하여 왕권확립을 기도하여, 대내적으로 내정개혁을 통해 전통사회의 통치체계를 강화하고 대외적으로 쇄국정책을 써서 외세의 침투에 대처해 나가는가 하면, 1876년에는 일본의 雲揚號事件을 구실로 강화도조약이 강압적으로 체결되어 개항이 강요된 시기였다.

신채호가 태어나 자라난 1880년대는 1870년대부터 급변하는 시대적 조류에 눈을 뜨기 시작한 개화사상가들에 의한 개화자강론이 대두되어 조선이 정치·경제·사회·문화 등에 걸쳐 새로운 변화의 전기를 맞게 된 시기였다. 당시 사상계의 한 조류로 대두된 개화사상은 주자학 일변도의 사고방식에서 근대서구사상의 영향을 받아 형성된 청말의 양무사상이나 일본의 문명개화사상의 수용으로 이루어진 것이다.

따라서 1880년대에는 일본에 修信使(1880)와 紳士遊覽團(1881), 청에 領選使(1881) 파견 등에 힘입은 신지식의 개화세력과 이러한 조류에 정면으로 반대하는 위정척사사상의 수구세력이 대원군과 민비의 대립에 편승하여 정계의 혼란을 빚어낸 시기였다.

그 결과 1882년의 임오군란, 1884년의 갑신정변이 발생하고, 이 시기에 미국·영국·독일·이탈리아·러시아·프랑스·오스트리아·벨기에·덴마크 등 여러 나라와 통상조약을 체결하였다.

그리고 1885년 영국함대의 거문도점령, 1889년의 일본의 경제적 침략에 대항한 방곡령선포, 1892년 동학의 교조신원운동에 의한 동학세력의 확대와 1894년의 동학농민운동의 봉기 및 이에 유발된 청일전쟁으로 청·일 등 열강의 침략이 노골화 되었다. 이어 을미사변(1895)과 아관파천(1896)이 일어났고, 독립협회가 결성되었고, 1897년에는 고종이 황제즉위식을 가져 국호를 대한제국으로 고치는 등 혼란과 격변이 연속되던 시기였다.

박은식과 신채호는 각각 1859년과 1880년에 태어나 한말 애국계몽운동을 전개하며 1910년 경술국치를 지켜본 동시대인이다. 두 사람의 연령의 차이는 비록 21년에 지나지 않으나, 이들 성장기의 시대적 조류의 급격한 변화를 인식할 때 그 시차의 의미는 결코 숫자상의 단순개념으로만 생각할 수 없다.

박은식의 성장기는 서세동점에 의한 열강의 통상요구·이양선 출몰·양요 등에 대한 정치·사상적 대응으로 쇄국정책과 유학자들의 위정척사상이 주류를 이루고 있어서 아직까지 국권피탈의 위기의식을 심각하게 느낄 상황은 아니었다.

그러나 신채호의 성장기는 대내적으로 자주와 개화, 반봉건과 반외세를 지향하는 한말의 3대사상인 위정척사사상·개화사상·동학농민운동사상이 고조되고, 대외적으로 청일전쟁과 러일전쟁 등의 외세침입에 대한 국권피탈의 위기의식을 갖기 시작하던 때였다.

이후 활동기에 나타나는 박은식사상의 온건적 특성과 신채호사상의 급진적 특성은 출생과 성장의 가정환경과 시대적 배경 및 이들의 연령의 차이에서 이미 배태되었던 것이다.

두 사람의 가정환경적 배경의 공통성은 몰락한 양반의 후손들로 생활이 궁핍했던 점, 가부장적 엄격한 사회에서 아버지를 일찍 여윈 점, 훈장인 아버지와 할아버지로부터 각각 유교교육을 배운 점을 들 수 있고, 서로 상이한 점으로는 신채호가 박은식보다 일찍 유년기에 아버지와 형을 여의고, 병약했던 점을 들 수 있다.

이러한 가정환경에서 박은식은 비록 가난하였으나 아버지로부터 정식의 서당교육을 받음으로써 그런대로 원만한 성장환경 속에서 온건한 지적능력을 배양할 수 있었던 것이다.

반면에 신채호는 찌들은 가난과 아버지와 형이라는 두 심신의 기둥을 잃은 가운데에서도 할아버지의 전통적인 유학교육의 엄격한 가르침을 받았다. 신채호의 타고난 才氣, 병약한 신체 및 열악한 가정환경7)이 그로 하여금 보통 사람과는 달리 세속적인 물질과 영달의 관심보다는 고고한 학문과 심오한 사상으로 진리를 지향하기 위해 구시대의 전근대적인 가치체계를 부정하고 비판하는 주체적이고 변혁적인 삶의 세계를 추구하게 한 것같다.

따라서 신채호 성장환경의 특성은 첫째 가난, 둘째 早失父兄, 셋째 할아버지의 교육, 넷째 병약한 신체로서 이러한 조건들이 그의 성격형성의 요인으로 작용된 것으로 보인다.

어린 나이에 인간의 가장 중요한 보편적 행복조건인 원만한 의식주 해결, 父母와 兄弟俱存, 및 건강한 신체를 갖추지 못한데 대

---

7) 「浮生四十成何事 貧病相隨暫不離」라는 그의 漢詩一句는 그의 어린시절로부터 잠시도 면치 못한 赤貧과 多病을 자탄한 한 귀절이다. 그는 兒孩때에 하도 물려서 그의 나이 五十이 되는 때에도 콩죽이라면 몸살을 칠 만치 끔직끔직하다고 하면서 아해 때 기한에 쪼들리던 이야기를 여러 번 들었다(元世勳, 1936.4, 「단재 신채호」『三千里』;『개전집』별집, 394~395쪽).

한 불만이 기존 세상의 가치에 대한 저항과 투쟁심을 유발함과 동시에 자신의 불우한 입장을 은폐 극복하기 위해 자신에게 냉엄하고 타인에게 타협을 불허하는 성격을 키워나간 것으로 생각된다. 세상 사람이 그를 보고 비록 못났다 하여도 조금도 개의치 않고 「內明外愚」의 자세로 세상을 睥睨하였다.[8]고 전해진 것도 이러한 시각에서 이해될 수 있다.

결국 그는 이미 성장기 때 기존의 현실적인 삶의 체제와 모순에 대한 주체적인 변혁의 의지를 자각하고 이를 온축하여 이후 그의 도전적·비타협적·혁명적인 애국계몽사상과 광복운동사상을 구현할 수 있는 실천적인 삶의 잠재력을 배태한 것이다.

박은식과 신채호에 대한 李光洙의 평은 두 사람 성품의 서로 다른 점을 살피는데 길잡이가 된다.

> 박은식은 밥을 주면 먹고, 옷을 주면 입고, 또 술이 생기면 먹고 없으면 굶고, 다만 조선의 역사를 쓰고 불충불의한 자를 공격하는 것으로 생활을 삼고 있었다. 누구에게나 아첨하거나 비위 맞출 줄도 모르고, 저 생각나는 대로 말하고 행하는 늙은이었다. 그 절개에 있어서 【丹齋】와 다름이 없으나, 성품에 있어서는 【단재】 보다 훨씬 시인적이요, 또 성자적이었다. 【단재】가 늙으면 【白巖】과 같이 되었을는지 모르거니와, 【단재】는 언제나 칼날같은 의지와 절개로 뭉쳐진 사람으로 시인적 여유조차 아니 가진 사람이었다. 아무려나 【백암】이나 【단재】는 다 스러지는 조선의 그림자였다. 다시 나기 어려운 표본들이었다.[9]

이광수는 박은식과 신채호 두 사람 모두 속세의 일에는 무관심

---

8) 申榮雨, 「丹齋 獄中會見記」『조선일보(1931년 12월 19일∼28일)』;『개전집』하, 446쪽.

9) 이광수, 「그의 自敍傳(抄)」『조선일보(1936∼1937)』에서 발췌 ;『전집』별집, 406쪽 참조, T·P는 필자가 삭제.

하나 절개와 대의의 명분에 투철한 공통적인 특성이 있고, 반면에 박은식이 신채호보다 시인적·성자적이고, 신채호가 박은식보다 여유가 적은 칼날같은 의지의 외골수라는 상이한 특성을 지닌 인물들이었음을 지적하고 있다. 그리고 신채호가 늙으면 박은식과 같이 되었을지 모르겠다는 이광수의 표현은 연령에 따른 인간성의 보편적 변화를 말하는 것이지 두 사람의 성격이 연령에 의해 달리 규정된다는 뜻은 아니라고 본다.

이와 같은 박은식의 성품은 宋相燾의 『騎驢隨筆』[10)]에서 잘 확인되고 있다. 박은식은 성품이 관후하고 소탈하여, 항상 미소짓는 얼굴이었고, 그가 일을 함에는 죽음에 이르더라도 志氣를 변치않고, 조선에 유익한 일이 된다면 어떠한 辛苦·불쾌한 일이라도 사양치 않을 인물이었다.

이러한 성품으로 인해 그는 사소한 예절에 얽매이지 않고 평소 집에서나 출입할 때 항상 중국옷을 입었는데 단정히 입지 않아 보는 사람들이 웃지 않은 자가 없었으나 개의치 않았으며, 평소 술을 좋아하여 즐겨 마시곤 하였다. 그의 원활하고 창달한 인품이 당대 제일이었다는 지적과 애국적 노지사로서 그의 삶의 뜻은 절의에 있고 행동은 潔廉하여, 명예와 금전에 뜻을 두지 않았다는 평은 그의 인품과 성격을 한 마디로 요약해주고 있다.

그가 국내의 애국계몽사상기 때부터 세계평화사상에 눈을 뜨고 국외의 민족독립운동기에 이를 정립하고, 제2대 임정대통령으로 추대된 것 모두가 결국 그의 인격과 성품에서 기인된 것임을 이해할 수 있게 된다.

한편 신채호의 개성은 그와 교유했던 여러 인사들의 다음과 같은 회고에서 잘 반영되고 있다. 단재는 절대 비타협의 지조를 10년

---

10) 송상도, 1955, 『騎驢隨筆』, 국사편찬위원회, 265~266쪽.

이 하루같이 끝끝내 지키고 뉘우치지 않는 태도였으며,11) 학자다
운 癖性과 또는 학자적인 汗漫性이 있고,12) 기골이 늠름한 혁명가
로 알았던 것과는 딴판으로, 남산골 샌님처럼 그 체구와 풍모가 옹
졸하여서 전형적인 충청도 양반으로 고리삭은 선비로구나 하는 첫
인상을 받았고 … 추상같이 쌀쌀한 듯하면서도 춘풍으로써 接人
하는 태도가 평범한 인물이 아닌 것만은 넉넉히 짐작할 수 있었
고,13) 풍채가 그리 좋은 편은 아니었다. … 오직 비범한 것은 그의
눈이었다. 아무의 말도 아니 듣고 아무것도 두려워하지 아니한다
는 그러한 이상한 빛을 가진 눈이었다. … 단재의 웃음은 여성다왔
다. 그 여성다운 용모와 語聲中에 秋霜烈日 같은 남성적 엄숙이
들어가서 있는 것이 이상하였다. … 단재는 결코 뉘말을 들어서 제
소신을 고치는 인물은 아니었으며,14) 강철같이 굳은 뜻과 추호도
불굴하는 持身에는 고집불통이라는 말을 생기게 하였다.15)는 평을
받았다.

그의 모습과 성품은 일견 옹졸하고 세상일에 어두운 것 같지
만16) 실제로는 겉과는 달리 확고한 주관과 신념에 찬 고집과 괴벽

---

11) 卞榮魯, 1925.8, 「國粹主義의 恒星인 丹齋 申采浩先生」, 『개벽』 ; 『전
　　집』 별집, 397∼398쪽.
12) 海客, 1936.4, 「丹齋 故友를 追憶함」 『신동아』 ; 『개전집』 하, 466쪽.
13) 沈熏, 「丹齋와 友堂」 『동아일보(1936년 3월 12일∼13일』 ; 『전집』 별
　　집, 411.
14) 이광수, 1936.4, 「탈출도중의 단재 인상」 『조광』 ; 『개전집』 하, 468∼470
　　쪽.
15) 원세훈, 1936.4, 「丹齋 申采浩」 『三千里』 ; 『전집』 별집, 393쪽.
16) 신채호는 자기 자신을 평하여 "예나 지금이나 迂闊하다"고 한 사실(「전
　　훈 노인에게 준 편지」 『전집』 별집, 365쪽)과 "桃色女子 內衣 사서 입
　　고 목욕탕이란 이해 없는 사회에 들어가셨다가 부끄럴 것 없는 망신을
　　하셨다는 일화까지 아울러 들었다"는 사실(변영로, 앞의 글, 앞의 책,
　　397쪽) 참조.

을[17] 소유함으로써 대의에 관한한 일보도 용서함이 없는, 죽음도 불사하는 청절과 불굴의 절대비타협으로[18] 일생을 일관하였다.

신채호의 인상이 남산골 샌님처럼 고리삭은 선비로 비친 것이나, 그 웃음이 여성다웠다는 것은 그의 현상적 모습의 일면이지 그의 참 모습은 아닌 것이다. 현상의 밑바닥에 깊숙히 온축된 그의 날카로운 정신은 사물과 현실을 내다보는 눈빛과 언행을 통해 인식될 수 있을 뿐이다.

이러한 성격은 일찌기 일본의 주권 침해로 배일의 소리가 고조될 무렵 1904년 6월 일본의 간계로 全國荒蕪地開墾許借條約이 조인되자 성균관에서 趙素昻 등과 항일성토문을 작성하여 외부대신 李夏榮 등의 매국음모를 규탄한 일에서[19] 표출되기 시작했다.

이후 신채호의 성격은 그의 학문수학과 서울생활의 은인으로서

---

17) 단재는 세수를 할 때 고개를 숙이지 않고 빳빳이 든 채로 두손으로 물을 찍어다가 바르는 버릇이 있었다(이광수, 「탈출도중의 단재 인상」 ; 『개전집』 하, 470쪽). "이제부터 너는 나의 질녀가 아니고 나는 너의 삼촌이 아니다. 골육이라도 이렇게 끊어 버린다."하고, 손가락 한 마디를 끊고 혼자 돌아 나왔다(洪命憙, 1936.4, 「상해시대의 단재」 『朝光』 ; 『개전집』 하, 475쪽). 및 「중국에서 가장 권위 있는 中華報의 사설을 쓰고 생계를 해나 가던 때건만 誤字 一字를 내었다 하며, 그날로 단연 집필을 거절하였다(申錫雨, 1946.4, 「丹齋와 「矣」字」 『신동아』 ; 『개전집』 하, 465쪽)

18) 우리가 이제 남은 것은 무엇이오? 대의밖에 있오? 절개밖에 있오? 하고, 절개의식의 磨滅은 무엇보다도 무서운 것이라고 극론하였다. … 임시정부를 조직할 때에도 단재는 이박사의 首班을 반대하여 一座의 위협 만류도 듣지 아니하고 "나를 죽이구랴."하고, 벌떡 일어나서 유유히 회장에서 나가 버리고 말았다. 그것은 기미년 四月 十日 그전날 즉 九日부터 만 24시간 不眠不休로 토의한 임시정부 성립의 날이었다. 그는 열혈있는 청년수인의 생명에 대한 위협도 모른체하고 초지를 굽히지 아니하였다. 거기 단재의 불굴하는 성격이 가장 잘 나타났던 것이다(이광수, 앞의 글, 앞의 책, 472~473쪽).

19) 최홍규, 1979, 『丹齋 申采浩』, 태극출판사, 115~116쪽.

인생 역정에 지대한 영향을 가져오게 했던 申箕善을 宋秉畯・趙
重應과 함께 일본의 3대 忠奴의 한사람으로 지목하여 공개적으로
준열히 꾸짖은 일이나[20] 신문사 언론활동의 절친한 동료이자 선배
였던 張志淵이『大韓疆域考』에서 위록인『日本書紀』를 근거하여
진구우(神功)황후의 신라정벌과 任那日本府의 설치 등을 서술한
것을 비판한[21] 구체적인 사례에서도 입증이 되고 있다.

그의 절대 비타협적인 예리한 정치 현실적 감각과 시대적 상황
인식은 신채호 특유의 국내 애국계몽사상과 국외의 광복운동사상
을 특징지우는 큰 핵심적 요인으로 작용된 것이다.

이로써 보아 두 사람의 출생과 성장의 배경이 성격형성에 크게
작용했던 점을 유추할 수 있게 되었다. 그 결과 박은식은 비록 가
난했으나 아버지로부터 조선조 사대부의 전통적인 유교교육을 받
아 의리와 명분에 충실한 外柔內剛의 유장하고 꼿꼿한 전형적인
선비의 풍모와 자질을 형성하게 되었고,[22] 신채호는 어떻게 보면
불우했던 가정환경과 암울했던 시대배경에 대한 배타적인 저항・
투쟁의식과 도전적이고 불타협의 완고한 鐵血主義적 주전론자[23]
성품을 형성하게 된 것으로 이해된다.

---

20)『대한매일신보』1908년 4월 2일「日本의 三大忠奴」;『개전집』하, 56
　　쪽 ;「일본의 큰 충노 세 사람」『전집』별집, 92쪽.
21)「총론」『朝鮮上古史』;『개전집』상, 57〜58쪽.
22) 박은식이 신채호와 함께 이승만의 미국대통령 윌슨에게 제출한 위임통
　　치청원서 소식을 접한 후 취한 태도는 신채호보다 강경하였다. 박은식
　　이 신채호가 이승만에게 그 진위를 묻고 만일 그것이 사실이라면 즉각
　　취소하라는 서신을 한번 더 보내 보자고 할 때 "즉각 파면 공작을 하
　　자."고 우겼다는 사실과 그가 白凡 金九를 만났을 때 대로하여 "백범,
　　이승만을 그대로 둘 것인가, … 내말을 못 듣겠오"라고 호령한 데에서
　　추상과 같은 그의 대의명분을 발견할 수 있다(金昌淑,「독립운동 비화
　　(이승만 대통령 파면결의 당시의 단재)」『개전집』별집, 402〜403쪽).
23) 李克魯, 1936.4,「서간도시대의 선생」『朝光』;『개전집』하, 477쪽.

Ⅱ. 주자학의 수학

박은식은 10세부터 17세까지 7년간 아버지의 서당에서 정통적인 주자학의 교육을 받으며 四書三經과 諸子書를 두루 섭렵하였다.[24] 박은식은 태어나면서 총명하고 영리하여 하나를 들으면 열을 아는 재질이 있었다. 그러나 그는 10세의 늦은 나이로 글을 배우게 되었는데, 이는 有才早學이 단명을 초래한다는 당시의 시속관습 아래에서 박은식의 5형제 중 위로 4형제가 早死했기 때문이다. 그의 뛰어난 재질은 입학한 지 불과 수년에 시문에 능통한 것으로서 드러났다.[25]

한편 신채호는 소년기에 할아버지의 슬하에서 자랐고, 할아버지 서당에서 한문과 유학의 경전들을 공부하였다. 그는 어려서부터 총명하고 재주가 뛰어나서 9세에『通鑑』전질을 해독하고, 10세에 行詩를 지었으며, 12~3세에 사서삼경을 독파하여 신동이란 소리를 들었다. 또한 이때부터『三國志』·『水滸傳』등의 역사소설을 애독하여 역사의 흥망성쇠에 대한 깊은 관심을 가졌다.

두 사람 모두 타고난 재주로 일찍부터 서당의 정통적인 주자학을 배워 중세의 전통적인 학문인 유학의 시문과 경전에 출중했던 점이 유사하였다.

이후 박은식은 점차 과거공부에 회의를 느끼다가 17세 때에 과

---

24) "余도 幼時로부터 오즉 주자학을 강습하고 尊信하야 晦庵의 影幀을 書室에 私奉하고 每朝에 瞻拜한 사실도 잇섯다"(「學의 眞理를 疑로 쏫차 求하라」,『동아일보』1925년 4월 3일 ;『전서』하, 197쪽).
25)「백암 박은식선생 약력」『전서』하, 286쪽.

거공부 이외에 어찌 經世之學이 없으리오 하고 출향하였다. 이때 그는 황해도 일대에 명망이 있던 安泰勳(안중근의 아버지)과 교유하여 문장을 겨루어서 황해도의 두 신동이라는 소리를 듣기도 하였다. 그는 19세 때에 아버지를 여의고, 21세 때에 延安 李氏의 딸과 결혼을 하고, 평안도 三登縣으로 이주하였다. 그는 결혼 후에도 전국 여러 곳을 찾아다니며 학문적 교유를 계속하였다.

박은식의 학문수학과 사상형성에 있어서 중요한 계기가 된 일은 그가 1884년(26세)에 평북 泰川에 사는 雲庵 朴文一과 誠庵 朴文五를 찾아가 주자학을 배운 일이다. 박문일은 위정척사파의 거두 華西 李恒老의 문인이었고, 17세기 초 관서지방의 명유였던 遯菴 鮮于浹의 학풍을 이은 학자로서 당대 주자학의 일가를 이루어 관서지방에서 다수의 제자를 길러낸 인물이다.26) 박은식이 박문일의 經義齋에서 수학한 기간은 1년 남짓한 단기간에 불과했지만 그들 형제로부터 배운 주자학은 매우 학리적인 깊이 있는 것으로서 박은식에 준 영향은 자못 컸다.

이로부터 비롯된 이들의 학문적 사제관계는 일생동안 돈독히 지속되어 박은식이 애국계몽사상가로 전환한 후에도 스스로 박문일·박문오 양선생의 문하임을 밝히면서 신사상에 대한 스승의 교화가 있었음을 간접적으로 술회하고, 1904년에는『誠菴集』에 발문을 쓰기도 하였으며, 한편 스승 박문일도 이러한 박은식을 생전에 제자로 총애하였다.27)

---

26)「운암선생연보」『운암집』제1책 참조. 박문일은 마지막으로 박지원·정약용 등 11명과 함께「奎章閣提學」에 추증된 큰 학자이다(신용하,『박은식의 사회사상연구』, 5쪽 註 12).

27)「誠菴集跋」『전서』하, 221쪽.
　　"吾輩同門中에 新思想이 有호 者―稍稍有聞호니 卽朴 雲庵誠庵 兩先生門下의 若個人이 是라"(「賀吾同門諸友」『서북학회월보』제1권 제1

박은식은 이러한 배움과 師承관계를 통해서 화서와 돈암의 학풍을 지니게 되고, 유학과 주자학의 참뜻을 깨달았으며, 이는 앞서 연전에 섭렵한 丁若鏞의 실학사상과 함께 그의 학문과 사상의 변화·발전에 큰 몫을 이루었다.

박은식은 1885년에 어머니의 명에 따라 향시에 응시하여 특선으로 뽑혔다. 그는 이로 인해 관직에 나가게 되었는데, 1888년(30세)에 閔泳駿의 추천으로 崇仁殿 참봉이 되고, 1892년(34세)에 閔丙奭의 추천으로 동명왕릉의 참봉으로 전임되었다. 그의 관직생활은 1894년 동학농민운동과 갑오개혁이 일어날 때까지 6년간 능참봉을 한 것이 전부이다. 참봉시절의 그는 이전의 곤궁을 벗어나 비교적 여유있게 討論性命하며 講行飮射하면서 유유자적할 수 있었다.[28]

이 시기에 박은식은 스승 박문일을 매개로 민씨 수구파 거물들과 친교를 맺는 한편 소장 때부터 주자학을 깊이 연구하여 높은 수준의 경지에 도달하여 西道 사람들은 그를 가리켜 "돈암 이래의 제 1인"이라 하며 그의 유학을 칭송하였다. 유학자로서의 그의 이름은 서북지방은 물론 중앙에까지 널리 알려지게 되어, 그가 후에 개화사상가로 발전하지 않고 위정척사파의 유학자로 일생을 마쳤더라도 "그 聲名 아래에 모여드는 長袖闊袍者流가 蔚然히 一方을 덮었을 것이 분명하다."[29]고 그를 아는 당대인은 말하고 있다.

박은식이 갑오와 을미년의 국난을 만나 크게 상심하여 강원도 원주 酒泉(박문일과 동문 수학한 柳麟錫 의병진의 중심지)으로 거주지를 옮겨 漁樵생활을 할 당시만 하여도 1894년의 동학농민운동

호 ;『전서』하, 33쪽)와 박문일은 박은식을 평하여, "世之論文章者 必以殷植爲之指屈"이라 하였다(「朴參奉殷植慈堂晬宴序」『운암집』 권 11).

28) 「賀吾同門諸友」『전서』하, 32쪽.

29) 「哭白庵朴夫子」『전서』하, 279쪽.

을 '東匪의 반란', 갑오개혁을 '邪說'이라고 비판적 인식을 하고, "수구를 의리로 여기고 개화를 사설이라"고 규정하였다.30) 결국 그는 40세(1898)의 서울생활 초기까지만 해도 주자학을 동양학계의 正學으로 인정함으로써31) 주자학적 이념에 입각한 위정척사사상의 범주를 벗어나지 못한 채 외세와 일제침략에 대한 저항의식과 민족의식을 온축시켜 나갔던 것이다.

이즈음의 신채호는 할아버지의 엄격한 교육과 그의 타고난 재주에 의해 이미 주자학에 대해서도 대인으로 성숙된 감이 있었던 것이다.32) 신채호의 할아버지는 신채호가 집안에 있던 상당한 양의 서적을 독파한 후 차원 높은 학문을 열망하고 있음을 알고 신채호가 18세(1897) 되던 해에 손자의 학문과 출세를 위해 수학동문이며 구한말의 대학자로서 수구파의 거물 대신이었던 平山人 陽園 申箕善에게 손자를 소개하고, 새로운 수학의 길과 서적열람의 편의를 간곡히 부탁하였다. 그해 신채호는 天原郡 木川(현 천안시 목천면)에 있던 신기선의 사저를 드나들면서 신·구학문의 많은 서적을 섭렵할 수 있었으며, 신기선은 이로부터 신채호의 재주와 학문열에 감동하여 그가 서울 성균관에서 수학할 수 있는 길을 적극 추천하기에 이르렀다.

신채호는 19세(1898) 때에 신기선의 추천으로 성균관에 입학하였다. 서울에 올라와서 성균관 南齋生이 된 신채호는 그의 재주와 유학에 대한 박식으로, 특히 論과 詩賦를 짓는 製述에 비상한 재능을 발휘하여 스승과 학우간에 큰 주목을 받았으며, 점차 그의 명성은 기재로 서울 장안에 널리 떨치게 되었다.33)

---

30) 「賀吾同門諸友」『전서』 하, 32쪽.
31) 「學의 眞理를 쫏차 求하라」『전서』 하, 197쪽.
32) 신영우, 「조선의 역사대가 단재옥중회견기」『개전집』 하, 446쪽.
33) 이러한 사실은 당시 성균관 관장이었던 대유학자 遂堂 李鐘元이 신채

이로써 보면 박은식이 10세 때부터 주자학에 심취하여 성인이 된 청년기에 관서지방에서 주자학에 일가를 이룬 박문일과 박문오 형제로부터 주자학을 학리적으로 배우게 된 사실은 그의 인격과 학문 형성에 크나큰 영향을 끼쳐 한말의 애국계몽사상과 망명후 광복운동 전개의 도덕과 이념의 골간으로 발전해 간 것으로 생각된다. 즉, 박은식은 학문적인 사승관계를 통한 정통적인 주자학을 수학함으로써 孔孟의 유학사상과 學者的・禮度的인 온건한 인품 및 원만한 동문관계를 바탕으로 한 그의 사상체계와 인격형성을 이루어 간 것이다.

신채호의 경우는 소년기에 주자학의 경전을 공부한 후 19세 성년기 직전에 최고 공교육기관인 성균관에 입학하여 주자학을 바탕으로 한 신・구교육을 접하고 당대의 학자・지사와의 직・간접적인 자유로운 교유를 통해 그들의 다양한 학문과 사상의 영향을 자기화한 것으로 여겨진다.

즉, 그는 박은식에 비해, 첫째 아버지 없이 할아버지의 훈도 아래 성장하고, 둘째 뚜렷한 사승이 없이 성균관에서 젊은 나이로 학문을 수학하고, 셋째 당시 동학농민운동・청일전쟁・아관파천 등을 겪으며 열강 침략의 대상이 되어 위기의식이 더욱 고조되었던 시기에 감수성이 예민한 청년기로 접어들었던 관계로 그의 재능과

호의 재능과 인품에 감탄하여 "나를 아는 사람은 오직 자네 한 사람뿐이네"(知我者惟君一人)라 공언하고, 또한 당시 성리학의 대가로 성리학 강학을 담당하고 후에 의병운동에 가담했다가 순절한 당대의 지사 李南珪도 신채호의 재능과 인품을 높이 평가하여 자신의 친족인 李章植에게 보낸 글에서 "벗 신채호군을 와서 만나보았는가. 그는 明敏하고 節操(분수)가 있으며 그런 인물은 얻기가 쉽지 않아서 더불어 어느 곳에서도 어울린다면 마땅히 유익할 것이다." (申友采浩 間己來聚否 明繁有守 甚不易得 與之相處 當有益也)고 그와의 친교를 천거한 예를 엿볼 수 있다(李南珪, 『修堂集』, 大東文化研究院, 95쪽).

학문은 타인과의 화합적인 온건적 성격보다 적극적이고 자유분방한[34] 비타협적인 성격을 지니게 된 것으로 생각된다. 이로부터 그의 인품과 도덕·철학체계는 보다 자주적이며 변혁적이며 완고하여 애국계몽사상과 광복운동사상 전개에 보다 자주적이고 혁명적인 투쟁노선을 취할 수 있는 특성을 형성하게 되었다.

Ⅲ. 실학의 수학

박은식과 신채호에 있어서 유년기와 소년기가 주자학적 인격도야와 학문수학의 중요기간이었다면, 성년기를 전후한 시기부터는 조선후기의 改新儒學으로서 근대지향의 개화적인 實學을 수학하여 그 진취적인 개혁사상을 터득함으로써 이들 학문과 사상형성에 또 하나의 중요한 전기가 마련되었다.

박은식의 실학수학은 1880년(22세)에 경기도 광주 斗陵에 사는 다산 정약용의 애제자인 申耆永과 제자이며 宗人인 丁觀燮을 찾아가서 古文의 學을 구하고, 정약용의 정치·경제·사회에 관한 저술과 학문을 섭렵함으로써 이루어져 갔다.

그가 후일 이익·정약용·박지원이 經世致用과 利用厚生의 실학을 연구하여 근대 서구사상의 장점을 채택하려 했으나 수구파의 압력으로 그 뜻을 펴지 못했음을 안타까워 했던 점으로 보아, 그에

---

34) 신채호는 16세(1895) 때에 향리에서 豊壤 趙氏와 결혼하였으나, 그의 결혼은 할아버지와 어머니의 의사에 따른 가혼이었기 때문에 그의 조혼은 처음부터 별 의미를 갖지 못하고 결국 실패하고 만다.

있어서 실학의 학문적 접목은 그의 사상 발전에 큰 영향을 미쳤음
을 알 수 있다.

> 옛날 정조 때 星湖・茶山・燕巖 제공이 함께 학계에서 혁신사상
> 을 지니고 이상주의적인 공담에 힘쓰지 않고 정치・경제의 실용을
> 연구하여 서양법을 참고하여 그 장점을 채택하고자 하였다. 이들 제
> 공으로 하여금 그 뜻을 펴게 하였더라면 우리나라의 維新은 동아에
> 있어서 일찌기 선도하는 자리를 점했을 것이요, 어찌 오늘날의 수치
> 가 있었겠는가, 끝내 수구파의 압력에 굴복하여 뜻을 펴지 못했거나
> 혹은 邪說의 誣案에 걸려 때를 만나지 못했으니 어찌 천고의 큰 한
> 이 아니겠읍니까.35)

박은식은 1882년(24세)에 서울에 와 있다가 임오군란을 지켜보
고 개연히 시무책을 지어 당국에 제출하려 했으나 받아주지 않아
뜻을 이루지 못하였다. 이 시무책은 전해지지 않으나 다산의 실학
사상을 수용한 후 만들어진 것으로 박은식의 經世濟民의 사상이
담겨진 최초의 문서이다. 이 일이 있은 후 그는 고향으로 돌아와서
평남 寧遠의 산중으로 들어가 飯蔬飮水로 오직 학문연마에 전념하
여 由文入道와 反躬實踐의 요체를 자득하였다. 이때 그는 「溫飽天
下」에 뜻을 두고 경제에 관한 선배의 저술을 탐독하였던 죽마고우
全成庵과 함께 학문에 정진하였다.36) 여기에서도 그가 20대 초에

---

35) "昔在正廟之際 星湖茶山燕巖諸公 俱於學界有革新思想 不務理想之空
　　淡 研究政治經 濟之實用 參攷西法 欲采其長 使此諸公得行其志有所
　　展布 則吾國之維新 在於東亞早已占 先導之位何至有 今日之羞恥 乃
　　屈於舊派之壓力 而齋志莫伸 或罹邪說之誣案 而坎坷以沒 寧非千古大
　　恨哉"(「雲人先生 鑑」『전서』하, 243쪽).
36) "余與成庵 同志也 同業也 而艱苦之耦嘗也 憂患之相憐也 凡三十年矣 往
　　在壬午癸未之際(1882~1883) 偕隱于寧遠峽中 因樹爲屋 種諸爲粮 … 是
　　時 成庵身處飢寒之極 而其志常以溫飽天下爲念 故其學尤勤於經濟凡前
　　輩著述 有合于是者 必熟講而精討之"(연대 : 필자주,「送黃海 監理成庵全

실학의 경세학 연구에도 상당한 관심을 기울인 것을 알 수 있다.

박은식은 학구열이 가장 왕성했을 이 시기에 다산의 학문을 섭렵하면서 자신의 학문기반이었던 중세적 주자학에서 한걸음 나아가 근대지향적인 실학에 눈을 뜨고 實事求是의 새로운 논리를 인식하게 되었다. 이러한 학문적인 변화의 자질과 실학사상의 개화 구국적 이념에 대한 온축이 바탕이 되어 그의 사상이나 행적은 1898년(40세) 경부터 현저하게 성숙된 경지를 이루어 일대 전환기를 맞게 되었다.

박은식이 「讀燕巖集跋」에서 "이제 연암선생의 글을 살펴보니 소탕하되 奇氣가 있어 구습에 사로잡히지 않고 詭術에 노력하지 않았으며 변화하는 곡절이 超驤離絶이라, 참으로 史公과 같으니 어찌 奇하지 아니할까."[37] 라고 실학자들의 사상을 높이 평가하여, 실학에 대한 그의 깊은 이해를 반영해 주고 있다.

뿐만 아니라 박은식이 유림가의 구습을 "옛날의 폐습을 篤守하고 求新의 時宜를 연구하지 않고 禮義를 空談하고 경제를 강구하지 않는 것"[38]으로 지적하여 유교가 시의를 쫓지 않고 실용적인 국민경제를 외면하고 있음을 비판하는 데에서 실학사상에 대한 그의 단적인 이해를 엿볼 수 있다. 공자가 오늘에 다시 태어난다 하여도 서양인의 이용후생하는 제조품과 신법률 및 신학문을 거절할 수 없을 것이라 단정하며, 尙書의 "새로운 백성을 지으라."(作新民)

君序」『謙谷文稿』;『전서』중, 434쪽). 평남 寧邊이라는 '연보'의 기록은 평북 寧遠의 잘못된 것으로 보임. 영변은 평북에 있다(金基承,「백암 박은식의 사상적 변천」『역사학보』114집, 5쪽 註 13).

37) "今觀燕巖先生之文 疎宕有奇氣不囿於舊 不驚於詭 變化曲折超驤離絶 眞史公若也 豈不奇哉"(『전서』하, 221쪽).

38) 「舊習改良論」『西友』제2호 ;『전서』하, 9쪽 :「賀吾同門諸友」『西北學會月報』제1권 제1호 ; 앞의 책, 32쪽.

과 맹자의 "또한 그대의 나라를 새롭게 하라."(亦以新子之國)[39]는 가르침을 소개하였다.

이미 그가 실학의 변혁사상에 의해 서양의 실용학을 주체적으로 수용해야 함을 인식하고 있었다는 사실은 박은식이 신채호 등 동시대의 선구적인 개화사상가들과 같이 실학사상을 개화사상과 독립사상으로 그 맥락을 연결한 인맥 중의 한사람이었다는 데에서[40] 밝혀지고 있다.

이로써 보면 박은식은 유년기 때부터 학문수학에 있어서 원천적으로 엄격한 주자학적 체질을 지니고 있었으나, 공자 등 유교적 성인들의 가르침인 역사발전의 핵심이념인 '溫故而知新'을 바탕으로 중세의 주자학적 폐습을 극복하고 이용후생과 경세제민의 시대로서 실학사상의 개화적 요소를 근대적 사상발전의 요체로 인식함으로써 서구의 신학문과 사상을 수용할 수 있는 기틀을 마련하고 있었다.

한편 신채호의 근대개혁사상은 넓은 의미에서 개신유학적인 실학사상에 그 연원을 두고 있다. 그의 학문수학기의 실학사상에 대한 이해는 바로 자신의 개화자강적이고 근대민족주의사상 형성의 제 1차적인 뿌리로서 중요한 의미를 지닌다. 그는 실학사상의 요체라 할 수 있는 중세적 중화사상의 극복원리를 지동설에서 발견한 실학사상과 이 사상을 발전적으로 계승한 개화사상의 큰 효력을

---

39) 「舊習改良論」, 앞의 책, 9쪽.

40) "朝鮮之實學 必授思想的理念於開化思想 … 其三 承繼民權尊重思想 特著茶山·錦陵尉·白巖·蘭谷(李建芳) … 又觀人脈燕巖·茶山·楓石(徐有榘)·淵泉(洪奭周)·圭齊(南秉哲)·海莊(申錫雨)·阮堂等 授 理念威堂(申櫶)·香農(申正熙)·海鶴(李沂)·古均·梅泉·心齋(李道宰)·秋琴(姜瑋)·雲養(金允植)·矩堂(兪吉濬)·韋庵(張志淵) 等 又授 白巖·丹齋·島山等 獨立運動家"(『張孝根日記』 1926.9.5 ; 성신여자사범대학 국사교육학회, 1977, 『한국사논총』 제2집, 117쪽[( )의 인명은 필자 주]. 이후 책명은 생략함.

'朴珪壽와 金玉均의 문답'형식을 빌어 다음과 같이 긍정적으로 평가하였다.

> 김옥균이 일찍 우의정 박규수를 방문한 즉, 박씨가 그 벽장 속에서 地球儀 一座를 내어 씨에게 보이니, 該儀는 곧 박씨의 조부 연암 선생이 중국에 유람할 때에 사서 휴대하여 온 바더라. 박씨가 지구의를 한번 돌리더니 김씨를 돌아보며 웃어 가로되 "오늘에 중국이 어디 있느냐. 저리 돌리면 미국이 중국이 되며, 이리 돌리면 조선이 중국이 되어 어느나라든지 가운데로 돌리면 중국이 되나니, 오늘에 어디 정한 중국이 있느냐"하니, 김씨, 이 때에 개화를 주장하여 신서적도 좀 보았으나, 매양 수백년래 流傳된 사상 곧 대지 중앙에 있는 나라는 중국이요, 동서 남북에 있는 나라들은 四夷니, 사이는 중국을 높이는 것이 옳다 하는 사상에 속박되어 국가 독립을 부를 일은 꿈도 꾸지 못하였다가 박씨의 말에 크게 깨닫고 무릎을 치고 일어났더라. 이 끝에 갑신정변이 폭발되었더라.[41]

신채호는 1898년 성균관에 입학하여 신·구학에 전념할 때 보수적인 구학문의 한계성을 깊이 인식하고 민족의 전통학문으로서 근대개화사상을 지향하는 실학의 저술들을 섭렵할 수 있게 되면서 실학사상에 대한 깊은 인식을 하게 되었다. 이 시기 이후 그는 민족의 전통사상은 물론 널리 근대서양문물에 대한 학문적 접촉을 이룩할 수 있었다.

신채호는 연암 박지원 등의 실학사상가들이 지동설을 통해 비합리적인 天尊地卑觀·생래적 신분관·차별적인 직업관·중세적 전제군주관의 고정관념을 깨뜨리게 되었음을 자각하고, 이러한 사상의 변화는 신학설에 의해 이루어진 것임을 지적하였다. 이러한 관점에서 박지원을 사상계의 위인으로 국민의 마음을 개척한 인물로 칭송하였고,[42] 아울러 그의 역사지리적 고증의 탁견을 높이 평

---

41) 「지동설의 효력」『개전집』하, 384쪽.

가하였다.[43]

그리고 그는 다산 정약용을 경세학의 대가로 근세학자의 태두로 추존하여[44] 정약용의 경세와 식견을 높이 평가하였다.[45] 또한 그는 韓久庵·安順庵·丁茶山·李修山 등의 선생이 나와 후인의 역사와 사상을 채찍질한 데 대해 무한한 감사를 표하였다.[46]

이러한 신채호의 실학사상에 대한 이해는 무엇보다 실학과 그 사상에 대한 깊은 학문적 수학을 통해서 이루어진 것이며, 이로써 그는 민족국가의 자주독립을 위해 민족내부의 전통사상인 개신유학적이고 개화적인 실학사상을 주체로 하여 서구의 실용사상을 비판적으로 수용할 수 있는 명분과 이론적 단서를 얻게 된 것이다.그는 한국의 실학사상이 근대 서구의 신학문의 이념과 맥락을 같이 하고 있다는 인식에서 "유교의 진리를 확장하여 허위를 버리고 실학에 힘쓸 것"[47]을 주장하게 된 것이다.

당시 그는 자신보다 각각 21세·16세의 연장자로서 한말의 대표적 선각자로서 언론계의 백중의 쌍벽이었고 직장동료였던 박은식과 장지연의 언론활동과 그 사상의[48] 영향을 받으며, 신채호 특유

---

42) 「舊書刊行論」『개전집』하, 102쪽.
43) 『조선일보』 1932년 12월 9일~14일 「만리장성이 뉘 것이냐」 ;『전집』별집, 40쪽.
44) 「구서간행론」, 앞의 책, 102쪽.
45) 「대한의 희망」『대한협회회보』제1호 ;『개전집』하, 64쪽 :『대한매신보』 1908년 3월 17일~19일 「國漢文의 輕重」 ;『전집』별집, 74쪽.
46) 「朝鮮史 整理에 대한 私疑」『개전집』중, 136쪽.
47) 「儒敎擴張에 對한 論」『개전집』하, 119~120쪽.
48) 박은식의 실학사상은 졸고, 1994, 「박은식의 사상과 그 형성에 관한 연구」『한국민족운동사연구』 9집, 27~29쪽 참조. 장지연의 실학사상은 金澤榮이 韋庵의 學을 단적으로 "其學主 李星湖 丁茶山二公"[『韋庵文稿』권12, 「事略」(김택영)과 권11, 「墓表」(張命相)]라 한 것과, 천관우가 위암의 실학 중 주로 경세학에 관심을 두었다(千寬宇, 1967, 「장지

의 실학사상에 대한 인식의 폭과 깊이를 더해간 것으로 이해 된다.

신채호의 실학사상에 대한 이러한 포괄적인 이해와 평가는 경세에 대한 학술적인 연구보다도 주로 역사학의 입장에서 실학사가와 그들의 사서에 대한 비판적 평가를[49] 통해서 더욱 구체화 되었다.

이로써 보면 박은식과 신채호는 실학사상의 큰 줄기인 민족적·근대지향적·민중적인 경세제민사상·변혁사상·실용사상 등을 민족국가 발전의 잠재적 사상으로 인식하고 이를 서구 근대사상을 주체적으로 수용하는 민족의 전통적 사회사상의 이론과 도구로서 규정하여, 이를 국내에서는 開化自強思想으로, 국외에서는 光復運動思想으로 승화시켜 그 맥락을 구축하는 데에 큰 역할을 하였다. 특히 신채호가 實學史書를 천착하여 실학사학의 중심 이념과 그 실천방법을 근대민족주의사상과 근대민족주의사학에 비판적으로 수용 계승하여[50] 한국근대사상 형성의 큰 뿌리가 민족 자생의 실학사상에 있음을 밝히며 민족의 정체성 확립에 앞장선 것은 한국의 근대민족주의사상과 근대민족독립운동의 주체적인 이념의 고리로서 역사적 의미를 지닌다.

연과 그 사상」『白山學報』제3호 참조)는 평을 참조.

49) 실학사가와 그들의 사서에 대한 비판적 고찰은 망명기의 한국사서술을 통해서 여러 곳에서 단편적으로 나타나지만『조선상고사』총론의「舊史의 種類와 그 得失의 略評」에서 집중적으로 서술되고 있다(『개전집』상, 42~44쪽).

50) 그는 대선배요 대석학인 安鼎福이나 丁若鏞의 學說을 객관화 시킬 수 있었고 이를 준열히 비판할 수 있었다(이만열,「丹齋史學의 背景」『단재 신채호의 역사학 연구』, 97~98쪽), 신채호는 다산을 두고 '丁茶山 輩의 野說'(「萬里長城이 뉘 것이냐」『全集』別集, 42쪽)이라 하였고, "丁茶山은 … 妄證했다."(「朝鮮民族의 全盛時代」『全集』別集, 144쪽) 고 비판하였다.

Ⅳ. 신학문의 수용

　한말 박은식과 신채호 등의 애국계몽사상가들이 새로이 전래된 신서적[51]과 신학설을 통해 수용한 근대 서구사상의 주류는 사회진화론과 계몽사상이었다.[52] 이들 서적과 사상들이 직수입 또는

---

51) 당시 청과 일본에서 간행되어 전래된 세계역사·지리·법률·자연과학 관계서적들과 잡지 등을 말한다(李光麟, 1969, 『한국개화사연구』, 일조각, 38~46쪽).

52) 사회진화론과 계몽사상의 수용 경위와 영향은 다음을 참조하라(이광린, 1979, 「구한말 진화론의 수용과 영향」 『한국개화사상연구』, 일조각 : 申一澈, 1981, 「신채호의 자강론적 서구수용」 『신채호의 역사사상연구』 고대출판부 : 朱鎭午, 1988, 「독립협회의 사회사상과 사회진화론」 『손보기교수정년기념론문집』 : 李松姬, 1992, 「한말 사회진화론의 수용과 전개」 『부산사학』 제22집). 사회진화론은 스펜스(H.Spencer; 1820~1903)와 헉슬리(T.Huxley: 1825~1895) 등이 다아윈(C.Darwin: 1809~1882)의 진화론의 生存競爭의 원리를 인간사회에 적용 발전시킨 것으로, 이 사회진화론은 중국에 건너와 'Survival of the Fittest'는 '物競天擇'으로, 'Struggle for Existence'는 '優勝劣敗'로, 일본에서는 전자가 '適者生存'으로, 후자가 '生存競爭'으로 번역되어 받아들여졌다. 중국에서는 청일전쟁 이후 嚴復(1853~1921)이 헉슬리의 『진화와 윤리』를 『天演論』이란 제목으로 번역 소개하였고, 스펜스의 『사회학』을 1903년 『群學肄言』이란 제목으로 번역 간행하였다. 한국에서는 이러한 번역서들보다는 梁啓超(1873~1929)의 저술을 통하여 사회진화론이 유입 전파되었다. 즉 양계초의 『飮氷室文集』은 1903년 2월 출간되었는데, 이것이 국내에 들어와 널리 읽혔으며, 1908년 4월에는 국내에서 金恒基에 의해 번역 간행기까지 했던 것이다. 당시 『음빙실문집』은 『대한매일신보』의 논설에서 자주 인용하고 있었고, 학교에서는 한문교과서로 사용하기도 하는 등 지식인들의 필독서로 되어 있었다.
　그리고 서구계몽사상은 루소(Jean-Jacques Rousseau, 1712~1778), 홉스(Thomas Hobbes, 1588~1679), 로크 (John Locke, 1632~1704), 몽테스키

일본과 중국을 통하여 들어 왔으나 당시 애국계몽사상가들은 주로 1903년 이후 梁啓超의 『飮氷室文集』 등의 저서와 중국어로 번역된 사회진화론 관계 저서들을 읽고 19세기말의 사회진화론을 수용하였다.

그러나 위의 사상들이 박은식과 신채호 등의 애국계몽사상의 큰 흐름으로 보편화 되기 시작한 것은 1905년 이후로서 두 사람 역시 신학문 수용의 배경은 이 시기를 전후해서 이루어졌다.

박은식은 1898년 여름에 강원도 원주군 酒泉의 漁樵생활을 그만두고 상경하여 서울생활을 시작한 후,53) 9월 5일 『皇城新聞』이 창간되자 위암 장지연과 함께 주필이 되었고, 이어 독립협회활동에 참여하여 11월 17일 搢紳들이 참가한 만민공동회에서 문교부장급 간부로 활동하면서,54) 신학문의 실용성을 깨닫고 새로운 삶의 획기적인 전환점을 맞게 되었다. 그는 서울생활에서 이러한 활동에 참여하여 동서각국의 신서적을 접하면서부터 사상적 변동을 체험하며 중세적 유학체계의 시대적 한계성을 인식하고, 근대의 신학문과 신사상을 긍정적으로 받아들이기 시작하였다.

외 (Charles Louis Montesquieu, 1689~1755) 등의 사회계약론·민권론·국민주권론·헌정론·삼권분립론·국민국가론 등으로서 '국민'을 주체로 한 국권회복운동을 전개하는 사상적 기초가 되었다.

53) "歲戊戌(1898 : 필자주)夏余自東峽來寓輦下 …"(『謙谷文稿』「菊庵記」; 『전서』 중, 455쪽).

54) 민권수호운동과 자강운동에 참여했다는 박은식의 독립협회 활동과 사상은 그의 권유로 독립협회의 동지가 되었던 張孝根의 다음과 같은 회고에 의해 밝혀지고 있다. "回顧白巖丈 其往係獨立協會時 余被誘執同協會之事 而難敎徒之資故也 然而全的支持 彼之民權守護運動 此乃以爲自强運動 又啓蒙運動故云"(『장효근일기』 1925년 12월 15일 ; 『한국사논총』 제2집, 109쪽 : 『獨立協會沿歷略』「독립협회」; 『창작과 비평』 1970년 봄호 所收)참조.

  本記者도 亦嘗屈膝於諸先生之門ᄒ며 周旋於僉章甫之後ᄒ야 討
論性命ᄒ며 講行飮射 홀時에ᄂ 以守舊爲義理ᄒ고 詆開化爲邪說ᄒ
며 … 及其來留京師ᄒᄂ 始也에도 猶是宿志롤 不變ᄒ고新學롤 厭
聞ᄒᄂ 主義러니 乃東西各國의 新書籍이 偶然觸目ᄒ민 天下의 大
勢와 時局의 情形을 觀測홈이 有ᄒ야 今日 時宜가 不得不 變通更
新ᄒ여야 吾國을 可保ᄒ고 吾民을 可活인거을 覺知흔지라.[55]

당시 박은식은 겉으로는 고루한 유학자의 모습으로 비추어지고
있었으나[56] 내면적으로는 민족과 시대의 현실적 문제를 직시하며
신학문의 폭넓은 수용에[57] 의한 개화자강의 필요성을 인식하기 시
작하던 때이었다.

비록 박은식의 근대서구사상의 수용에 의한 사상의 전환은 『황
성신문』의 언론활동과 독립협회운동에 참여하면서 이루어졌으
나[58], 소년기와 청년기에 전념하여 이루어진 주자학에 대한 깊은
인식과 師承·교우관계 및 『황성신문』 계통에 의한 점진적 문명
개화론[59] 에 의해 1905년 을사오조약으로 국권을 상실할 때까지만

---

55) 「賀吾同門諸友」 『전서』 하, 32～33쪽.
56) "今謙谷子儒者也 雖其胸中所磈磊者 種種皆時務而能發之爲此 然其官己
    休 其腹不果 其衣藍縷 傺然久窮於世 世俗方且輕之爲拘儒"(「金澤榮의 序
    文」 『學規新論』 ; 『전서』 중, 6쪽).
57) "40세 이후에 세계학설이 수입되고 자유언론의 시기를 만나매 나도 一
    家學說에 빠졌던 사상이 저윽이 변동됨으로 우리 선배의 엄금하던 魯莊
    楊墨申韓의 학설이며 불교와 기독의 교리를 모두 縱寬케 되었다"(「學의
    眞理는 義로 쫏차 求하라」 『전서』 하, 197쪽).
58) 당시 開化自强思想은 서구시민사상의 영향을 크게 받고 이를 적극적
    으로 흡수하여 개화자강을 추진한 『독립신문』 계통과 국내의 개신유
    학적인 전통을 배경으로 한 단계 더 발전하여 서구 시민사상의 영향을
    취사 선택해서 東道西器論的 개화자강을 추진한 『황성신문』 계통으로
    대별할 수 있다(신용하, 앞의 책, 11쪽).
59) 박찬승, 1990, 「한말 자강운동론의 각 계열과 그 성격」 『한국사연구』
    68 참조.

해도 그의 사상은 동도서기론적 특성을 지니고 있었다.

이러한 경향은 이시기(1898~1904) 장지연·金澤榮·李沂·李裕楨·閔衡植 등이 모두 전형적인 東道西器論者들로서[60] 그의 교우였다는 데에서 잘 들어난다.

박은식은 이무렵(1900~1904) 그의 사상적 전환을 밝혀주는 중요한 저서인『謙谷文稿』와『學規新論』을 펴내었다. 그는 이들 저술을 통해 개화자강의 교육구국사상을 개진하였다. 그는 대한을 부강한 나라로 만들기 위해 유교라는 도덕학과 서양의 실용학을 병행하여 진흥할 것을 주장하고, 서구문물의 수용은 대한의 풍속과 법도에 적합한지의 여부를 고려하고 또 서로의 장단점을 비교 참작한 뒤 선별적으로 해야 한다는 절충주의적 입장을 취하였던 것이다.[61] 이러한 인식은 그가 이 무렵부터 1910년 경까지 섭렵한 동서양 위인들의 평등·평화·진보·개혁·혁명사상에 대한 올바른 이해를 통해서 가능해지는 것이다.[62]

한편 신채호 역시 성균관에 입학하고 萬民共同會에 참가한 1898년 이후 근대서구 신학문과 신사상을 수용하는 단계에 들어서는 사상형성의 큰 전환기를 맞게 되었다. 신채호는 대신을 역임한 유학자 申箕善과의 만남과 서울생활을 계기로 한국의 정치·사회적

---

60)『皇城新聞』의 동료인 張志淵 역시 동양의 '舊學'은 과거의 문화를 담당해 온 우수한 것이었음을 전제로 하되 그것이 '浮虛無實'하게 된 오늘날은 서양의 '新學' 특히 近代科學으로 재무장해야 된다고 역설하였다(『韋庵文稿』卷7, 漫筆「覊窓手錄」; 千寬宇, 1967,「張志淵과 그 思想」『白山學報』3, 502~503쪽).

61)「興學說(1901)」『謙谷文稿』;『전서』중, 396~406쪽 : "嘗思天下之事 泥常守故則日入 於衰而不振 變故亂常則時陷於奇禍而不終 由是觀之 常不可守也 亦不可變也是二者 將安所折衷 而可讀恒卦有以知 或守或變 不以其道則 不能有濟矣"(「讀恒卦」『겸곡문고』;『전서』중, 429쪽).

62)『夢拜金太祖』;『전서』중, 262~263·276·282~285·309쪽.

상황 및 문화·사상계의 현실을 구체적으로 파악하게 되었다.

천재적 博覽强記力을 지닌 출중한 독서광으로서 성균관의 공부에 전념하는 동시에 아울러 보수적인 구학문의 한계성을 깊이 인식하고, 널리 실학자들의 근대지향적 저술과 시무에 관한 책, 그리고 한국사와 만국사를 구해 읽는 등 근대학문과 사상에 관한 동서양의 신서적을 폭넓게 섭렵하며,63) 여러 학자들과의 교유를 통해서 풍부한 학문적 경륜을 쌓게 되었다. 이 시기 그는 실학과 개화사상은 물론 널리 서양문물에 대한 신사조를 접하여 근대사상과 문물에 대한 다량의 새로운 지식과 정보를 얻을 수 있게 되었다.

당시 성균관은 갑오경장 후 약간 변모하여 종래의 전통적인 유교경전을 교수하는 외에도 작문·역사·지리·산술 등의 새로운 교과목을 제정하고, 수업연한을 3개년으로 하며 학년을 2기로 나누는 등 신식 학교제도를 모방 운영하고 있었기 때문에 신채호 역시 한학과 유학공부에만 주력한 것은 아니었다.

신채호는 이해 11월 독립협회의 官民共同會에 내무부·문서부의 간부급으로 참가하여 행동하는 지성인으로서 과감한 자기혁신을 통해 개화자강사상을 몸소 체득하는 계기를 맞게 된다. 그는 이

---

63) "단재가 책을 보는 것은 그대로 책장을 세는 것 같아 훌훌 넘기면서도 하나도 빼지 않고 모두 기억하였다 한다. 鐘路書鋪 店頭에 서서 수일 동안 店中에 쌓인 책을 전부 독파하였고, 친지의 집에 가서는 그집에 책이 얼마나 있든지 있는 대로 독파하지 아니하면 움직이지 아니한 것은 당시 유명한 일화이다"(申榮雨, 「조선의 역사대가 단재 옥중회견기」『조선일보』 1931년 12월 19일～28일 ;『개전집』 하, 447쪽). "단재는 독서하는 것을 보면 一目十行이라 할 만큼 빨리 默讀할 뿐 아니라, 벗과 담화하면서 글을 읽는다."(徐世忠, 1936, 「단재의 天才와 礙滯없는 성격」『신동아』 4월호 ;『개전집』 하, 463쪽)와 "그가 저술에 전심할 때는 처자의 존재까지도 잊어버리고, 한 번 독서에 潛念하면 며칠씩 세수도 아니한다"(沈熏, 「丹齋와 友堂」『동아일보』 1936년 3월 12일～13일 ;『전집』 별집, 411쪽).

해 12월 25일 독립협회와 만민공동회가 친로수구파 정부의 탄압을 받아 해산되는 전후시기에 체포되어 얼마동안 투옥된 바 있었다.[64]

1898년 이후 신채호의 행적, 특히 만민공동회 활동으로 투옥된 일이나 성균관 학생으로써 한문무용론을 주장한 사실[65] 등은 그가 서구시민사상을 적극적으로 수용하려는 독립협회계통의 개화자강 사상의 영향을 크게 받았던 것으로 이해된다. 그러나 그의 신학문과 서구사상의 수용은 "外國의 長을 취하여 본국의 短을 補하며, 외국의 害를 鑑하여 본국의 利를 計함은 문명진보의 惟一法門이니 어찌 외국을 전연 모방하리오."[66]라 하며, 민족의 전통사상을 바탕으로 한 지극히 주체적이고 비판적인 태도를 견지하였다.

박은식과 신채호는 연령에 있어서 21년의 차이가 있으나 두사람의 학문수학과 사상의 형성에 있어서 1898년의 해는 주자학적 전통사상에 실학사상과 근대 개화사상을 접목하는 대변환의 시기로서 서로 일치하는 것은 두 선각자의 학문과 사상의 만남의 상징으로 주목된다.

이들은 실학사상의 새로운 인식을 통한 발전적 계승과 근대 서

---

64) 「獨立協會沿歷略」, 『창작과 비평』 1970년 봄호.
65) 申榮雨, 위의 글 ; 『개전집』 하, 447쪽.
66) 『대한매일신보』 1908년 2월 9일 「국가를 멸망케 하는 學部」 ; 『전집』 별집, 127 : 『대한매일신보』 1908년 12월 18일~20일 「구서간행론」 ; 『개전집』 하, 99~100쪽.
　　"大抵 外國文明을 輸入하매, 祖國思想을 沒却하여 風俗도 惟 外國의 人物을 是拜하면 駸駸 不知不覺間에 附外奴를 是作할지라"(「구서수집의 필요」, 『전집』 별집, 169~170쪽). "韓國의 有志君子여, 自國固有의 長을 保하며 外來文明의 精을 採하여 一種 新國民을 養成할만한 文化를 振興할지어다"(『대한매일신보』 1910년 2월 19일 「문화와 무력」 ; 『전집』 별집, 201쪽 : 『대한매일신보』 1908년 12월 18일~20일 「구서간행론」 ; 『개전집』 하, 99~100쪽 참조).

양문물의 가치체계를 주체적으로 수용하여 열강의 각축으로 날로 격변해가는 국내외 정세 속에서 무엇보다도 전통적인 민족문화를 계발하고 개화자강사상의 수용과 계몽의 필요성을 인식해 갔던 것으로 보인다.

당시 박은식이 주자학과 실학의 수학 및 서구 신학문의 수용이 비교적 연령에 따라 단계적으로 이루어진 데에 비해 연하의 신채호는 18·19세의 청년기에 들어서서 정통 유교에 대한 학문적 성숙이 이루어지기 전에 국내 실학의 근대지향적사상과 서구의 근대사상을 한꺼번에 폭넓게 접하게 됨으로써 주자학적 세계관의 극복과 새시대 신사조의 흡수가 빠르게 진행되어 어느 누구보다 진취적·개혁적이고 혈기왕성한 애국계몽활동을 전개할 수 있는 동인이 되었다고 생각된다.

이로써 보면 이들 두 사람이 한말 민족자강의 국권회복을 위한 근대적 애국계몽운동과 사상의 선각자로서 국망 후는 광복운동의 중추적 운동가와 사상가로서 민족의 광복과 민중의 혁명사상을 부르짖으며 이를 실천할 수 있었던 몇가지 배경을 추출할 수 있다. 첫째 이들의 성장기가 근대화의 국제경쟁적인 냉엄한 시대상황에 직면해 있고, 둘째 이들이 각자 사상형성의 근원이 되는 학문, 즉 동양사상의 모체인 정통 주자학을 수학하고 이에 대한 시대적·학문적 반성에 의해 자각적으로 생성된 근대지향적인 실학을 발전적으로 계승하여 한말에 전래된 서구근대사상을 구세적 도구로서 주체적인 수용을 모색하고, 셋째 민족국가와 역사의 발전은 주체적인 변화와 개혁에 있음을 확신하며 이를 계몽하고 실천코자 한데에 있었던 것이다.

이러한 공통점을 지닌 두 사람이지만 각각 성장과정과 학문수학에 있어서의 이들을 둘러싼 개인적 상황의 다름에 따라 청년기와 장년기의 사상과 활동은 박은식의 온건적 변화와 신채호의 급진적 개혁으로 차별화 되기에 이르렀다. 말하자면 성장기의 부모·형제 구존관계와 경제적 여건, 학문수학에 있어서의 사승관계, 사회활동의 교우·연령관계 등이 두 사람의 성격과 사상의 형성에 큰 영향을 미칠 수 있었던 것이다.

제2장

애국계몽사상

Ⅰ. 교육구국 자강론

박은식이 국내의 애국계몽활동에서 가장 큰 비중을 차지한 것은 교육활동이었다. 그는 이 시기 교육구국의 사상가·실천가로서 많은 논설을 발표하고, 직접 교육현장과 출판부문의 활동 및 각 지방에서의 학회·학교설립과 敎育自强意識 고취에 지대한 영향을 끼쳤다.

이에 비해 신채호의 경우는 교육활동에 보다 歷史啓蒙活動에 더 큰 비중을 두었으나, 교육에도 많은 관심을 가지며 논설 등 각종 글을 통해 교육자강론을 개진하였다.

박은식의 교육사상은 1900년대 초의 「興學說」과 『學規新論』에 의해 체계가 형성되기 시작하였다. 그는 『謙谷文稿』 중의 「흥학설」 첫머리와 『학규신론』 중의 「論國運關文學」 등에서 국가·사람·학문의 관계와 교육의 본질을 다음과 같이 규정하였다.

① 국가는 사람에 의해서 세워지고, 사람은 학문에 의해서 이루어진다. 국가가 국가됨을 하고자 하는 자는 마땅히 사람이 사람됨을 논해야 하고, 사람이 사람됨을 논하고자 하는 자는 마땅히 학문이 학문됨을 논해야 한다. 학문이란 천하의 이치를 다하고 천하의 힘쓰는 바를 이루는 것이다.

② 종교는 도덕의 학문이요, 모든 과목의 학문은 경제의 기술인 것이다. 이 두가지는 실로병행시켜야 할 것인데 국가가 도덕적 가르침에 대해서는 더욱 정신을 들이고 힘을 다해야 할것이다.[1)

사람을 사람답게 만드는 인격완성의 도덕교육과 나라를 경영하고 백성을 구하는 경제교육에 의해 국가다운 국가를 세워야 한다는 박은식의 대전제는 유학의 전통적 교육이념과 민족의 현실론에 입각한 것으로서 교육의 일반적인 본질과 목적이기도 하다.

박은식은 이를 구현하기 위해 특히 근대 국제정치사회의 변화에 주목하여 고대에 홍성했던 나라들이 근대에 와서 쇠약해진 원인과 일부 나라들이 근대에 와서 강해진 원인을 구명하는 가운데 그 근본적인 원인이 국민교육의 성쇠, 즉 학문의 성쇠에 달려 있다 하며 근대교육의 정책수립과 그 실시를 주장하였다.

甲午改革 후에도 위정자들의 보수적인 태도로 인하여 근대학교 설립시책이 부진하여 1899년 당시 관의 보조를 받는 전국의 학교는 서울에 관립학교 10, 외국어학교 6, 사립학교 11, 의학교 1, 사범학교 1, 배제학당 1, 그리고 지방의 소학교 62개소 등 총 92개교 뿐이었다.[2]

이러한 때에(1898~1904년) 박은식은 나라의 문명은 교화에서 비롯됨으로 교화에 의해 나라를 부강하게 하려면 국민 모두가 교육을 받도록 해야 하고,[3] 각국의 학문을 일찍 배우게 하고, 그리고 인재육성 방법을 채택하여 자강자립의 기틀을 세워야 함을 강조하면서, 이를 위한 각급학교의 설립을 제창하였다.

---

1) ①은 「홍학설(1901년 학부에 건의 제출한 것)」『겸곡문고』;『전서』중, 396쪽. ②는 「종교설」『겸곡문고』; 앞의 책, 418쪽 참조.
2)『皇城新聞』1900년 2월 26일 「雜報」; 경인문화사, 1989,『황성신문(영인본 3)』, 74쪽.
3)「論國文之敎」『學規新論』;『전서』중, 17~18쪽.
　　이때의 敎化란 개념에는 敎育과 다른 교육자와 피교육자를 불평등적으로 보는 전근대적인 요소가 내포되어 있다(李敦熙, 1985,『敎育哲學概論』, 교육과학사, 256~263쪽). 이러한 교화의 개념은 을사오조약 이후 東道西器論을 극복하면서 교육의 개념으로 발전된다.

신채호는 박은식보다 다소 늦은 1908년 「西湖問答」에서 하늘이 인류를 만물의 영장으로 태어나게 한 것은 우연이 아니라 사람이라야 사람의 의무를 실천할 수 있기 때문이라 하며, 사람다운 사람이 되도록 실천해야 할 제1의 의무는 교육이며, 이 교육이 없으면 인간은 禽獸와 糞土만 못하여 스스로 그 몸을 멸망케할 뿐이다[4] 라고 교육의 중요성을 밝혔다.

두 사람 모두 만물의 영장으로서의 사람을 만드는 인격완성에 교육의 일차적 본질과 목적이 있음을 공통적으로 인식한 것은 그들이 아직도 민족의 전통사상인 유학의 교육이념의 기본적 가치를 인정하고 있다는 사실을 반영해주고 있다.

그러나 두 사람은 이러한 전통적 가치관에만 머물지 않고 동시대의 뜻있는 애국계몽사상가들처럼 자신들의 시대를 사회진화론의 원리에 입각해서 제국주의와 민족주의시대로 이해하여 生存競爭은 天演이고 優勝劣敗는 公例로 인식하였다.

이들은 한국사회의 현실을 분석하여 경쟁에서 우수한 국가와 민족만이 생존할 수 있다고 봄에 따라 교육과 실업의 진흥을 통해 자강력을 양성하여 국권을 회복해야 한다고 역설하였다.[5]

박은식의 전통적 교육이념에 의한 興學立國의 교육론은 을사오조약 이후 국권회복이란 시대의 현실적 요구에 부응하여 민족의 교육자강론적 성격을 강하게 띠기 시작하였다. 특히 그는 '지식'과

---

4) 『대한매일신보』 1908년 3월 5일~3월 18일 「서호문답」 ; 『전집』 별집, 131쪽.

5) 「自强能否의 問答」 『大韓自强會月報』 제4권 제16호 ; 『전서』 하, 68~69쪽과 「教育이 不興이면 生存을 不得」 『西友』 제1호 ; 앞의 책, 86~88쪽, 「本校의 測量科」 『西北學會月報』 제4권 제17호, 3~5쪽 ; 앞의 책, 98~99쪽 ; 「孰能救吾國者며 孰能活吾衆者오 實業學家가 是로다」 『서북학회월보』 제1권 제7호 ; 앞의 책, 35~37쪽 : 『대한매일신보』, 1909년 5월 28일 「제국주의와 민족주의」 ; 『개전집』 하, 108 ~109쪽.

'세력'이 우승한 자는 생존할 수 있고 지식과 세력이 열악한 자는 멸망을 면치 못한다[6] 하며, 그 지식은 교육으로 개발하고 그 세력은 殖産으로 증진해야 한다[7] 고 주장하였다. 그는 모든 것이 교육의 성쇠에 달린 것이라고 인식하여 교육구국을 우선적으로 주창한 것이다.

이러한 박은식의 교육자강론의 이념에서 간과할 수 없는 중요한 부분의 하나는 교육의 대상을 한국의 국민전체에 두고 그 주력을 청소년[8]·민중(하등국민)·부녀자·서북인으로 지목한 점이다.

박은식은 약육강식과 우승열패라는 경쟁의 논리를 국내, 즉 민족내부에는 그대로 적용하지는 않았으나 국내 적용에 있어서는 民智 계발이 낙후된 열등지역과 열등층이 선의의 경쟁의 원리에 의해 분발하고 단합할 것을 앞장서서 계몽하고 이를 실천하고자 하였다. 그가『西友』·『西北學會』창립과 그 月報를 발간하고, 이들 지역의 학교설립에 솔선수범한 것이 그 좋은 예이다. 여기에서 그의 조선시대 서북인의 차별대우와 중세적인 신분제도를 극복하고자하는 근대적 평등의 국민교육이념을 엿보게 된다.

애국계몽운동은 2천만 인민사회 즉 전 국민을 대상으로 하는 것이나 그 중점을 어디에 두어야 하는가 하는 문제는 이 운동의 성격을 규정하고 이 운동의 승패를 좌우하는 것이다.

누구보다 甲申政變과 東學農民運動의 실패를 교훈으로 뼈저리게 느꼈을 그가 이 운동이 마땅히 하등사회에 기점을 두어야 한다고 인식한 것은 당연했던 것으로 보인다. 그는 전국 인민을 하나의

---

6)「본과의 측량과」『서북학회월보』제4권 제17호 ; 앞의 책, 98쪽.

7)「대한정신」『대한자강회월보』제1호, 56~58쪽 ;『전서』하, 67~68쪽.

8) 그는 "盖青年者는 將來社會의 代表요 國家의 必須어눌"이라 하며, 청소년교육에 지대한 관심을 표명하였다(「告爲人父兄者」『서북학회월보』제1권 제4호 ;『전서』하, 100쪽).

집단개념으로서 인민사회로 인식하며, 인민들의 정치·사회·문화적 지위와 지식정도에 따라 이를 다시 '上等社會'와 '下等社會'로 분류하여 애국계몽운동의 기본적 대상계층으로서 하등사회를 지목하여 다음과 같이 그 이유를 밝혔다.

> 風氣가 일어나지 않은 까닭은 상등사회에 있는 것이 아니고 하등사회에 있는지라 무릇 상등자는 수가 적고 하등자는 수가 많으며, 상등자는 관습이 심하여 한번 이룬 것은 고치지 않는 습성이 있고, 하등자는 온전한 기운이 생각지도 알지도 못하는 사이에 선전에 따라 바뀌며, 상등자는 스스로 이를 생각하니 감동함이 어렵고, 하등자는 못들은 바를 들으니 감동함이 빠른 것이다. 풍기를 일으키고자 하는 자는 먼저 하등인에 힘을 기울려야 하니, 다수인이 진화하면 소수자가 진화를 따라가지 않겠다 하는 것은 조금도 옳은 이치가 못된다.[9]

박은식은 지배층과 피지배층의 속성을 밝히면서 보수적이고 완고한 적은 수의 상층민을 감화 계몽시키기보다는 식견이 없고 순박한 절대 다수의 하층민을 감화 계몽시키는 것이 애국계몽운동의 성공을 앞당기는 것으로 보고 다수의 개화로 소수의 개화를 포용 촉진코자 하였다. 이러한 주장은 당지 진보적 시대사조인 민권사상과 평등사상을 추구 터득하는 과정에서 형성된듯 싶다. 이러한 교육자강사상은 망명 후에도 일관되게 주장되었다.[10]

신채호 역시 이 무렵 교육의 기능과 목적이 국가 자강력의 배양에 있음을 "予는 국가의 강력은 인민교육에 在하다 하노라."[11] 라고 천명하고, 국민적 교육을 위한 良敎科書를 만들어 국가사상을 고취해야 한다고 주장하며,[12] 당시 부르짖던 문명개화의 교육진흥

---

9) 「淸報護載後識」『西友』제5호 ; 『전서』하, 76쪽.
10) 『夢拜金太祖』; 『전서』중, 291~305.
11) 『대한매일신보』1908년 3월 5일~18일 「西湖問答」; 『전집』별집, 133쪽.

50 박은식과 신채호 사상의 비교 연구

과 실업진작은 모두 오로지 국가를 위해야 한다는 국가주의적 교육자강이념을 강조하였다.

> 何를 爲하여 敎育을 興코자 하며, 何를 爲하여 實業을 振코자 하며, 何를 爲하여 文明開化를 叫하나뇨. 曰此皆 「國」이란 一字를 爲함이라.13)

이때 신채호가 가리키는 '國'이란 자유를 회복한 나라, 즉 국권이 회복된 한국이며, 문명개화의 한국이다. 그는 이렇게 할 수 있는 法門이 교육임을 밝히며, 그 교육은 국가에 害가 없고 利만 있는 교육이어야 함을 역설하였다.

> 今日 한국의 자유를 復하며 문명을 開할 법문은 즉 교육이라. 然이나 彼 국가에 利가 無하거나 或 害가 有한 敎育 卽 無精神敎育·舊式敎育·魔敎育은 결코 20세기 신국민의 교육이 아니니, 然則 금일 교육계에 國家精神·民族主義·文明主義 等으로 標幟를 立할 것은 물론이어니와 …14)

두 사람 모두 민족국가자강의 구국교육이념을 정립해 가는 과정에서 박은식의 교육사상은 점진적으로 근대화의 이념을 띠게 되고, 신채호는 보다 급진적으로 근대화의 이념을 수용하고 있음을 엿볼 수 있으며 그에 있어서의 교육은 전근대적인 구국민 양성이

---

12) 『대한매일신보』 1909년 1월 28일~29일 「東洋伊太利」 ; 『전집』 별집, 187쪽.
13) 『대한매일신보』 1909년 1월 8일 「愛國 二字를 仇視하는 敎育家여」 ; 『전집』 별집, 122쪽.
14) 『大韓每日申報』 1910년 2월 23일~3월 3일 「二十世紀 新國民」 ; 『전집』 별집, 226~227쪽. 獨立思想과 愛國精神을 말살하고 奴性을 발휘케 하는 교육을 魔敎育으로 보았다(『대한매일신보』 1909년 6월 12일 「學生界의 特色」 ; 『개전집』 하, 117~118쪽 참조).

아닌 국가제일주의에 입각한 근대적 20세기 신국민 양성의 신교육임을 천명한 데서[15] 더욱 분명해진다.

이러한 교육이념의 정립 과정에서 박은식은 구체적으로 서양 부강의 원동력인 신학문과 신지식의 수용에 의한 기술과학교육·실업교육의 습득과 진흥, 대한정신교육, 아동교육·여자교육·노동자의 야학·의무교육에 의한 국민교육, 교사양성과 외국유학생 파견, 서양의 교육과정과 교육방법을 모방한 보통교육·전문교육의 구분과 시험제도의 전면적 실시, 천성에 따른 실물교육·체육교육·상무교육, 한글전용의 국민교육과 서적출판의 필요성 및 미국의 예를 들어 초등에서 대학까지의 각급학교 설립론 등을 중점적으로 개진하였다.

이 가운데 체육교육과 상무교육의 강조는 서로 표리를 이루는 것으로서 역사에 등장하는 열강과 약소국은 상무적 國風의 유무에 기인한다고 지적하여 군사교육의 실시를 통한 聯武齊進을 주장한 것은 당시의 여러 독립사상과 행동을 합일코자한 그의 애국계몽사상의 한 특징으로 주목이 된다. 그의 주장은 광의로는 문화운동과 무장운동을 병행하여 국권회복운동을 전개하고, 협의로는 교육구국운동을 당시의 의병운동과 연계하여 병행하자는 것으로 이해할 수 있다.[16]

이러한 그의 시각은 의병운동, 즉 의병의 무장전쟁을 지지하는 논리로서 이는 당시의 제국주의적 일제의 침략을 물리쳐 국권회복을 기약하는 자강독립사상은 궁극적으로 무장독립전쟁을 겨냥하

---

15)『대한매일신보』1910년 2월 22일~3월 3일 「二十世紀 新國民」;『전집』
　　별집, 210~229쪽 :「新敎育(情育)과 愛國」『개전집』하, 131~135쪽.
16) 신용하, 앞의 책, 5쪽.
　　이러한 그의 체육·상무교육사상은 망명 후에도『泉蓋蘇文傳』(『전서』
　　중) 등을 비롯하여 각종 논저에서 발전되어 갔다.

고 의식함으로써 민족의 애국계몽운동 세력과 의병운동 세력의 조화된 민족의 에너지를 결집하는 데에 큰 뜻을 찾게 된다.

이 기간 신채호가 주장했던 교육사상의 구체적인 내용은 유아교육·여자교육·의무교육에 의한 국민교육, 애국심교육, 서양의 각 급학제를 모방한 보통교육·전문교육의 구분, 외국유학의 장려, 한글(國文)교육, 서적간행, 체육교육과 상무교육, 사회교육 등이었다.

이로써 보면 교육이념·교육목표·교육방법 등을 포함한 박은식과 신채호의 교육사상은 크게 국내의 유학·실학사상을 발전적으로 계승하고 서구의 신학문과 신사상을 주체적으로 수용하여 형성되었으며, 교육의 근본이념으로 인간의 도덕교육을 기본적으로 언급하기도 하였으나 실제 이들은 교육을 부국과 국권회복의 일차적인 수단으로 인식하여 국가자강책으로서의 교육을 강조한 점이 유사하다.

그러나 미시적으로는 박은식의 교육사상이 신채호의 그것보다 체계적이고[17] 논리적이고 독창적이라 점을 간과할 수 없다. 이들의 교육의 목표나 기능에 대한 이해는 원칙적으로 같은 범주에 속하고 있으나 구체적 교육사상은 각각 독자성을 띠고 논리의 심도와 강조점이 달리 나타나고 있기 때문이다. 우선 박은식의 교육사상은 신채호보다 5년 이상 앞서 선구적으로 개진되면서 시대적 상황의 변천에 따라 적절한 변화의 양상을 띠고 있음을 주목할 필요가 있다.

박은식은 乙巳五條約 직후 망국의 위기에 직면하면서 국권회복을 위한 민족의 역량을 강화하기 위한 사상적 기반으로서 동양의 전통적 유학사상, 이용후생의 민족적 실학사상, 새로이 수용한 근대 서구사상의 상충적 요인을 하나로 조화 융합할 수 있는 개혁과

---

17) 노승윤, 앞의 논문, 104~109쪽.

변화의 학문으로 陽明學을 발굴하여 그 이념을 현실화하고자 노력하였다.

그는 양명학의 '良知'의 개념을 개개인의 인격적 수양과 주인정신의 계발을[18] 위한 본질적 교육의 원리로, '知行合一'의 개념과 '簡易直截'한 특징을 근대 서구의 실용적 학문을 수용할 수 있는 방법적 기반으로, 그리고 국권회복의 원동력인 실천철학과 시대정신으로 이를 계발함으로써 독창적인 사상을 형성하였다.

이에 비해 신채호의 교육사상은 박은식의 학문적·온건적 입장과는 달리 직선적이고 급진적인[19] 투쟁의 입장이 견지됨으로써 국권회복의 수단으로서 크게 강조된 반면 학문성과 체계성은 결여될 수밖에 없었다.

이러한 특성은 그가 1907년 9월 궁극적으로 반침략·반봉건의 근대적 자주독립의 수립이라는 정치적 이상을 실현하기 위해 조직된 전국적 규모의 항일비밀결사인 新民會에 참여하고, 1908년 한국의 반침략적인 무장영웅『乙支文德』을 저술하여 무장투쟁의 사상을 고취하는[20] 등 보다 직접적이고 급진적인 강경한 방법을 모색하고 이를 실천하고자한 데에서 엿볼 수 있다.

결국 박은식과 신채호의 교육사상과 교육내용은 비록 이들이 만

---

18) 「告我學生諸君」『西北學會月報』 제1권 제10호 ;『전서』 하, 48～50쪽.
19) 그는 당시의 시국이 매우 위급함에 사람이 해야할 일도 촉박하고 급하여 4세에 유치원에 즉각 입학시키고 7세에 소학교, 10세에 중학교, 13세에 대학교에 입학하고, 15세에 졸업케해야 한다고 강조하였다(「西湖問答」, 앞의 책, 134～135쪽).
20) 그는 국권회복을 위해 현실을 수용하면서 기회를 기다리자는 점진적 기회론을 비판하며 칼과 피로서 전국민을 환기할 것을 강조하며(『을지문덕』;『개전집』 중, 별책, 25～26쪽), 이 무렵(1908～1910년)에 을지문덕·이순신·최영 등 한국 역사상의 무장영웅의 전기를 집필하여 국권회복을 위한 무장투쟁을 고취하였다.

물의 영장으로서의 도덕교육에 기본을 두고 있기도 하나 보다 이들에게 시급했던 현실적 요구는 국권회복의 민족자강을 위한 서구의 근대교육사상과 제도의 주체적 수용과 그 보급에 있었다.

그동안 이러한 운동에 절대적인 힘을 입은 대중적 국민교육운동은 도시에서 벽촌으로 확산되고 자주적 사립학교는 정신적·사상적 변혁의 거점이 되고, 일제의 '정치와 교육의 혼동'의 금지, 애국정신의 뿌리를 뽑겠다는 1908년 8월의 「學會令」과 「사립학교령」탄압 아래에서도 꾸준히 추진되어 1910년 7월 현재 사립학교는, 학교총수 2,306개교 중에서 2,250개교를 차지함으로써[21] 이들을 비롯한 애국계몽운동가들의 자강·자주적 교육계몽활동과 그 실천의 성과가 얼마나 컸던가를 알 수 있게 된다.

Ⅱ. 민족정신배양론

박은식과 신채호의 애국계몽사상에서 가장 중요한 내용중의 하나로 꼽을 수 있는 것이 국권회복을 위한 민족자강사상 실천의 적극적 원력으로서 작용하는 民族精神培養論이었다. 이는 애국계몽운동의 두 지주인 교육과 實業自强의 사상적·철학적·심정적 기반을 정립하기 위한 원천적인 정신이념으로서 일반적인 민족의식보다 한 차원 높은 민족국가의 正體를 발양하는 元氣와 魂氣의 정신적 의미를 갖는다.

----

21) 姜在彦, 1982, 『韓國近代史研究』, 한울, 399쪽.

당시 추구되었던 민족정신은 1905년 大韓自强會 발기인의 취지문에 제시되었던 곧 '조국정신'으로서[22] 박은식에 있어서는 대한정신·자국정신·獨立自重之志氣·國魂·대한혼·國性·國粹 등으로, 신채호에 있어서는 애국심·국가정신·국수·국혼·국정·국성 등으로 표현되었다.

박은식은 근대 개명국의 민족이 지식을 계발하고 식산으로 세력을 증진하여 부강할 수 있었던 것은 오직 불굴의 자국정신에 입각한 것임을 상기시키며, 해이해진 4천년 역사의 민족정신—대한정신을 이천만 동포의 머리속에 불어넣어 한국을 세계상의 완전한 독립국이 되게 할 것을 강조하였다.[23]

그는 「大韓精神의 血書(續)」에서 특히 독일·이태리·미국·일본 등이 모두 그나라 특유의 정신에 의해 부강한 나라가 되었음을 예로 들어 어느 나라든지 자국의 민족정신인 국혼이 없는 나라는 없다고 하며 한민족의 정신을 대한정신·국혼·대한혼으로 명명하고,[24] 그것은 바로 꺼져가는 애국의 희생정신임을 강조하였다. 내몸의 생존과 내나라의 보존은 하나로서 이는 전적으로 내나라사랑의 애국심에 의해 이루어진다고 강조하였다.[25]

이러한 논리는 대한정신의 배양에 의한 이천만 동포의 자강·자립정신의 회복으로 국권회복을 이룩할 수 있다는 신념에서 출발되는 것으로 한민족의 자주독립을 위한 대한국민의 투철한 정신무장

---

22) "(전략) 內養其祖國之精神하여 外吸乎文明之學術이 卽 今日時局之急務일새 此自强會之所以 發起者也라"(『大韓自强會月報』 제1호, 9~10쪽 ; 아세아문화사, 1978, 『대한자강회월보(영인본)』 상, 13~14쪽.
23) 「大韓精神」, 앞의 책, 67~68쪽.
24) 『대한매일신보』 1907년 9월 26일 「大韓精神의 血書(續)」 ;『전서』 하, 72~73쪽.
25) 「賀吾同門諸友」『개전집』 하, 32쪽.

에 궁극적인 목적을 두고 있다.

박은식의 대한정신으로서의 한민족의 국혼에 대한 인식은 단순한 정신적 관념에만 머물지 않고 한걸음 더 나아가 역사를 핵심적인 매개체로 하는 구조적 특성을 나타내며,26) "歷史는 국가의 정신이오 … 廣開土王墓碑는 한민족의 국혼이며 史家의 鼎彝라."27)는 독자적인 역사국혼의식으로 발전하여 박은식 사회사상의 중요한 이념의 고리를 형성하게 되었다.

신채호에 있어서도 애국계몽운동의 시급한 문제는 민족정신의 구축으로서 자주독립의 국가정신을 소유한 20세기 신국민의 애국심 배양이었다. 「西湖問答」에서 교육이 없으면 애국심이 없고, 애국심이 없으면 그 나라가 없다는 인식하에서28) 모든 국민동포는 상무교육을 확장하고 武魂을 환기하여 軍國民의 민족정신을 배양하여 자강독립의 신국민 양성의 문화능력을 갖추어야 함을 역설하였다.29) 이러한 시각은 경술국치 후에도 꾸준히 심화되어 나라 잃은 백성의 애국심, 즉 민족정신배양을 위한 신채호 특유의 情育論이 개진되었다.30)

신채호 역시 박은식과 마찬가지로 국권회복을 위한 근원적 志氣로서의 민족정신의 강조가 관념성을 띠고 있는 것은 사실이나, 한

---

26) "또한 歷史는 國魂이 존재하는 곳으로서 國魂을 强固케 하자면 歷史의 培養으로써 마땅히 도와야 하며"(「歷史敎理錯綜談序」, 『전서』 하, 229쪽).

27) 『서북학회월보』 제1권 제9호 「讀高句麗永樂大王墓碑謄本」 ; 『전서』 하, 42~43쪽.

28) 『대한매일신보』 1908년 3월 5일~3월 18일 「서호문답」 ; 『전집』 별집, 132~133쪽.

29) 『大韓每日申報』 1910년 2월 23일~3월 3일 「二十世紀 新國民」 ; 『전집』 별집, 226~227쪽 : 『대한매일신보』 1910년 2월 12일 「文化와 武力」 ; 『전집』 별집, 201쪽.

30) 「新敎育(情育)과 愛國」(망명 후) 『개전집』 하, 133~135쪽.

편으로 한국의 인물과 산천, 즉 한국의 역사와 지리 등에 구현되는
애국정신의 대상물을 통해 구체성을 제시하고자 한 점이 독특하
다.[31] 박은식이 역사를 국가의 정신으로 내세우며 대한정신교육의
한 방편으로 인식하는 동안 이무렵 신채호는 만국사를 섭렵하고[32]
역사연구에도 몰두하어 근대민족주의사학의 새싹인 『讀史新論』
(1908)을 저술하고,[33] 또한 역사전기물로서 梁啓超의 『伊太利建國
三傑傳』(1907)을 번역한 후 곧이어 한국역사상의 삼걸로 乙支文德
·李舜臣·崔瑩을 뽑아 그들의 전기를 저술하여 청년학생들과 민
중들에게 애국심을 고취하고 국권회복을 위하여 국민적 영웅이 되
어 투쟁할 것을 계몽하였다.

　이로써 보면 신채호가 역사를 민족정신 그 자체, 즉 그 산실로서
인식 강조하고, 박은식이 역사를 민족정신의 중요한 방편으로 인
식 강조한 것이 두 사람의 관념적 인식과 그 구현의 입장에서 차별
성을 발견할 수 있게 된다.

　신채호의 정신위주의 관념적 성격의 민족·국가정신배양론은
곧 「國粹保全說」과 民族我의 관념에 대한 논설을 발표하여 그 개
념의 논리를 정립함으로써 그 관념적 약점이 보완되어 그의 민족

---

31) 그는 애국심을 기르고 국권회복을 위한 가장 효과적인 방법으로 역사를
　　강조하였다. "嗚呼라, 我가 國을 愛하려거든 歷史를 讀할지며, 人으로
　　하여금 國을 愛케 하려거든 歷史를 讀케 할지어다."(『大韓協會月報』제
　　2·3호 「역사와 애국심과의 관계」 ; 『개전집』하, 76~77쪽 : 『대한매일
　　신보』 1908년 8월 8일 「許多古人之罪惡審判」 ; 『전집』 별집, 120쪽).
32) "甚矣 人性之薄弱也 讀美國史 至華盛頓 以十三省 排英倡獨立 則一驚
　　讀普魯史至俾斯麥聯日 耳曼列邦 以摧敗强敵 則一驚 讀拿破崙之橫行
　　全歐 讀大彼得之改革全俄 則又一驚"(「遇(愚)公 移山論」 『普專親睦會
　　報』 제9호 ; 『개전집』하, 51쪽).
33) 신용하, 1980, 「신채호의 애국계몽사상」 上 『한국학보』 제19집과 『신
　　채호의 사회사상연구』 제3장 참조.

주의사상의 주체적인 특성이 강하게 표출되기에 이르렀다.

신채호의 '국수'에 대한 인식과 '국수보전'이란 용어는 1908년 3월의 「國漢文의 輕重」에서 언급하였다. 그는 삼국 이래 오랫동안 한문을 사용해 왔고, 국문 출현 이후에도 한문을 중시함에 따라 국수가 매몰되고 중국의 風敎에 국혼을 빼앗기었다고 인식하여, 한국 고유의 國精을 보지하기 위해서는 한국인 모두가 국문을 사용하고 국문으로 된 國史 地誌를 배워야 함을 주장하였다.34) 그는 고려 태조의 말을 빌어 우리나라의 풍기가 중국과 달라 결코 중국풍을 따라 같이 할 수 없다는 주체적 '我' 의식이 국수보전의 큰 사상적 바탕임을 일깨웠다. 그가 여기에서 사용한 국수, 국혼 및 국정이란 용어는 같은 뜻의 다른 표현으로서 민족문화의 精粹를 의미한다. 이와 같은 '국수'에 대한 개념 규정은 같은 해 8월의 「국수보전설」에서 명확히 내린 바 있다.

신채호는 국수를 그 국가의 풍습·습관·법률·제도 등을 통해 역사적으로 이루어져 나타나는 '국가의 미' 즉, 특장적인 민족정신으로 보았다.35) 그리고 이러한 국수가 "先聖 昔賢의 心血의 凝聚, 巨儒哲士의 誠力의 結習, 祖宗 先民의 諸般 業力의 薰染"으로 이루

---

34) 『대한매일신보』 1908년 3월 17일~19일 「國漢文의 輕重」 ; 『전집』 별집, 75~77쪽.

35) 그는 다른 논설에서는 "國家에도 國家의 美가 있나니, 自國의 風俗이며, 言語며, 習慣이며, 歷史며, 宗敎며, 政治며, 風土며, 氣候며, 外他 온갖 것에 그 特有한 美點을 뽑아, 이름한 바 國粹가 곧 國家의 美니, 이 美를 모르고 愛國한다 하면 빈 愛國이라. … 故로 愛國하는 者 반드시 國粹를 重히 알며, 國粹를 중히 아는 國民은 반드시 그 나라를 사랑 하느리라"고 國粹를 '國家의 美'라고 규정하며, 국수를 중히 아는 것이 애국의 요체임을 강조하고(「新敎育(情育)과 愛國」 『개전집』 하, 133~134쪽), 이를 바탕으로 1910년대에는 한국의 국수적 도덕론까지 개진하였다(「도덕」 『개전집』 하, 142~143쪽 참조).

어졌다고 한 것으로 보아 이는 곧 민족의 전통사상을 의미한다. 그가 민족의 전통사상으로서 趙光祖·李滉의 도덕윤리의 사상을 지목하는 데에서[36] 국수에 대한 개념의 일부 성격을 이해하게 된다.

그는 서구열강의 근대국가들이 모두 국수와 국성을 발휘하는 정신 위에 신학문과 새로운 사상을 배우고 연마하는 진취적인 자세를 통하여 문명국이 된 것으로 인식하였다. 당시 한국사회의 외국 사회를 모방하는 풍조에 대하여 이를 '同等的 사상의 모방'과 '同化的 사상의 모방'으로 구분하여, 전자는 옳으나 후자는 옳지 않다고 하였다.[37]

따라서 그의 국수에 대한 관념은 폐쇄적이고 배타적인 국수주의적 관념이 아닌 민족문화의 특장적인 전통사상을 바탕으로 외국문물을 주체적인 입장에서 비판 수용하는 개화 진취적인 근대사상의 맹아적 요소로서의 의미를 지니고 있다. 뿐만 아니라 그의 이러한 민족정신에 입각해서 신국민을 양성할 문화를 진흥함으로써 국권 회복을 쟁취할 수 있는 사상의 구조적 논리를 함유하게 된다.

민족정신론에 입각한 신채호의 국수보전론은 我觀念의 확립에서 더욱 이론적 보강을 하게 되었다. 그는 '아'를 정신적·영혼적 아와 물질적·軀殼的 아로 나누고, 전자는 천지 만물이 죽어도 홀로 죽지 않는 眞我·大我이며, 후자는 반드시 죽는 假我·小我라 구분하였다.[38] 그는 객관적 조건에 규정받지 않는 현재적 상황을 초월하는 주체적인 아의 절대적 관념을 확립한 것이다.

---

36) 그의 이러한 견해는 여러번 피력된 바 있다(「대한의 희망」『개전집』 하, 64쪽과 「구서 간행론」, 앞의 책, 104쪽).

37) 『대한매일신보사』 1909년 3월 23일 「同化의 悲觀」 ;『개전집』 별집, 151~152쪽.

38) 『대한협회회보』 제5호 「大我와 小我」와 『대한매일신보』 1908년 9월 16일~17일 ;『개전집』 하, 84~85쪽.

뿐만 아니라 신채호는 아에 대한 관념을 더욱 확장하여 자기인식의 척도를 국가·국민·민족은 물론 나아가서 세계적 차원으로 승화시킴으로써 '아'에 대한 적극적 관념, 즉 주체의식을 크게 강조하였다.[39] 그는 민족주체적 아의 관념이 확립되어 그것이 의지화될 때에 한국의 목적지는 일본 제국주의의 강권과 억압에서 벗어난 독립·자유의 신성한 새 국가건설임을 희망할 수 있다고 본 것이다.[40] 그는 인간의 정신적인 본성인 실존적 자아를 대전제하여 주체적인 인간의 의지를 민족과 국가의 현실에 확대 적용하여 주체적 아의 인식→희망적 목적지 설정→구체적 이념의 실천→독립자유의 국권회복을 염원한 것이다.

그의 주체적 민족아의 발견과 그 주장은 독자적인 신채호 민족주의사상 형성의 기본적 이념을 들어내는 중요한 요체로서 의미를 지닌다. 신채호 사론의 집약적 표현인 "역사는 인류사회의 我와 非我와의 투쟁이 시간부터 발전하며 공간부터 확대하는 심적활동의 상태의 기록이다."라는 역사의 정의가 이로부터 비롯되었다고 볼 수 있기 때문이다.

신채호는 국수보전론의 구체적인 이론배경의 산실로서 특히 한국의 고대문화를 지목하여 민족고유의 주체적 전통사상을 발굴하여 이를 국권회복의 민족·국민정신의 바탕으로 확립코자 하였다. 그의 이러한 인식은 그의 전기 민족주의사상의 기반이 되어 망국후 한국의 역사와 문화를 민족의 이익과 민족의 입장에서 해석하는 망국민의 국수적 도덕을 내세워 구체적으로 신라의 花郞道를

---

39) 『대한매일신보』 1909년 7월 24일 「我란 觀念을 擴張할지어다」 ; 『전집』 별집, 157쪽.

40) 『대한매일신보』 1908년 5월 24일~25일 「금일 대한민국의 목적지」 ; 『전집』 별집, 175쪽 : 『대한협회회보』 1908년 4월 25일 「대한의 희망」 ; 『개전집』 하, 63쪽 참조.

지목하고,[41] 1920년대 그의 한국사연구에서 외래사상과 대결하는 민족의 전통사상으로서의 郎家思想을 발굴하는 사론의 바탕으로 발전되어 갔던 것이다.

따라서 망명후 정립되는 근대사론적 한국사연구나 민중혁명사상·무정부주의 등의 독특한 민족운동론은 모두 전기 민족주의사상 형성시의 애국심교육·국수보전론·민족아의 발견 등의 민족정신배양론에서 그 연원을 찾을 수 있게 된다.

이로써 보면 박은식의 대한정신과 국혼, 신채호의 애국심과 국수로 대표되는 민족정신배양론은 다같이 자아확립과 시대정신의 자각을 통한 국권회복의 실천에 그 이념이 있음을 알게 된다. 그러나 두 사람의 주장 속에는 개별적 특성이 내재해 있음을 함께 엿볼 수 있다.

첫째, 박은식의 대한정신·국혼과 신채호의 애국심·국수 등으로 나타나는 민족정신배양론은 광의로 보면 자주독립적인 민족과 국가의 혼과 기를 깨우쳐 국권회복의 원천적 에너지를 구축하자는 일종의 정신교육론으로서 다분히 유심론적이며 관념론적인 사상 체계의 성격을 띠고 있다는 점이다. 또한 두 사람은 모두 심도의 차이는 있지만 역사를 민족정신배양의 중요한 요소로서 내세운 점이 공통적이다.

둘째, 두 사람의 민족정신배양론은 협의로 보면, 이후 두사람 자신이 민족주의 역사가로서 정립한 사론의 배경으로 발전되었으며, 당시 박은식의 경우는 역사를 민족정신배양론의 중요한 방편의 하

---

41) 「도덕」 『개전집』 하, 142쪽.
　　이 글이 씌어진 시기가 밝혀진 것이 아니나, 내용에 '國恥'가 언급되고 3·1운동이 다루어지지 않는 것으로 보아 망명 후～1919년 사이인 것 같다.

나로 지목한데 비해 신채호의 경우는 역사를 민족정신배양의 목적 그자체로 규정한 점에서 독자적인 특성을 발견하게 된다. 한마디로 박은식은 方法論的인 입장에서 신채호는 目的論的인 입장에서 역사, 즉 구체적인 역사서술로서 『讀史新論』을 써서 자주독립의 역사의 경험적 사실과 전통적 사상을 발굴하여 민족정신배양의 전면에 내세웠던 것이다.

Ⅲ. 유교개혁론

　1906년 이후 한국의 지식인들 사이에는 '舊學' 특히 유교에 대한 비판의 여론이 고조되었다. 그들은 국권회복과 자주독립을 성취하는 데에 구시대의 유교가 무용한 학문이라고 비난하고 新學問을 적극적으로 수용하자고 주장하였다.[42]

　당시 대표적인 계몽사상가였던 박은식과 신채호는 유교적 전통의 기반위에서 서양근대사상을 수용한 개신유학파 계열로서 이들은 전통유학에 대한 개혁을 주장했지만 이들은 유학의 근본 종지와 사상을 부정한 것이 아니라 주로 유교의 한 학문적 분파였던 주자학의 보수적 전근대성에 비판의 촛점을 두고 있었다.

　박은식은 1904년의 『學規新論』에서 한국의 종교는 공자의 도이고, 공자의 가르침보다 더한 것이 없다고까지 하며[43] 나라의 원기

---

42) 李光麟, 1980, 「舊韓末 舊學과 新學과의 論爭」『東方學志』 23 · 24집, 2~8쪽.

43) 「論維持宗敎」『학규신론』 ; 『전서』 중, 29~30 참조.

로서의 유교에 대한 잠재력을 확신하는 입장을 바탕으로 먼저 전근대적인 보수적인 유림파를 비판대상으로 지목하였다.

그는 "오늘날 나라를 망친 것은 정부와 유림이라."[44]고 생각하여 유림의 폐해를 지적하고 서구의 실용학을 수용하자고 하였지만, 유림이 유교의 본의에 따른다면 국권회복도 가능하다고 여겨 애국계몽의 일차적 대상으로서의 유림에 대한 기대를 버리지 않았다.[45] 유림파는 전근대적인 지식인의 보루로서 그때까지도 상당한 사회적 여론을 형성하고 있었기 때문에 그는 유림의 사상이 개선되는 날이 곧 국민의 사상이 개선되는 날로 굳게 믿었던 것이다.[46] 그에게 있어서 儒敎改革은 민족의 내재적인 역량을 변혁의 정신적 주체로서 발현시키고자 하는데 큰 뜻을 둔 것같다.

박은식은 공자가 오늘에 다시 태어난다 하여도 서양인의 이용후생하는 제조품과 신법률 및 신학문을 거절할 수 없을 것이라 단정하고, 尙書의 '새로운 백성을 지으라'(作新民)와 맹자의 '또한 그대의 나라를 새롭게 하라'(亦以新子之國)를 인용하며, 오늘의 유자는 옛것만 굳게 지키고 새것을 딱 거절하는, 시의를 외면한 유교를 비판하였다.[47]

일찍이 그는 당시의 사회진화론도 유교의 원리에서 벗어나지 않는 것으로 이해하였다. 생존경쟁과 우승열패가 仁義道德에 벗어나는 것 같지만, 인의도덕이야말로 총명한 사람만이 가질 수 있고 우

---

44) 「平壤과 開城의 發達」『西友』 제9호 ;『전서』하, 24쪽.
45) 「舊習改良論」『서우』 제2호 ;『전서』하, 8∼11쪽 및『서북학회월보』제1권 제1호 「賀吾同門諸友」 ; 앞의 책, 31∼33쪽 참조.
46) 「賀吾同門諸友」, 앞의 책, 33쪽.
47) 「구습개량론」, 앞의 책, 9쪽.
　　그는 "隨時變易하고 溫故之新은 吾道의 大要라"하였다(「하오동문제우」, 앞의 책, 32쪽 참조).

매하고 나약한 자는 가질 수 없는 것으로 이것이 바로 경쟁임을 지적한 것은[48] 변혁을 생명으로 하는 유교의 근본 뜻이 서구의 근대사상에 배치되지 않은 진리적 본체라는 논리에 입각하고 있다.

신채호는 1905년 을사오조약 이후 국권회복을 위한 애국계몽운동의 큰 줄기로서 일본의 文明開化論보다는 중국의 變法自强論에 유념하여 유교와 유생들이 주체가 되어 서양의 신학문을 수용하여 근대화와 국권회복을 달성해야 한다고 인식했던 장지연·박은식 계통의 유학개혁사상에 근거를 두면서, 근대민족주의사상에 입각하여 유교의 철학적 측면보다 사실적 측면에 중심적 비중을 둔 현실적 유교개혁론을 전개하였다.

그는 儒者는 국가사상이 투철하여 평시에는 도덕과 학문으로 임금의 길을 보필하고, 난세에는 白衣從軍하여 寇賊을 쳐서 물리쳤으니 임진왜란 때에 의병장 10중 8·9가 다 유림 중의 인물이었음을 상기시키고 '忠君愛國과 救世行道가 유교의 本旨'라 전제하였다.[49] 그는 한국사회를 개혁하고 국민을 깨우치게 할 자는 오직 유자 뿐임을 그들 고유의 인격과 자질론을 앞세워 그들의 각성을 촉구하였다.

신채호는 유교가 수백년 동안 한국의 사상과 풍속을 지배해 온 유일한 국교였음을 스스로 인정하면서, 유자들이 새시대 개혁의 선봉으로 그 세력을 확장하고 그 잠재력을 발휘하여 신문명의 새 풍조를 받아들여 국리민복을 달성할 수 있음을 기대하였다.

그는 당시의 유교를 두고 "유교를 신앙하므로 쇠약한 것이 아니라 유교의 신앙이 그 도를 부득하였기 때문에 쇠약이 여기까지에

---

48) 「教育이 不興이면 生存을 不得」『西友』제1호 ; 앞의 책, 86쪽.
49) 『대한매일신보』1908년 1월 16일 「警告 儒林同胞」 ;『전집』별집, 105~
　　106쪽.

이르렀다.”고 비판하며 유교의 폐해와 문제점 몇 가지를 구체적으로 지적하였는데, 이를 다음의 두 가지로 종합 요약할 수 있다.[50]

① 유교의 본지와 선현의 정신인 ‘實’과 ‘大同’보다도 形式·保守·小節을 중시하고,
② 유교확장을 부르짖는 자(친일세력 포함)가 유교의 진리를 거슬러 부귀·벼슬을 탐하고, 尊華主義·頑固思想이나 고취하며 타교 배척을 유도하여, 한국의 ‘新事業’[51]을 반대하는 자 많다는 점이다.

한 마디로 충군애국과 구세행도라는 유교의 본지와 선현의 정신을 깨닫지 못하여 이를 새시대 신사업의 정신으로 발전시키지 못할 뿐만아니라 유교확장이라는 미명하에 도리어 그 정신을 거역하고 그 발전을 반대하는 자 많음을 지적한 것이다.

낡은 질서를 허물고 새 질서를 추구하는 진보주의적 개혁의식이 투철하고, 구사상에 대한 비판이 비록 추상같고 준열하였지만, 신채호의 유교개혁론은 적어도 유교 자체를 부정하고 구사상은 말살

---

50) ①은 『대한매일신보』 1909년 2월 28일 「儒敎界에 對한 一論」 ; 『전집』 별집, 108~109쪽, ②는 「儒敎擴張에 對한 論」 『개전집』 하, 119쪽 참조. 한국 유교의 비현실적이고 형식적인 폐단에 대한 것은 『대한매일신보』 1908년 3월 5일~3월 18일 「西湖問答」 ; 『전집』 별집, 138쪽에서도 이미 지적한 바 있다.
51) 신사업이 구체적으로 무엇을 가르키는지 확언 할 수는 없으나, 민족자강의 새로운 국민적 사업인 교육과 실업을 통한 국권회복을 가리킨 것으로 보인다. “何를 爲하여 敎育을 興코자 하며, 何를 爲하여 實業을 振코자 하며, 何를 爲하여 文明開化를 叫하나뇨. 曰皆 「國」이란 一字를 爲함이라.”(『대한매일신보』 1909년 1월 8일 「愛國 二字를 仇視하는 敎育家여」 ; 『전집』 별집, 122쪽).

하자는 것은 아니며, 유교의 본지를 민족사회의 현실과 민족주의 사상에 맞도록 개혁 계발하고자 하였다. 비판이란 본래 대상에 대한 애정과 신뢰의 바탕 위에서 가해질 때 진가가 들어나는 법이다. 그가 역사적으로 이루어진 전래의 전통 가운데 악하고 추한 부분이 있어 부득이 이를 비판하고 파괴할 때에는 손으로 快刀를 휘두르되, 눈에는 처절한 눈물을 머금고 주저하며 차마하지 못하는 마음을 지녀야 함을 전제하는 데에서[52] 그의 전통사상에 대한 애정과 신뢰에 바탕을 둔 독특한 비판과 파괴의 정신을 엿보게 된다. 결국 그는 민족자강과 국가부흥의 승패는 오로지 유림의 각성에 달렸다고 강조하면서 그들이 유교의 진리를 확장하여 허위를 버리고 실학에 힘쓰고, 小康을 버리고 大同에 힘써서 유교의 경세와 구세의 빛을 우주에 비출 것을 염원하였다.[53]

　이러한 민족주의적 자강독립사상은 마침내 유교의 근본사상 구현에만 집착하지 않고 한걸음 더 진보적인 시각으로 불교·기독교는 물론 민족의 대종교·천도교 등에도 긍정적인 관심을 갖이고 그들 종교의 구세적 이념의 현재적 순기능까지 거론하였다. 그는 논설 「遍告 僧侶同胞」에서 "佛道의 第一義는 '救世' 2자에 불과하여 이 2자 즉 '구세'주의를 버리면 불교가 없으니, 승려는 佛家相傳의 구세주의를 잊지 말고, 한국불교의 특색인 호국불교의 국가주의를 잊지 말고 신세계 지식을 수입하여 일체사업을 외국승려에게 물려주지 말고, 大雄·大無畏·大進步하라."[54]고 하여, 불교

---

52) 『대한매일신보』 1908년 8월 12일 「國粹保全說」 ; 『전집』 별집, 116쪽.
53) 「儒敎擴張에 對한 論」 『개전집』 하, 119～120쪽.
　　신채호의 '大同'에 대한 언급(「儒敎界에 對한 一論」 『전집』 별집, 108쪽)도 이미 있다. 그러나 그의 '대동'에 대한 언급은 당시 유교개혁론에 의례히 인용되었던 유학의 본지를 이상적으로 확대 해석한 康有爲의 大同思想의 영향의 일반적인 표현이었던 것으로 보인다.

본지의 구세주의에 입각한 승려의 호국정신의 분발을 촉구하였다.

그리고 「二十世紀 新國民」에서는 "한국 종교계가 힘쓸 일은 첫째, 유교를 개량하는 동시에 그 발달을 勵圖하며 둘째, 耶蘇敎를 확장하는 동시에 그 정신을 보전함이니."[55]라 하여, 유교의 개량과 야소교의 확장과 그 정신보전의 필요성까지 밝히게 되었다.

신채호의 논리는 민족의 고유사상이던, 동서양의 외래사상이던 근대적 민족·국가관념과 국민정신을 환기하는 것, 즉 한민족과 국가에 현실적으로 '利'가 되는 구세적이고 실용적인 것이라면 무엇이든 그 長處를 오늘에 되살리고 취하자는 적극적이고 실천적 의미의 독특한 성격을 띠게 되었다. 즉 모든 한민족의 역량을 국권상실의 민족국가의 위기를 현실적으로 구세할 수 있는 실용적인 방법인 근대 민족주의적인 자강독립사상으로 총화하여 이를 시급히 발양 실천하자는 것이었다.

당시 유교계는 일제의 친일화정책에 의해 위기를 맞고 있었다. 1908년 1월 통감부의 후원을 받아 申箕善·李完用 등을 중심으로 大東學會가 조직되고[56], 『大東學會月報』가 다음달 2월에 발간됨으로써 유교계의 친일화가 조장되고 있었기 때문이다.

이러한 상황에 직면하여 『대한매일신보』와 『황성신문』에서는 대동학회를 비난하는 논설과[57] 세계 각국의 종교개혁에 의한 유신

---

54) 『대한매일신보』 1908년 12월 13일 ; 『전집』 별집, 181~183쪽.
55) 『대한매일신보』 1910년 2월 22일~3월 3일 「20世紀 新國民」 ; 『전집』 별집, 228쪽.
   그는 일찍이 기독교가 救濟蒼生의 德育에 큰 기여를 해주리라 기대하고 있었다(『대한매일신보』 1908년 3월 5일~3월 18일 「西湖問答」 ; 『전집』 별집, 138~139쪽).
56) 『대동학회월보』 제1호 「대동학회취지서」 2~4쪽.
57) 『대한매일신보』 1908년 1월 16일 「警告儒林同胞」 ; 『황성신문』 1908년 4월 4일 「道學源流辨」 ; 『황성신문』 1908년 8월 20일 「勸告大東學會」 ;

維新과 청말 康有爲·梁啓超 등의 유교개혁운동을 모범삼아 양명학의 종지로서 구학 즉, 유교를 개혁하자고 주장하는 논설 등을 발표하였다.[58]

박은식과 신채호 등 애국계몽사상가들의 적극적인 유교개혁운동과 신학운동으로 인해 점차로 구학에 동조하던 보수적 유학자들이 신학으로 기울어지게 되었다.[59]

특히 박은식은 대동학회의 세력확충에 따른 충격을[60] 흡수하기 위해 동지들과 함께 1909년 9월 11일에 유교의 종교화를 구현하고 大同思想의 이상을 실천하는 것을 목적으로 하여, 대동학회를 내세워 유림계를 친일화하려는 일제의 정치공작에 대한 투쟁을 전개하기 위해 大同敎(회장 李容植)를 창건하였다.[61] 그는 종교부장의 직책을 맡아[62] 대동학회의 구학과 친일성을 비판하여 사회여론을 환기시키고자 공자탄신일(10월 10일 : 음력 8월 27일)을 맞아 대동교의 개교식에서 「孔夫子誕辰紀念會講演」을 통해 대동교의 배경과 종지 및 발전방법을 제시하였다. 그는 "대동교의 용어는 『禮記』

『황성신문』 1909년 1월 20일~21일 「警告儒林諸君」 ; 『대한매일신보』 1909년 6월 16일 「儒敎擴張에 對한 論」 등 참조.

58) 『皇城新聞』 1909년 1월 30일 「舊學改良의 意見」을 위시하여 『황성신문』 1909년 2월 13일 「舊學改良이 是第一着手處」와 1909년 10월 20일 「勸告儒林社會」 등 참조.

59) 이광린, 1980, 「구한말 신학과 구학과의 논쟁」 『東方學志』 제23·24집, 연세대학교 국학연구원, 15~16쪽.

60) 신용하, 「朴殷植의 儒敎求新論·陽明學論·大同思想」 『역사학보』 73집 ; 1977, 『박은식의 사회사상연구』 201쪽 및 당시 유교개혁에 대한 논설의 대부분이 大同學會 결성 이후에 발표되고 있음이 주목된다(金度亨, 1986, 「韓末啓蒙運動의 政治論硏究」 『한국사연구』 54집, 101~108쪽).

61) 劉準基, 1994, 『한국근대유교개혁운동사』, 도서출판 삼문, 94쪽.

62) 『황성신문』 1909년 9월 10일 雜報 「大同敎協議」.

에 나오고, 그 뜻은 『春秋』에 있다."고 지적하면서, 최근 동양학계에 강유위·양계초 등 호걸의 선비가 나타나 孔敎의 大同學을 중흥함에 따라 미래에 대동사회가 실현될 수 있다는 입장을 취하는 등[63] 중요한 역할을 담당하였다.

그는 이렇게 친일단체에 맞서 적극적인 포교활동으로 다수의 유림들을 애국계몽운동의 편에 서게 하는 데에 진력함으로써 유교의 개혁과 종교화에 기여함은 물론 애국계몽사상의 큰 줄기를 형성하였다.

신채호도 유교개혁의 당위성을 계몽하는 한편 친일 유교단체인 대동학회의 이념과 활동에 대해 우려하며 일본과의 結日을 力倡하는 많은 유림에 대해 각성할 것을 경고하였으며,[64] 나아가 대동교가 창건되자 유교확장에 대한 허위성과 친일애국성을 폭로하고 모든 유림들이 대동교에 참여하여 애국운동에 동참할 것을 호소하였다.

그는 대동확회 확장에 앞장선 申箕善·一進會의 宋秉畯과 東亞開進敎育會의 趙重應·함께 일본의 三大忠奴로 지목하여 그들의 매국적인 행위를 질타하였으며,[65] 유교의 진리를 깨닫지 못하고 유교의 폐해와 문제점에 대한 개량과 구신에 힘쓰지 않는 상태에서 유교확장을 부르짓는 자는 국가의 적, 문명의 적, 사회의 적, 유교의 적이라 규정하여,[66] 근본적 유교개혁이 아닌 친일적 유교확

---

63) "大同宗敎會에서 明日 하오 1시에 北部 紅峴 李範圭氏家에서 定期總會를 開하고 任員 및 財政方針을 協議한다더라."(『황성신문』 1909년 9월 10일, 잡보 「大同敎協議」와 「공부자탄신기념회강연」 『西北學會月報』 제1권 제17호 ;『전서』 하, 59∼61쪽.
64) 「警告 儒林同胞」 『전집』 별집, 107쪽.
65) 『대한매일신보』 1908년 4월 2일 「일본의 삼대충노」 ;『개전집』 하, 56쪽.
66) 『대한매일신보』 1909년 6월 16일 「유교확장에 대한 논」 ;『전집』 하, 119쪽.

장을 극력 반대하였다.

이에 놀란 大東學會는 1909년 10월 24일 총회를 열어 대동학회를 孔子敎로 개칭하고 大同敎를 회유·연합·파괴하기 위해 이용직을 공자교회장으로 추대하였으나 대동교가 저들의 회유책동을 간파하고 절대 불응하자 이용직도 회장직을 사면하였으며[67], 이후 대동교는 공자교의 파괴공작에 대응하여 11월 13일 임원회를 개최하여 총장에 金允植을 추대하였다.[68]

앞서 본 바로는 박은식과 신채호 두사람의 유교의 개혁론에서 몇가지 공통점을 찾게 된다.

첫째, 오랫동안 한국사회를 주도해 왔던 유자를 국권회복의 민족에너지의 벼리로 지목하여 이들로 하여금 근대적 정신에 입각한 유교개혁의 선봉이 되도록 계몽한 점이다. 이들은 봉건적 지배체제의 말기적 상황과 제국주의적 침탈의 충격에 직면하여 이를 극복하는 제1의적인 실체적 주체로서 우매한 민중[69]보다 지식이 앞선 유교식자층을 지목하여 그들로 하여금 개화와 자주의 의식개혁에 앞장서도록 계몽한 것이다.

둘째, 유교의 본지가 實과 大同을 위한 新을 향한 시의에 따른

---

67) 『황성신문』 1909년 11월 17일 잡보 「自初反對」.

68) 『황성신문』 1909년 11월 14일 잡보 「大同任員」.

69) "其 大部分 國民은 皆 蠢蠢愚昧한 所致니, 今日 吾輩가 國民의 知識과 實力이 未盡함만 是憂 是慮할 것이오"(신채호, 「대한의 희망」『大韓協會會報』 제1호 ;『개전집』 하, 69쪽). 당시 문화운동에 참여한 지식층은 일반적으로 우민관을 피력하였는데, 박은식과 신채호도 예외는 아니었다. 우민관의 기준은 신분의 서열이 아닌 지식의 정도에 두었다(金度亨, 1988, 『대한제국말기의 국권회복운동과 그 사상』, 연세대 대학원 박사학위논문, 25~28쪽).

개혁과 변화에 있음을 근본사상으로 주장하였다.

셋째, 유교·불교·기독교 등 종교의 제1의가 '救世'에 있음을 주장하며 유림이 국권회복의 선봉이 될 것을 촉구하였다.

넷째, 대동학회의 친일적인 유교확장의 책동을 간파하고, 이를 신랄히 비판하여 이에 동조하지 않도록 언론과 종교적 계몽활동을 적극적으로 전개하였다.

이들은 이러한 원론에 바탕을 두고 각자 유교폐단과 그 개혁에 대한 독자적인 방법론과 배경을 주장하여 유교개혁론의 사상적 폭을 넓힌 점이 주목된다.

먼저 박은식의 유교개혁론의 특성은 '新'이란 '舊'에서 나오며 또한 '求新'이란 뜻은 밖에서 오는 것이 아니라 안에서 찾아야 한다는 공자의 '溫故知新'정신과 유교의 진보사관을 바탕으로 하여70) 유교의 본지와 서구사상과 종교와의 관계, 개혁의 문제점 지적과 해결방법에 관한 주장을 이론적으로 체계화하고자 한 데에 있다.

박은식은 1909년 3월 1일 한국유학사에 있어서 종교개혁적인 의미를 가진 애국계몽사상의 대표적 논설의 하나인 「儒敎求新論」71)을 발표하였다. 이 논설은 당시 유교개혁론의 당위성과 방법론을 체계화한 것으로서 발표되기 전부터 관심을 불러 일으키고,72) 발표

---

70) 『서북학회월보』 1909년 3월 1일 「儒敎求新論」 ; 『전서』 하, 48쪽.

71) 「해제」 『전서』 상, 10쪽.

72) "近日 朴殷植氏가 儒敎의 改良을 目的하여 「儒敎求新論」을 著하여 衆眼에 照供한다 하니, 吾 儕가 아직 該書를 詳閱치 못한지라, 其 效果의 如何를 確論키는 難하거니와 該氏는 元來 儒門淵源의 積蘊이 有하고 兼且 新進世界의 高見을 抱한者라, 果然 該氏의 論이 世人의 信仰 을 得하면 庶幾乎 儒敎界에 新光線이 起할까 하노라"(『대한매일신보』 1909년 2월 28일 「유교계에 대한 일론」 ; 『단재신채호전집』 별집, 109~110쪽).

된 후에는 유교개혁의 상징적·종교혁명적 논설로서 사상계와 언론계의 시선을 한데 모으며[73] 사상계 변혁의 큰 기폭제가 되었다.

박은식은 이 논설에서 당시는 民智와 民權이 계발 신장되고, 인류의 문호가 개방되어 경쟁하는 시대이므로 이에 맞게 유교를 개혁해야 한다고 주장하였다. 그의 유교개혁방안은 비록 청말 變法派의 유교개혁방안의 영향을 받은 것이나, 이를 한국의 역사적 상황에 맞도록 이론적 근거를 제시하며, 종래의 유교를 종교개혁의 차원에서 세가지 문제를 改良求新할 것을 주장하였다.

첫째 유교의 본의가 荀子의 '尊君權의 義'에 있지 않고 공자의 대동사상과 맹자의 民爲重之說(民本主義)에 있음으로 이에 의거하여 백성의 유교를 인민사회에 보급할 것, 둘째 유교도 석가의 普度衆生과 기독교의 구세주의와 같은 사명감을 가지고 적극적인 행동을 취하여 思易天下의 교화에 힘써야 할 것, 셋째 오늘의 유자는 학문의 본령으로서 支離汗漫 주자학 대신에 簡易直截한 양명학에 종사하고 이를 부흥시킬 것을 제시하였다.[74]

박은식의 유교개혁론은 공맹의 유교정신을 근대적으로 복원한 것으로서 전통적 유교사상에서 근대 서구시민사상의 요체인 민주·자유·평등의 실천적인 민권사상을 적용 하여 이를 서구 근대

---

73) "日者西北學報에셔 大韓前塗의 一大好柄을 得ᄒ야스니 謙谷先生 朴殷植의 提唱ᄒ 儒教求新에 對ᄒ 三大問題가 是라 … 儒教求新에 對ᄒ 三大問題롤 提出ᄒ야스되 儒林諸君은 贊否 롤 表示홈이 無ᄒ니 或交外로 認定ᄒ야 辨明홀바 無홈으로 思ᄒ는가 或 默諾으로 自處ᄒ야 贊成의 意로 表ᄒ는가 若否홈으로 信홀지더 一意로 能히 攻擊의 論을 爭唱홀 거시오 若可 홈으로 思홀지더 專心으로 能히 求新의 道롤 講究홀지어눌"(韓光鎬, 「儒教求新論에 對ᄒ야 儒林界에 贊否를 望홈」『서북학회월보』 제1권 제12호, 29쪽).

74) 「유교구신론」『서북학회월보』 제1권 제10호, 12~18쪽 ;『전서』 하, 44~48쪽.

화의 방법론으로 보급 부흥시키자는 體用論的 논리를 띠고 있다.

이러한 논리에서 오랫동안 동양 중세사상으로 군림했던 정통유학이며 그의 학문의 원천이라 할 수 있는 주자학이 더이상 민족과 시대의 문제를 해결할 수 있는 실질적인 학문이 못됨을 통찰 비판하고, 이를 극복하기 위한 실천적 유학으로 양명학을 수용한 것이다. 박은식이 양명학의 종지와 방법론으로 유교개혁론을 전개하여 유교개혁이 목적론에 치우쳐 자칫 관념적 논리로 규정될 우려가 있는 유교의 근대적 복원론을 학문적으로 보완함으로써 그의 유교개혁론은 독자적이라는 평가를 받을 수 있게 된 것이다,

박은식은 유자가 과학 이외에 본령의 학문을 구하고자 한다면 양명학에 종사하는 것이 실로 간단하고도 절실히 요구되는 法門이라 하였다. 그는 양명학의 장점으로서 "致良知의 學은 直指本心하여 超凡入聖하는 門路"라는 점과 "知行合一은 心術之微에 있어서 성찰법이 緊切하고 사물 응용에 있어서 과감력이 활발하다."는 것 등을[75] 내세우며, 공맹의 계열인 양명학만이 유학의 기본취지를 계승시킬 수 있는 시의에 적합한 것으로 "감히 단언하건데 東西道學界에 오직 王學이 獨一無二한 법문이 되고"[76], 왕학이 금일의 학계에 있어서 하나 밖에 없는 良藥임을[77] 밝힘으로써 양명학을 주자학 극복의 이론과 방법으로 수용 계발하게 되었다.

박은식의 양명학 수용은 그의 생애에 있어서 사상적·실천적 삶의 큰 변환의 계기가 되었다. 그는 자신의 개혁과 유교개혁론의 이론적 바탕으로 양명학의 이념을 학문적으로 내세웠을 뿐만 아니라

---

75) 「유교구신론」, 앞의 책, 47쪽과 『王陽明實記』 ; 『전서』 중, 49쪽·59쪽.
76) "余敢斷言之曰東西道學界에 惟王學이 爲獨一無二之法門이라 ᄒ노니 …"(『왕양명실기』 ; 『전서』 중, 49쪽).
77) "惟王學이 爲今日學界 獨一無二之良藥者－是也라"(앞의 글, 『전서』 중, 183쪽).

전통적인 민족정신(國魂)을 국권회복에 솔선적으로 구현하기 위하여 양명학의 이념, 특히 지행합일의 신념을 실천적으로 생활화함으로써 자신의 생애는 물론 근대 한국민족독립운동사에 큰 획을 남기게 되었기 때문이다.

박은식은 과거 19세기와 현재의 20세기는 서양문명이 크게 발달할 시기이나, 21세기와 22세기는 동양문명이 대발달할 시대이므로 이를 위해서도 양명학의 장점을 바탕으로 하는 儒敎求新의 필요성과 절박성을 역설하였다.[78] 그가 21·22세기를 동양문화의 대발달기로 전망하며 양명학을 기초로 하여 전근대적 유교를 民衆의 유교, 實踐의 유교, 世界의 유교로 개혁되어야 함을 주장한 것은 양명학의 학문적 특성이 국가 민족의 시대적 당면 문제에 보다 적극적이고 실천적인 자세를 갖게 하며, 동양사상을 기반으로 서양 문명을 수용하려는 정신적 주체로서 이해하였기 때문이다.

뿐만 아니라 이는 장래 세계사의 진운이 대서양중심에서 태평양중심시대로 전이 될 것임을 통찰한 것으로 1세기 가량이 지난 오늘 의 입장에서 21세기 세계사의 진운을 전망할 때 탁견이 아닐 수 없다. 그는 양명학의 종지를 민족의 현실개혁과 시대개척의 최고 철학으로, 개화자강과 유신의 최대 방편으로 보았기 때문에 적극적으로 이를 수용하여 생애를 마칠 때까지 유학인으로서 양명학의 대두를 칭송하였다.[79]

---

78) 「儒敎求新論」『전서』하, 48쪽.

79) "淸朝之曾國藩 以朱學之精神 建中興之功 日本之吉田矩方 以王學之活氣 創維新之業 吾國儒者 何嘗有是耶"(「雲人先生 鑒(1924)」『전서』하, 243쪽. 여기에서 그는 일본의 개화자강적 유신의 철학·사상적이념이 양명학에 있음을 지적하고 있다). 또한 양명학이 현실개혁적인 活學의 학문이기 때문에 일본의 유신호걸에 王學派가 많음을 지적하였다(「與韋庵書」 (1924), 『전서』하, 246쪽 및 『동아일보』, 1925.1.1, 「學의 眞理는 疑로 쫏차 求하라」; 앞의 책, 198쪽).

박은식의 大同思想과 大同敎運動은 결국 정통유교의 본의인 대동사상과 양명학의 종지로 유교를 개혁함으로써 전근대적인 유림계와 유교문화의 에너지를 국권회복운동의 원동력으로 동원코자 한 것이다. 그는 이 사상과 운동으로 국권회복을 이룸과 동시에 인류평화의 이상을 실현하는 대동사회건설을 실천하는 애국계몽사상가로서 독자적인 모형을 계발하였다.

한 마디로 그의 『儒敎求新論』·『王陽明實記』의 저술과 대동교 창건을 통한 양명학의 실천적 논리와 대동사상의 구세적 논리와 주장은 모두 그의 유교에 대한 인식체계와 학문적 체질을 반영한 것이다. 여기에서 박은식은 한국과 동양의 전통학문과 종교에 의한 근대화의 계기적 발전에 대한 확신을 가지고 구세에 대한 선구적인 역할을 실천하고자 했던 한말의 근대적 眞儒로서 자리매김되는 것이다.

이에 비해 신채호는 당시 주자학의 철학적 한계성을 극복코자 한 양명학의 실천적 인식체계를 이해하고,[80] 정통유학의 근본사상으로서의 '實'과 '大同'을 경세와 구세의 정신으로 받아들여 이의 실천을 주장하기도 하였다. 그러나 그는 박은식처럼 대동사상과 양명학을 기초로 하여 유교개혁론을 부르짖은 것은 아니다.

그는 양명학을 주자학 극복의 학문으로, 즉 유학을 개혁하는 근본적인 방편으로서 차별성을 두고 생각한 것 같지가 않다. 다만 그는 양명학을 같은 뿌리를 지닌 유교의 같은 범주로서 인식하고, 대동사상에 대한 이해는 민족의 전통사상으로서의 유교를 부정할 수

---

80) 신채호가 그에게 역사사상적 영향을 끼친 실학자 修山 李鍾徽가 양명학적 입장에서도 유학을 인식한 데에 대해서도 충분한 이해가 있었을 것으로 본다(金哲埈, 1974, 「修山 李鍾徽의 史學」 『東方學志』 제15집, 120~123쪽.

없다는 입장과 인식의 철학적 배경으로서 단순히 일반적으로 이루어진 것이지 유교개혁을 위한 특별한 학리적인 논지로서 주장된 것은 아니라고 여겨진다.

이러한 입장에서 신채호 유교개혁론의 특성은 유교가 본지를 상실하여 그 뜻을 시의에 맞게 펴지 못하고 오히려 국가와 민족에게 해를 끼치게 된 이유와 배경을 비주체적인 사대주의사상에 기인한다는 역사적 사실을 고찰한 데에 있다. 신채호가 최치원과 김부식 등에 의해 형성된 유교의 사대적 중국숭배사상이 한민족으로 하여금 자주독립정신·주체성·독창성을 말살하고 모방적·의타적·복종적인 노예사상에 물들게 하였다는 주장과 인식이 바로 그것이다.

특히 尊華主義(중국숭배주의)가 일시적으로 이루어진 어제 오늘의 단순한 폐단이 아니라 오랜 기간동안 전통적인 사대주의로 성장함으로써 한민족에게 끼친 해독은 절대적이라 하고,[81] 이러한 전통적 사대주의는 나말의 崔致遠과 고려 중엽의 金富軾에서부터 전래되고, 조선에 와서는 유교적 時世가 폐쇄적으로 完定되어 퇴계·율곡의 群弟子들이 들어앉아 대사상가의 回旋할 자리를 비워주지 않아서, 공자나 소크라테스 이상의 인물이 나더라도 自家의 新國을 건설할 땅이 없었다고 비판하게 된 것이다.[82]

따라서 두사람의 유교개혁론에서 발견되는 서로 다른 점은 박은식의 것은 학문적인 이론에 바탕을 두어 공맹의 대동사상과 양명학의 종지로 전근대적인 유교를 개혁함으로써 민족의 당면과제인

---

81) 『대한매일신보』 1908년 12월 18일~20일 「舊書刊行論」 ; 『개전집』 하, 100~101쪽.

82) 「思想家의 勞力을 要求하는 때」 『개전집』 하, 153~154쪽.
　　신채호는 支那主義를 숭배한 자로 崔致遠, 獨立精神을 말살한 자로 金富軾을 지적하여 각각 文學家의 罪人과 歷史家의 죄인으로 단죄하였다(「許多古人之罪惡審判」 『개전집』 별집, 120쪽).

국권회복을 구현할 수 있다는 논리를 전개한 것으로 21세기의 세계사의 진운까지 내다본 거시적인 것인 데에 특성이 있다.

이에 비해 신채호의 것은 학리적인 면보다 한국역사의 경험을 현실문제 해결의 열쇄로 인식하여 특히 유교사대사상의 역사적 인물을 준열히 비판하며 민족주체사상에 입각한 개혁을 주장한 것이 상이한 특성으로 대비된다.

Ⅳ. 근대국가관과 신국민론

1905년 乙巳五條約 이전만 하더라도 한국의 사상가와 지식인 일반의 제국주의에 대한 인식은 바른 편이 되지 못했다. 이들은 강대국의 압력으로부터 우리나라의 독립이 위태로워지는 경우에는 오랫동안 우리나라와 수교해 왔던 평소 우호적인 강대국들이 옛 정의를 생각하고 국제법에 의거해서 우리의 주권을 공동으로 보유해줄 것을 확신하고 있었다. 이러한 인식은 을사오조약에 의해 러일전쟁시 한국의 일본 지원과는 달리 일본의 한국병탄이라는 마각이 간파되면서 수정되기 시작하였다.

박은식은 곧 당시를 公法과 人道의 시대가 아닌 생존경쟁과 약육강식의 시대로 인식하여 文明한 영국과 德義의 미국이 인도와 필리핀에 어떠한 정책과 수단을 썼던가를 사례로 들어 제국주의의 본질이 침략에 있음을 폭로하였다. 그는 이러한 침략을 막아 독립을 회복하는 길은 민족전체의 단결된 정신과 단결된 세력만이 경쟁에서 승리할 수 있다는 근대민족주의에 의해 가능하다고 보았다. 그리하여 스스로 자기민족이 강해지는 자강의 성질을 배양하여 자립의 기초를 뿌리박게 해야지 어느 누구도 신뢰하거나 의존해서는 안된다고 깨우쳤다.[83]

　신채호 역시 을사오조약 직후 비교적 제국주의의 침략적 실체를 제대로 이해하고 이를 계몽하고자 했던 『大韓每日申報』의 논조에[84] 앞장섰다. 당시 풍미하였던 사회진화론적 약육강식의 원리에 의거하여 20세기를 영토와 국권을 확장하는 제국주의의 활극무대로 이해하고,[85] 이러한 인식을 바탕으로 근래 겨우 유신을 이룩한 일본이 러시아를 제치고 한국과 만주에 그 세력을 뻗치며 제국주의의 허영을 탐하고 있음을 간파 폭로하였다.[86] 그는 영토와 국권을 확장하는 침략적인 제국주의에 저항하고 이를 극복하는 방책으로서 민족주의를 내세워, 제국주의 이념에 대항하는 길은 오직 민족주의사상을 확립하는 것이라고 주장하였다.

　따라서 박은식과 신채호의 근대국가관과 신민론은 자연히 제국주의적 강권론에 저항하는 국권회복의 근대민족주의사상을 바탕

---

83)『대한자강회월보』 제4호 「自强能否의 問答」 ;『전서』 하, 68쪽 ;『서우』 제1호 「教育이 不興이면 生存을 不得」 ;『전서』 하, 86～88쪽과 『몽배금태조』 ;『전서』 중, 286쪽.

84) "强權이 있는 者는 聖賢·君子·英雄이 되고, 强權이 없으면 劣奴·賤夫·牛馬·狗豚이니 … 故로 俾斯麥이 言하되 國家를 安全하게 하는 者는 黑鐵赤血뿐이다 하며, 福澤諭吉이 言하되 萬國公法이 大砲一放만 不如하다 하였으니 是는 强權의 盜狀을 善論한 者라 强權이 가는 곳에야 仁義는 무엇이며 道德은 무엇이뇨"(『대한매일신보』 1909년 7월 2일, 「世界에 唯一 强權」).

85)『대한매일신보』 1909년 5월 28일 「제국주의와 민족주의」 ;『개전집』 하, 108쪽.

86)『대한매일신보』 1910년 1월 6일 「한일합병론자에 고함」 ;『전집』 별집, 207쪽과『대한매일신보』 1910년 2월 22일～3월 3일 「二十世紀新國民」 ; 앞의 책, 212쪽.

ㅇㅁ 하여 형성될 수밖에 없었다.

1. 근대국가관

박은식은 신채호와는 달리 애국계몽사상기동안 근대국가와 신국민에 대한 논설을 발표하지 않았기 때문에 이에 대한 구체적인 이론을 밝힐 수 없으나 이 시기에 있어서의 많은 글들 속에 나타난 단편적인 인식과 그의 사상이 가장 잘 압축되어 있는 『夢拜金太祖』(1911)를 토대로 애국계몽사상기의 근대국가론과 신민론을 유추할 수 있다. 그는 당시 한국사람의 식견은 다만 몸이나 집과 같이 가깝고 작은 데에 있고, 民國의 원대한 데에는 미치지 못하고 있음을 지적하여 근대적인 국권과 인권에 대한 새로운 문제의식으로 민족사상의 전환을 강조하였다.

> 值此生存競爭之世ᄒᆞ야 國家가 存ᄒᆞ 然後에 人民이 存ᄒᆞ고 國家가 若亡이면 人民이 失亡ᄒᆞ거날 大韓人民은 國家存亡이 自己의 相關이 無ᄒᆞᆫ줄노 認知ᄒᆞ야 各自爲心에 團體를 不成ᄒᆞ니 敎育事業을 通同一致케 ᄒᆞ기 甚難ᄒᆞᆫ 비오.[87]

여기에서 박은식이 말하는 국가는 근대적 국가개념이 내포된 개인의 존재를 국가의적 차원에서 인식한 '민국'이라는 데에 그 핵심이 있다. 그는 현금시대에는 국가의 개념이 옛날과 다르다고 하면

---

87) 『황성신문』 1906년 1월 16일〜17일 「無望興學」;『전서』하, 85쪽 및 "我同胞靑年의 敎育開導 勉勵ᄒᆞ야 人才를 養成ᄒᆞ며 衆智를 啓發홈이 卽時 國權을 恢復ᄒᆞ고 權人을 恢復ᄒᆞ고 人權을 伸張ᄒᆞᄂᆞᆫ 基礎라"(『대한매일신보』 1906년 10월 16일 「서우학회취지서」;『전서』하, 208〜209쪽).

서 국가형성에 있어서 '社會上事業'을 중시하고, 국민된 자는 누구든지 국사에 참여할 의무와 권리를 동시에 갖이며, 국민들이 국가와 민족을 위한 단체로 단합하여 공익사업을 추진하는 사회에 스스로 참여할 때에 국권회복이 용이하다고 주장하였다.88)

이 주장은 치자와 피치자의 양분적 종속관계로 이루어지는 전근대적인 국가개념이 아닌 서구의 근대국가의 사회적 개념을 수용 것으로서 국가의 부강이 民力에 기초하고 있으며, 국가는 군주 또는 관리 몇 사람의 소유가 아니라 '我二千萬同胞의 공유한 나라'라는 인식과89) 맥을 같이 하는 것이다.

당시 그는 근대 기술문명의 섭취와 개발 뿐만 아니라 민권신장이나 봉건질서의 타파에도 큰 관심을 가졌기 때문에 세계의 풍조에 맞추어 사상을 갱신하고 지식과 문명을 높이는 것은 어떤 특정한 인물이나 계층에만 국한된 것이 아니라 2천만 동포에 관계되는 일이라고 인식하였다.90) 이러한 인식이 국외에 적용될 때 미개한 식민지국가의 개명에 의한 세계평등사상으로 확대 발전하게 되는 것이다.

신채호도 박은식과 같이 국권회복 이념의 연장선에서 지난날의 국가관념에 대한 문제점을 제기하고 근대국가의 개념에 대한 올바른 인식을 촉구하였다. 그는 "금일 我 대한에 국가는 有하건마는 국권이 無한 國이며, 인민은 유하건마는 자유가 무한 民이라."91)고

---

88) 『西友』 제2호 「敬告社友」 ; 『전서』 하, 7쪽.
89) 『서우』 제8호 「人民의 生活上 自立으로 國家가 自立을 成홈」 ; 『전서』 하, 20쪽.
90) "現今은 世界大運이 平等主義로 傾向ᄒᄂᆫ 時代라 下等社會를 引導하야 上等社會로 進步케 홈은 卽 天地進化의 程度를 順從홈이니 其功效를 奏홈이 ᄯᅩᄒᆫ 自然ᄒᆫ 勢니라."(『몽배금태조』 ; 『전서』 중, 250~251쪽).
91) 『대한협회회보』 1908년 4월 25일 「大韓의 希望」 ; 『개전집』 하, 63쪽.

하여 주권과 인권을 강탈당한 현실의 질곡에서 이를 회복하는 대한국민의 목적지는 독립과 자유를 향하여 국민의 모든 정신과 사업을 오로지 국가를 위해 이바지하는 신성한 국가이어야 함을 밝혔다.[92]

신채호는 20세기의 신사조로서 주목받고 있던 근대국가관념을 사회진화론적 변천에 따라 나타나는 결과임을 지적하여, 인류진화를 一身→家族→家·國의 교체→國家로 발전하는 4期의 국가진화의 과정으로 도식화 하였다.

그는 20세기에 와서 비로소 '진정한 국가', 즉 국민국가가 대두하였다고 인식하여, 국가는 국민의 생명과 안위를 돌보고 재산을 보호하며, 국민은 국가의 존망을 결정하고 책임을 지며, 국민이 공권을 갖는다고 국민국가의 성격을 규정하였다.[93] 이러한 인식은 인류사회의 진보와 인간의 자유를 믿고 또 이를 달성해가는 근대적 시민의식을 모태로 하여 형성되는 것으로서 국가와 그 주체인 국민의 역할과 그 관계를 근대적 국가관념으로 정의하는 데에서 구체화 되었다.

박은식과 신채호의 국권회복을 전제로 한 이와 같은 근대적 국가관은 다같이 민족정신의 발분에 그 실천적인 이념을 부여하고 있다.

박은식은 근대 開明國의 민족이 지식을 계발하고 식산으로 세력을 증진하여 부강할 수 있었던 것은 오직 불굴의 자국정신에 입각한 것임을 상기시키며, 그가 강조한 대한정신의 애국심은 전근대적인 왕조시대와 유교사상의 충군애국의식을 탈피한 근대적 애국

---

92)『대한매일신보』1908년 5월 24일~25일「今日 大韓國民의 目的地」; 『전집』별집, 17쪽.

93)『대한매일신보』1909년 7월 15일~7일「身·家·國 三觀念의 變遷」; 『전집』별집, 153~156쪽.

정신이자 근대적 국민정신으로서 한국을 하나의 혈연적인 민족의 개념으로 파악하고 한민족이 모두 단군의 자손으로서 전근대적 지방적 차별을 없애고 전국적인 통일된 단체활동을 통해 국권을 회복하여 새로운 국가체제를 갖추는 것이었다.94)

신채호는 국가에 대한 관념이 군주를 정점으로 하는 지배층의 왕조국가관념으로 잘못 인식되었음을 지적하고, '인민의 국가정신'으로 표현된 국민적 일체감과 모든 국민의 국가에 대한 공속감을 강조하여 한민족의 근대적 국가관념을 깨우쳤다. 국권상실의 냉엄한 현실극복과 중세봉건적 국가관념에서 벗어나는 근대적 국민국가관념의 추구를 동시에 만족시키야 했던 신채호는 국가는 하나의 크나큰 생명체로서 민족정신에 의해 이루어지는 하나의 유기체95)로 인식하였다.

신채호는 국민통합의 원리로서 梁啓超의 新民說에서 채용된 부룬첼리의 國家有機體說을96) 적용하여 『讀史新論』의 서론에서 국가를 "민족정신으로 구성된 유기체"로 정의하였다.97) 이는 국민 각자는 모두 한국이라는 하나의 유기체의 일원임으로, 한국의 생존과 번영을 위해서는 국민 모두가 역사적·문화적 공동체라는 민족

---

94) 『겸곡문고』「興學說」; 『전서』 중, 402쪽과 「서우학회취지서」, 앞의 책, 209쪽 참조.

95) '國家는 卽 一家族'이라 하여 민족단위의 국가관념인 근대 민족주의적 국민국가관념을 제시하였다(『대한매일신보』 1908년 7월 31일 ; 『전집』 별집, 148~149쪽과 『대한매일신보』 1908년 6월 17일 「歷史에 對한 管見二則」 ; 앞의 책, 33쪽).

96) "국가에는 영혼과 육신, 의지와 행동조직이 필수적으로 한 생명안에 함께 묶여 있다"고 주장하였다[Blunschli, j, k. (1901), Theory of the state, London: Oxford. Uni. Press, 19쪽 및 부룬칠리(伯論知理)의 유기체설은 양계초의 1908, 『飮氷室文集』 下, 廣智書局本 5판, 140쪽 참조].

97) 『독사신론』「서론」 ; 『대한매일신보』 1908년 8월 8일~12월 13일 ; 『개전집』 상, 471~47쪽.

의식을 통해서 통합해야 한다는 것을 의식화시키고자 한 것이다. 그의 이러한 민족중심적 국가관념은 국가를 '정신상의 국가'와 '형식상의 국가'로 이분하여 '정신상의 국가'를 主로 보고 '형식상의 국가'를 그 외형으로 파악하는 논리로 발전하여 1909년의 「정신상의 국가」란 논설에서 "정신상 국가는 형식상 국가의 母"라고 규정하였다.[98]

결국 박은식의 대한정신론이나 신채호의 정신상국가론은 대한국민의 목적지인 근대국가건설을 위하여, 주권·강토·군사력 등을 상징하는 외형적인 형식상국가를 유지 또는 회복하는 실천적인 민족주체의 절대적 에너지의 원동력으로 설정, 작용토록 하자는데 큰 뜻을 둔 것같다.

앞서 본 두 사람의 국가관념에 나타나는 공통점은 식민지상태에 있어서 한국의 주체적 구성원인 국민에게 어떤 실체적인 권리와 의무를 부여할 수 없는 상황에서 한국이 국권을 회복한 후 지향해야 할 국민을 위한, 국민에 의한, 국민의 신국가의 國體와 政體를 제시한 것으로서, 첫째 전통적인 군주국가관념을 극복한 반봉건적인 근대국민국가건설, 둘째 민족의 전통적인 자주독립정신에 입각한 한민족의 반침략적인 근대국민국가 건설을 지향한 데에 있다.

반면에 두사람의 근대국가관에서 들어나는 독자성을 살펴보면, 박은식의 경우 당시를 천지진화의 법칙에 따라 강권주의와 평등주의가 교체되는 전환과 개혁의 시대로 보고, 이에 적응하지 못하면 생존을 얻을 수 없다고 주장하였다.[99] 이에 대한 대책으로 그는 단군의 후예인 大同民族이 대한정신에 입각한 자강의 단결된 단체의

---

98) 『대한매일신보』 1909년 4월 29일 「精神上 國家」 ; 『전집』 별집, 160쪽.
99) "政治程度로 言ᄒ면 專制時代가 아니오 平等時代이며 思想程度로 言ᄒ면 崇古時代가 아니오 求新時代라"(『夢拜金太祖』, 앞의 책, 217쪽).

힘으로 국내의 평등사회 건설과 세계 인권의 평등주의를 실행하는 선봉이 되어 자주독립의 국가와 인민의 행복을 스스로 쟁취해야 함을 역설함으로써 그의 세계평화사상 이념에 의한 근대국민국가를 지향한 것이다.[100]

그의 국가관은 신채호가 19세기에 풍미한 근대 서구의 자유이념에 입각한 민주시민적 민족주의국가사상에 더 큰 비중을 두었던 것과는 달리 온건적 동양의 평등이념에 근거한 世界平和思想에 큰 비중을 두고 있음을 이해하게 된다.[101]

따라서 박은식이 당시 지향했던 국가는 전제군주체제는 물론 대한제국과 같은 체제는 아닌, 아마도 근대국가의 국민주권주의를 반영한 체제였을 것으로 보인다.[102] 그가 기대한 근대국가가 민족 내부의 계급적 모순의 추출, 계급사회의 경쟁유발, 근대국가의 정의와 구체적 정치형태의 제시 등에 이론적인 접근이 미치지 못한 것은 사실이다. 그러나 그의 주장을 종합하면 민족의 단합된 자강력으로 국권을 회복 유지하는 세계상의 완전한 독립국가로서 국민 모두가 개인적으로 평등하고, 민족전체가 지역적으로 평등하고, 국가자체가 세계적으로 평등한 자유민주주의를 표방하는 한민족의 '민국'의 국가, 즉 근대적 민족국가이자 국민국가 형태를 지닌 민주공화국으로서의 '大韓民國'일 것이라는 판단을 갖게 한다.

이에 비해 신채호의 국가관의 특성은 박은식보다 국권회복 후의

---

100) 『夢拜金太祖』 ; 앞의 책, 217, 249, 255, 277, 286, 296, 308~310쪽.
101) "況平等主義는 天皇이 許ㅎ시고 時代의 氣運이 趨向ㅎ는 바오 又世界文明社會의 同情ㅎ는 바라 自由主義가 發達ㅎ는 時代를 因ㅎ야 華盛頓의 獨立旗가 凱歌를 奏ㅎ얏슨즉 今日은 平平等主義가 發達ㅎ는 時代라"(『몽배금태조』 ; 앞의 책, 275쪽).
102) 金基承,「白巖 朴殷植의 思想的 變遷過程」-大同思想을 中心으로-『역사학보』 114집, 17쪽.

한국미래상으로서의 국민국가상을 보다 구체적으로 제시하고, 그 이념을 박은식이 '平等'에 둔 것에 비해 평등과 함께 '自由'에도 역점을 두고 있는 점을 들 수 있다.[103] 그는 근대국가는 근대복지 국가와 자주국가로서 자유주의의 이념을 바탕으로 할 때 성취될 수 있다고 하며, 국권회복 후 건설해야 할 자강독립의 신한국상으로서 '입헌국가'를 지목하였다.

구체적으로 국가의 발달을 문명 진보의 차원에서 제1기를 酋長時代, 제2기를 貴族時代, 제3기를 專制時代 제4기를 立憲時代라 하여 20세기를 입헌적 국민국가의 시대로 명백히 인식하고, 서양의 예를 들어 입헌공화제를 찬양하였다. [104]

신채호는 한국민족의 자질에 대한 무한한 신뢰를 바탕으로 근대국민국가 건설의 가능성을 굳게 믿고 있었다. 그는 「20세기 신국민」에서 한국인의 정치사상과 정치능력이 결핍되어 왔음을 지적하며 그러한 현상은 한국인 정치사상과 정치능력이 선천적으로 부족해서 나타나는 것이 아니라 ① 전제의 독이 극에 달하고, ② 경제의 빈곤이 심하고, ③ 지식이 결핍한 때문이라 하며, 한국인의 정치사상과 정치능력을 일으키고 배양하는 것은 실로 가능한 일이라 주장하였다.

> 嗚呼라, 同胞여. 同胞는 政治思想을 奮興하며 政治能力을 長養하여 獨立的 國民의 天能을 張하며, 立憲的 國民의 資格을 具하여 國家의 命을 維持하며 民族의 福을 擴張하라.[105]

---

103) 『大韓每日申報』 1910년 2월 22일~3월 3일 「二十世紀 新國民」 ; 『전서』 별집, 216~217쪽.
104) 『대한매일신보』 1910년 1월 8일 「進化와 退化」 ; 앞의 책, 208쪽 : 『대한매일신보』 1910년 2월 22일~3월 3일 「二十世紀 新國民」 ; 앞의 책, 213쪽.
105) 「20세기 신국민」, 앞의 책, 226쪽.

신채호는 당시 대한제국이란 식민상황의 전제군주제하에서 공개적으로 반제·반봉건의 자주독립의 개혁선언을 하여 "국민적 국가가 아닌 나라, 즉 입헌국이 아닌 한, 두사람이 전제하는 나라는 세계대세를 거역하는 나라로서 반드시 망한다."106)고 하며, 민족국가의 나아갈 길은 오직 한 길로서 국권회복을 통한 자유한국의 국민이 실제 주인이 되는 나라, 즉 근대적 '입헌공화제의 국민국가'임을 분명히 하였다.

당시 입헌공화제의 국민국가론은 新民會가 '유신한 자유문명국'인 독립 신국의 정체로서 '공화정'을 목표로 삼은 것과 관련을 가지며,107) 신채호가 이러한 신민회의 이념정립과 그 실천활동에 참여하여 그 사상을 대변하고,108) 이를 구체적으로 자기화한 것으로 이해된다. 그의 원대한 목표는 궁극적으로 세력·사상·현상의 노예상태를 벗어나는 반강권의 저항적 민족주의와 반봉건의 시민적 민족주의라는 이중구조를 그 이념과 내용으로 하는109) 근대적 자주독립국가수립이라는 민족의 정치적 이상을 실현하는 것이 된다.

따라서 그는 박은식의 동양의 평등이념에 근거한 세계평화사상과는 달리 19세기에 풍미한 근대 서구의 자유이념에 입각한 민주시민적 민족주의 국가사상에 더 큰 비중을 두었던 것으로 이해된다. 이러한 이상은 일제강점하에서 민간중심의 代議國家體制를 은밀히 갖추어 망국 후 상해임시정부의 조직과 활동 및 민족독립운동에 그대로 계승·발전됨으로써 광복 후 입헌공화제의 민주주주의국가

---

106) 「20세기 신국민」, 앞의 책, 229쪽.
107) 국사편찬위원회, 1968, 「大韓新民會의 構成」 및 「大韓新民會趣旨書及同會章程」 (日譯), 『韓國獨立運動史』 1권, 1024·1027쪽.
108) 신용하, 1977, 「신민회의 창건과 그 국권회복운동」 『한국학보』 제8∼9집, 참조.
109) 「二十世紀 新國民」, 앞의 책, 216∼217쪽.

실현의 터전을 마련해 갔다는 데에서 그 의의를 발견할 수 있다.

또한 신채호의 근대국가론에서 간과할 수 없는 독자적 특성의 하나는 일제에 대한 비타협적인 성격이 강하게 표출된 동양주의 비판으로서 민족적 호소력을 지니며 한국국민의 현실적인 진로를 제시한데 있다.[110] 그는 당시 일본인이나 一進會를 비롯한 친일식 자층들이 주장하던 동양주의, 즉 인종전쟁을 이유로 동양의 황인종은 동양에서 제일 강한 일본을 맹주로 하고 한국과 중국은 이를 추종해 진보해야 한다는 논리와[111] 일본의 제국주의적 동양평화론은 주객이 전도된 논리임을 맹열히 비판하였다.

> 韓國人이 此 列國競爭時代에 國家主義를 提唱치 않고, 東洋主義를 迷夢하면 是는 今日時代의 人物로 未來 他星世界의 競爭을 憂하는 者와 無異며, … 國家는 主요 東洋은 客이거늘 今日 東洋主義 提唱者를 觀하건대, 東洋이 主가 되고 國家가 客되어, 國의 興亡은 天外에 付하고 惟東洋을 是保하려 하니, 嗚呼라, 何其 愚昧함이 此에 至하느뇨.[112]

신채호는 일본을 맹주로 "동양제국이 일치단결하여 西力의 東漸을 막는다"는 동양주의라는 것이[113] 한국침략을 합리화·위장

---

110) 박은식의 경우 망명시 정립한 동양평화사상은 일제의 동양주의와는 성격이 다른 것으로 나타나 애국계몽사상기 때에는 일제의 인도주의 발로에 대한 기대를 기다려 적극적인 비판을 자제 하였는지는 분명치 않다(「孔夫子誕辰紀念會講演」『西北學會月報』제1권 제17호 ;『전서』하, 61쪽).

111)『대한매일신보』1908년 4월 12일~14일「與友人絶交書」;『개전집』하, 61쪽 :『대한매일신보(국문판)』1908년 4월 17일「친구에게 절교하는 편지」;『전집』별집, 97~98쪽.

112)『대한매일신보』1908년 8월 8일~10일「東洋主義에 對한 批評」;『개전집』하, 90~91쪽.

113) 일제의 침략정책과 국가적 타산을 은폐하기 위해 주창했던 1880년대

화하기 위한 일본 제국주의의 또 다른 가면임을 간파하였다. 그는 열국경쟁시대의 냉엄한 국제현실에서 허구의 동양주의를 극복한 自强·外競·獨立의 기본단위로서의 민족주의적인 근대국가관념을 크게 주장하여 일제와 친일식자층의 반민족적인 정체를 폭로하는 데 앞장섬으로써 그의 투쟁적이고 비타협적인 애국계몽사상의 독자적 논리를 잘 들어내었다.

동양평화 또는 세계평화를 내세우는 동양주의는 이상론적 허구로서 제국주의에 의한 전쟁의 고통을 위장한 것임을 폭로한 신채호의 동양주의 비판은 한국 국민의 최우선적인 公德이 국권회복이라는 논리에 입각하여 전개한 시대적 통찰이었다. 그의 동양주의 비판론은 당시 애국계몽사상의 민족주의 노선을 확립하는데 크게 기여했을 뿐만 아니라 국망후 그의 사상의 결정체라 할 수 있는 민족주체의 도덕론에 입각한 민중혁명의 광복운동사상의 맹아적 단서로 발전해 간 데에 큰 의미가 있다.

2. 신국민론

박은식과 신채호 등의 애국계몽사상가들은 을사오조약으로 주

이후의 일본을 위한 일본 주도의 「아시아연대론」·「興亞論」·「大東合邦論」 또는 1906년 대한자강회의 일인 고문 오가키 다케오(大垣丈夫)가 내세운 동양삼국의 「鼎足平和論」 등을 들 수 있다(이광린, 1988, 「개화기한국인의 아시아연대론」『한국사연구』 61·62집, 285~299쪽). 大東合邦論의 요지는 일본과 한국이 '大東'이라는 나라로 합방하여 청국과 제휴해야 한다는 것으로 일본의 합방론자들은 물론 한말의 매국노들에게도 자기 합리화의 논리를 제공했다(旗田巍 著, 李元浩 譯, 「樽井藤吉의 韓國觀」『일본인의 한국관(탐구신서 226)』, 68~78쪽과 朴英宰, 1990, 「근대일본의 한국인식」『일본의 침략정책사 연구』, 일조각, 96~107쪽).

권을 상실한 이후 일제와 우리나라의 힘의 격차를 절감했고, 국권회복을 위한 인민의 실력을 배양해야 한다는 절대적 입장에서 주권상실의 주체였던 전근대적인 '民'이 아닌 국권회복의 주체로서 새 시대를 열어나갈 근대적 '新民'의 양성을 구상해낸 것이다.

이러한 발상은 당시 범국민의 대표적 독립운동단체인 新民會의 신민이란 명칭에 나타나는 바와 같이 신민회의 목적·취지·방법 등의 이념에 반영되는 한편 당시 애국계몽사상가들은 이 신민회의 사상으로부터도 큰 영향을 받았던 것이다.

국민은 주권과 영토와 함께 국가의 3대 구성요건의 하나로서 주권과 영토의 보존능력의 유무를 결정짓는 주체로서 가장 중요한 의미를 갖는다. 이 때문에 애국계몽사상가들은 시대의 진운인 개혁과 자주독립의 국민적 합의를 도출하고자 신국의 근대국가관과 표리관계를 이루는 신민론을 내세워 국민의 사상적 전환과 그에 따른 실천적 노력을 촉구하였다.

> 我韓의 腐敗한 思想과 慣習을 革新하여 國民을 維新케 하며 衰頹한 敎育과 産業을 改良하야 事業을 維新케 하며 維新한 國民이 統一聯合하야 維新한 自由文明國을 成立케 함.[114]

여기에서 강조되는 신민과 유신의 개념은 양계초의 新民說과 청말의 變法維新 등의 영향을 받았다는 사실을 도외시 할 수 없으나[115] 그 본래의 이념은 유교의 본류에서 따온 것이다.

---

114) 국사편찬위원회, 1968, 「大韓新民會通用章程」『韓國獨立運動史』 1권, 1028쪽.
115) 「新民說」『飮氷室文集』 상권 所收 참조(이광린, 1979, 「구한말 진화론의 수용과 그 영향」『한국개화사상연구』, 일조각, 273~279쪽 : 崔洪奎, 1983, 『신채호의 민족주의사상』, 형설출판사, 284~291쪽)와 신민회 조직의 대표자의 한 사람이며 신민회 취지서를 기초한 안창호도

유교의 본지를 누구보다도 잘 지키고 활용하고자 했던 박은식은 尚書의 '作新民'과 맹자의 '新子之國'을[116] 인용하고, 공자의 '溫古而知新'과 장자의 '濯去舊見以來新意'를[117] 내세워 '新'이란 글자와 그 의미를 정통 유교에서 찾아내어 유교사상의 현실적·근대적 변용을 꾀하였다. 이러한 까닭에 그는 '신'이 본래 우리 道의 광명이라며, 도덕이라는 것은 날로 새로와져서 빛을 발휘하고, 국가의 생명은 유신으로 더욱 장구해지는 것이니, 새로운 것을 구하는 뜻은 밖으로부터 오는 것이 아닌 것이라(求新之意 非自外來) 하였다.[118] 따라서 박은식의 '신'에 대한 개념은 당시대에만 한정된 것이 아닌 과거·현재·미래의 전시대에 적용되는 것으로 그의 대표적 논설인 「儒敎求新論」에서 상징적으로 잘 들어내고 있다

박은식과 신채호는 신민회가 유신된 새나라 자유문명국 창조의 주체로서 유신의 신국민, 즉 신민을 강조하는 사상적 근거를 근대 서구적 개념의 민족주의와 민주주의사상에 두는 바와 같이 국가의 주인은 국민이기 때문에 국민전체의 문명과 부강에서 국가의 문명과 부강이 나온다는 생각을 하고 있었다. 이들은 나라는 다만 정권담당자의 나라가 아니고 그 나라 국민 모두가 공유한 나라로서 20세기 국가경쟁의 원동력이 1·2인에 있는 것이 아니고 그 나라 국민전체에 있다는 시민적 민주주의사상과 사회진화론에 입각한 근

양계초의 『음빙실문집』을 애국계몽사상의 바이블처럼 애독했다 한다 (주요한, 『安島山全集』, 三中堂, 100쪽).

116) 『西友』 제2호 「舊習改良論」 ; 『전서』 하, 9쪽

117) "隨時變易ᄒ고 溫故知新은 吾道의 大要니"(『西北學會月報』 제1권 제1호 「賀吾同門諸友」 ; 『전서』 하, 32쪽 : 『西北學會月報』 제1권 제10호 「儒敎求新論」 ; 『전서』 하, 48쪽).

118) 「儒敎求新論」, 앞의 책, 48쪽과 그는 '新'과 '舊'는 불변의 절대적인 개념이 아닌 수시로 변하는 상대적인 개념으로 정의하였다(「培山書院之緣起說」, 『전서』 하, 109쪽).

대 민족주의사상에 의거하고 있었다.

이러한 사회사상적 배경하에서 박은식은 천지진화의 법칙에 따라 도덕과 사업도 시대가 바뀌면 그 기준이 달라진다고 인식하여 가치관 전환의 시급함을 강조하였다. 그는 당시는 私德과 私益의 시대가 아닌 公德과 公益의 시대임을 밝히고, 公德과 公理를 근대 국가와 사회가 성립하는 기반으로 인식하여[119] 신민은 국가와 민족을 위해 몸과 마음을 다 바쳐야 하는 공익의 의무가 있음을 지적하였다.

그가 애국계몽활동 중 교육자강활동과 학회활동을 통한 단체합력에 심혈을 기울인 것도 이러한 공덕과 공익에 의한 신민의 민족단합으로 국권을 회복해야 한다는 새시대 도덕관에 바탕을 둔 근대 국가관과 신민론에 입각한 것이다. 그는 단체합력이 아니고서는 생존을 부득하고, 공덕이 없으면 사덕이 없고 공익이 없으면 사익도 없는 것이라 하였다. 그는 개인의 존재를 국가와 민족적 차원에서 파악하여,[120] 전통사상의 인격적 덕성과 국가·민족의 원기로서 존재가치를 부여했다는 점에서 전통적인 선비정신의 근대적 신민으로의 변용을 시도한 것이라 할 수 있다.[121]

결국 박은식은 개인과 국가와 민족을 하나로 보고 이의 생존을 얻기 위해 공덕과 공익이 무엇인지 국민의 의무와 자격이 무엇인지를 깨닫도록 하는 새 시대 신민의 도덕률을 제시한 것이다. 그는

---

119) 『서북학회월보』 제1권 제13호 「賀利原遮湖父老」 ; 『전서』 하, 51쪽 : 『몽배금태조』 ; 앞의 책, 259쪽.
120) 박은식은 국가민족의 禍福이 개인의 화복이라는 인식하에 新民 개인의 존재 가치를 국가와 민족과 일치시키고 있다(『夢拜金太祖』, 앞의 책, 262쪽 참조).
121) 金興洙, 1982, 「박은식의 신민론」 『慶熙史學』 9·10집, 79쪽과 『몽배금태조』 ; 앞의 책, 255~264쪽 참조.

국권회복의 신국가를 건설하는 길은 청년들을 교육하여 근대적 국민적 영웅으로서 신국민을 양성하는 길 밖에 다른 방도가 없다는[122] 결론을 내렸다.

이러한 인식에서 그는 서양의 루소(盧梭)·크롬웰(克林威爾)·마르틴루터(馬丁路得)와 동양의 王守仁·요시다노리카다(吉田矩方) 등의 정치·사상가의 혁명적 행적을 높이 평가하고, ① 자연에 대한 도전자인 콜럼부스(哥倫布)·마젤란(麥志尼)·리빙스턴(立漫斯敦), ② 자주독립의 국권회복가인 와싱턴(華盛頓)·오렌지공 윌리암(維廉額門)·마찌니(瑪志尼), ③ 입헌정치개혁가인(전제정치 항거) 크롬웰(克林威爾), ④ 인권회복(평등주의)가인 링컨(林肯), ⑤ 종교개혁(신앙의 자유)가인 마르틴 루터(馬丁路得)·구스타프 아돌프(亞多法士), ⑥ 세계적 국력신장(영토확장)가인 뽀또르大帝(大彼得)·나폴레옹(拿破崙) 등 모험심이 충만한 근대 서구의 위인들을 다각적 차원에서 소개하였다.[123]

박은식이 내세운 위인들은 하나같이 개척과 도전, 반항과 투쟁, 모험과 희생의 정신으로 사업을 이룩한 인물들로서 그가 한국청년들 나아가서 한국인들에게 바라는 '新民像'이었다. 그는 한국이 일제에 당하고 있는 어려움은 큰 동력을 분발케 하는 극도의 압력으로 작용할 수 있기 때문에 당시는 한국청년들을 위해서는 큰 일을 할 수 있는 좋은 기회임을 일깨웠다.[124] 그는 한국민족의 자주독립국의 쟁취를 위한 근대적 '신민'으로서의 과감성과 자신력이 강한 희생적인 무수한 신한국민이 반드시 출현할 것이라는 희망적인 의지와 용기를 심어주고자 노력하였다.

---

122) 『몽배금태조』 ; 앞의 책, 264쪽.
123) 『몽배금태조』 ; 앞의 책, 281~285쪽.
124) 『夢拜金太祖』 ; 앞의 책, 270·275~276쪽.

한편 신채호 역시 溫故而知新이란 ‘新’에 대한 개념 이해의 선상에서 한국고유의 長을 保하며 외래문명의 精을 採하여 신국민을 양성할 것을 염원하였다.125) 그러나 그의 ‘신’의 개념은 그 출처에 대한 이해보다도 그 본질과 현실에 대한 이해에 더 비중을 두고 있다. 그가 한국이 망국의 위기에 빠지게 된 원인이 “한민족의 사회가 근대적 국가정신과 국민능력이 없어 국민동포 모두가 20세기의 신국민을 형성하지 못함에 있다.”126) 고 지적한 데에서 잘 나타나고 있다.

그는 경술국치 6개월 전의 한민족국가의 절박한 현실을 인식하고, 그동안의 모든 이념과 사상을 종합하여, 민족과 역사의 최대과제인 국권회복과 근대국민국가 건설을 담당할 주체세력으로 ‘신민상’상을 제시하였다. 그의 신국민론은 『대한매일신보』에 8회나 연재되었던 그의 애국계몽사상의 총 집약적 논설이며 한말 애국계몽사상기의 대표적인 논설이라 할 수 있는 「二十世紀 新國民」에 의해 정리되었다.

신채호는 당시를 제국주의・민족주의・자유주의의 시대로서 국가경쟁과 발전이 국민전체에 있는 신국민의 시대임을 지적하여 신국민, 즉 新民이란 평등과 자유의 인격체라는 인식의 주체적 我의 확립에 의해서만 자주독립의 국권회복이 가능한 것으로 확신하였다. 그는 그동안 한국의 도덕이 부패하고, 경제가 곤핍하고, 교육이 부진하고, 民氣가 타락함이 극도에 달하였음을 상기시키며 이에 대한 민족적 분발과 국민적 사상의 주체적・시대적 개혁을 촉구하였다.

---

125) 『대한매일신보』 1910년 2월 19일 「文化와 武力」 ; 『전집』 별집, 201쪽.
126) 『대한매일신보』 1910년 2월 22일~3월 3일 「20세기 신국민」 ; 『전집』 별집, 211쪽.

이러한 관점에서 신채호는 신국민의 신도덕관 확립을 우선적 과제로 제시하였다. 그는 서구 근대사상의 天賦人權思想을 수용하여 신국민의 인격과 인권의 평등·자유·정의·毅勇·공공사상을 분발하여 신국민의 기초를 구축하고자 하였다. 그는 근대적 신국민의 평등·자유·정의 개념을 구체적으로 명시하여, 평등개념에서 씨족·관민·적서의 계급을 亡國滅民의 계급주의로 보고, 자유개념에서 인권을 상실한 인격을 세력계·사상계·현상계의 노예로 보고, 정의개념에서 私利心과 미신을 불법의 魔로 보고 이의 타파를 주장하였다.

신국민, 즉 신민이란 평등과 자유의 인격체라는 인식은 서구 근대사상의 일반론으로서 애국계몽의 사회사상으로서 널리 인식되었던 사상이다.127) 이에 비해 신채호의 평등과 자유에 대한 개념은 중세 한국 특유의 전근대적인 봉건사상의 잔재를 타파함으로써 대내적으로 신민으로서 자유민주시민의 의무·권리와 자격을 획득하고 대외적으로 식민지적 노예상태로부터 벗어나게 되는 새 시대 신민의 인권론과 국권론적 의미를 띠고 있음을 엿볼 수 있다.

또한 신채호는 많은 지면을 할애하지는 않았지만 박은식이 공덕과 공익을 크게 내세운 바와 같이 신민이 공익에 힘써 공공사상을 발휘할 것을 아울러 강조하였다. 이때 그가 공익의 장애요소로 사리심 이외에 미신을 지적하여, 미신은 잡술(巫卜·風水·日家·

---

127) "自由는 天賦의 官職이오 人生의 糧食이라 自由롤 有혼 國은 國이 活ㅎ 自由롤 失혼民은民이 亡ㅎᄂ 故로 文明國民은 血로 以하야 自由롤 爭ㅎ며 淚로 以ㅎ야 自由롤 競ㅎᄂ니 神聖哉ㅡ라 自由여"(尹商鉉,「自由聲」『대한협회회보』제10호, 3쪽 ; 개화기학술지, 1978,『大韓協會會報』下, 아세아문화사, 241쪽) 및「天降生民之地에 至公無私히 男女에게 身權을 均是同給ㅎ얏것만」(劉元杓,「民俗의 大關鍵」『서북학회월보』제1권 제4호 ; 앞의 책, 199쪽).

奇術 등)·운명·자연현상에 관한 전근대적인 민족의 폐습으로서 국가에 끼친 해가 적지 않다고 인식하여128) 서구 근대사상의 합리적인 사상을 강조한 면이 특이하다.

신채호는 20세기의 냉엄한 현실에서 살아남기 위해 이러한 신도덕관을 확립하여,129) 국가 국민생활의 구체적 분야인 무력·경제·정치·교육·종교 등에 관한 신민의 근대적 이해와 역할의 실행을 촉구하였다. 그는 신국민은 먼저 국민개병주의에 의해 병역에 복무하는 强兵精卒이 되고 물질문명의 진보를 따라 兵技를 날로 새롭게 해야 하며, 반드시 상무교육을 확장하여 軍國民의 정신을 수양하며 군국민의 능력을 구비하기 위하여 의무교육제도를 채택해야 한다고 하였다.130)

신채호는 특히 경제분야에 대한 남다른 관심을 갖이고 「20세기 신국민」에서 가장 많은 지면을 할애하였다. 그는 당시의 세계를 경제분투의 세계라고 보고, 종전과는 달리 열강의 무역정책이 군사정책보다 점차 비중이 커져가 경제경쟁이 무력경쟁에 못지않게 국가의 승패를 결정한다는 근대 국민국가경제에 대한 중요성을 인식한 것같다. 그는 그동안 한국의 경제를 열등하게 만들었던 여러 조건을131) 하나씩 극복해감으로써 근대 국민국가 수립의 중요 분야의 하나인 국민경제문제를 해결할 수 있다고 생각하였다. 이에 생활필수품의 자본주위적 생산의 낙후와 국가중심적인 국민경제관

---

128) 「二十世紀 新國民」, 앞의 책, 218쪽.
129) 그의 신도덕관은 망명 후 1920년대 전후에 민족주체의 도덕론으로 정립되어 신채호 민중혁명의 광복독립사상의 이념적 근거로 발전되었다(졸고, 1995, 「申采浩의 民衆革命의 光復獨立思想考」『韓國史論叢』제12·13합집, 성신여대 사학과).
130) 「20세기 신국민」, 앞의 책, 3.국민과 무력과 6. 국민과 교육 참조.
131) 「20세기 신국민」, 앞의 책, 221~223쪽.

넘의 부족을 안타까워 하며132) 국민이 어떤 경제사업을 경영하든지 반드시 목적을 세우고 전진하여 경제에 관한한 문명적 지식과 기술을 발달케 하여 경제사업을 속히 개량 분흥할 것을 촉구하면서, 그 대안으로 세가지를 들었다.

첫째, 국가적 경제상의 직접방법을 국민동포가 실행해야 한다고 하였다. 이는 한국이 일본의 보호국화된 조건에서 국가경제활동의 주도권은 전적으로 민간인인 국민동포에 있어야 함을 강조한 것이다.

둘째, 개량발달을 실행해야 한다고 하였다. 그는 "아무리 자본이 핍하며 아무리 정부가 장려치 아니한들, 저 철도·기선·전력·瓦斯 등은 제조치 못할지언정 어찌 이 燐寸·硝子·卷煙草 등이야 완전 제작치 못하리요. 이는 불가불 국민동포의 責이라 할지니, 동포는 아무쪼록 실행을 亟務할지며,"133) 라고 하여 작은 규모의 생활필수품은 정부의 장려없이도 국민의 자본과 기술에 의해 '완전제조'를 할 수 있도록 하는 것이 신국민의 책무임을 강조하였다.

셋째, 세계인과 무역을 크게 확대하여 한국으로 하여금 세계적 국가의 본능을 발휘하며 세계적 시장의 이익을 넓혀야 한다고 하였다.

신채호의 「국민과 경제」란 항목을 살펴보면, 한국국민이 경제경쟁에서 생존하기 위해 신국민이 이룩해야 할 국민경제의 실체가 구체적으로 무엇을 가르키는지 분명하지는 않다. 그러나 당시의

---

132) 「二十世紀 新國民」, 앞의 책, 221∼222쪽과 223∼224쪽 참조.
133) 「20세기 신국민」, 앞의 책, 225쪽.

한국의 경제적 열등상황을 진단하고, 국민경제의 나아갈 방도를 제시하는데 역점을 두며, 근대의 민족과 국가를 기반으로 하는 시민사회적 국민경제체제를 지향하여, 한국경제의 장래는 물적자원이나 인적자원 및 지리적 요건으로 보아 낙관적이라는 결론을 내리며 신국민의 노력을 기대하였다.

신채호의 신국민론은 그가 애국계몽운동기간에 발표한 여러 사회사상, 즉 한국고유의 전통사상과 외래문화의 요체를 현실에 맞도록 비판적으로 계승하고 수용하고자 한 진보적이고 개혁적인 일관된 사상체계가 꾸준히 발전되어 이루어진 것이다.

나아가 이 사상은 일제의 한일합병이란 종국적인 마각을 간파한[134] 절박한 상황에서 반봉건성과 반제국주의에 입각한 한국민족 전체의 신민화에 의해서만 절대적 생존을 달성할 수 있다는 민족자강독립사상으로서 종합 정리된 것으로 보인다. 그의 신국민론은 민족주의적 국가관→입헌공화제의 국민국가론과 국민적 영웅론→신국민론의 발전단계에서 이루어진 것이다. 따라서 이는 신채호의 애국계몽사상의 최종형태의 것으로 가장 진보적이고 독자적인 특성을 띠고 있어 한말 애국계몽사상의 발전형태로서의 성격을 지니게 된다.

지금까지 박은식과 신채호가 개진한 근대국민국가 형성의 주체와 실체로서의 신민의 개념과 사상은 이 시기 애국계몽운동의 정

---

134) 1909년 12월, 일제는 일진회를 교사하여 한일합병 건의서를 채택케했고, 다시 황제·통감·이완용에게 소위 「合邦上奏文 及請願書」를 제출케 하여 합병을 합리화하려는데 광분하였다. 당시 신채호는 이들의 마각을 간파하고(『대한매일신보』 1910년 1월 6일 「韓日合併論者에게 告함」 ;『전집』 별집, 204~207쪽)이란 논설을 통해 일제침략의 부당성, 일진회 등의 매국행위를 맹렬히 규탄하고 한국이 일본에 합병될 수 없는 역사성을 일깨웠다.

치·사회사상이 지향하는 국민주권주의의 자극과 영향에도 힘입은 바도 있었지만, 궁극적으로 새시대를 열어야 할 신민의 모든 사상과 운동의 실천적 이념으로서의 새 가치관(도덕관) 정립에 의한 신민의 당위적 역할을 독자적으로 강조한 것이다. 특히 이들이 내세운 공덕과 공익관념은 새시대 신민의 새로운 도덕관으로서 뿐만 아니라 이들이 주장한 모든 사회사상의 실천적 이념으로서의 중요한 의미를 가진다.

이러한 새로운 도덕적 이념은 마침내 박은식이 신민이 공덕과 공익에 입각하여 혁명적인 담력과 용기를 가져야 한다는 주장으로[135], 신채호는 당시의 신국민은 군주를 위한 중세적 충성이 아니라 국가와 국민을 위한 근대적 충성을 생각해야 한다는 주장으로까지 발전하게 되는 것이다.[136]

이로써 두사람은 근대적 도덕관념에 의한 근대국가관과 신민론에 의해 정부의 학정과 타국의 침입이 있을 때 국민의 행복과 국권의 자주독립을 위해 과감히 혁명적인 반항과 투쟁을 전개할 수 있다는 명분을 얻게 되는 것이다. 이들 신민론의 명분과 목적은 이와 같이 공통적인 관점을 보이고 있으나 그 구체적 내용에 있어서는

---

135) "人民된 者는 官府에서 如何훈 虐政을 施훌지라도 服從而已라 敢히 一言으로 反抗치 못하고 士流된 者는 世道의 腐敗가 如何훈 境遇에 至훌지라도 舊轍을 守훌 而已라 … 然則如此히 無骨無血훈 人民을 安用가 自國政府의 虐待를 反抗치 못하는 者가 엇지 他邦의 虐待를 不受ᄒ며 如此히 無膽無勇훈 士流를 安用가 自身의 禍福을 爲ᄒ야 民國의 禍福을 不念ᄒ니 엇지 他族의 奴隷를 得免ᄒ리오."(『몽배금태조』 ; 앞의 책, 261~262쪽).

136) "然則 君上에게는 不忠함도 可한가. 日 君上은 一國의 主權者라 君上과 國家의 關係가 常相同한 故로 國家에 忠하는 者는 自然 君上에게도 忠할지어니와 萬一 君與國의 利害가 不兩立하는 境遇에는 君을 捨하고 國을 從하나니라."(『대한매일신보』 1909년 8월 13일 「論忠臣」 ; 『전집』 별집, 180쪽).

서로 독특한 면을 나타내었다.

박은식이 새시대의 가치관과 도덕관을 제시 강조하면서 당시를 천지진화의 법칙에 따른 평등시대로 인식하여, 다른 어느 가치관(자유)보다 평등사상을 강조하고 '新'에 대한 개념을 유교사상에 입각하여 이론적 근거를 제시하며 신민의 自活自治의 능력을 배양코자 한 것은[137] 독창적인 논리로서 크게 주목이 된다. 그러나 다른 한편으로 그의 신민론에서는 신민시대의 다양한 사회적 분야의 역할에 대한 신민의 구체적인 상을 제시하는 데는 미흡했던 점을 지적할 수 있다.

이에 비해 신채호는 근대적 사회관념에 의한 구체적 사회현상에 대한 이해와 실천적인 면을 강조하였다. 즉 신채호는 天賦人權에 기초하여 국민의 자유권·평등권·생존권을 주장하고, 사회계약론에 기초하여 국민주권·국민참정권을 주장하고, 근대적 사회경제 개념에 기초하여 신국민경제론을 주장한 것이다.

그가 평등과 자유의 부재가 전근대적 계급주의와 노예주의의 제도와 사상에 그 원인이 있음을 밝히고 한국국민이 새시대에 살아남으려면 불평등을 한 칼로 베어내고, 인간의 자유없음은 곧 노예로의 전락과 죽음을 의미함으로 몸을 희생하더라도 신국민의 생명인 평등과 자유를 쟁취코자 주장한 것은 당시 애국계몽사상에 있어서 가장 진보적 논조로서 반외세·반봉건의 국권회복운동과 근대사회사상의 형성과 발전에 크게 기여한 사실로서 주목되어 마땅하다.

---

137) 『몽배금태조』; 앞의 책, 246쪽.

제3장

역사사상

한말 애국계몽운동기와 경술국치 후의 광복운동기에 한국고유
의 민족정신 내지 민족사상으로 주장된 박은식의 '國魂', 신채호의
'郎家思想', 문일평의 '朝鮮心', 최남선의 '朝鮮精神', 정인보의 '조
선의 얼' 등은 민족주의 사가들의 역사사상을 특징지우는 정신사
관들로서 이를 토대로 한국의 근대민족주의 역사학이 형성되었다.

을사오조약 이후 1906년 장지연 등이 大韓自强會의 취지서에서
교육과 산업발달의 자강책을 위한 '국민정신'·'자국정신'·'조국
정신',[1] 또는 '國脈'[2]의 배양을 주창한 이후부터 민족정신의 고취
가 애국계몽지식인들의 공통적 관심사로서 대두되면서, 민족정신
이 매장된 국사에 대한 자주적 인식과 교육의 중요성이 부각되었
다. 이러한 시대적 요청을 선구적으로 주창하고 실천적인 이론으
로 발전시킨 대표적인 인물이 박은식과 신채호였다.

두 사람은 한국민족의 역사정신을 바탕으로 각자 독특한 史論을
개진하고, 史書를 저술함으로써 근대 한국민족독립운동사상의 폭
은 그만큼 확대될 수 있었다.[3] 따라서 박은식과 신채호의 역사사

---

1) 『大韓自强會月報』 제1호, 9~10쪽 ; 아세아문화사, 1978, 『대한자강회
　월보』 상(영인본), 13~14쪽.
2) 국사편찬위원회, 1971, 「皇城中央學會趣旨文」 『韋庵文庫』 권6, 246~
　247쪽.
3) 申一澈, 1974, 「朴殷植의 『國魂』으로서의 國史槪念」 『韓國思想』 제11
　집, 韓國思想研究會 : 李萬烈, 1976, 「朴殷植의 史學思想」 『淑大史論』
　제9집 : 愼鏞廈, 1981, 「朴殷植의 歷史觀」 上·下 『歷史學報』 제90~
　91집 ; 1982. 『朴殷植 社會思想研究』: 拙稿, 1980, 「申采浩의 郎家思

상을 고찰하는 것은 한국 근대사학의 확립과정은 물론 당시의 시
대정신과 사회사상을 이해 하는 중요한 방법론상의 접근이 될 것
이다.

박은식의 歷史國魂論이 1910년대 중반의『韓國痛史』에서, 신채
호의 郎家思想은 1920년대 전반에 이루어진 대표적인 논문과 저서
인「朝鮮歷史上 一千年來 第一 大事件)」과『朝鮮上古史』에서 정
립되었다.

그러나 이들 논문과 저서에서 자신들의 논리나 사상을 구체적으
로 개진했다고 하여 이를 그때의 산물로만 규정할 수는 없다. 어떤
이념이나 사상이 하루 아침에 쉽게 이루어지는 것은 아니다. 이들
사상의 발상이 국내의 애국계몽사상에 그 연원을 두고 오랜 학문
적·사회적 경험을 겪은 후에 성숙 정립되었다고 보기 때문이다.

이 장에서는 박은식의 역사국혼론과 신채호의 낭가사상의 형성
과 이념의 배경, 전개구조 및 그 특성의 異同을 비교 고찰하여 이
두 사상이 이들의 역사인식의 사론적 이념이 되고, 광복운동사상
을 비롯한 전반적인 사회사상을 형성하는 요체로 기능하는 바를
밝히고자 한다.

想考」『丹齋申采浩와 民族史觀』－丹齋申采浩先生 誕辰100周 年紀念
論集－, 형설출판사 : ______, 1986,「申采浩 郎家思想의 背景과 構造」
『申采浩의 思想과 民族獨立運動(丹齋申采浩先生 殉國50周年追慕論
叢)』 형설출판사.

Ⅰ. 박은식의 역사국혼론

박은식은 일찍이 1901년의 『謙谷文稿』에서 『韓國痛史』(1915)·『韓國獨立運動之血史』(1920)와 같은 혼백개념에 입각한 것은 아니지만 국혼의 의미를 지닌 비슷한 용어를 구사하여 그러한 인식의 새싹을 표출하였다.

> 대개 나라의 나라됨은 그 자주의 마음과 자강의 기운이 있기 때문입니다. 그러므로 自主自强하여 다른 데 의지하지 않으면 나라가 비록 적지만 남에게 굴하지 않는 것이니 … 그런즉 兵士가 많지 않은 것은 걱정거리가 아니며, 財物이 넉넉하지 않은 것은 걱정거리가 아니며, 機械가 미비 한 것은 걱정거리가 아니며. 製造가 왕성하지 못한 것은 걱정거리가 아닙니다. 오직 人心의 陷溺과 民氣의 위축이 가장 근심이 될 뿐이다.[4]

여기에서 말하는 인심과 민기는 魂을 의미하고, 병사·재물·기계·제조는 魄을 의미한다 할 수 있다.

박은식은 을사오조약 후 한국국민의 민기 진작의 실천운동에 적극 참여하여, 대한자강회의 발기 목적을 밝히는 논설 「大韓精神」[5]에서 한국국민 모두가 자강의 사상으로 자강의 실력을 양성하는 가장 긴요한 방책이 대한정신을 2천만 동포의 머리속에 불어넣어

---

4) "蓋國之爲國 以其有自主之心也 以其有自强之氣也 故能自主自强而不依附於他 則國 雖小而不屈於人 … 然則兵之不多非所憂也 財之不贍非所憂也 器械之不備非所憂也 製造之不旺非所憂也 惟是人心之陷溺民氣之萎薾最爲可憂耳."(『謙谷文稿』「與孫聞山貞鉉書」;『전서』중, 380쪽).

5) 『대한자강회월보』제1호 ;『전서』하, 67~68쪽.

주는 것이라 천명하였다. 그가 내세우는 대한정신은 한국의 국가 정신, 즉 민족자강의 자주독립정신으로서의 「국혼」을 의미하는 것이다.

각 나라는 자국 특유의 민족정신을 가지고 있으며, 한국의 민족정신이 대한정신이라는 박은식의 관념적인 주장은 이어 발표한 「大韓精神의 血書(續)」에서 보다 설득력을 가지기 시작하였다.

그는 당시 당대 제일의 교육사상가로서 한민족이 살아남기 위한 정신교육을 강조하여 모든 교육의 목적이 대한정신에 있음을 밝히며, 학생들로 하여금 獨立自重의 志氣를 갖도록 해야 함을 지적하였다. 그는 실제 독일·이태리·미국·일본 등이 모두 그 나라 특유의 정신에 의해 부강한 나라가 되었음을 예로 들어 한민족도 이와 같은 정신이 있음을 주장하며 그 명칭을 大韓精神·國魂·大韓魂으로[6] 또는 國性·國粹로 명명하고,[7] 그것은 바로 꺼저가는 애국의 희생정신임을 강조하였다.

박은식이 이 논설에서 처음으로 「국혼」이란 용어를 사용한 것으로 짐작되지만 이때까지만 해도 국혼은 한 나라의 혼 또는 민족정신을 뜻하는 단순한 의미로 사용된 것이지 혼백개념에 입각한 역사국혼론을 전개하지는 않았다.

박은식의 국혼에 대한 인식은 1909년의 「讀高句麗永樂大王墓碑謄本」에서부터 단순한 정신적 관념에만 머물지 않고 한 걸음 더 나아가 역사를 핵심적인 매개체로 하는 국혼적 역사인식을 발상하기 시작하였다.

---

6) 『대한매일신보』 1907년 9월 26일 ; 『전서』 하, 72~74쪽.
7) 『西北學會月報』 제1권 제9호 「讀高句麗永樂大王墓碑謄本」 ; 『전서』 하, 42쪽.

> 夫 歷史는 國家의 精神이오, 英雄은 國家의 元氣라 … 廣開土王
> 墓碑는 韓民族의 國魂이며 史家의 鼎彝라.[8]

역사는 나라의 정신이고, 영웅은 나라의 근본되는 정기이므로 광개토왕묘비는 한민족의 국혼이며 史家의 근본이라는 주장은 민족의 자주독립이 구체적인 역사교육을 통한 국혼의 소생에서 비롯된다는 국혼적 역사인식에서 출발한다.

박은식이 국내에서부터 망명 후에 이르기까지 청소년들에게 교육을 통해 줄기차게 강조한 것은 그의 학문의 뿌리이자 실천적 이념인 공맹사상과 양명학의 본지에 입각한 "腦髓中에 있는 신성한 주인",[9] 즉 자유·평등·평화·자주독립정신이었다.

박은식은 경술국치 후 민족의 역사가 분탕 당하자 민족의 신성한 주인정신인 국혼의 부활과 유지를 위해 망명을 계획하고[10] 망명 직후 바로 사서를 저술하였다. 즉, 박은식은 1910년 8월 29일 경술국치로 나라가 망하자 "國體는 雖亡이나 國魂이 不滅하면 부활이 가능한데 지금 국혼인 국사책마져 焚滅하니 痛嘆不己라.", "一言 一字의 자유가 없으니 오로지 해외로 나가서 4천년 문헌을 모아 편찬하는 것이 吾族의 국혼을 유지하는 유일한 방법이라."[11]고 하여 망명을 계획하였다.

1911년 3월 부인 이씨가 병사하자 상례를 지낸 후 바로 4월에 표연히 압록강을 건너 국경을 탈출하여 만주 서간도 奉天省 桓因縣

---

8) 『서북학회월보』 제1권 제9호 「독고구려영락대왕묘비등본」 ; 『앞의 책』 하, 42~43쪽.

9) 그는 이를 '主人精神'이라 하며 공자의 '仁', 맹자의 '良知' 석가의 '話頭', 예수의 靈魂'을 예로 들었다(「告我學生諸君」 『전서』 하, 49~50쪽 참조).

10) 「연보」 『전서』 하, 299쪽.

11) 「연보」 위의 책, 299쪽.

興道川으로 망명하여 그 계획을 바로 실천에 옮기기 시작하였다.

그는 그곳의 애국지사로서 1910년 大倧敎에 입교하고 1923년에 제 3대 교주가 된 윤세복(尹世復, 1884~1960)의 집에서 1년간 기거하였다. 그동안 그는 윤세복의 영향과 후원으로 대종교 신도가 되어[12] 『東明聖王實記』·『渤海太祖建國誌』·『夢拜金太祖』·『明臨答夫傳』·『泉蓋蘇文傳』·『大東古代史論』 등을 저술하였는데, 이는 바로 역사를 앞세운 국혼의식의 반영이기도 하다. 현재 전해지는 것은 『몽배금태조』·『천개소문전』·『대동고대사론』 등 3편뿐이다.

여기에서 그의 애국계몽운동·광복운동의 학문적·이론적 이념과 근거로서의 역사국혼사상이 가지는 중대한 의미를 발견할 수 있게 된다.

박은식의 역사에 대한 남다른 인식은 애국계몽운동기 때부터 西北學會의 歷史製述委員으로 피선된 것[13]과 세계사에 대한 해박한 지식[14]을 통해서도 엿볼 수 있다.

당시 그의 저작은 모두 역사적으로는 한국고대사에, 지리적으로는 만주에 관련되어 있는 것이 특징이었다. 이는 박은식의 한국사 인식에 대한 사론과 서술범위를 밝혀주는 것으로서 그가 만주에 머물면서 이무렵 대종교 교단이 소개했을 것으로 보이는 이 방면에 관한 역사문헌을 열람하고, 만주고토의 고대사 유적지를 직접

---

12) 박은식은 1911년에 입교하여 1913년부터 대종교간부로 활약하였다(大倧敎倧經史編修委員會, 1971, 「重光諸賢」 『大倧敎重光六十年史』 제3편, 837~838쪽). 그가 대종교 신도가 된 것은 역사연구와 독립운동을 위한 것이지 결코 자신의 양명학적 유교관을 저버린 것은 결코 아닌 것이다(「學의 眞理를 쫓차 求하라」 『전서』 하, 196~200쪽).
13) 『서북학회월보』 제1권 제2호, 42쪽.
14) 『몽배금태조』 ; 『전서』 중, 262~263과 281~285쪽.

답사하는 새로운 역사 경험을 통해서15) 이루어진 것이다.

이러한 망명생활의 국혼연구를 통해 박은식은 "천여년동안 조선은 제나라 역사는 없고 남의 나라(中國;필자주) 역사만 있어, 그동안 조선은 형식상으로만 조선이었을 뿐이고, 정신상의 조선은 망한지 이미 오래며, 신속히 지난날의 노예적 역사교육방법을 바꾸어 조선사람들의 머리속에 조선의 역사가 자리잡도록 한다면 민족이 어느 곳에 유랑할지라도 조선은 망하지 않을 것이다."16) 라는 신념에 도달할 수 있었다.

따라서 그의 국혼적 역사인식론은 우선 망명지의 청소년 내지 동포들, 그리고 국내외의 전 한국인에게 역사의 주체자로서 사대주의적인 유교사관을 벗어나17) 근대민족주의 사관에 의한 민족광복의 희망과 확신을 심어주기 위해 입론한 것이다.

박은식은 1911년에 新韓民村의 청소년을 위한 교재로 저술한 『몽배금태조』에서 "일제침략의 치욕을 알고, 원통한 것을 아는 것이 곧 그것을 설욕할 수 있는 동력이 되는 것이니, 역사학이 정신교육에서 꼭 필요한 것이라."18) 하여 역사를 광복운동의 정신교육

---

15) 「결론」『한국통사』 ;『전서』상, 375쪽.
16) 『몽배금태조』 ;『전서』중, 224~225쪽.
17) 박은식은 자기 나라의 역사는 공부하지 않고 중국의 역사만 공부하고, 자기 나라 영웅은 숭배하지 않고 다른 나라 영웅만 칭찬하여, '尊華' 두 자에만 칭탁하여 노예학문으로서 역사를 공부하기 때문에 國粹가 마멸하는 것이라 하고(「讀高句麗永樂大王墓碑謄本」, 앞의 책, 42쪽), "천년 이래 우리 민족은 모두 조상들에게 죄를 지은 사람들이고 우리 歷史라는 것은 他國의 奴婢文書였다. 그러면서도 조상에게 죄를 짓고 사는 것을 반성하기는 커녕 스스로 예의의 나라라고 칭하고, 타국의 노예가 되는 것을 부끄럽게 여기는 대신 스스로 小中華라고 뻐기고 있다."(『몽배금태조』 ; 앞의 책, 195・224~225쪽)며 尊華史觀을 비판하였다.
18) 『몽배금태조』 ;『전서』중, 306~307쪽.
    박은식은 "朝鮮靑年들에게는 정신교육이 가장 필요 하다고 생각되며

의 실체로서 내세웠다.

마침내 이러한 인식은 곧이어 1914년『安重根傳』과 그의 대표적 사서이며 한국 근대민족주의 사서의 濫觴이라 할 수 있는『한국통사』의 서술이념으로 발전되어 역사국혼론의 실천적 정립을 보게 되었다.

> 옛사람이 이르기를 나라는 가히 멸할 수가 있으나 역사는 가히 멸할 수가 없다고 하였으니 그것은 나라는 形(形體)이고 역사는 神(精神·國魂)인 때문이다. 이제 한국의 형체는 허물어졌으나 정신만이 독존할 수는 없는 것인가. 이것이 痛史를 저작하는 소이이다. 신이 보존되어 멸하지 아니하면 형(국가)은 부활할 시기가 있을 것이다. 그러나 이『韓國痛史』는 갑자(甲子年 : 1864) 이후 50년사에 불과할 뿐이니 어찌 족히 우리 4천년 역사 전부의 정신을 전할 수 있으리오.19)

역사국혼론은 일제에 의해 국권을 강탈당한 상황에서 국혼유지를 통해 민족의 광복을 실현하려는 실천적 동기에서 형성된 것으로, '國은 形也요 史는 神也라'는 구절은 박은식 역사사상의 기본적 명제로서, 근대민족주의 역사사상의 대전제적 성격을 띤다. 그는 국가와 역사의 관계를 가시적인 '형'과 불가시적인 '신'으로 파악하여, 역사는 精神(國魂)이고 나라는 그것이 밖으로 나타난 形(형

정신교육의 교제는 고대 偉人들의 歷史가 좋을 것 같다"고 하여 역사 가운데에서도 영웅주의적 민족정신의 교육을 강조하였다(앞의 책, 276쪽). 그는 이상적인 학교제도와 교사상을 제시하여 주목받고 있는 檀君의 四千年學校의 구상을 통해 한국사상의 각종 위인들을 발굴 등장시켜 자신의 인식체계를 수립하고자 하였다(앞의 책, 293~307쪽).

19) "古之云 國家滅 史不可滅 蓋國 形也 史神也 今韓之形 毀矣 而神不可以獨存乎 此痛史之所以作也 神存而不滅 形有時而復活矣 然是編也 不過甲子以後五十年史耳 烏足以傳我四千年歷史 全部之神乎"(「서언」『전서』상, 24쪽 ; 이하『韓國痛史』는『痛史』라 약술함).

체)이라 규정하여, 역사를 종교적·문화적 차원에서 인식하였다.

그는 '國家滅 史不可滅'이란 확신과 '형'이 비록 허물어졌으나 '신'만 보존하면 '형'도 부활할 수 있다는 주체적 인식하에서 일제 식민지화의 과정을 폭로하고 경술국치에 의한 역사의 단절을 부정 하며,[20] 비록 나라가 망했어도 국혼만 유지하면 민족사는 연속되 어 國體復活이 가능하다는 국혼구현의 실체로서 『통사』를 저술한 것이다. 그는 1864년 이후 50년간의 역사를 기술하여 사천년 한국 사의 神(국혼)을 전한다는 것이 충분치 못하다는 것을 잘 알면서도 당시의 시대상황과 역사조건에 사명을 다하는 자세로 사천년 역사 중 가장 치욕적인 망국의 현대사를 선택한 것이다. 이곳의 제 1편 에 지리와 역사의 줄기를 2장으로 나누어 약술하고, 제 2편을 61장 으로 나누어 옛 교화의 내력을 서술하여 사천년 國粹의 정신을 담 는다고[21] 피력한 데에서 그가 역사국혼론의 실천적 구현을 위해 얼마나 많은 노력을 기울렸나 하는 것을 알 수 있게 된다.

박은식은 다시 국가의 형성요소를 정신적인 '혼'과 물질적인 '백' 둘로 구분하여, 國魂이 망하지 않는 한 國魄도 망하지 않는다 고 주장하였다. 그는 구체적으로 국혼의 구성요소로서 민족문화의 정신면을 나타내는 '국교·국학·국어·국문·국사'등을, 국백의 구성요소로서는 외형의 물질적인 '錢穀·卒乘·城池·船艦·器 械' 등을 지목하여,[22] 혼과 백을 유교적 體用의 논리로 인식하였다.

박은식은 세계평화사상의 핵심 이념인 양명학의 良知論的 인도

---

20) 洪以燮, 1963, 「朴殷植 「韓國痛史」와 「韓國獨立運動之血史」」『새교 육』 101 ; ______, 1968, 『韓國史의 方法(탐구신서 35)』, 293~296쪽.

21) "此書始末限於最近五十年 而特於首編設載地理及舊史之梗槪 又於第二 編因敍古物敎化之來歷 含有四千年國粹之精神"(『통사』「범례」 ; 『전 서』상, 7쪽)

22) 「결론」『통사』 제61장 ; 앞의 책, 376쪽.

주의에 입각하여 전통적 혼백개념을 원용하여 혼 우위의 혼백론을 전개함으로써 그의 역사국혼사상의 이념을 밝히고자 하였다. 이러한 인식은 실제 그의 역사서술에서도 강하게 개진되었다.

> 李漢膺의 죽음은 즉 우리 민족이 최근에 있어서 제일점의 血光이다. 대개 우리 민족은 우리조상의 신성한 덕분에 倫敎를 지켜왔고 禮義를 숭상하여 忠烈의 혈기가 歷史에 끊이지 아니했다. 진실로 이러한 것이 없었다면 어찌 4천년간의 國脈을 지킬 수가 있었겠는가 … 이러한 정신들이 우리 민족정신에 배어든 것이며 그러한 사람들이 아니었다면 우리는 금수나 다를 바 없을 것이다. … 그런데 특별히 사람을 귀하다고 하는 것은 사람은 타고난 영혼이 있어 仁義禮智의 덕을 다스리며, 孝悌忠信의 행실을 다스리며, 천지의 중심이 되어 物을 지배할 수 있으나 물의 지배를 받지 아니한다. 그러므로 사람은 道를 위하는 것이 오직 중하며 이 영혼은 길러질 뿐이다. 공자가 말하되 "몸을 죽여서 인을 이룩한다(殺身成人)" 하였고, 맹자가 말하기를 "삶을 버리고 의를 취한다(舍生取義)" 하였다. 仁은 어찌하여 몸보다 중요하며 義는 어찌해서 삶보다 중요한 것일까. 魂은 魄보다 중요하며 영혼은 하늘의 氣를 알며 정신(神明)을 인간의 心體에 주었다. 그러므로 육체의 死生에 관계없고 육체는 여관의 집과 같은 것이니 그 존재하고 파괴됨이 어찌 참다운 자기의 초연함에 구애되는가.[23]

여기에 나타난 가장 핵심적인 대목은 영혼(정신)은 물(물체)을 다스리지만 물체의 다스림을 받지 않는다는, 즉 혼은 백보다 중요하며 우선한다는 인식이다. 국혼의 우위개념은 국내 애국계몽사상기부터 철저한 것은 아니었다. 이 시기 그의 여러 논설을 보면 사회관습개혁과 실업구국에 관한 국백개념을 국혼과 함께 중요시하였으며, 이러한 인식은 『夢拜金太祖』(1911)에서 민족의 국혼과 국백의 균형적 발전을 추구한 사실에서[24] 인지될 수 있다.

---

23) 「駐英署理公使李漢膺自裁」『통사』; 앞의 책, 263~264쪽.
24) 신용하, 1981, 「박은식의 역사관」上·下『역사학보』제90~91집 ; 1981,

그러나 이러한 인식은 망국의 암울한 질곡을 깊이 체험하는 과정에서 더이상 지속적으로 유지될 수 없었을 것이다. 이는 일제의 주권탈취·경제적 수탈·문화말살정책, 그리고 약소국에 대한 강대국의 외면으로 國魄中興에 대한 기대감이 상실됨에 따른 반동적 인식, 즉 國魂死守의식이 팽배하게 된데 연유한 것으로 보인다.

박은식은 『痛史』에서 국가의 두 구성요소 중 정신적 측면의 국혼을 국백보다 더 중요한 것으로 간주하여, 구체적으로 국교·국학·국어·국문·국사 등을 포함하는 민족문화의 개념으로 정의하였다. 그는 국교·국학·국어·국문·국사 등을 민족의 일체감과 정체성을 나타내는 민족문화 내지는 민족정신으로서의 국혼을 내세워 민족주의 정신사관을 확립하였다.

박은식에 있어서 "국교와 국사가 망하지 않으면 나라는 망하지 않는다."는 대전제 하에서 "한국의 魄은 이미 죽었으나 魂이 존재하느냐 그렇지 않느냐."[25] 하는 것은 민족에게 던지는 절대절명의 물음이며 광복운동의 핵심적 과제가 무엇인가를 제시한 것이다. 이는 그가 한국의 形으로서의 국백이 죽었음은 인정하나 한국 문화민족의 역사와 전통의 위대성에 대한 절대적 믿음 위에서 한국민족의 국혼마저 죽은 것은 아니며 결코 죽을 수가 없다는 민족의 비장한 결의의 성격을 지니고 있다.

박은식은 역사의 경험을 통해 중국이나 돌궐은 국혼이 국백보다 강한 나라이기 때문에 일시 이민족의 침략에 의해 정복되는 비운을 겪은 일이 있으나 결국은 국혼의 강점을 활용하여 다시 독립할 수 있었고, 선비·거란·몽고 등은 國魄이 國魂보다 강하여 한때

『박은식의 사회사상 연구』, 257쪽.
25) "國敎國史不亡則其國不亡也 嗚呼韓國 魄已死矣 所謂魂者 存乎否乎" (「결론」『통사』 ; 앞의 책, 376쪽).

이민족을 정복하여 세계 최대의 제국을 건설할 수 있었으나 결국 국혼의 쇠약으로 國命을 다하여 국혼의 범위만큼 나라가 위축되었다고 주장하였다.26) 그는 국혼을 광복의 정신적 원동력으로서 기능할 수 있는 민족문화의 주체정신으로 규정하여 국백과는 차원이 다른 절대적 가치로 인식한 것이다.

그는 1918년경 고령에도 불구하고 한인학교를 순회하며 한국역사를 가르치고,『李儁傳』등을 저술하였다. 그리고 1919년 노령 블라디보스톡에서 3·1운동을 맞이한 후 상해임시정부에 참여하여 임정사료편찬회에서 실제 독립운동사 편찬을 혼자서 도맡아서 『韓國獨立運動之血史』의 기초가 되는『韓日關係史料』4권을 편찬하고, 이듬해에『한국독립운동지혈사』를 출간하였다. 이러한 저술들을 통해 그는 한국근대사 뿐만 아니라 한국고대사에 대해서 큰 관심을 가지고 한국사를 이해했음을 알 수 있다. 후에 그가 자신의 회갑연에서 "내가『한국통사』를 쓰고『한국독립운동지혈사』를 썼거니와 내가 비록 늙었더라도『建國史』를 쓰고야 죽겠다."27) 라는 각오가 한국사 서술에 대한 그의 의지를 반영하고 있다.

따라서 박은식이 비록 건국사를 쓰지는 못했으나 결국 국혼을 민족문화의 정수 내지는 자주독립적 민족정신의 전개과정이라고 인식하는 민족주의 정신사관을 확립했다.28) 뿐만 아니라 역사국혼론의 이념으로 1864～1920년간의 한국근대사를 '통한의 역사'와 '피의 역사'인『통사』(1864～1911)와『혈사』(1884～1920)로 체계화하여, 망국의 동포들로 하여금 자주독립의 정신과 의지를 소생케 함으로써 광복을 기약할 수 있는 희망을 갖게 하였다.29) 이로써 그

---

26)「結論」『痛史』; 앞의 책, 376쪽.
27)『전서』하, 302쪽. 이하『韓國獨立運動之血史』는『血史』로 약술함.
28) 신일철, 1981,『신채호의 역사사상연구』, 고려대 출판부, 218쪽.
129)「서언」『혈사』;『전서』상, 449쪽.

는 근대민족주의 역사사상 형성의 큰 줄기와 광복운동의 큰 동력
으로 한국사학사상 불멸의 업적을 남기게 되었다.

Ⅱ. 신채호의 낭가사상

신채호는 애국계몽사상기를 통해서 관념적인 성격의 민족정신
의 배양을 주장하는 운동에 앞장섰으며, 그는 특히 역사를 제일의
적으로 하는 민족정신 배양론을 부르짖었다.

> 我가 國을 사랑하려거든 歷史를 讀할 지며, 人으로 하여금 國을
> 愛케 하려거든 歷史를 讀케할지어다. 歷史를 讀하되 幼時부터 讀할
> 지며, 歷史를 讀하되 終老토록 讀할지며, 歷史를 讀케하되 男子뿐
> 아니라 女子도 讀케 하며, 歷史를 讀케 하되 上等社會뿐 아니라 下
> 等社會도 讀케할지어다.[30]

신채호는 국민 모두가 역사를 통해 민족의 變遷消長한 내력을
알면, 애국심을 발휘하게 되고, 이 애국심이 국가와 민족을 소생케
하는 것으로 인식하였다. 그에게 있어서 역사는 민족자강과 국권
회복을 위한 마지막 보루이자 최종 목표였다. 특히 역사 중에서도
정치사가 애국심을 주동하는 것으로 보았다. 이는 영웅에 의한 이
민족과의 정치적인 투쟁사에서 가장 열렬한 민족정신의 애국심을
발견할 수 있기 때문이다.

---

30)『大韓協會會報』3호「歷史와 愛國心과의 關係」;『개전집』하, 76~77
　　쪽.

그리하여 그는 이 시기를 전후하여 랑케 등 근세사가들의 만국사를 섭렵하고 역사연구에도 몰두하여 역사전기물로서 梁啓超의 『伊太利建國三傑傳』(1907년 10월 25일)을 번역하였으며, 곧이어 한국역사상의 삼걸로 乙支文德·李舜臣·崔瑩을 뽑아 그들의 전기를 저술하였다.

그는 1908년 5월 30일에 『乙支文德』을 저술하여 간행하였으며, 『대한매일신보』에 『水軍第一偉人李舜臣傳』(1908년 5월 2일~8월 18일)과 『東國巨傑崔都統傳』(1909년 12월 5일~1910년 5월 27일)을 연재하여 청년학생들과 민중들에게 애국심을 고취하고 국권회복을 위하여 영웅적으로 투쟁할 것을 계몽하였다. 뿐만 아니라 그는 한문을 모르는 일반민중과 부녀자층을 계몽하기 위하여 순국문판 『을지문덕전』(1908.7)을 내었고, 순국문판 『리슌신전』을 국문판 『대한민일신보』(1908년 6월 11일~10월 24일)에 연재하였다. 이러한 과정을 거치며 그는 근대민족주의사학의 새싹인 『讀史新論』을 저술하여 『대한매일신보』(1908년 8월 27일~12월 13일)에 연재하게 되었다.

1909년 10월 安重根의 伊藤博文砲殺事件이 일어난 후 일제헌병대에 의해 新民會 간부들이 체포되었다가 이듬해 개별적으로 석방되자, 그는 신민회 간부회의의 결정에 따라 간부집단의 일원이 되어 1910년 4월에 국외로 망명하게 되었다.

애국계몽사상기에 이러한 역사 제일주의에 의한 민족정신의 추구를 학문적 이론으로 성립한 것이 신채호의 『독사신론』이다. 그는 다른 애국계몽사상가들과는 달리 일찍부터 역사의 실체를 통해 민족정신을 체계적으로 구체화 하고자 노력하였으며, 그 결과 郎家思想을 발굴하게 되었다.

『朝鮮上古史』「총론」의 "역사란 무엇이뇨, 인류사회의 '我'와

‘非我’의 투쟁이 시간부터 발전하며 공간부터 확대하는 심적활동의 상태의 기록이다.”[31]라는 신채호의 역사정의는 국내에서 여러 역사서술을 통하여 민족정신을 고취할 때에 이미 그 이념을 발상하고 있었다.

> 大抵 歷史란 者는 必也向에 云한 바, 內를 尊하며 外를 岐하고 民賊을 誅하며 公仇를 戮하는 등, 一定主義 一貫精神을 伏하여 民族進化의 狀態를 敍하며 國家治亂의 因果를 推하여, 懦者─立하며, 頑者─ 悟케 하여야 於是乎 歷史라 可稱할지라.[32]

1908년의 역사정의를 1920년대의 것과 비교해 보면, 內는 我, 外는 非我, 一定主義·一貫精神은 고유의 민족정신, 즉 낭가사상을 의미하는 것으로 비정할 수 있다. 이는 바로 자주독립의 일관된 민족정신이 신채호의 근대민족주의 역사사상의 기본적 이념이 된 것이다. 근대민족주의 역사사상에 의해 저술된 『독사신론』에서도[33] 이러한 사실이 반영되고 있다.

당시 신채호는 민족국가의 실체를 회복할 수 있는 구체적인 민족정신을 확립하기 위해 역사의 주체자로서 민족을 설정하고 국가를 ‘민족정신으로 구성된 유기체’로 규정하였다. 그는 역사와 민족 그리고 국가를 삼위일체의 유기적 관계로 인식한 것같다.

> 國家의 歷史은 民族 消長盛衰의 狀態를 閱敍할 者라. 民族을 捨하면 歷史가 無할지며, 歷史를 捨하면 民族의 其國家에 對한 觀念이 不大할지니, 嗚呼라, 歷史家의 責任이 其亦 重矣哉인저 … 國家가 旣是 民族精神으로 構成된 有機體인즉 … 今日에, 民族主義로

---

31) 『조선상고사』「총론」;『개전집』상, 31쪽.
32) 『대한협회회보』제3호 「역사와 애국심과의 관계」;『개전집』하, 78쪽.
33) 신용하, 「신채호의 「독사신론」의 비교분석」『단재신채호와 민족사관』, 195∼272쪽.

> 全國의 頑夢을 喚醒하며, 國家觀念으로 靑年의 新腦를 陶鑄하여,
> 優存劣亡의 十字街頭에 幷하여, 一尙存의 國脈을 保有코자 할진대
> 歷史를 捨하고는 他術이 無하다 할지나, … 無精神의 歷史는 無精
> 神의 民族을 産하며, 無精神의 國家를 造하리니, …34)

신채호가 국가를 민족정신으로 구성된 유기체로 보는 것은 한국
민족의 단일성과 유구성을 전제로 하는 역사공동체의식에 입각한
優存劣亡의 자강론적 국가관념을 민족 消長盛衰의 역사를 통해
자각토록 하는 데에 뜻을 두고 있다.

이러한 민족중심적 국가관념은 국가를 '정신상의 국가'와 '형식
상의 국가'로 이분하여 '정신상의 국가'를 主로 보고 '형식상의 국
가'를 그 外形으로 파악하는 논리로 발전하였다. 그는 국가라는 것
을 형식상의 국가와 정신상의 국가로 나누어 관찰하여 형식상의
국가는 ① 疆土(領土), ② 주권 ③ 대포·육군·해군 등의 외형적
집합체라 하고, 정신상의 국가는 민족의 독립·자유·생존의 정신
이라 인식함으로써 정신상의 국가, 즉 자강독립의 전통적인 민족
정신만 유지하면 형식상의 국가, 즉 국권을 회복할 수 있다는 주장
이다.35)

신채호는 한국 민족문화의 국수적 민족정신을 강조하는 논설「國
粹保全說」과「大我와 小我」를 발표하여 국수를 그 국가의 풍습·습
관·법률·제도 등을 통해 역사적으로 이루어져 나타나는 '국가의
미', 즉 특장적인 민족정신으로 보는36) 민족주의 정신사관의 주체적
이념을 확립하였다. 그의 국수에 대한 관념은 결코 폐쇄적이고 배
타적인 관념이 아닌, 오로지 민족의 전통사상 확립에 의한 외래사

---

34)『讀史新論』「緒論」;『개전집』상, 471~472쪽.
35)『대한매일신보』1909년 4월 29일「精神上 國家」;『전집』별집, 160쪽.
36)『대한매일신보』1908년 8월 2일「국수보전설」; 앞의 책, 116쪽.

상의 주체적 수용만이 자주독립의 문명국을 보장할 수 있음을 강조하기 위한 민족문화의 자기신뢰에서 나온 것이다.

민족정신론에 입각한 신채호의 국수보전론은 민족주체의 我觀念의 확립에서 그 이념적 보강이 이루어졌다.

신채호는 我를 정신적·영혼적 아와 물질적·軀殼的 아로 나누고, 전자는 천지 만물이 죽어도 홀로 죽지 않는 眞我·大我이며, 후자는 반드시 죽는 假我·小我라 하였다. 불사하는 진아·대아는 구체적으로는 정신·사상·목적·주의 등으로 존재하여 그것들은 무한 자유자재하며 행하고자 함에 이루어지지 않는 일이 없으므로 오직 대아만이 유아독존적이며 신성하고 영원한 것으로 인식하였다.[37] 그는 객관적 조건에 규정받지 않는, 현재적 상황을 초월하는 주체적인 아의 절대적 우위관념을 확립하였다.

이러한 '아'의 관념에 입각할 때에 독립자유정신·전통사상·국권회복의 목적과 희망·저항적 민족주의 등은 진아·대아가 되고, 이에 반해 제국주의·강권주의·식민주의·물질주의 등은 가아·소아가 되며, 나아가 이는 아와 비아로 철저히 대립되어 '아'의 '비아'에 대한 비판과 투쟁의식으로 발전되는 것이다.

그는 일제의 정치·경제·군사력에 비해 절대적 열세에 처한 한국의 현실을 비관 좌절하지 않고, 영원한 민족의 전통적 독립자유정신을 대아로 내세워 필멸적 소아의 일제를 극복할 수 있는 투쟁의 주체로서의 민족아를 설정한 것이다.

신채호의 국수론적 역사인식은 망명 1개월 전에 발표한 「東國古代仙敎考」에서 구체적인 윤곽을 형성하였다. 그는 이 글에서 중국의 道敎가 고구려에 유입되었다는 종래의 역사서술을 부인하며 그것은 東國의 고유한 仙敎임을 주장하였다. 그리고 檀君·乙支文

---

37) 『대한협회회보』 제5호 「大我와 小我」 ; 『개전집』 하, 83~87쪽 참조.

德·金庾信·溫達·官昌 등의 인물과 天仙·國仙·皂衣·大兄·仙人 등의 명칭을 거론하고, 崔致遠의 「鸞郎碑序」의 '國有玄妙之道 … 說敎之源 備詳仙史'라는 문구와 선교 창립의 祖로서의 三神과 화랑의 世俗五戒 등을 고대 선교와 관련시켜 소개하였다. 그는 한민족의 주종족인 부여족은 拜物者가 아닌 拜神者라 하고, 한국고대사에서 민족 특장의 주체적 종교인 선교의 존재와 가치를 『古記』·『三國史記』·『東史綱目』 등의 자료를 통해 구체적으로 밝히고자 하였으며, 이러한 선교에 대한 인식을 金富軾 등이 몰각하고 간과 하였음을 아울러 비판하였다.[38]

신채호는 망명 직후 대종교에 입교(1910)하였지만, 망명 직전까지도 仙敎나 大倧敎를 신앙으로 믿은 것은 아니다. 대종교가 1909년 1월에 민족종교로 창설되고, 그가 선교를 거의 대종교적으로 해석하고 있는 것으로 보아 대종교의 영향을 받았음이 분명하다 하겠다. 그는 당시 대종교에 입교한 다른 여타 애국계몽지식인들과는 달리 대종교를 신앙의 차원이 아니라 민족과 국가정신의 근원에 대한 역사연구의 핵심적 대상으로 받아들이고 있었던 것이다.[39]

외래사상과 외부의 침략에 맞서 이를 주체적으로 극복할 수 있는 국수적 민족정신으로서의 고대 민족신앙인 선교와 전통적인 민족사상인 낭가사상의 이념을 「동국고대선교고」란 논설을 통해서[40] 그 싹을 표출하게 된 것은 낭가사상 형성에 있어서 중요한 의

---

38) 『대한매일신보』 1910년 3월 11일 「東國古代仙敎考」 ; 『전집』 별집, 47~50쪽.
39) 한영우, 「한말에 있어서의 신채호의 역사인식」 『단재신채호와 민족사관』, 176~177쪽.
40) 이만열, 『단재신채호의 역사학연구』, 310~311쪽 : 趙仁成, 1985, 「신채호의 낭가사상에 대한 일고찰」 ―「동국고대선교고」를 中心으로― 『경

미를 지닌다.

한국사가 단군으로부터 개창되었다는 인식은 「역사와 애국심과의 관계」나 『讀史新論』 등에서 이미 나타나고 있었으나, 단군시대를 신화적 입장이 아니라 사상사적 시각으로 민족고유의 전통사상을 선교 등으로 불리는 고대신앙·민족신앙에서 찾기 시작한 것은 이 논설이 처음이기 때문이다.

신채호는 망명 직후 노령과 만주방면에서의 고구려·발해의 한민족 사적답사[41], 尹世茸과 尹世復 형제와의 교류에 의한 대종교의 영향으로[42] 역사연구에 새로운 전기가 마련되기 시작하였다. 1914년 그가 대종교의 제 3대 교주 윤세복의 초청을 받아 서간도 桓因縣으로 가서 "輯安縣의 일람이 김부식의 고구려사를 만독함보다 낫다"는[43] 벅찬 감회를 안고 1년간 그곳 東昌學校 등에서 한국사를 가르치고 민족의 고토를 답사하였다.

그는 이 시기 새로운 안목으로 집필했던 한국사 교재 『朝鮮史』의[44] 역사인식을 바탕으로 하여 썼을 「꿈하늘」(1916)[45]에서 그의

남사학』, 경남대학교 사학회.

41) 李允宰, 「북경시대의 단재」『개전집』 하, 479쪽 ;『조선상고사』「총론」 ; 『개전집』 상, 48∼49쪽 ; 정인보, 「단재와 사학」『개전집』 하, 457쪽.

42) 그는 망명직전 1909년 1월 15일 羅喆에 의해 개창된 檀君敎(1910년 4월 7일 大倧敎로 개칭)에 이미 관심을 가지고 「동국고대선교고」, (1910년 3월, 『개전집』 별집 47∼50쪽)를 발표한 바 있으며, 망명 후 대종교의 영향을 크게 받은 것이다(박영석, 1977, 「대종교의 독립운동에 관한 연구」『사총』 21·22합집 : 한영우, 1981, 「1910연대의 신채호의 역사인식」『한우근박사정년기념 사학논총』, 지식산업사, 629∼630쪽 ; ____, 『한국민족주의역사학』, 일조각, 1194쪽)

43) 『朝鮮上古史』 ;『개전집』 상, 49쪽.

44) 현재는 전하지 않는다(『개전집』 하, 「연보」, 499쪽).

45) 신채호가 1916년 3월에 쓴 史談體의 자전적 小說인『꿈하늘』(夢天)의 해설과 역사인식에 대해서는 韓永愚, 1981, 「1910년대의 申采浩의 歷史認識」『韓佑劤博士停年記念史學論叢』, 632∼639쪽 ; ____, 1994,

낭가사상은 구체성을 띠기 시작하였다.

당시 신채호는 대종교인들과 접촉하는 과정에서 대종교 경전은 물론 자신보다 3년 먼저 윤세복의 후원을 받은 박은식과 1916년 대종교 제2대 교주가 된 金教獻의 저술을 접할 기회를 가져 그 자극과 영향을 적지 않게 받았을 것으로 짐작된다. 1910년대 이 시기에 집필된 것으로 현존하는 것은 『檀奇古史』「서문」(1912), 「꿈하늘」(1916), 『朝鮮上古文化史』(1910년대 말~1920년대 초)이다.

신채호는 「꿈하늘」에서 檀君에서부터 내려오는 仙教의 내력을 구명하여 花郞정신이 민족 고유의 종교적 상무정신에 입각하여 외적의 침입방어와 국권수호의 역할과 기능을 수행해 왔고, 화랑의 이름이 시대의 변천에 따라 변해 왔음을 역사를 통해 밝히고자 하였다. 그리하여 그는 독자로 하여금 한국사에 나타나는 민족정신과 전통사상에 대한 종교사상사적인 새로운 역사인식을[46] 제시하게 되었다.

신채호는 선교에서부터 花郞道에 연결되는 민족고유의 전통사상의 발굴에 강한 집념을 보이며, 이에 대한 인식을 그의 구체적인 역사서술인 『조선상고문화사』에서 관계자료의 보강을 통해서 체계화하기에 이르렀다.

결국 낭가사상은 북경도서관의 『四庫全書』 등의 열람에 의한 사료섭렵과[47] 헤겔의 역사철학, 랑케 등의 서구의 역사관 및 양

『韓國民族主義歷史學』, 155~164쪽 참조.

[46] "徒領·花郞·先人 등의 각 이름은 시대를 따라 변하였으나 精神은 한 가지로 傳하여 冒險이며, 尙武며, 歌舞며, 學識이며, 愛情이며, 團結이며, 熱誠이며, 勇敢으로 서로 인도하여 古代에 이로써 宗教的 尙武精神을 이루어, 지키면 이기고, 싸우면 물리쳐, 크게 國光을 發揮 한 것이다. … 한놈이 徒領軍 곧 花郞이 우리 歷史의 뼈요, 나라의 꽃인 줄을 안지 오래 오며, 또 이를 발휘할 마음도 간절하오나 …"(『꿈하늘』; 『改全集』 下, 221~223).

계초의『中國歷史硏究法』을 비롯한 중국 근대사가들의 역사방법
론에 대한 깊은 이해를 가지면서 체계화되었다.[48] 1924년 여름
북경 교외 觀音寺에 머물면서「前後三韓考」를 비롯하여『朝鮮上
古史』[49]「총론」을 집필하고, 1925년 말까지 그동안 틈틈히 써놓
았을 한국사 관계 초고들에 수정을 가하며 본격적인 역사연구를
계속하였다. 그 결과 1924~25년경 집필한 그의 대표적 논문과
저서인「조선역사상 일천년래 제일대사건」과『조선상고사』에서
구체적인 정립을 보게 되었다.[50]

---

47) 신채호는『조선상고사』「총론」에서 唐의 大兵이 高句麗의 종교적 武
　　士團인「先人」軍에 大敗하였다는 數十字의 略史를 알기 위하여 6·7
　　種의 書籍 수천권을 섭렵하였다고 고충을 털어놓고 있는 것으로 보아,
　　낭가사상을 실증적으로 발굴 인식하기 위하여 얼마나 많은 노력을 기
　　울렸나를 짐작할 수 있다(『조선상고사』;『개전집』상, 50~52쪽 참조).
48)「遇(愚)公移山論」『개전집』하, 52쪽과『朝鮮上古文化史』,『개전집』
　　상, 418·421쪽 및 감옥에서까지도 H. G. 웰스의『세계문화사』를 구해
　　보고자 한 사실에서 그의 역사연구에 대한 열의를 엿볼 수 있다(李灌
　　鎔,「大連監獄 申丹齋面見記」『개전집』하, 435쪽). 이와 관련된 고찰
　　은 신일철, 1981,『신채호의 역사사상연구』, 94~166쪽 ; 최홍규, 1983,
　　『신채호의 민족주의사상』, 209~215쪽 : 신용하, 1984,『신채호의 사회
　　사상연구』, 58~62쪽 참조.
49) 이 작품은 1931년에『조선일보』에『조선사』라는 제명으로 연재되었다
　　가 광복후 1948년『조선상고사』라 개재되어 종로서원에서 단행본으로
　　간행되었으며, 이를『전집』상에 수록함으로써 그 명칭이『조선상고
　　사』로 일반화 되었다.
50) 신채호는 승려가 되기 직전인 1924년 1월에「朝鮮古來의 文字와 詩歌의
　　變遷」을『東亞日報』에 발표한 이래 속세로 나온 후인 1924년 10월부터
　　1925년 3월까지『동아일보』에「古史上 吏讀文 名詞解釋法」·「三國史記
　　中 東西兩字 相換考證」·「三國志東夷列傳 校正」·「平壤浿水考」·「前
　　後三韓考」·「朝鮮歷史上 一千年來 第一大事件」등을 연속하여 발표하
　　였다. 이 논문들은 그가 투옥된 후 1930년에『朝鮮史硏究艸』로 묶어서
　　간행되었다. 신채호는 1926년『時代日報』2월 2일자부터「父를 囚한 次
　　大王」을, 5월 20·22·25일자에「高句麗와 新羅의 建國年代에 對하여」

　신채호는『조선상고문화사』에서 많은 지면을 통해 "화랑의 淵
源史가 곧 仙史라."[51)]는 자신의 주장을 역사적 서술을 통해 구체
적으로 입증하고자 하였다. 그는 壇君과 三郞(단군의 三子)을 시조
로 하는 仙人·皂衣·先人·花郞·國仙·仙郞·在家和尙 등은
각 시대의 변천에 따라 불리어진 같은 뜻의 이칭으로서 국가에 대
한 신앙심이 높아 생사를 가벼히 여겨서 평소 노고로 신체를 잘 단
련하여 평상시에는 몸을 공익을 위해 바치고, 전란시에는 용감히
나아가 싸우는 한국민족의 국교·무사도·넋·정신·국사의
꽃·종교의 혼·國粹의 중심·무혼이라 하며 그들의 역할과 기능
을 구명하였다.[52)] 그리고 이러한 국사의 꽃인 郞家가[53)] 경기를 통
해서 배출되는 각국의 국중대회이며 명절인 壇君祭(경기회의 성격
도 띰) 날짜가 부여는 12월, 백제와 신라는 11월, 마한과 고구려는
10월로서 각국에 따라 다름은 그 祭가 다름이 아니라 단군조 말엽
에 열국이 분립하여 통일이 깨어지면서 각국의 역법이 다르게 된
때문이라고 하였다.[54)] 그는 제전을 비롯한 풍속·습관은 열국이
분립된 상태이나 그 통일성과 맥을 여전히 유지하고 있다고 봄으
로써 자신의 낭가사상 입론의 객관화를 시도하였다.

　신채호는 낭가사상을 발굴하면서 독창적인 역사인식의 선택과
해석의 원리를 제시하여 유명한「朝鮮歷史上 一千年來 第一大事
件」이란 논문에서 "郞은 곧 신라의 화랑이니, 화랑은 본래 상고 蘇

두었으나 발표하지 않았다.

　　를 발표하였다. 그는 이 무렵에「짤막한 朝鮮이야기」·「朝鮮史整理에
　　對한 私疑」·「朝鮮民族의 全盛時代」·「淵蓋蘇文의 死年」등을 집필해
　　두었으나 발표하지 않았다.
51)『조선상고문화사』;『개전집』상, 386쪽.
52)『조선상고문화사』; 앞의 책, 369~377, 383~396쪽.
53) 仙人·花郞 등의 여러 명칭을 종합 통칭하는 '郞家'라는 명칭은「조선
　　력사상 일천년래 제일대사건」에서부터 본격적으로 나타나고 있다.
54)『조선상고문화사』; 앞의 책, 393~394쪽.

塗祭壇의 무사, 곧 그때에 '선비'라 칭하던 자인데, 고구려에서는 皀衣仙人이라 하고, 신라에서는 미모를 취하여 花郎이라 하였다. 화랑을 國仙·仙郎·風流徒·風月徒 등으로 칭하였다"[55]고 郎家에 대한 개념과 그 유래를 규정하였다.

뿐만 아니라 그는 낭가와 낭가사상의 독자성과 주체성을 강조하여 국선·풍류도·풍월도가 갖는 의미가 중국의 것과는 다르다는 것을 지적하였다. 즉, 낭가사상의 국선은 투쟁에서 생활하여 도교의 '無爲'와 '不言'과는 판이하며, 낭가를 풍류도라 함은 支那(中國) 문자의 遊戲風流의 뜻이 아니라, 우리말의 풍류 곧 음악을 가리킨 것이며 風月도 지나 문자의 吟風詠月의 뜻이 아니라 우리 말의 풍월 곧 詩歌를 가리킨 것이라고 분명히 구별하였다.[56] 따라서 낭가사상의 주체인 낭가의 존재는 단군왕검시대에서 비롯되고, 낭가들의 낭가사상 역시 그때부터 배태되었다는 입론의 시발을 상정할 수 있게 된다.

나아가 신채호는 선사시대의 일반신앙인 원시종교에 착안, 이를 형태화하여 한국상고사의 머리인 수두시대에[57] 설정함으로부터 낭가사상을 개진해 나갔다.

> 朝鮮族은 宇宙의 光明(제 一장 참고)이 그 崇拜의 對象이 되어, 太白山의 樹林을 光明神의 棲宿所로 믿어, 그 뒤에 人口가 繁殖하여 各地에 分布하매 각기 居住地 부근에 樹林을 길러 太白山의 것을 模像하고 그 樹林을 이름하여 '수두'라 하니, '수두'는 神壇이란 뜻이니, … 三韓史에 보인 '蘇塗'는 '수두'의 音譯이며 '臣蘇塗'는

---

55) 『朝鮮史研究草』 ; 『개전집』 중, 104쪽.
56) 『조선상고사』 ; 『개전집』 상, 225·228쪽.
57) 신채호는 한국상고사의 시대구분을 (1) 수두시대, (2) 三朝鮮分立時代 (B.C 4세기경 이후), (3) 列國爭雄時代(對韓族激戰時代, B.C 190년경 이후)로 하고 있다(『조선상고사』 ; 앞의 책, 차례 참조).

> ‘신수두’의 音譯이요, ‘震壇九變局圖’에 보인 ‘震壇’의 ‘震’은 ‘신’의
> 音譯이며, ‘壇’은 ‘수두’의 音譯이요, 壇君은 곧 ‘수두하느님’의 音譯
> 이니라 ‘수두’는 小壇이요, ‘신수두’는 大壇이니, ― ‘수두’에 ― 壇
> 君이 있었은즉 ‘수두’의 壇君은 小壇君이요, ‘신수두’의 壇君은 大壇
> 君이니라.58)

신채호는 한국사와 함께 개창된 민족의 원시종교 ‘수두교’의 원
대한 시원과 이 종교가 광대한 영역의 타민족 종교로도 준봉된 교
세를59) 거론하면서, 낭가사상이 한국상고사의 원대한 출발에서부
터 이루어진 민족고유의 전통사상임을 밝히고자 하였다.

또한 신채호는 國中大會의 성격을 띤 수두제전을 주목하여, 매
년 5월과 10월에 베풀어지는 정기적인 것과 전쟁 또는 국가대사
발생시 열리는 비정기적인 것으로 나누며, 특히 강적의 침입을 받
았을 때의 군사적 행사와 기능으로 파악하고 있다.60) 이는 그가 단
군제인 수두제전을 단군조선의 개창과 더불어 민족문화의 구심력
과 주체적 민족자아를 구현하는 국중대회의 실천적 행사로 그 성
격을 규정하고 있는 것을 의미한다.

이러한 인식에 의거할 때 수두제전은 민족사의 변천에 따라 列
國爭雄時代의 부여에서는 迎鼓, 고구려에서는 東盟, 동예에서는
舞天, 삼한에서는 蘇塗라는 이름의 민족제전으로 각 부족국가에
토착화 될 수 있게 된다.

상고시대의 종교의식에서 배태 형성된 낭가사상은 제정을 분리
한 고대국가의 성장시대를 맞고, 또한 신채호의 고대사서술에 강

---

58) 『조선상고사』 ; 앞의 책, 77~78쪽.
59) 『조선상고사』 ; 앞의 책, 81~83쪽.
  이는 “『高麗史』의 八關會 儀式이나 「金史」의 拜天儀禮가 거의 같다.”
  (『조선상고문화사』 ; 앞의 책, 394쪽)는 인식과 연관지어 진다.
60) 『조선상고사』 ; 앞의 책, 77쪽.

력하게 부각되는 민족주체적인 역사인식의 줄기를 위해서도 그 전
시대적인 성격을 탈피하지 않을 수 없게 되었다. 그리하여 그의 낭
가사상은 국가제도를 정비하고 민족의 구강을 회복한 단군조선의
훌륭한 후계자인 고구려의 太祖王·次大王대에 이르러 비로소 국
가차원의 정치적 제도, 즉 '선배제도'로 정착되었으며, 이로부터 낭
가사상은 원시 종교적인 성격을 극복하며, 역사 현실에 직접 투영
되는 구체적인 제도적 사상으로 발전되어 갔다.

여기에서 그가 구명한 선배제도를 요약하면, ① 고구려의 선배
제도는 신수두교에서 유래된 것으로 태조대왕 때 제도화 되었다.
② 신수두 大祭時 교도 중 심신단련에 출중한 자를 뽑아 국가의
공인으로 '선배'라 칭함과 동시에, 그들은 皂帛으로 허리를 둘렀
다. ③ 이들 선배들은 평화나 전쟁시를 막론하고 사회나 국가에 헌
신하며, 또한 各隊를 통솔하여 지도력을 쌓아 그 능력의 우열로 신
크마리(太大兄), 마리(大兄) 및 小兄의 구분을 정한 후 다른 선배들
의 스승이 되는데, 전쟁 발생시 태대형을 중심으로 선배단을 조직
하여 국권수호를 위해 목숨을 아끼지 않았으며, 계급적 신분제도
의 고대사회 가운데서도 선배만은 신분의 귀천이 없이 개인의 학
문·기술적 능력을 위주로 하여 선출되었다.61)

이 선배제도에서 郎家인 '선배'의 성분·선출방식·기능과 임
무 등이 구명됨으로써 낭가사상은 그 시발의 추상적인 이념과 구
조가 국가적 차원의 제도와 사상으로서 발전 개편됨과 동시에 민
족문화의 정수로서의 관념적인 국혼·국수의 개념을 완전히 극복
하고 그 구체적인 역사성을 확보하게 되었다.

고구려의 선배제도가 낭가사상의 이념과 구조를 구체적으로 제
시한 점 이외에도 그것이 가지는 의미는 자못 크다. 선배제도는 단

---

61)『조선상고사』; 앞의 책, 160~161 참조.

군시대에서부터 연원된 낭가사상의 중추로서 그것이 고구려적 차원을 넘어 오늘에 이르기까지 민족의 전통적인 제도로서 관심을 끌고 있는 신라의 화랑제도에 연결시킴으로써 낭가사상은 사상사적 논리성과 실천적 동태성을 갖추어 독자적인 사론의 영역을 확립하게 된 것이다.

> 國仙, 花郎은 眞興大王이 곧 고구려의 '선배'制度를 닮아 온 者라. … '선배'를 '신수두' 壇前의 競技會에서 뽑아, 學問에 힘쓰며, 手搏·射藝·騎馬·턱견이·깨금질·씨름 등 각종 技藝를 하며, 遠近 山水에 探險하며, 詩歌와 音樂을 익히며, 共同으로 一處에 宿食하며, 平時에는 患難救濟, 城廓·道路 등의 修築 등을 自任하고 戰時에는 戰場에 나아가 죽음을 榮光으로 알아 公益을 위하여 一身을 희생하는 것이, '선배'와 같으니, '國仙'이라 함은 고구려의 '선배'가 皂帛을 입어 '皂衣'라 칭하듯이 신라의 '선배'는 花粧을 시키므로 花郎이라 칭함이니, 또한 皂衣와 구별한 名詞며, …62)

이로써 단군 이래 낭가들의 학문·기술·문예의식, 자주·협동의식, 무사정신, 봉사·희생정신의 전통사상을 제도적으로 발전시킨 고구려가 강성하여 수·당과의 전쟁에서 승리하고,63) "고구려의 선배제도를 본받은 화랑제도의 화랑이 신라 발흥의 원인이라."는64) 신채호의 주장은 전통적 낭가사상의 이념과 구조를 밝혀주는 역사인식의 반영으로 이해할 수 있게 된다.

신채호는 「朝鮮歷史上 一千年來 第一大事件」에서65) 그 명맥이 뚜렷하고 대민족적 기능이 왕성하였던 낭가사상이 화랑제도를 기점으로 나말여초를 통해 잔멸해 가는 과정과 그 원인을 구명하였

---

62) 『朝鮮上古史』; 앞의 책, 227~228쪽.
63) 『조선상고사』; 앞의 책, 266~267·305~306쪽.
64) 『조선상고사』; 앞의 책, 225쪽.
65) 『朝鮮史研究草』;『개전집』중, 104~124쪽.

다. 그는 신라 진흥왕 때에 유·불 양교가 평등으로 대우를 받았고, 화랑은 三敎의 敎旨를 포함한 것이기 때문에 각 교의 위에 위치하였고, 불교를 국교로 삼은 고려태조 王建 때까지만해도 유교와 화랑도가 참용되었다고 하였다.

이러한 낭가사상이 光宗 때에 유학을 장려하고 成宗조에 이르러 유학자가 재상으로 등용되어 郞敎徒나 불교도가 압박을 당하면서부터 쇠하기 시작하여 妙淸의 西京戰役, 소위 묘청의 난(1135)을 계기로 그 맥이 끊어지게 되었다고 결론지었다.

낭가사상의 형성과 정립의 전말을 한 문장으로 요약하면, 낭가사상은 단군조선의 수두제전(단군제)→부족국가의 열국의 민족제전(영고·동맹·무천·소도 등)→고구려의 선배제도→신라의 화랑제도로 성장 발전해 왔으며, 이 사상이 종교제전의 추상적인 모습을 탈피하고 민족의 전통사상으로서 구체적으로 제도화 되어, 그 역사적 역할과 기능을 다하게 된 것은 고구려의 선배제도에서부터 이다. 신라 고유의 것으로 이해되었던 화랑제도는 선배제도를 모방하여 이루어졌고, 이와 같은 낭가사상이 삼국시대에 건재하여,[66] 고려중엽까지 그 맥을 유지하다가 묘청의 서경전역이란 역사적 대사건으로 국풍파가 사대유학파에게 패하여 몰락함으로부터 말살되고 말았다는 것이다.

지금까지 고찰한 낭가사상을 요약해 보면 첫째, 조선역사상 일천년 이래의 제일 큰 사건으로 묘청의 서경전역을 내세우고 있으나, 실제로는 한국의 역사를 사상사적인 시각에서 전통적인 郞家思想과 외래사상인 儒家思想과의 대립 투쟁의 과정으로 인식하고 있음을 알 수 있다. 두 사상의 대립은 서경전역으로 종결이 났으며,

---

66) "'仙史'는 곧 新羅以前,檀君以來 高句麗·百濟까지의 유명한 '선배'를 적은 것이니, …"(『조선상고사』 ; 『개전집』 상, 229쪽).

국풍파가 사대유학파에 의해 몰락하게 되면서 민족과 국가가 쇠하
게 되었다는 시각이다. 이러한 비극적인 현상은 서경전역을 주도
한 유학파의 총수 김부식이 전역 이후 사대적인 유학사관으로『三
國史記』를 편찬하여 민족사를 위축 서술한 데에서 비롯되었음을
의미한다.67) 이로써 신채호는 서경전역과『삼국사기』의 편찬을 통
해 한국사에 대한 사상사적인 검토와 반성을 시도한 것이다.68) 그
는 진취적인 낭가사상이 사대주의 유교사상에 패배한 '사실로서의
역사'와 고유의 전통을 왜곡 말살한 '기록으로서의 역사'에 대한
항의와69) 굴절되고 있는 한국현대사의 현실적 상황에 대한 항거로
서, 즉 사대적 중세 유교사관70)과 강권주의적 일제 식민사관에 대

---

67) 그는 낭가사상은 儒家의 총수로서 西京戰役을 주도한 金富軾이 유가
   의 박학자적인 명예를 위하여 古來의 史書를 비장하고 타인의 열람을
   막음으로써 자신의『三國史記』를 유일한 古史로 만들었다고 혹평하
   고, 낭가사상을『삼국사기』에서 빼버림으로써 주체적 역사의식 이 소
   멸되고 진취적인 역사의 인물, 즉 낭가들이 배출되지 못하여 우리나라
   는 事大主義의무정신의 민족과 국가로 변질되었다고 준열히 비판하며,
   민족고유의 낭가사상을 말살하고 존화적 유가사상을 구현하는『삼국
   사기』는 詳內略外·爲國諱恥·爲尊者諱의 春秋筆法을 휘두르는 준
   신할 수 없는 中國書를 근거 雜採하여 한국고대사의 원형을 그르치게
   한 표본서가 된다고 성토 단죄하고 있다. 그의 峻論은「조선력사상 일
   천년래 제일대사건」에서 제8·9항목(116~123쪽)을『삼국사기』비판
   을 위해 할애했으며,『조선상고사』에서는『삼국사기』를 언급하여 비판
   하고 있는 부분이 50여 곳이나 된다.
68) 김용섭,「우리나라 근대역사학의 성립」『한국현대사』6권 ; ＿＿＿＿, 1976,
   『한국의 역사인식』하, 창작과 비평사, 441쪽.
69) 梁秉祐, 1972,「민족사와 세계사(丹齋史學과 프로이센學派와의 비교)」
   『신동아』9월호, 251쪽 ; ＿＿＿＿, 1987,『세계사 속의 한국(탐구신서 80)』
   5~17쪽.
70) "後世에 漢文化 跋扈하여 事大主義派의 思想과 言論이 社會의 人心·
   風俗·學術을 지배하여 온 朝鮮을 들어 支那化하려는 판에 또 이를
   反抗·排斥하여 朝鮮이 朝鮮되게 하여 온 者는 花郞이다. … 그러므로

한 준엄한 비판적 논거로서 낭가사상을 인식하였다.

둘째, 한국고대사의 대외항쟁승리와 삼국통일은 낭가사상의 발현으로 이루어진 것으로 보며, 낭가사상의 최고 발현자로서 淵蓋蘇文·乙支文德 등을 발굴하였다. 그는 국방과 국가발전의 원동력으로서의 낭가사상과 이 낭가사상의 주체자로서의 고대의 무사적 영웅을 내세움으로써[71] 낭가사상에 입각한 민족적 영웅사관을 수립할 수 있게 되었다.

셋째, 신채호의 낭가사상은 그의 역사인식 특히 고대사인식의 내면적 이념과 구조로서의 성격을 지니고 결정적인 대목마다에 인식의 기저를 이루고 있기 때문에 낭가사상에 대한 바른 이해가 선행되지 않고서는 신채호의 역사인식의 참모습을 제대로 파악할 수 없음을 이해할 수 있게 된다. 한 마디로 신채호의 낭가사상이 구체화된 것이 그의 고대사인식이고 고대사서술인 것이다. 즉, 신채호의 구체적인 역사사상과 역사서술의 이론적 근거와 이념이 낭가사상인 것이다.[72]

花郎의 歷史를 모르고 朝鮮史를 말하려 하면 골을 빼고 그 사람의 精神을 찾음과 한가지인 愚策이다"(『조선상고사』;『개전집』상, 225쪽). 신채호의 존화사관 비판 역시 국내에서 비롯되어 (「舊書刊行論」·「思想家의 勞力을 要求하는 때」『개전집』하) 특히 국외의 「朝鮮歷史上一千年來 第一大事件」과 『朝鮮上古史』에서 확립되었다.
71) "이상의 말에 의하면 僧軍은 佛敎의 僧軍이 아니라 곧 '신수두' 壇前의 皀衣武士요, 淵蓋蘇文이 皀衣의 首領이었음을 알지니, 그런즉 累十萬의 軍隊와 그 中心인 三萬의 皀衣軍은 淵蓋蘇文의 外征을 成功한 根據의 一이요."(『조선상고사』;『개전집』상, 305~306쪽).
72) 졸고, 1980,「申采浩의 郎家思想考」『丹齋申采浩와 民族史觀』, 421쪽.

Ⅲ. 역사사상의 특성

1. 공통적 특성

박은식의 歷史國魂論과 신채호의 郎家思想의 형성배경과 전개 구조를 고찰하는 과정에서 몇가지 공통적 특성과 독자적 특성을 밝힐 수 있게 되었다.

먼저 공통적인 특성으로서 첫째, 두 사람은 모두 국가를 민족정 신으로 구성된 하나의 유기체로 인식하여 국가를 '정신상의 국가' 와 '형식상의 국가' 둘의 구조로 나누어 전자를 후자보다 더 중요 시 하였다. 이는 일제침략에 의해 단절된 근대 정치사는 정신상의 국가인 국혼의 유지만으로 민족사의 연속성을 회복할 수 있다는 논리로서 애국적 정신배양론의 이념적 근거로 기능하였다.

둘째, 이들은 민족공동체의 삶인 민족문화의 창달과 다른 문 화·다른 민족과의 투쟁을 통해 구현되는 주체적 민족정신인 국혼 과 국수를 역사에서 발굴하거나, 아니면 역사 그 자체로 인식하는 민족주의 역사주체사관을 주장하였다. 구체적으로 박은식은 개국 시조 단군과[73] 神道의 設教[74]·廣開土王墓碑·泉蓋蘇文(淵蓋蘇 文)·의병 등의 구체적인 역사의 인물과 민족의 문화유산[75] 등을

---

73) 박은식도 당시의 단군 민족주의 사상에 앞장서서 단군기원을 사용하였 다(『西友』 제3권 제15호 「社說」 ; 『전서』 하, 57쪽). 또한 "우리 조선족 과 만주족은 檀君大皇祖의 자손이다"라 하여 민족사의 원대함을 지적 하였다(『夢拜金太祖』 ; 『전서』 중, 199쪽).
74) 「讀高句麗永樂大王墓碑謄本」 『전서』 하, 229쪽.
75) "오늘날 우리 민족 모두가 우리 조상의 피로서 골육을 삼고 우리 조상 의 혼으로서 靈覺을 삼고 있으니 우리 조상은 신성한 교화가 있고,신성

주장하였다. 신채호의 경우는 단군의 수두교에서부터 비롯되는 민족의 전통사상인 낭가사상과 광개토왕·연개소문 등의 구체적인 민족사상과 역사적 인물을 통해 한국민족의 역사주체사상을 주장한 것이다. 역사가 있는 곳에 사상이 존재하기 마련이다. 역사국혼론과 낭가사상은 일제 관학자들이 한국에는 외래사상만 있을 뿐이고 전통적인 민족사상이 없다고 왜곡 날조한 데에 대한 강력한 반론으로서의 성격을 띠고 있다. 두 사상은 노예적인 중국중심의 사대적인 유교사관을 탈피하고 침략적인 제국주의 식민사관에 맞서 한국민족의 국혼적 삶의 실체로서 한국역사를 재발견하는 민족주체사관을 확립함으로써 구체화되는 것이다.

셋째, 박은식과 신채호는 동시대인과는 달리 국내의 국권회복운동과 국외 광복운동의 실천적 이념을 제시하는 여러 史書를 국혼과 낭가사상의 역사인식으로 집필하여 크나큰 반향을 불러일으키면서부터 관념적인 정신사관의 성격을 탈피하여 독자적인 영역의 근대 한국민족주의 역사사상을 개창 수립하였다.

박은식이 국혼적 역사인식을 실천적으로 구현한 대표적 저서 『痛史』는 일제 식민지화의 과정을 구명 고발하는 광복운동사상

___

한 政法이 있고, 신성한 文事와 武功이 있으니, 우리 민족이 그 다른 것에서 구함이 옳다고 하겠는가"(『韓國痛史』, 「緒言」 ; 앞의책, 24~25쪽). "대저 吾族은 檀祖의 신성한 후예로서 … 인재의 산출과 문물의 제작이 실로 우수한 자격을 갖추어 他族보다 뛰어 났다. 吾國의 역사는 4천3백여년간의 統緒·忠義·道德의 根基가 심후하고 宗敎·文學도 일찌기 昌明하여 그 여파가 日本을 적셔주었으며 우리는 선진의 위치에 있었다. 吾 대한의 言語를 말하고, 吾 大韓의 風俗을 우리의 풍속으로 하며, 우리의 노래를 노래하고, 우리의 예의를 예의로 하며, 우리의 衣食을 입고 먹으며, 타족과 구별되는 우리의 國性을 고르게 한다. 이 여러가지를 종합하여 우리의 國魂을 생성시키고, 우리의 국혼을 강고케 하면, 결코 타족에게 능히 同化되지 않는다"(『血史』「緒言」 ; 『전서』 상, 449쪽).

고취에 대한 구심체로 발전하여 국내외 민족독립운동은 물론 일제의 한국사인식에 대한 커다란 변화를 가져오게 하는 등 그 영향은 자못 컸다.76)

『통사』는 출판되자마자 중국과 노령의 한인교포들 사이에 널리 읽히고, 미주에서는 순국문으로 번역되어 교민들의 교과서로 보급됨으로써 국외의 광복운동에 큰 활기를 불어넣었다. 뿐만 아니라 『통사』는 국내에서도 비밀리에 대량 보급되어 일제 식민지 지배 아래에서 신음하는 동포에게 민족문화와 전통에 대한 정체성과 자긍심을 심어주고 일제 침략에 대한 열화 같은 저항심과 광복투쟁에 대한 민족적 의지를 불러 일으켰다.

일제 조선총독부는 『통사』의 반향에 엄청난 충격을 받아 『통사』 등 한국인 사서들에 대항하고 그 확산을 막기 위해 일제 식민사관에 의한 한국사서술을 획책하였다.77) 일제는 곧 어용사학자들을 동원해서 1916년에 조선반도사편찬위원회(1922년에 다시 조선사편찬위원회로, 1925년에 조선사편수회로 개칭)를 조직하고, 처음에는 『朝鮮半島史』를 준비하다가 계획을 수정하여 『朝鮮史』의 편찬을 시작하게 되었다.

---

76) 註 77) 참조.

77) "近代朝鮮에 있어서 日淸·日露의 세력경쟁을 서술하여 朝鮮의 向背를 설명하고, 혹은 『韓國痛史』라고 칭하는 在外朝鮮人의 著書와 같이 事의 眞相을 구명하지도 않고 함부로 妄說을 지어낸다. 이들의 史籍의 人心을 좀먹고 惑하게 하는 害는 참으로 말로 다 표현할 수 없는 것이 있다. 그러나 이의 絶滅의 策을 강구하는 것은 헛되이 勞는 많고 功은 없을 뿐 아니라, 혹은 그 傳播를 激勵할런지도 알 수 없다. 오히려 舊史의 禁壓에 대신하여 公明的確 한 史書로써 하는 것이 捷徑으로서, 또한 效果도 훨씬 현저하게 될 것이다. 이것이 『朝鮮半島史』의 편찬 필요로 하는 理由의 主된 것이다."(朝鮮總督府 朝鮮史編修會, 1938, 『朝鮮史編修會事業槪要』, 6쪽과 143~146쪽).

신채호는 낭가사상의 발굴로 민족주의 정신사관의 추상적이고 관념적인 면을 학문적으로 극복했을 뿐만 아니라 그도 역시 망명지에서 국혼적 역사인식을 실천적으로 구현한 사서를 집필하여 나라 잃은 동포에게 준 영향은 실로 컸던 것이다.[78]

신채호는 근대적 역사방법과 역사인식의 기본이념이 되는 자신의 역사사상의 이론적 근거인 낭가사상의 구체성과 객관성을 확보하기 위해 국외에서 엄청난 학문적 노력과 시간을 투여하였다. 신채호는 자신이 내린 역사정의, 낭가사상의 사론 및 한국사인식을 일치시키는 최선의 역사적 사실로서 묘청의 西京戰役을 새로운 시각으로 조명함으로써 낭가사상 전개의 대미를 마무리할 수 있게 되었다.

국내의 「東國古代仙教考」에서는 선교가 라말여초에 불교의 융성으로 멸절했다고 보았다가,[79] 「꿈하늘」에서는 이와는 달리 선교의 흐름이 고려 때까지는 명맥을 유지해 오다가 최영이 명나라와의 전쟁에서 요동정벌을 이룩하지 못하고 위화도회군 후 죽은 것을 기화로 화랑의 도가 소멸한 것으로 보았다.[80]

그리고 『조선상고문화사』에서는 "대개 화랑은, 단군 때부터 내려 오던 종교의 혼이요, 국수의 중심이 어늘 다만 나말여초에 유교도에게 잔멸을 당하여 그 역사도 알 수 없게 되었도다."[81]라 하여

---

78) "다시 最近 數個月 前부터 우리 新聞紙上에 그가 三十餘年 깊은 硏究와 細密하고 넓은 調 査와 꾸준하고 絕倫한 努力을 傾注한 『朝鮮歷史』와 『朝鮮上古文化史』가 비로소 大衆的으로 계속 發表 紹介됨에 深奧한 內容, 豊富한 例證, 正確한 事實, 그 端雅・尖銳・雄魂한 筆致가 果然 朝鮮 歷史大家로서 推仰을 받던 所以를 바로 나타내이며 數十萬 讀者에게 絕對의 歡迎과 支持를 받고 있는 한편, …"(申榮雨, 「조선의 역사대가 단재 옥중회견기」『개전집』 하, 437~438쪽).

79) 「동국고대선교고」『전집』 별집, 49쪽.

80) 「꿈하늘」『개전집』 하, 221~222・181쪽.

화랑정신의 잔멸 시기를 뚜렷한 근거없이 라말여초로 비정하였다.

결국 신채호는 민족의 전통사상을 외래 종교사상과의 대립투쟁의 차원에서 인식한 「조선역사상 일천년래 제일대사건」에서 묘청의 서경전역을 통해 낭가사상의 잔멸 원인과 그 시기를 결론짓는 데에서 그의 학문적 고뇌를 엿볼 수 있게 된다.

2. 독자적 특성

박은식의 歷史國魂論과 신채호의 郎家思想의 비교에서 나타나는 독자적 특성을 보면 첫째, 형성시기에서 두 사상의 발상은 박은식이 다소 앞서나, 그것이 구체적인 모습으로 윤곽을 형성하기 시작한 것은 신채호가 앞선다는 사실이다. 이는 애국계몽사상기에 박은식이 대표적인 교육사상가로, 신채호가 대표적인 역사사상가로 각기 주력한 분야가 다른 데에서 오는 현상으로 보인다.

둘째, 두 사상이 모두 고대 동양사상을 이론 전개의 배경으로 내세워 자신들의 사상을 객관화하고 있으나, 박은식은 본성의 '마음'(良知)과 '仁'을 강조하는 인도주의 이념에 입각한 유교의 혼백개념과[82] 신채호는 불교의 보편적 인식론에 근거를 둔 주체적·절대적 자아개념을 각각 달리 원용하였다.

원래 '혼'과 '백'의 의미는 개체 인간에게 적용하는 개념으로서 『說文解字』에 의하면 혼은 陽의 기운이며, 백은 陰기운의 정수라 하고, 『左氏會箋』에서는 다음과 같이 개념화하였다.

---

81) 『조선상고문화사』 ; 『개전집』 상, 383쪽.
82) 혼백론에 대한 고찰은 신용하의 「朴殷植의 歷史觀」 上, 앞의 책, 212~227쪽 참조.

魄은 形이다. 陽은 신령한 기운이다. 눈귀코입의 신령함이 점차 생겨나고, 그 후에 신령한 앎과 지혜가 따라 생겨난다. 이것이 이 말의 뜻이다. 사람이 처음 나면, 눈은 능히 볼 수 없고, 귀는 능히 들을 수 없고, 손은 능히 잡을 수 없고, 발은 능히 걸을 수 없으나, 마침내 눈이 볼 수 있고, 귀가 들을 수 있고, 손이 잡을 수 있고, 발이 걸을 수 있으니, 이것을 化라고 하니, 곧 이른바 魄이라. 혼과 백은 서로 따르는 것이니, 백이 생겨나면 혼 또한 따라서 생겨난다. 양을 혼이라 한즉, 백은 음이 되고, 形에 속함을 알 수 있다. 易經에 이르기를 "精靈한 氣運이 事物을 만들고, 떠다니는 魂이 변화를 만든다."고 하니, 소위 정령한 기운이 곧 백이다. 신령한 앎과 지혜는 모두 魂의 하는 바이다. 밝고 밝으며 신령하고 신령한 것은 魂이고, 움직이고 만들어 나가는 것은 魄이다. 형에 의존해서 서니, 혼은 그 형을 볼 수 없다. 이것들을 촛불에 비유하면, 그 심지는 形이 되고, 그 불꽃은 魄이 되고, 그 광명은 魂이 된다.[83]

동양사상의 전통적인 혼백개념을 『통사』에 나타난 국혼·국백 개념과 연결해 보면 박은식은 전통적인 혼백의 의미를 엄밀하게 사용하지 않고 국가유기체에 확대하여 다소 단순하게 형체와 정신의 이원적 개념으로 변용하고 있음을 알 수 있다. 그가 정통적인 유학자의 한사람으로서 전통적인 혼백개념을 모를리 없지만 인간 중심의 혼 우위의 혼백론을 광복운동사상의 한 이론적 배경으로서 국가차원의 국혼 우위의 혼백론으로 확대 적용함에 따라 기존의 논리를 의도적으로 단순화하였다고도 볼 수 있다.[84] 다른 한편으로 그는 전통적인 동양사상 특히 공맹의 大同思想과 양명학의 良知的 이념의 입장에서 서구 근대의 이원적인 유심론과 유물론의 원융적인 수용을 독자적으로 시도한 것이 아닌가 하는 추정을 하게 된다.

---

83) 竹添進一郎, 『左氏會箋注』, (『春秋左氏傳』) 권21 ; 『漢文大系』 제11권 「左氏會箋」 下, 東京 富山房, 1984, 64~65쪽.
84) 김효선, 1989, 『백암 박은식의 교육사상과 민족주의』, 대왕사, 70쪽.

동양의 전통적 혼백개념은 정신과 肉體(物體)를 이원적으로 확연히 나누어 보는 서양철학의 개념과는 다를 뿐만 아니라, 반면에 혼백이 모두 정신만을 의미한다고도 볼 수 없다. 여기에서 보면 감각적 인식작용과 인간의 형체는 백에 속하고, 그러한 백의 바탕위에 행동하고 思慮작용을 하는 것이 혼이라고 볼 수 있다. 흔히들 말하는 감성은 백에 속하고 이성이나 지성은 혼에 속하게 됨으로 혼의 작용도 백의 감각적 인식작용을 근거로 해야 함은 물론이다.

이와 같은 동양의 혼백개념은 동양철학의 전통적 사유방식인 화합과 중도적 인식으로서의 음양론의 陰과 陽이나 이기론의 理와 氣의 관계처럼 둘이면서 별개가 아닌, 하나이면서 같지 않다는 '一卽二', '二卽一'의 동일존재의 양면적인 철학개념과 상관관계를 갖는 것이 아닌가 하는 추론을 하게 된다.

박은식의 역사국혼사상은 혼백론을 근거로 정신사관적인 면모를 띠게 되었으나 동양의 고대 유교사상의 본지인 仁義禮智를 혼의 모델로 인식하여[85] 단군 때부터 내려오는 우수한 민족문화의 실체에서 이를 발굴코자 함으로써 혼백론의 추상적인 관념을 극복할 수 있었다 하겠다. 그의 역사국혼론은 비록 신채호의 낭가사상처럼 그 이념과 구조가 학문적인 이론화의 과정을 밟지 않고 있으나 구체적으로 의병정신을 민족의 國粹로 지목하고, 이를 민족사에서 살아 움직이는 國魂으로 형체화 하여 '의병을 독립운동의 도화선'으로 인식함과 동시에 知行合一의 실천사상으로 승화된 데에 큰 뜻이 있다.

---

85) "吾國歷史有四千三百年之統緖忠義道德之根氣深厚"(『血史』上編「緖言」;『전서』상, 49쪽). "義兵者民軍也 國家有急直以義起 不待朝令之徵發 而從軍敵愾者也 … 義兵者吾族之 國粹也 … 義兵者 獨立運動之導線也 若以成敗論之 則淺之知也"(『血史』제11장 ; 앞의 책, 465~466・473쪽).

이로써 보면 민족문화에서 나타난 고유의 민족정신을 국혼으로 인식한 박은식의 역사국혼사상도 결국 애국계몽사상기에 고대 동양사상의 이념을 바탕으로 서구의 사회과학이론을 비판적으로 흡수하여 발상한 세계평화사상의 이념을 『통사』와 『혈사』에 그대로 반영함에 따라 그의 사회사상과 역사사상의 모든 인식체계의 뿌리가 개혁적인 유학자답게 고대 동양사상의 사유에 근거하고 있음을 밝힐 수 있게 된다.

반면에 신채호는 서양철학의 인식개념과 상응하는 바와 같이 만물의 존재를 정신과 物體(肉體), 즉 眞界와 俗界 둘로 나누어 보는 불교철학적 인식론에 입각하여 낭가사상을 이론화 하였다.

신채호의 我에 대한 관념의 특성은 그것이 불교적 인식, 즉 '天上天下 惟我獨尊', '정신적·영혼적 眞我', '불사하는 大我', '무한 자유자재의 대아', '無可無不可', '생명이 무한대인 대아', '능력이 무한대인 대아'와 '千萬世 이전에서 비롯하여 천만세 이후에도 계속되는 불멸의 주체적 대아'가 있음을 깨닫고,[86] 이를 망할 수 있는 물질적인 소아 ─ '국가'에 대칭되는 정신적 대아 ─ '민족사상'으로 독자적인 해석을 내린데 있다.

---

86) 1908년 전반기까지만 해도 그는 불교를 부정적으로 보았으나(『대한매일신보』 1908년 3월 5일~3월 18일 「西湖問答」 ; 『전집』 별집, 138쪽), 1908년 후반부터는 한국불교의 호국적 특색과 불승의 구세적 역할을 국권회복의 잠재력으로 인정하였다(『대한매일신보』 1908년 12월 13일 「遍告僧侶同胞」 ; 앞의 책, 181~183쪽). 이러한 인식은 박은식의 「儒教求新論」(『서북학회월보』 제1권 제10호, 1909.3.1 ; 『전서』 하, 44~48쪽) 등과 같이 민족의 위기를 내다보며 전 민족의 잠재력을 통합 발휘코자 한 시각에서 출발한 것으로 짐작된다. 더우기 仙道를 가리켜 「西湖問答」에서 "天을 逆하여 國을 亡할 者"라고 혹평하다가, 「東國古代仙教考」(앞의 신문, 1909년 3월 11일 ; 앞의 책, 47~50쪽)에서 역사인식의 대전환을 일으키며 한국 고유의 전통적 종교로서 仙教를 발굴하여 국수의 중심으로 자리매김한 것은 그러한 인식의 반영이다.

신채호가 불학에 조예가 깊었음은 당대의 鄭寅普·文一平 등의 회고, 망명시 觀音寺에서의 승려생활(1924) 및 그의 대표적인 논술인 『朝鮮上古史』의 「총론」과 「조선역사상 일천년래 제일대사건」(1925)에 짙게 밴 郎佛思想에 의해 밝혀지고 있다.[87] 비록 그의 불교철학적 인식론은 망명 당시의 저술에서 구체화되고 있으나 실제 그의 불교적 인식론은 '절대적이고 주체적인 我'의 인식론에서 언급된 바와 같이 국내의 애국계몽활동기에 이미 일정한 수준에 있었음을 엿볼 수 있다.

신채호의 대아와 소아의 인식배경은 小乘의 이기적 自利主義를 소아로, 불교의 궁극적 이념이며 사상인 大乘주의적 보살사상을 호국적 대아로 비정하여, 민족이 유한적인 소아의 관념을 극복하여 불멸하는 자주독립의 영원한 대아의 관념을 확립토록 한 것이다.

그러나 그가 불교의 인식론을 수용했다고 해서 불교를 시종일관 긍정적으로 본 것은 결코 아니다. 그는 자신의 역사정의와 낭가사상의 수립을 위해서 불교의 근본이념을 수용했을 뿐이다. 그는 박은식과는 달리 동양사상에 집착하지 않고 동서고금의 어느 사상이나 어느 주의든지 민족의 이해와 도덕에 따라[88] 비판적 수용과 배척을 강조한 것이 상이한 논점이다. 그는 상황의 변화에 주체적으로 대처하여 여러 종교를 부정적으로, 긍정적으로, 또는 비판적으로 인식하였다.[89] 이는 '한국의 종교'가 아닌 '종교의 한국'으로 잘

---

87) 金貞培, 「단재 신채호의 사론과 불교」 『단재신채호와 민족사관』, 273~288쪽 : 金哲埈, 「단재의 문화관」, 앞의 책, 318~319쪽.
88) 「道德」 『개전집』 하 및 「利害」, 앞의 책, 참조.
89) 『大韓每日申報』 「警告 儒林同胞」 1908.1.16, 「西湖問答」 1908.3.5~3.18, 「儒敎界에 對한 一論」 1909.2.18, 「二十世紀 新國民」 1910.2.22~3.3, 「龍과 龍의 大激戰」 1928 ; 모두 『전집』 별집 所收 및 1909.6.16, 「儒敎擴張에 對한 論」 ; 『개전집』 하 참조.
신채호는 한국의 지식인들이 외래사상을 비주체적으로 수용해 온 역사

못 성장된 비주체적 도덕관념을 비판하고, 잘못된 민족의 종교적 잠재력을 개혁하여 국권회복운동과 광복운동을 촉발토록 하기 위함이었다.

셋째, 두 사상의 이념과 구조를 보면, 두 사람 모두 국조를 단군으로 하는 주체적 한국사의 전통적 민족정신을 발굴하여 이를 통해 지난날의 민족의 성쇠를 밝히며 동시에 이를 민족독립운동사의 구현인자로 기능토록 하는데 각각 독자적인 노선을 밟고 있다.

박은식의 역사사상은 민족주의 정신사관의 같은 범주에 속하면서도 특히 역사를 국혼의 소재처로 가장 중시하여 "역사가 보존되는 것은 나라의 혼이 보존되는 것이다."나 "국사가 망하지 않으면 그 나라는 망하지 않는다"는 국혼적 역사인식으로서 역사를 민족문화, 즉 국혼의 전개과정으로 파악한 데에 큰 특징이 있다. 그리하여 그는 당시의 극한적인 상황에서 전멸 위기에 있는 神(國魂)을 회생 유지시킬 수 있는 최선의 이념과 실천적 동력의 방편으로서[90] 역사적 사건의 경과를 상호 인과관계의 면에서 분석하고 종합하는 근대적 역사서술 방법론에 의거하여[91]『통사』를 집필 저술하였다.『통사』는 민족주체의 투쟁사·쇠약한 근대한국의 반성사·일제침략의 폭로사·민족주의 사상사[92]의 성격을 띤 근대 한

적 사실에 근거하여, 그동안 "道德과 主義를 위하는 朝鮮은 있고, 朝鮮을 위한 道德과 主義는 없다"는 민족역사의 사상적 주체성 결여를 통열히 비판하였다(「浪客의 新年漫筆」『개전집』하, 26쪽). 이는 한국이 필요에 따라 도덕과 주의 등의 외래사상을 수용하는 경우에는 한국의 주체적 이해의 관점인 한국 전통사상의 입장에서 수용하여 이를 한국화해야 한다는 주장이다.

90)『痛史』「緒言」, 앞의 책, 25쪽(괄호 안의 國魂은 필자 주).

91) 그는 스스로 "이 책의 체재는 近代新史에 따라서 事件에 따라 章을 만들었다"고 밝힘으로써 舊史의 방법을 탈피하고 있었다(『통사』상「범례」, 7쪽).

92) 金泳鎬,「해제」『전서』상, 2～4쪽.

국독립운동사상의 지침서로서 한국근대사에 우뚝 섬으로써 그의 歷史國魂論은 정신사관의 이념을 극복한 광복운동의 실천적 이념으로 승화되었다.

이에 비해 신채호는 한국고대사에 웅혼했던 주체적인 민족사상을 사상사적인 입장에서 독창적인 史眼으로 단군시대의 원시신앙, 고대국가의 국중대회의 문화적 演行과정,93) 고구려 선배제도와 신라 화랑제도의 전승관계, 낭가의 국가와 사회에 대한 기능과 사명 및 낭가사상의 추향을 조명하고 재해석함으로써 그의 역사정의를 실제 역사서술로 객관화 할 수 있게 되었다.

신채호가 발굴한 낭가사상은 그 입론의 개관적인 타당성 문제를 떠나서 우선 낭가사상에 한한 한 「선배제도」가 「화랑제도」의 선구적인 제도로서 민족의 전통사상의 중추를 형성하고 있다는 그의 주장은 한국사에 있어서 특수적인 사실인 화랑도와 그 사상을 기존의 시각과 통설을 극복한 가운데 구명하여 얻어진 학문상의 업적이라 하지 않을 수 없다.94)

신채호는 낭가사상의 성쇠를 통해 한국사의 전개를 인식하였으며, 낭가사상이 삼국시대까지 성하였다가 고려중기 묘청의 서경전역을 계기로 쇠하여 볼품없이 되었다는 학문적 논리는 낭가사상으로 무장된 한국고대의 웅혼한 주체적 체질을 근대 한국민족의 시급한 실천과제인 광복운동으로 구현하고자 하는 이념을 구축한 데

---

93) 상고시대의 민족적 信仰儀式과 고대 한국문화의 종합적인 발현장으로서의 國中大會를 주목하여 이를 韓國文化의 演行, 즉 한국민족의 大祝祭로 인식하여 이를 통해 민족고유의 전통사 상을 구명한 것은 민족공동체의 통합의 원리와 민족문화의 전통성과 우수성에 대한 자긍심을 제시한 것으로서 광복독립의 동력을 발굴 창출하는 민족의 구심체로서 기능 발전토록한 데에 한국사상사상 큰 의미가 있다 하겠다.

94) 졸고, 「申采浩의 郎家思想考」, 앞의 책, 422쪽.

에 큰 뜻이 있다. 그는 이민족과의 투쟁원기, 신라통일의 원기가 된 낭가사상을 광복운동과 근대민족국가 수립의 원기로 기능하도록 촉구한 것이다.

물론『조선상고사』「총론」에서 지향한 근대역사이론이 폭넓게 실제적으로 그의 역사서술에 그대로 반영되지는 못하였으나, 사상사의 측면에 관한 한 실제 서술에 반영되어 소기의 성과가 이루어졌다고 보아야 할 것이다. 신채호의 역사에 대한 정의인 "민족의 성쇠는 매양 그 사상의 추향여하에 달린 것"95) 또는 "역사란 무엇이뇨, 인류사회의 '아' 와 '비아'의 투쟁이 시간부터 발전하며 공간부터 확대하는 심적 활동의 상태의 기록이다"에서 규정된 민족의 성쇠는 낭가사상의 추향에 달린 것이며, 그가 설정한 '아'는 바로 '郎家思想', '비아'는 '儒家思想', '심적 활동의 상태'는 곧 '낭가사상 활동의 상태'를 가리킨 것이다. 말하자면 신채호의 아와 비아의 투쟁의 역사는 내면적으로는 낭가사상대 외래사상과, 외면적으로는 한민족대 이민족과의 투쟁의 역사라는 등식을 이해할 수 있는 것이다.

넷째, 신채호는 한국민족의 전통사상으로서 낭가사상을 발굴 정립하여 이를 바탕으로『讀史新論』과『朝鮮上古史』등의 한국고대사를 체계화하여 근대민족주의사학을 개창하고, 박은식은 역사국혼론을 정립하여 이를 근거로『痛史』와『血史』등 한국근대사를 체계화하여 근대민족주의사학을 확립한 점이 상이하다.

그러나 이러한 현상은 일제 식민사관에 의해 왜곡된 한국고대사와 일제 강점에 의해 단절된 한국근대사를 체계화 해야 된다는 시대적 과제를 상보적으로 실현하여 자주적 한국사 정립의 圓融的 결과를 가져옴으로써 한국사학사상은 물론이려니와 한국민족독립

---

95)「朝鮮歷史上 一千年來 第一大事件」『改全集』中, 103쪽.

운동사상 불후의 업적을 남기게 되었다.

박은식과 신채호는 모두 평소 한국의 통사 집필을 염원한 것 같으나96) 박은식은 1925년 11월 1일(음력 9월 15일) 지병으로 타계하고, 신채호는 1928년 無政府主義者東方聯盟事件으로 일제에 의한 옥중생활 끝에 1936년 2월 21일(음력 1월 29일)97) 타계하여 결국 그 뜻을 이룩하지 못하였다.

---

96) 박은식은 『痛史』를 저술하기 전에는 신채호와 같이 한국고대사에 관계된 史書를 집필하였고, 『痛史』와 『血史』를 집필한 후 "비록 늙었더라도 『建國史』를 쓰고야 죽겠다"라 하고(『전서』 하, 302쪽) 신채호도 "퍽 妄念된 생각이나 『朝鮮四色黨爭史』나 『六伽倻史』만은 朝鮮에서 내가 아니면 能히 正鵠한 著作을 못하리라고 믿고 있습니다. 그러나 이 中에서는 그런 것은 쓸 데 없는 소리고, 만일 내가 健康하게 世上에 다시 나가게 된다면 이것만은 자신있게 發表할 수 있다고 늘 생각하고 있습니다"(申榮雨, 「朝鮮의 歷史大家 丹齋 獄中會見記」 『조선일보』, 1931,12. 19~28 ; 『개전집』 하, 443쪽)라 하며, 그가 李允宰에게 보인 다섯 책으로 된 미완의 원고 중 첫째권이 朝鮮史通論었다는 것(李允宰, 1936.4,「西間島時代의 先生」 『朝光』 ; 『개전집』 하, 480~481쪽)을 미루어 보아 두 사람은 평소 通史 집필에 대한 의지를 가졌던 것으로 짐작된다.

97) 신채호의 서거일은 『전집』 하의 연보를 비롯한 모든 논저의 연보에 2월 21일(음력 1월 28일)로 기록되고 있으나 萬歲曆(韓甫植 편저, 1987, 『韓國年曆大典』, 영남대학교출판부)에 의거하여 음력 날짜를 1월 29일로 정정한다. 그동안 入祭日 1월 28일이 서거일로 잘못 인식된 것이 아닌가 한다.

제4장

광복운동사상

Ⅰ. 박은식의 세계평화사상

1. 사상형성의 배경

박은식의 世界平和思想은 그의 나이 40대인 애국계몽운동기에 싹트기 시작하여[1] 그것이 하나의 사상으로 입론된 것은 庚戌國恥 이후이며, 이 사상은 1914년 제1차 세계대전과 1919년 3·1운동을 겪으면서 정립되었다고 보여진다.

박은식은 1898년 『帝國新聞』의 창간 동기인 東菴 張孝根에게 보낸 서신에서 세계평등사상을 말하고 있다.

> 余가 朱子學說에 膠泥되었다가 突然히 世界物情을 知코자 함은 他事아니라 朱子學만으로는 當今之事를 解決하기 至難한데다가 帝國主義國家가 日益 韓半島에 浸襲해옴에 對한 抑止요 乃히 世界平等主義思想을 習하기 爲함이요 ….[2]

여기에서 그는 주자학적 이념에 사로잡힌 동양 중세의 학문과 사상만으로는 민족과 시대의 문제를 해결하기 어려울 뿐만 아니라 근대 제국주의국가의 침입을 막을 수 없다고 인식하고, 이에 대한

---

1) "白巖丈之抱懷 人類愛的平和思想 多題作諸種宣言書趣旨書等物 其時 白巖略由四十代以後也"(『張孝根日記』 1925년 12월 15일).
2) 『장효근일기』 1898년 10월 2일자 박은식의 「東菴同志前」 참조, 본고의 「世界平和思想」에서는 이현희의 논문 「朴殷植의 平和思想」과 그가 발굴한 『장효근일기』가 주요자료로 인용되고, 이에 시사받은 바 크다.

새로운 사상적 해결방안으로 세계평화사상을 구상한 것으로 보인다. 그는 이후 인류애의 평화사상을 마음에 품고 이를 여러 종류의 선언서와 취지서 등에 자주 발표하기 시작하였다.

박은식은 평소 그가 동서양의 유명인사로부터 비롯된 평화사상이 꼭 이룩될 것임을 주장하며, 그 사상과 이념에 심취한 동기는 그것의 근본이 自憤·自强·自育에 있고 이러한 근본은 실학사상에서 비롯된 것임을 밝히고 있다.[3] 즉 그의 평화사상의 핵심은 스스로의 '自'로서 이는 그의 평화사상이 실학의 민족주체사상에 그 근본 이념을 두고 있다는 것으로 주목이 된다.

박은식은 실학사상의 바탕 위에 당시의 시대상황을 접목시켜 주체적 민족의식을 고취하고 있음을 알 수 있다. 그는 "現今時代는 생존경쟁이 天演이며 弱肉强食이 公例"[4]라는 사회진화론적 인식에 입각하여 모든 국민이 '하늘은 스스로 돕는 자를 돕는다'(自助로서 天助를 얻는다)는 진리를 깨닫고 국력배양의 사업에 분발심과 인내성을 가지고 한마음으로 나아가야만 우리 나라의 자강과 독립을 우리 스스로의 힘으로 이룩해 낼 수 있다는 自强獨立思想을 강조하였다.

이 때의 자강의 '자'는 국민 개개인의 개념보다 민족과 국가와 함께 하는 혼연일체의 개념을 띠고 있다. 때문에 그는 문명의 증진까지도 大同團合에 의해 民智가 개명하여 사회가 발달함에 따라 이루어지는 것으로 인식하여[5] 국민 모두가 뭉치면 문명인으로 살고 흩어지면 야만인으로 죽는다고[6] 본 것이다.

---

3) "白巖曰 余素叫期成平和思想 卽緣起東洋及西洋之名人 而著着余之思想及理念 由此觀之則此之 本自奮自强自育 爰生於實學思想"(『장효근 일기』 1925년 12월 10일).

4) 『대한자강회월보』 제4호 「自强能否의 問答」 ; 『전서』 하, 68쪽.

5) 『서북학회월보』 제3권 제15호 「西北學會趣旨書」 ; 『전서』 하, 207쪽.

요컨대 민족자결의 독립사상에 바탕을 둔 그의 세계평화사상은 대내적으로 민족의 대동단합과 평등에 의해 민지계발을 이룩함으로써만 대외적으로 강권의 제국주의 침략을 극복하여 인류의 평화를 달성할 수 있다는 단계적·복합적 이념구조를 함유하고 있다. 즉 민족의 평등·단합에 의한 민지계발→자강독립→동양·세계평화라는 구조로 이루어지고 있다.

박은식은 세계의 새로운 학식과 기술에 의한 민지의 상향에 의해서만 평화사상을 구현할 수 있다고 생각을 하였다.

> 白巖은 항상 말하기를 나는 처음에는 平等主義와 思想을 품고 있었다. 그것이 뒤에는 平和思想으로 연결 성립되었다. 그 思想은 世界 新學識과 新技術로 말미암아 전개된 것이라고 말하였다.[7]

그는 민지계발을 달성하기 위한 구체적인 방법을 제시하였다. 즉 일반 부인사회와 하등사회의 지식계발을 통한 문명진보는 한글전용의 신문역할이 크므로 여러 서적을 한글로 번역 출판하여 전국에 보급할 것을 주장한 것이 그것이다.[8] 이러한 평등개념이 1911년 경에는 근대국민의 병역의무론을 낳게 한 것이다.[9] 그의 민권적 평등사상 역시 조선후기의 실학사상과 한말의 동학사상에[10] 그 뿌리를 두는 것으로 제1장의 주 40)과 41)에서 밝혀진 바와

---

6) "今日 吾人이 團合ᄒ면 文明優等이오 渙散ᄒ면 野蠻劣種이며 團合ᄒ면 生存을 可得이오 渙散ᄒ면 亡滅을 難救니 …"(「團體成否의 問答」『西友』 제3호 ;『전서』하, 12쪽).

7) "… 常言曰 余以初建抱平等主義及思想 次連成於平和思想 其思想開由於世界新學識及新技 術云"(『장효근일기』 1925년 11월 15일).

8) 「學規新論」『전서』중, 17~19쪽 ;『大韓每日申報』 1908년 8월 20일 「帝國新聞贊成趣旨書」;『전서』하, 212쪽.

9) 『夢拜金太祖』;『전서』중, 240~241쪽.

10) "東學黨運動은 平民의 革命이다"(「甲午東學黨의 大風雲」『전서』상,

같이 朴趾源과 丁若鏞의 중심사상인 평등사상·사회계약사상·주권재민사상·실용사상에 그 맥락이 연결되고 있다. 그가 특히 茶山學을 직접적으로 계승하여 실학자들이 한결같이 추구하던 유학의 민중화 내지 평등화 작업을 더욱 발전시킨 「儒敎求新論」은 실학사상이 개화기 민권사상에 미친 영향의 단적인 표현이라 하겠다.11)

따라서 박은식의 평화사상은 상층 지식인의 실학사상과 하층 백성의 동학사상, 즉 민족 구성원 전체의 평등사상에 의한 자강독립에 그 기저가 있음을 알 수 있다. 이러한 인식의 단면은 이무렵 그의 知己들에 의해 피력된 것에서도 잘 나타나고 있다.

> 가) 平和란 먼저 그 나라의 自强狀態가 어떠하냐에 따라 定着될 수 있다고 본다.
>
> 나) 진정한 平和는 곧 自强이라는 實用的 저력이 뒷바침 되어야만 비로소 가능하며 국가의 세력의 균형을 이루는 것은 평화 그 자체가 아니고 자강된 힘의 여하에 달려있는 것이다.12)

제3장, 454~455쪽 참조) 및 "… 爰白巖脫飛傳來的儒學思想 新開基督博愛佛敎普度 含至於及東學之輔國安民思想 持白巖素謂此以綜統 爲具人類之平和思想矣"(『장효근일기』 1925년 12월 15일).

11) 蘭谷 李建芳 등의 한말 학자들이 정다산을 프랑스의 몽테스키외나 루소와 같은 민권사상가로 파악하였다. 「邦禮艸本序」, 『蘭谷存稿』 "白巖丈述痛史及血史而刮目之著 儒敎求新論此出 由轉換其人之思想 愛國啓蒙的論說 謂求卽內索之法則 因改新儒敎 可謂興實學 又意去君來民思想 以孔孟之大同及民爲重說 成主民的儒敎"(『장효근일기』 1925년 12월 25일) 및 "朝鮮之實 學 必授思想的理念於開化思想 … 其三 承繼民權尊重思想 特著茶山·錦陵尉·白巖·蘭谷"(앞의 일기, 1926년 9월 5일 참조).

12) 가) "擬平和着先決 其國之自强狀況如何 因此由定着 眞平和問題也"(李鍾一, 『墨菴備忘錄』 卷1, 1899년 7월 8일).

나) "眞實之平和 乃以援實用的底力 而直以可能自强之道 成均勢之國家

민족의 자강과 국가의 독립이 2천만 동포의 평등으로 단합된 민력에 있다는 박은식의 주장은 민족단일의 주체의식과 개체의식을 바탕으로 세계인류의 평화사상을 지향하고 있음을 의미한다. 당시 애국계몽운동가들 가운데 박은식과 같이 사회진화론적인 外競問題를 해결하기 위한 방편으로 주자학적 형식에서 벗어나서 본래의 유교정신을 발휘하여 세계동포로 하여금 大同平和를 함께 누리게 하자는 주장들을 하고 있었다.[13]

이러한 인식은 평등·평화·인도주의를 핵심으로 하는 박은식의 세계평화사상이 단순히 제국주의와 강권주의의 상대적·적대적 개념으로만 적용되는 것이 아니라 이를 극복하고 포용하는 개념으로 적용되고 있는 데에서도 잘 나타나고 있다. 이는 결국 세계평화사상의 사상적 배경이 실학과 동학의 민권사상 위에 공자의 '大同之義'와 맹자의 '民爲重之說'에 입각한 대동사상과 '致良知'와 '知行合一'의 양명학의 종지를 바탕으로 동서고금의 성현과 사상가들의 평화사상을 그의 근대적 자아의식에 의해 주체적으로 수용하는 데에서 이루어지고 있음을 말해준다.

박은식은 본성의 '마음'(致良知: 필자주)과 '仁'을 강조하여 『夢拜金太祖』말미에서 인간의 마음이 참으로 위대한 것이서 이 세상의 모든 일은 오로지 마음 먹기에 달린 것이라 밝히며, 우리 동포들이 진지한 마음을 가지면 감응하여 이루지 못할 것이 없다고 하였으며, 또한 오늘날 적과 싸워 이길 능력은 오직 우리의 인도주의로서 적의 군국주의를 성토하여 우리의 仁으로서 적의 횡포를 다스리고, 우리의 正으로서 적의 詐를 정벌하면 결코 승리를 얻지 못

間問題 不但平和自身 故自强之處如何耳"(『장효근일기』1925년 12월 16일).

13) 『황성신문』1909년 11월 16일 「儒敎發達이 爲平和最大基礎」.

할 리가 없다고 하였다.[14)

박은식의 세계평화사상의 철학적 논거는 인간의 마음은 본래 모두 같다고 보는 양명학의 치양지론에 두고 있다. 그는 정신의 주인이 공자의 인, 맹자의 양지, 석가의 화두, 예수의 영혼 등이라 밝히고,[15) 양지의 본체는 곧 天理로서 聖愚無間之知며 天人合一之知로서 天地人의 萬物一體의 仁을 강조하고[16) 있다. 천인이 한 몸인 것과 같이 어리석은 백성들도 성인과 같이 모두 동일하므로 본심의 양지를 기르고 밝히며 그에 따라 행동하면 성현이 될 수 있다는 것을 의미한다. 이와 같은 논리는 그가 평소에 주장한 평화사상이 종교의 도덕론에서 나왔고 종내에는 양명학을 일으켰다는 지적도 있다.[17)

한편 그는 일본의 양명학 주간에게 보내는 서신에서[18) 20세기의 물질·기계문명의 경쟁에 의한 도덕의 상실과 公理의 유린 등 정신문명의 파괴를 통찰하며, 이를 극복하기 위해 양명학의 본지인 良知, 즉 인간의 본성을 깨달아 인류의 평화와 生人의 행복을 찾는

---

14) 『獨立新聞』 1920년 6월 22일 「敵을 戰勝할 能力을 求하라」 ; 『전서』 하, 164쪽 및 「新韓靑年創刊辭」 1920년 3월 1일 ; 『전서』 하, 228쪽에서도 그는 "항상 일본의 무장은 두려울 것이 없으나 그들의 속임수가 제일 겁난다."라고 하여 이러한 인식에 대한 확고한 의지를 표명하고 있다.

15) 『西北學會月報』 제1권 제10호 「告我學生諸君」 ; 『전서』 하, 49쪽.

16) 『王陽明實記』 ; 『전서』 중, 48~49 ; 「按先生之學이 致本心之良知ᄒ야 以同體萬物爲仁이라」, 앞의 책, 63쪽.

17) "白巖朴殷植及余 同營新聞事業 黃州人白巖卽勤皇城新聞 余卽入與東菴張孝根 營帝國新聞白 巖素恒言曰 此時必不可不知平和思想及其理念 此終乃興陽明學 遂其人之平和主義論 出自由宗 敎道德論矣"(이종일, 「默菴備忘錄」 卷1, 光武 2년 10월 2일 조).

18) 『서북학회월보』 제1권 제20호 「日本陽明學主幹에게(公函혼 全文)」 ; 『전서』 하, 238쪽.

데 모두 동참할 것을 촉구하였다.

이와 같이 박은식의 세계평화사상은 인간의 도덕적 평등을 강조함으로써 천하를 하나의 집안으로 보는 大同思想과도 철학적인 연결을 이루고 있다.[19] '仁'에 대한 인식은 박은식 등이 1909년 9월 11일 대동사상을 기초로 하여 창건한 다음과 같은 大同敎의 종지와대동교 부활의 기대 등에서도 밝혀지고 있다.

> 大同敎 宗旨는 惟何오 聖人의 心은 以天地萬物로 爲一體ㅎ느니 此其意想推度으로 由홈이 아니오 卽仁의 本體가 原是如此라 … 人人所固有혼 本心의 明을 因ㅎ야 開之導之ㅎ야 其形體의 私와 物慾의 蔽를 克治ㅎ야 其心體의 同然者를 回復ㅎ면 天下之人이 同歸于仁ㅎ야 太平의 福樂을 共享홀지니 此는 大同敎의 宗旨로소이다.[20]

천하의 모든 인류가 인에 함께 돌아와(同歸于仁) 평화의 세계를 건설한다는 박은식의 세계평화사상은 민족과 동양의 전통사상을 중심으로 서양의 평화사상을 광범위하게 섭렵하여 이를 주체적이고 독자적인 입장에서 자기종합화한 것에 그 특성을 발견할 수 있다. 따라서 그의 평화사상은 사회·경제·과학적 개념보다 도덕적 개념이 바탕을 이루고 있는 동양의 유학사상과 궤를 같이 하고 있음이 입증된다.

박은식의 평화사상의 입론과 실천은 대동교 창건에 의한 종교부장의 직책을 맡고,[21] 같은 해 11월에도 그가 중심이 되어 張志淵·

---

19) "'大同'이란 구별이나 차별이 없이 한 가족처럼, 한 몸처럼 전체 사회가 한덩이가 된 共同體를 가리킨다. 儒家的 관점에서 보면 大同이란 유기적 統一性, 유기체적 一體化를 의미하는 것으로 이해되었으며, 이것은 후대의 萬物一體의 해석에도 적용되었다"(金守中, 1991, 「陽明學의 大同意識에 關한 硏究」, 서울대학교 박사학위논문, 31∼32쪽).

20) 『서북학회월보』 제1권 제17호 「孔夫子誕辰紀念會講演」 ; 『전서』 하, 59∼60쪽.

玄釆·柳瑾·郭鍾錫·李鍾一·吳世昌 등 다수가 大韓民報社에 모여서 '平和會'를 조직한 데서 구체화 되었다.[22]

박은식의 세계평화사상은 구체적으로 공맹의 평화사상인 인의·도덕사상에 기독교의 박애사상과 불교의 평등사상을 접목시켜 이룩한 세계적 종교의 평등·평화사상 위에 墨子의 겸애·非攻論, 루터(馬丁路得)의 자유론, 루소(盧梭)의 민약론, 워싱턴(華盛頓)의 자유주의, 다윈(達爾文)의 강권론(진화론), 칸트(康德)의 영구평화론, 톨스토이(突徐德耳)의 평화론 등과 양계초·강유위의 학설 등을 광범위하게 섭렵하여 이를 주체적으로 종합하고 있다.[23]

그의 세계평화사상은 도덕사상을 근거로 하여 근대사상 및 그 구조의 이론을 전개하는 칸트의 「영구평화론」과 종교사상에 연유하여 기독교의 박애사상·전쟁억제·무저항의 기운을 주장하는 톨스토이의 「평화론」에 특히 관심을 가지는 가운데 인도주의사상과 근대사상으로 맥락지어 발현되고 있다.[24] 이러한 그의 평화사

---

21) 『皇城新聞』 1909년 9월 10일 잡보 「大同敎協議」 ; 『황성신문』 1909년 9월 14일 잡보 「大同敎任員」 : 『대한매일신보』 1909년 9월 14일 잡보 「大同敎開會」 참조.

22) "今日經白巖丈永眠之一個月 奄覺之白巖丈事 素抱持平和愛護思想 出由 大同團結思想 故創大同敎及平和會 平和會創大同敎後 己酉十一月頃於 大韓民報社內 主爲白巖 次爲共與韋庵白堂石農俔宇沃坡葦滄及余伸務 余當時營大韓民報 故弘報於此紙"(『장효근일기』 1925년 12월 1일).

23) 『夢拜金太祖』 ; 『전서』 중, 309쪽과 "素白巖曰 余之叫平和思想 卽緣 起東洋及西洋之名人 邀由於基督 釋迦牟尼 東學 孔孟老莊楊墨中韓 邇由於西則達爾文 康德 突徐德耳 馬丁路得 盧梭 華盛頓 基德 東則梁 啓超及康有爲之新學說"(앞의 일기, 1925년 12월 7일).

24) "… 昔營紙與余對話時白巖曰 余之時局觀 則起由東洋孔孟老莊之平和 共存思想 又特留西洋康德之永久平和論及突徐德耳之平和論 此時世 界平和共存事 必不可不得知也 爰余以季以自奮開此思想 特記留康德 之永久平和論 展開近代思想及構造之法 此卽底道德思想 次記留突徐 德耳之平和論 展開基督之博愛思想及抑戰爭·無抵抗之氣 此亦由聖

상은 제1차 세계대전과 3·1운동을 경험하면서 민족의 평화적인 자주독립과 전쟁억제에 의한 세계인류의 평화를 추구하는 시대정신을 반영하고 이에 대한 실천과 희망을 제시하는 현실과 이상을 조화하는 사상으로 발전 정립되었다.

그는 독립협회와 『황성신문』 시절 때부터 국망의 과정을 지켜보고 세계의 진운을 크게 하나로서 통찰하게 되면서 동서양의 문명이 각각 다른 전통의 인륜·도덕에 의해 별개로 형성되었다고 생각하던 인식에서 점차 벗어나 세계인류의 평화는 동양·한국적인 인륜·도덕과 서양의 인륜·도덕이 궁극적으로 하나라는 인식에서 이루어진다는 가치체계를 형성 정립함으로써 세계문명에 대한 그의 인식의 범위는 세계적 차원으로 심화 확대되어 나갔던 것이다.

박은식의 세계평화사상이 민족의 광복이란 당면과제와 세계평화라는 이상을 동시에 만족시키기 위해 보편적인 仁을 강조함으로써 얼핏 보기에는 스스로 일제에 대한 敵인식을 약화시켜 한민족의 무력적 투쟁정신을 약화케 할 수 있고, 아울러 일제의 침략논리인 '아시아연대론'이나 '大東合邦論'에 역이용 당할 소지를 제공할 수 있다는 우려도 있다. 이러한 우려는 1904년 이전 그가 장지연·유근 등 황성신문의 주역들과 함께 러일전쟁을 인종전쟁으로 보는 것을 비판한 시각에서 파생될 수도 있으나, 을사오조약으로 일제의 邪術이 간파된 후부터 꾸준히 주장된 그의 평화사상의 논지에서 자연적으로 극복되고 있음을 알 수 있다(후술할 東洋平和建設條 참조 바람).

박은식의 세계평화사상이 일제에 대한 무력투쟁의식을 위축시킬 수 있다는 우려는 애국계몽운동을 무장의 의병운동과 나란히

書的宗敎思想 以絡發顯近代思想及人道思想 第一次世界大戰後 此思想急擡頭世界人類之問題也 …"(앞의 일기, 1925년 11월 3일).

연계시킨 그의 애국계몽사상의 한 특성인 '聯武齊進'[25]을 통해서도 이미 불식되고 있었다. 그는 애국계몽운동을 전개하면서 의병운동을 높이 평가하여『謙谷文稿』·『西友』·『西北學會月報』등에서 임진왜란과 병자·정묘호란 때 의병을 일으킨 의병장과 의병들을「위인전」·「인물고」등에서 소개하였다. 뿐만 아니라 그는 망명 후『혈사』에서 다음과 같이 의병을 정의하여 이를 찬양하였다.

> 義兵은 國家가 위급할 때 朝廷의 징발령을 기다리지 않고 바로 義로써 일어나 종군하여 적에게 義憤을 발하는 民軍이다. … 義兵은 우리 민족의 國粹다.[26]

또한 그는 망명전『西友』10호(1907년) 논설에서「문약의 폐해는 반드시 나라를 망친다[27]하고, 망명 후의『夢拜金太祖』(1911년)에서「하늘은 마땅히 애써 일하고 무강하며 진실된 사람들을 도울 것이다」[28]하며 일제의 침략이 문약에 기인하고, 무강에 의해 국가민족이 흥하고 독립할 수 있다는 文武의 兼全思想에서도 그러한 우려는 배제되고 있었다. 그리고 박은식이 세계평화사상의 정립에서 유념한 또 하나의 특성은 그가 비록 평화사상에서 묵자의 겸애설 등에 나타난 평등주의와 구세주의를 근본사상으로 내세우고 있으나 그 정치적 방법이 극단의 전제적인 것을 비판한 데 있다.

> 墨子의 兼愛와 尙同하는 主義로써 그 門徒는 褐衣草履로 勞役을

---

25)『西友』제2호「舊習改良論」;『전서』하, 11쪽 :『서우』제1권 제15호「社說」;『전서』하, 58쪽(『서북학회월보』는 잘못 기재된 것임).

26) "義兵者民軍也 國家有急直以義起不待朝令之徵發而從軍敵愾者也 … 義兵者吾族之國粹也"(『한국독립운동지혈사』;『전서』상, 465~466쪽).

27)『전서』하, 93~96쪽.

28)『전서』중, 238~239쪽.

躬執함과 弱國을 援助하야 强國의 侵略을 抵制한 것이 近日에 盛行
하는 社會共産主義와 近似하나 그 政治方法을 論한 것은 極端專制
로 干涉政策이다. 現在「레닌氏」行政史로 볼지라도 極端共和로써
極端專制를行한 것이 理想과 實行이 相反함인가 進行의 階段을 짜
라 그러한가 此는 余가 墨學으로부터임의 解釋判斷치 못한 것이라
오. 즉 墨子의 徹底的 精神은 救世者의 模範이라 하노라.29)

여기에서 박은식은 평등·평화의 이상적인 사상도 중요하지만
이를 실천하는 평등·평화의 현실적 방법의 중요성을 강조하여,
특히 사회공산주의의 평등사상에 입각한 국민적 계급개념과 국제
적 연대개념의 가장적 실체를 통찰하여 그 평등이란 이상과 공산
독재란 현실의 실질적인 괴리를 간파하고 이를 배척한 것은 그의
혜안으로서 주목이 된다. 이러한 인식은 그의 평화사상이 일찍부
터 정치적 목적 달성을 위해 수단과 방법을 가리지 않은 사회·경
제적인 경쟁·투쟁의 이념보다 사랑·박애·평화 등의 도덕적 이
념에 바탕을 두고 있는 데에서 비롯된 것이라 할 수 있다.

박은식은 제1차 세계대전과 러시아혁명(1917)을 경험하며 미래
는 강권적 제국주의와 적자생존의 사회진화론적 공례는 퇴조하여
강자와 약자가 함께 살아가는 '세계대동'과 '인류공존'의 길로 나
아가는 세계평화주의와 민족자결주의의 세계개조의 신문화시대로
변천하는 것으로 내다보았다.30)

그가 3·1운동을 '徒手革命'으로 평가한 것도 3·1운동이 그러
한 세계개조의 신문화 사상과 운동에 적극 동참한 것으로 보고 한
국 신민의 광복운동의 촉진을 기대했기 때문이다. 당시 박은식이

---

29) 『동아일보』 1925년 4월 6일 「學의 眞理는 疑로 쫓아 求하라」 ; 『전서』
하, 200쪽.
30) 『한국독립운동지혈사』 하편 제2장 「改造世界之新文化促我獨立運動」,
5쪽 ; 『전서』 상, 513쪽.

러시아혁명을 ‘世界改造의 最善動機’로 인식한 것은 그가 사회주의 공산혁명운동을 자신의 세계평화사상의 인류평등주의에 입각한 광복운동의 차원에서 획기적인 계기로 주목한 것이지 그 자체의 이념·운동과정 및 결과를 높이 평가한 것은 아니다.

박은식이 임정지도자의 한사람으로서 프롤레타리아혁명과 세계평등의 공산사회건설이라는 슬로건으로 위장하여 세계적 독재체제를 구축코자 하는 공산당의 사회공산주의의 실체를 간파하여 이를 부정한 것은 1920년대를 전후한 세계적 사상의 혼란기에서 민족과 국가의 진로를 밝혀준 민족사상의 지표로서 중요한 의미를 지닌다. 이러한 그의 선지적 안목은 臨政의 국체와 정체를 民主共和國으로 유지 발전시키기 위해 공산세력의 개입을[31] 저지 추방하는데 큰 역할을 담당하였으며, 동시에 인류가 지향해야 하는 진정한 사상이 자유·평등에 입각한 각국의 자주독립과 이를 바탕으로 세계의 평화를 달성하고자 하는 세계평화사상에 있음을 밝히는 데에 선구적 역할을 하게 되었다. 박은식은 동서양사상의 주체적 자기융합에 대한 학문적 소신을 생애의 마지막 해인 1925년에 가서 다음과 같이 술회하였다.

> 西洋大哲의 蘇格雷池와 特嘉爾와 培根諸氏의 學說이 王學의 知行合一로 더부러 符合됨이 多함으로 王學의 價值가 더욱 尊重하엿다.[32]

---

31) 임정지도자의 한사람인 李東輝는 소련으로부터 접수된 군자금을 韓人共産黨 육성자금으로 썼고 더구나 國民代表會議 開會資金化하며 臨政을 깨고 새로운 공산정권을 수립하려고 획책하였다(국사편찬위원회, 1968, 『한국독립운동사』 3, 74~79쪽 : 이현희, 1991, 『광복전후사의 재인식』 Ⅰ, 범우사, 23·117쪽 참조).

32) 『동아일보』 1925년 4월 6일 「學의 眞理는 疑로 쫓아 求하라」 ; 『전서』 하. 198쪽.

따라서 민족의 자주독립과 세계평화의 달성을 지상목표로 하는 박은식의 세계평화사상은 민족의 자생적인 개화자강독립사상인 상층지식인의 실학사상과 하층백성의 동학사상을 정체로 하고, 양명학의 이념에 입각해서 동서고금 성현들의 학술·종교적 평화사상을 주체적으로 수용하여 이룩한 독자적인 성격의 사상이다.

그의 사상은 한민족의 자강독립사상만을 표방하거나 또는 세계적 종교사상이나 대표적인 근대사상만을 수용하거나 하는 단순한 사상체계가 아니다. 인류세계는 개혁되고 진보한다는 역사의 필연법칙과 도덕적 이상사회론을 접목시켜 민족과 시대의 현실적인 과제와 세계 인류의 미래의 문제를 해결하고자 한 사상체계이다. 말하자면 그의 사상은 한국근대사상의 세계화·보편화를 위한 구체적 이념과 노력으로서 주목되는 것이다.

이로써 박은식의 세계평화사상은 제2기와 3기동안 꾸준히 주장되었던 유교구신론·교육구국론·민권평등론·양명학론·자강독립론 등 모든 학문적 이론과 사회사상의 구체적 내용을 바탕으로 종합된 현실적 이상론인 대동사상이 세계적 평화사상으로 발전 정립됨으로써 그의 대표적 광복운동사상으로서의 상징적 성격을 갖게 되었다.

2. 사상의 전개

1) 자주독립과 평화공화국 건설

박은식은 앞서 살핀 바와 같이 민족의 전통사상을 바탕으로 동서고금의 명현들의 사상을 섭렵하여 세계평화사상을 형성하였으나 그의 논저에서 하나의 논제로서 이를 일목요연하게 논리적으로 개진한 경우는 거의 없는 실정이다. 비록 1911년의 『夢拜金太祖』가 세계평화사상 이념의 윤곽을 잘 반영하고 있으나[33] 이에 대한 체계적인 구조를 구명하기가 쉽지 않다. 이러한 가운데 다행히 박은식과 『제국신문』 창간 동기인 東菴 張孝根(1867~1946)의 '일기'가 단편적이나마 그 구조를 밝히는 데 큰 도움을 주고 있다.

> 이 平和思想이 내포한 성격은 대체로 獨立自主思想체계와는 다르다. 獨立自主理念은 안으로 自强과 밖으로 國防에 힘쓰는 이론이지만 나의 토착된 平和思想의 이념은 전적으로 平和共和國과 民主的 樂園國家 건설에 있다. 그 건설이 이루어지면 먼저 東洋에 平和를 전개하고 그후에 世界人類의 福祉를 增大하는 것이다. 이 시기는 무엇보다도 반드시 世界平和의 理論과 그 思想을 일으켜야 할 때이다.[34]

박은식의 세계평화사상의 운동체계는 나라의 자주독립과 국제질서를 힘의 논리에 의해 결정하는 것을 배격하고 세계 각국이 자강독립에 의한 힘의 균형을 유지하는 것을 전제로 하고 있다. 궁극적으로 사회진화론의 제국주의적 자강론과 외경론을 극복하여 먼저 국민평등의 평화민주공화국을 건설하고 나아가 동양과 세계인류의 평등평화사회를 수립하자는 발전적 전개구조를 형성하고 있다.

---

33) 동시대인 장효근이 박은식의 『몽배금태조』는 세계평화사상의 이념을 뛰어나게 잘 나타낸 것으로 보았다("… 此時著夢拜金太祖 其書卽由平和思想斷表 呈以倬絶之世界平和理念 何則 幷進世界大運之氣故矣" 『장효근일기』 1925년 11월 15일).

34) "… 白巖又曰 此抱平和思想 略異獨立自主思想 獨立自主理念 則務內以自强外以國防理論 而余之土着以平和思想 則全有以建平和共和國及主民的樂園國家 此之展先東洋 後世界人類祉加 增 此時最必發起世界平和理論及其思想矣"(앞의 일기, 1925년 11월 3일).

세계평화사상의 제 1단계는 민족의 자주독립에 의한 평화공화
국과 민주적 낙원국가를 건설하는 단계로서 민족의 시급한 당면
과제와 한국이 지향해야 할 미래의 이상적 국가형태를 제시하고
있다. 이러한 관념은 그가 망명전 국내에서 쓴 『瑞士建國誌』 서
문35)에서도 표방되었으며, 그는 이무렵부터 닥아올 시대의 진운을
통찰하고 있었던 것으로 보인다.

> 異日 我韓도 彼瑞士와 如히 屹然히 列國之間에 標置ㅎ야 獨立自
> 主를 鞏固히 ㅎ면 我同胞의 生活이 便是 地獄을 離ㅎ고 天國에 蹄
> 홈이니 豈不樂哉아 此目的을 達코저 ㅎ면 惟是愛國熱心이 打成一
> 團에 在ㅎ다 ㅎ노라.36)

박은식은 제국주의 열강 사이에 놓여 있는 우리나라도 스위스를
본받아 자주독립정신을 확고히 하면 동포들이 평화를 누릴 수 있
다고 희망을 제시하며, 이러한 목적을 달성하기 위해서는 민족이
열렬한 애국심으로 하나로 뭉쳐야 하는 대동단결론을 강조하였다.
그는 실제 대동사회의 건설을 민중에까지 계몽 선전하기 위하여
大同敎를 창건했으며, 2개월 후인 1909년 11월에는 그가 앞장서서
'平和會'를 조직하는 실천적 열성을 보였다.

박은식은 망명 후 『몽배금태조』에서 당시대를 전제정치의 시대
가 아니라 새로운 것을 추구하는 평등시대임을 인식하였다. 이러
한 평등의 이념은 천지진화의 법칙으로서 민족내부에 있어서는 하
등사회의 상등사회로의 진보에서 비롯된다 하였다. 그는 하등사회
의 민중과 청년들에게 신교육을 가르쳐 민족의 지식과 세력을 키

---

35) 『전서』 중, 583쪽.
36) 『서사건국지』 「서문」, 大韓每日申報社, 3쪽 ; 아세아문화사, 1979, 『歷
    史・傳記小說(한국개화기 문학총서 영인본)』 6, 199쪽.

우는 새로운 국민으로 양성하여 모두가 민족의 영웅으로서 평등주의의 선봉이 되도록 해야 한다고 주장하였다. 아울러 상등사회의 인사들도 중세 봉건사상에서 벗어나서 도덕이 진화해 가는 정도를 깨달아 민족과 국가를 위하는 피끓는 호걸 영웅이[37] 되어 정치혁명·학술혁명을 과감히 이룩하여 민족의 단합으로 자주독립해야 함을 부르짖었다.

따라서 박은식이 바라는 새시대의 혁명적인 영웅은 구시대적인 한 두사람의 영웅이 아닌 한국청년 모두가 金 나라의 阿骨打와 같은 영웅이 되어 평등주의의 선봉이 되어야 한다는 국민적 영웅론이었다.

> 朕이 斯世에 再現홀지라도 其目的의 履行者는 此主義에 不出홀지니 此主義를 履行ᄒᆞ는境遇에는 一個 阿骨打(金太祖의 名)의 能力을 要求홈 보다 우리 民族中에셔 百千萬身의 阿骨打가出現ᄒᆞ야 斯義를 主倡ᄒᆞ는 것이 더욱 有力홀지니 爾는 朕의 此意로써 一般 靑年界에 傳囑ᄒᆞ야 個個히 英雄의 資格을 自造ᄒᆞ고 英雄의 事業을 自任ᄒᆞ야 平等主義의 先鋒이 되기로 自强ᄒᆞ면 朕히 上帝끠 特請ᄒᆞ야 其目的을 得達케 홀지니 爾는 十分 銘念ᄒᆞ라[38]

이는 민족 전체의 단결된 정신과 힘이 없이는 제 1단계의 민족적 평등과 독립을 획득할 수 없을 뿐만 아니라 타민족에게 굴복되어 일체의 권리와 자유를 빼앗김으로써 생존을 위협받을 수밖에

---

37) 박은식은 "루소는 「民約論」을 외쳐 불란서혁명의 도화선이 되었고, 크롬웰은 폭군의 목을 베고 憲法을 제정하였으며, 마르틴 루터는 敎皇의 권위를 무시하고 宗敎改革의 공을 이루고, 王守仁은 良知學을 주창하여 선비들의 기개를 드높이고, 요시다 노리가다(吉田矩方)는 大和魂을 부르짖어 明治維新의 기초를 세웠다."고 각국 英雄의 예를 소개하였다 (『몽배금태조』 ; 『전서』 중, 262~263쪽).
38) 『몽배금태조』 ; 앞의 책, 310쪽.

없다는[39] 평화사상에 대한 절실한 인식에서 나온 것이다.

박은식은 평소 평화사상의 대동단결론에 입각한 국민주권의 평화공화국건설에 대한 열망은 망명 후에도 이어져 1912년 상해에서 申圭植·洪命憙 등과 함께 독립운동단체인 同濟社를 조직하여 총재로 추대되고, 1915년에 이곳에서 李相卨·신규식·柳東說 등과 함께 독립운동을 추진하기 위한 단체로 新韓革命黨을 조직하여, 이 단체의 취지서와 규칙을 만들고 감독으로 선임됐다. 또한 이곳에서 신규식과 함께 大同輔國團을 조직하여 단장으로 활동하였다.

1917년 7월에 국내외 정세의 변화에 대응해서 신규식·趙鏞殷(趙素昻)·朴容萬·韓震(韓鎭敎)·박은식·신채호·尹世復 등 14명이 새로운 독립운동의 활로개척을 위한 '民族大會議'를 소집하여 임시정부수립을 계획코자 '大同團結宣言'을 제창하였다.[40]

1919년 3·1운동이 전개되자 노령 해삼위에 있던 박은식은 이곳에서 61세 회갑의 나이에 대한국민노인동맹단을 조직하여 독립운동을 이끌었으며, 1920년에는 대동단을 조직하여 지도하며 대동주의를 내세워 '재산평등론'을 전개하였다.

그의 세계평화사상은 국민의 평등과 평화없이 세계의 평화를 이룩할 수 없다는 지극히 평범한 논리에 입각하고 있다. 이러한 사상은 제1차 세계대전과 3·1운동을 경험하면서 더욱 성숙해지며 그것이 가지는 사회진화론적 자강논리의 모순과 한계점을 불식해 나갔다. 세계의 진운이 전쟁에서 평화의 시대로, 강권주의시대에서 평등주의시대로의 변화가 요구됨에 따라 그의 세계평화사상은 저항적 민족주의와 제국적 민족주의 양자의 논리를 극복하면서 자체

---

39) 『몽배금태조』 ; 앞의 책, 217·249·260·264·286쪽.
40) 조동걸, 1987, 「임시정부수립을 위한 1917년의 '대동단결선언'」『한국학논총』 제9집, 국민대한국학연구소 참조.

가 안고 있는 모순과 한계를 용해 희석시키게 되었다.

박은식은 3·1운동을 한국민족의 대동단결에 의한 세계 역사상 미증유의 '徒手革命(맨손혁명)'으로서 세계에 한민족의 독립을 선언하고 그 대의를 확인시킨 민족독립운동이라 높이 평가하였다. 그리하여 앞으로도 민족의 생사가 단결과 분열에 달려 있다며, 민족의 자주독립을 위해 대동단결을 외쳤다.

> 今에 우리가 다시 祖國을 光復하며 同族을 救濟하자면 오직 大同團結로 一致合作하는 外에 다시 무삼 方法이 有한가 우리의 三一運動으로 言하면 全民族의 大同團結과 一致行動으로 世界歷史에 未曾有한 徒手革命을 演出한 故로 世界人士들의 贊同하는 意思로 獨立資格이 有하다는 好評을 予한지라.[41]

박은식의 이와 같은 주장과 활동에서 당시 다수의 독립운동가들이 국권회복 후의 국체와 정체를 밝힌 국민주권의 민주주의 신한국상의 이념을 발견하게 된다. 이로써 그의 평화사상에 대한 이론과 이에 대한 그의 실천적 노력은 민족의 자주독립과 평화공화국 건설의 지도적 원동력으로서 시대적 사명을 주도해 갔던 것이다.

2) 동양평화의 건설

박은식이 망명생활을 한 1910년대는 국내외적으로 큰 변혁의 시기로서 나라 밖으로는 제 1차 세계대전으로 약소국들은 무력투쟁보다는 평화적 저항과 자체의 실력을 양성하는 내실있는 평화지향적 운동이 세계사적인 하나의 조류를 형성하던 때였다. 그리고 나

---

41) 『獨立新聞』 1923년 3월 1일 「痛告二千萬同胞」 ; 『전서』 하, 174쪽.

라 안으로는 이러한 시대적 진운을 주체적으로 흡수하여 평화적인 3·1운동을 거족적으로 일으켜 민족의 독립의지를 국내외에 천명하고, 비록 망명정부이지만 상해 임정에서는 장래 민주공화국의 국민국가를 수립하고자 하는 전초적인 노력이 수행되던 때였다. 따라서 1920년대 민족의 진로는 무장독립운동과 함께 민족의 실력을 양성해야만 자주독립의 수권태세를 취할 수 있다는 민족진영의 부르조와 계층이 주장하는 국산품애호의 물산장려운동과 대학설립의 교육운동 등을 통한 평화추구운동의 실천 등으로[42] 제시되고 있었다.

이와 같은 맥락에서 그의 동양평화건설론은 세계평화건설의 전 단계로서 설정되기도 하였으나, 실제 제1단계와 일정한 거리를 두고 있는 것이 아닌 일제침략의 본성을 깨닫고 이를 극복해야 하는 당면 목표이자 그것의 새로운 방편으로서의 의미를 지니고 있다. 때문에 그는 평화사상의 요체가 침략억제와 자유신장에 있다고 인식하고 이 사상을 펴는 방도로 침탈을 당하지 않아야 된다고 하였다.[43]

박은식은 「대한국민노인동맹단이 일본정부에 보낸 독립요구서」에서 일제가 한국독립에 대한 下關(馬關)조약 등 수차의 성명을 내고도 끝내 침략적이고 기만적인 그들의 술책으로 동양평화의 유지를 묵살하고 인민의 행복을 앗아갔음을 지적하였다. 또한 그는 일

---

42) 이현희, 1983, 「1920년대 국내평화운동연구」『평화사상의 연구(아카데미논총)』제8집, 45쪽.

43) "聞死前臨時大統領白巖朴殷植先生於上海 今月初一日 惜乎其人確執愛國之平和思想 … 昔時 余又問于白巖曰 何以爲孔孟之平和思想乎 白巖對略曰 將此卽仁義及道德思想 又意博愛平等思想 爰抑侵伸自 由此觀之 則若伸平和思想之方途 非莫不被奪之遇"(『장효근일기』1925년 11월 3일).

본 정부가 조선은 현재 실력이 없다. 만일 독립을 허용해 준다면 반드시 태도를 변하여 다른 강대국에 의존하여 혼란을 일으키게 되어 동양평화를 보전하기가 어렵게 된다고 한데 대해, 그같은 이론은 지난날 인민의 지식수준이 낮았던 전제군주시대에 근거를 둔 발상임을 반박하였다.

그는 동양평화의 초래와 한국민족의 일본에 대한 결사투쟁은 오로지 일본에 달려 있음을 주지시키며, 한국의 독립주권을 돌려준다면 한국은 동양평화를 위하여 일본과 영원히 손잡을 수 있다고 그들에게 세계평화사상에 입각하여 그들의 인도와 정의심의 발로를 촉구하였다.44)

그러나 박은식의 동양평화사상은 민족의 자주독립만을 목표로 하는 단순한 이론으로 끝나는 것이 아니다. 그의 동양평화사상은 세계속의 한국을 인식하는 바탕위에 민족의 자존의식과 동양평화의 주축국의식이 함유되어 있다. 그가 한국 민족은 우수한 인종으로 훌륭한 민족문화의 역사와 전통을 지니고 있기 때문에 일본에 합병될 수 없음을 주장한45) 것도 이러한 의식에서 출발한 것이다.

이와 같은 의식이 바로 한국사의 세계사적 참여의식으로 발전되는 것이며, 여기에서 그의 세계평화사상의 민족주체적·민주평화적 성격과 광복 후 세계사적인 한민족의 역할을 조명할 수 있게 된다.

박은식의 동양평화론은 짧은 기간에 독창적으로 형성된 것으로는 보이지 않는다. 이미 1880년 『朝鮮策略』의 "러시아의 남침을 막으려면 親中國·結日本·聯美邦하여 자강을 꾀해야 한다."는

---

44) 「大韓國民老人同盟團致日本政府書(1919년 6월 24일)」『전서』하, 214～216쪽 ;『獨立新聞』1923년 4월 4일 「倭奴의 强橫이 益甚」;『전서』하, 181～182쪽.
45) 박은식은 「大韓國民老人同盟團致日本政府書(1919년 6월 24일)」『전서』하, 214～215쪽에서 일곱가지 이유를 들었다.

주장과 1885년 兪吉濬의 "러시아의 남하정책을 저지하고 아시아 여러나라의 세력균형을 이룸으로써 조선의 안전을 얻고자 하는" '한반도중립론'46)이 개진되었다. 이 같은 상태에서 청일전쟁 후 1895년 4월에 체결된 하관조약 제1조의 '조선이 완전한 자주독립국임을 확인함'이란 조문이 1904년 러일전쟁 후 을사오조약을 겪으며 일제에 의해 사문화되었다. 이어 1906~1907년경의 일본인 오가키다케오(大垣丈夫) 등이 주장한 일종의 아시아연대론 또는 동맹론이라 할 수 있는 동양삼국의 鼎足平和論이47) 경술국치로 급기야 그 가면이 벗겨지는 과정의 현실에서 그의 동양평화론이 배태 형성된 것으로 보인다.

박은식이 大同敎의 전파를 한국에만 국한하지 않고, 일본·중국뿐만 아니라 서양에까지도 전파시켜 세계적인 대동교로 확대코자 노력한 것도 그의 평화사상이 동양의 평화건설과 세계인류의 복지사회건설을 궁극적인 목표로 설정하고 있기 때문이다.

> 吾人이 旣已 大同敎를 發起혼 以上에는 退栗 諸先生의 學論과 本敎에서 新著述혼 文字를 支那와 日本學界에는 漢文으로 傳播ᄒ야 意思를 疏通ᄒ고 英文으로 飜譯ᄒ야 西洋學界에 波及홀 方針을 實行ᄒ면 吾大同敎의 光明이 世界에 普及ᄒᄂ 影響이 有홀지니 翼ᄒ야 本校의 最大結果를 獲得ᄒ기로 千萬顒祝ᄒ옵나이다.48)

박은식이 安重根의 동양평화론의 영향을 직접적으로 받았는지 밝혀지지는 않지만 동양평화에 대한 남다른 관심을 가진 그가 세

---

46) 姜萬吉, 1973, 「兪吉濬의 韓半島 中立化論」『창작과 비평』 30호 ; ______, 1978,『분단시대의 역사인식』, 창작과 비평사, 107쪽.
47)『大韓自强會月報』제5호, 39~40쪽 ; 한국개화기학술지, 1978,『大韓自强會月報』上, 아세아문화사, 367~368쪽.
48)『서북학회월보』제1권 제17호,「孔夫子誕辰紀念講演」;『전서』하, 61쪽.

계적 거사인 1909년 10월 26일의 안중근의사의 이토오히로부미(伊藤博文) 저격 후 법정에 선 안의사가 재판관에게 "나의 목적은 한국의 독립·동양평화의 유지에 있기 때문에 이토오를 죽인 것도 결코 사원으로 죽인 것이 아니고 동양평화를 위한 것이었다."49)는 질타와 비록 미완이 되었지만 "韓·淸·日 동양삼국이 동맹해서 서양세력을 막고 삼국이 화합해서 개화 진보로 세계평화를 달성해야 한다."는 큰 뜻을 지닌 안의사의 옥중의 동양평화론, 그리고 순국 직전의 "내가 한국독립을 회복하고 동양평화를 유지하기 위하여 삼년동안을 해외에서 風餐露宿하다가 마침내 그 목적을 달치 못하고 이곳에서 죽노니 …"의 「동포에게 고함」 등에서 감명과 영향을 간접적으로나마 받았던 것으로 보인다.

'한국의 독립에 의한 동양평화'라는 두 사람의 논리가 유사하고, 박은식이 안의사의 의거를 『한국통사』 제56장 「安重根狙擊伊藤斃之」와 『한국독립운동지혈사』 제13장 「振動世界의 義俠聲」에서 힘주어 서술한 것으로도 이에 대한 시사를 받을 수가 있다.

박은식의 동양평화론은 일제의 침략에서 벗어나 자주독립으로 동양과 세계평화를 구현코자 하는 한민족 최대의 거사인 평화적인 3·1운동에 크게 고무되고, 이를 통해 그 이념의 실천성을 부여받으면서 독자성을 띠게 되었다. 그의 동양평화사상이 「2·8 독립선언서」와 「3·1 독립선언서」를 위시하여 각종 선언문에서 뚜렷이 구현되고 있기 때문이다.

두 선언서는 첫째, 한국은 청일전쟁 후 한국의 완전한 자주독립과 동양평화에 대한 기대로 서양세력의 침입에 대해서 그동안 한일동맹으로 의무를 다한 점과 당시 동양에서 러시아가 물러나고 제1차 세계대전으로 군국주의가 평화의 조류에 의해 퇴조하는 무

---

49) 국사편찬위원회, 1965, 『한국독립운동사』 권1, 435쪽.

렵에서 한일합병의 최대 이유가 없어졌다는 점을 지적하면서 일본의 한국의 자주독립에 대한 인도주의적인 선처를 요구하였다.

둘째, 일본이 한국의 정당한 요구를 들어주지 않을 시에는 한국민족은 자유와 평화의 생존을 위해 일본에 대해 영원히 혈전을 펴게 되어 결국 동양평화는 화를 입게 되며, 이러한 결과의 책임은 전적으로 일본에 있다는 점을 깨우쳤다.

셋째, 동양평화는 한·중·일 삼국의 자주독립과 세 민족의 生榮에 의해 이루어지는 것이지 결코 물리적인 힘에 의해 이루어지는 것이 아니고, 동양평화는 세계인류의 평화를 이룩하는 전단계가 되는 필요불가결한 과정임을 밝혔다.

박은식이 한국의 독립과 동양평화의 달성을 위해 일본의 인도적 차원의 자각과 정의심의 발로를 호소하는 것은 얼핏 생각되기에는 패배 감상주의적인 나약한 발상이라고도 볼 수 있겠으나 실제 그의 평화사상을 꿰뚫어 보면 전혀 그렇지 않다.

그의 사상은 첫째 무력 일변도의 투쟁은 제국주의 강권주의의 퇴조기에 있어서 시대착오적이라는 세계사상의 진운에 입각하고, 둘째 차선의 수단으로서 인류평화에 대한 도덕심에 입각하여 광복을 달성하겠다는 새로운 방안으로서 제시된 것이다.

박은식에 있어서 동양평화는 강권주의·제국주의시대의 민족국가간의 무력에 의한 약육강식의 생존논리로는 불가능하다는 확신과 세계인류평화사상에 입각한 국제적 노력 없이는 불가능하다는 인식에서 출발한 것이다. 이 때문에 만약 이러한 전환적 방법의 노력이 이루어지지 않을 때는 그 전적인 책임이 일제에 있다고 규정하고, 마지막 수단인 결사투쟁에[50) 의존할 수밖에 없다고 주장하

---

50) 『獨立新聞』 1919년 11월 11일 「宣言書」, (대한민족대표 박은식 등 30인) ; 『전서』 하, 217~218쪽.

였다. 이러한 논리는 동양평화사상의 평화적 개념과 표리를 이루는 것으로서 이 사상의 外柔內剛的인 구조를 시사해주고 있다.

이러한 인식은 거족적인 3·1운동으로 독립의 확신이 주어졌을 때 그는『血史』, 즉 피의 역사를 서술하여 적극적인 독립정신의 고취와 광복운동의 추진을 실천한 데에서 확인 할 수 있다. 박은식이「선언서」에서 밝힌 동양평화론은 다음달 1919년 12월 임정에서 일본에 파견되어 행한 呂運亨의 연설 "동양평화를 논한다면 첫째 대내적 동양평화이니 즉 동양 여러 나라들 사이의 평화이며, 둘째 대외적인 평화이니 즉 서양세력의 동침을 방지하여 평화를 보전하는 것이다. 동양에는 많은 나라들이 있지만 특히 조선·일본·중국이 서로 화목하지 못하면 이는 동양평화를 말할 수 없는 것이다. … 한국의 평화없이 동양평화를 기대할 수 없음은 明若觀下한 일이니 우리가 한국의 독립을 주장하는 이유가 바로 여기에 있다. 일본의 大悟反省을 촉구한다."에서도 같은 맥락으로 나타나고 있다.[51]

따라서 박은식의 동양평화건설론은 일제가 자국의 이익을 독선적으로 추구하려는 침략정책과 국가적 타산을 은폐하기 위해 주창했던 1880년대 이후의 일본을 위한 일본주도의「아시아연대론」·「興亞論」·「大同合邦論」[52], 또는 1906년 대한자강회의 일인고문

---

51)「呂運亨之渡日宣傳」『한국독립운동지혈사』;『전서』상, 647~648쪽. 박은식이 여운형의 활약을『혈사』에서 크게 취급한 것은 그의 동양평화론에 대한 인식에 연유하고, 여운형(1885~1947)은 연령으로나 그 주장의 내용으로 보아서 평소 박은식의 동양평화론의 영향을 받았던 것으로 추정된다.

52) 이광린, 1988,「개화기 한국인의 아시아연대론」『한국사연구』61·62집, 285~299쪽. 대동합방론의 요지는 일본과 한국이 '大東'이라는 나라로 합방하여 淸國과 제휴해야 한다는 것으로 일본의 합방론자들은 물론 한말의 매국노들에게도 자기 합리화의 논리를 제공했다(旗田巍 著, 李元浩 譯,「3.

오가키다케오(大垣丈夫)가 내세운 동양삼국의 「鼎足平和論」과는 본질적으로 그 성격을 달리 하는 것이다. 그의 동양평화건설론은 평화사상에 입각한 한민족의 자주독립 의지와 일본의 인도적 자각에 그 이념적 바탕을 두며, 무엇보다 동양평화를 파괴하고 있다고 생각한 일제를 최종의 극복대상으로 설정한 점이 특성으로 나타나고 있다.

3) 세계인류평화의 건설

박은식의 세계평화사상의 제3단계는 세계인류의 복지를 증대하는 데에 두고 있다. 제3단계의 설정은 강권주의시대가 끝나고 평화공화국의 새시대가 도래할 것이라는 신념에 찬 시대통찰에 의해 이루어진 것이다. 이 단계의 사상은 치욕과 압제에 신음하는 민족에게 자유·평등·평화시대에 대한 희망과 용기를 비춰주는 복음이며, 일본정부에게는 동양의 평화를 위해 전제와 강권을 버리고 한국의 독립을 보장하라는 최후의 통첩이며, 세계만방에 대해서는 세계평화를 위해 한국의 독립을 지지하라는 호소적 성격을 띠고 있다.

박은식은 평등주의는 하늘의 운세이고 시대의 대세이기 때문에 세계의 문명사회가 이에 동조하지 않을 수가 없다고 믿으며,53) 오늘날을 강권주의와 평등주의가 교체되는 전환기라고 보았다. 그는 당시를 강권론의 제국주의가 날로 극렬해짐을 말기적인 현상으로

樽井藤吉의 韓國觀」『일본인의 한국관(탐구신서 226)』, 68~78쪽 : 朴英宰, 1990, 「근대 일본의 한국인식」『일본의 침략정책사 연구』 일조각, 96~107쪽).

53)『몽배금태조』;『전서』 중, 275쪽.

보고 평등주의가 부활될 날이 멀지 않음을 내다보았으며, 나아가
이 시기에 가장 극심한 압제를 받은 한국민족이 절실한 정신과 사
상으로 인류세계의 진운에 따라 근대적 평화민주공화국을 건설할
수 있다는 희망을 갖게 하였다.

> 所謂 二十世紀에 滅國滅種으로 公例를 삼는 帝國主義를 征服ᄒ
> 고 世界人權의 平等主義를 實行ᄒ는디 우리 大東民族이 先倡者가
> 되고 主盟者가 되야 太平의 幸福을 世界에 均施ᄒ얏스면 無量ᄒ 恩
> 澤이오 無上ᄒ 榮光이로소이다 帝曰 … 達爾文이 强勸論을 倡흠으
> 로부터 所謂帝國主義가 世界에 獨一無二ᄒ 旗幟가 되야 國을 滅ᄒ
> 고 種을 滅흠으로써 當然ᄒ 公例를 삼아 競爭의 禍가 益益 慘極흠
> 이 極度에 達ᄒ얏슨즉 進化의 常例로 推ᄒ건디 平等主義의 復活ᄒ
> 時期가 不遠ᄒ지라 然則 今日은 强權主義와 平等主義가 交換ᄒ는
> 際會이니 此際會를 ᄒ 야 最終點에 極甚ᄒ 壓力을 被ᄒ者는 우리
> 大東民族이오 壓力에 對ᄒ 感情이 最烈ᄒ 者도 또ᄒ 우리 大東民族
> 이라 將來에 平等主義의 旗幟를 高揚ᄒ고 世界를 號令ᄒ 者가 우리
> 大東民族이 아니오 其誰리오.54)

여기에서 박은식의 당면한 최대 희망은 우리 민족이 강권의 제
국주의를 막아내어 세계인류의 평등사상을 실행하는 선도자가 되
어 평화의 복을 세계만방에 고루 베푸는 것이 된다. 그는 가장 극
심한 강권주의 압제하에서 고통을 받고 있는 한민족이 진화의 상
례와 시대의 진운에 따라 반드시 평등·평화주의를 실현할 수 있
다는 확고한 신념을 고취하고 있다.

박은식은 우리 민족 가운데서도 마땅히 피끓는 남자가 구국정신
으로 동포들에게 인도주의와 평등주의를 일깨워 주어 동포로 하여
금 하등의 지위를 벗어던지고 상등의 지위로 전진하고자 하는 사
상을 격발토록 해야 할 것이며, 전세계에 대해서도 우리의 고통을

---

54) 앞의 책, 308~310쪽.

동정해줄 것을 요구해야 할 것이라고 하였다.55) 그는 大東民族의 피끓는 熱血男兒로 한국청년을 지목하고, 한국이 지금 당하고 있는 어려움은 그들에게 희망을 가지고 큰 일을 할 수 있는 기회를 주는 것이라 하며, 한국청년들에게 민족진운에 대한 기대를 걸었다.56)

그는 청년들이 큰 일을 해내기 위해서는 그들에 대한 정신교육이 가장 필요하다며 정신교육의 교재로 고대 위인들의 역사 즉 위인의 업적을 읽도록 권장하였는데,57) 이는 위인의 역사를 배움으로써 인도와 평등의 정신을 가장 잘 발휘할 수 있다고 생각했기 때문이다.

실제로 박은식은 망명직 후부터『東明王實記』·『渤海太祖建國誌』·『夢拜金太祖』·『明臨答夫傳』·『泉蓋蘇文傳』·『大東古代史論』 등을 서술하고, 이들 저술을 통해서 동서고금의 세계의 위인들을 많이 소개하였으며, 1913년 佛租界에서 博達學院을 세워 교민청년을 교육하는데 앞장을 섰으며, 1918년 노령의 한인촌의 여러 학교를 돌아다니면서 한국역사를 강연하여 교민의 민족사상을 일깨웠다.

박은식의 심오한 학문적 이론과 구국의 실천적 삶에 의해 종합된 그의 평화사상은 孔孟이나 康有爲의 이상론과는 달리 현실적인 사상으로서 공명 확인되기 시작한 것은 3·1운동을 경험하면서부터 이다. 마침내 1919년 3월 1일 한국민족은 청년·학생·지식층이 앞장서고 농민·노동자·부녀자·노인 등 전국민이 대동단결하여 세계평화사상의 기치를 전세계에 고양하였기 때문이다. 오

---

55) 앞의 책, 274~275쪽.
56) 앞의 책, 275~276쪽.
57) 앞의 책, 276쪽.

늘날 3·1운동의 한국사적·세계사적 의미의 평가에서 그의 세계
평화사상은 더욱 큰 민족사적인 뜻을 지니게 된다. 이로써 그가 당
시 3·1운동을 2천만 민중의 '자유전쟁'의 시작이라고 평가한 의
미를 이해할 수 있게 된다.

嗚呼라 兹三月一日은 우리 大韓民族의 淚로 化하고 血로 化한
獨立宣言이 안인가 우리의半萬年 歷史的 精神이 此日로써 復活하
엿다 할지며 우리 二千萬 民衆의 自由的 戰爭이 此日로부터 開始하
엿다 할지며 世界各族이 우리를 對하야 民族的 獨立的 運動이라 함
도 此日에 宣揚되엿도다 그런즉 此日은 吾族 萬世歷史의 紀念日이
오 또한 世界民族自決主義의 紀念日이라 할지로다.58)

박은식은 그의 평화사상이 3·1운동을 통해 민족의 자주독립사
상은 물론 세계의 자유평등사상으로 실천성을 띠게 되자 당대에
강권주의와 평등주의가 교체된다는 평소의 지론에 의해 멀지 않는
장래에 일제가 패망하리라는 확신을 가지고, 적을 이길 수 있는 능
력을 갖출 자신을 갖게 된 것으로 보인다.

오직 世界人類의 平和思想과 人道主義로써 强暴不法한 軍國主
義를 除去하랴는 新氣運을 順應하야 武器를 用치 안코 獨立自由를
得하는 新紀元을 世界歷史에 開創코저 함이니 此는 우리 獨立宣言
書의 光明正大한 趣旨가 우리의 意思를 代表하야 世界에 宣傳한 바
이요 世界 各國의 平和를 思慕하고 正義를 主張하는 人士들이 모다
우리를 對하야 同情을 表示치 안는 이가 업은 것이 또한 此로써 由
함이요 … 今日에 敵을 戰勝할 能力은 오직 우리의 人道主義로써
敵의 軍國主義를 聲討하야 우리의 仁으로써 敵의 暴을 攻하며 우리
의 正으로써 敵의 詐를 征하면 決코 勝利을 得지 못할 理가 업슬지
라 何故오 하면 今日世界에 人道主義로써 軍國主義를 除去코저 함
은 人類的 多大數의 意響이오 敵의 國內에도 有識한 人士들은 다

---

58) 『獨立新聞』 1923년 3월 1일 ; 『전서』 하, 169쪽.

軍閥派의 武力主義를 憎惡하야 此를 排除코져 하는 者가 多한즉 敵
의 軍閥派도 末路에 臨迫한 것은 世人이 皆言하는 바어늘 ….59)

박은식은 결코 구시대적인 무력이나 물질의 힘으로 민족의 광복
을 추구하자는 것이 아니다. 전세계 인류사상이 모두 전제주의를
미워하고 강권을 질시하므로 오로지 새시대의 새풍조인 자유평등
사상의 인도주의만이 전제군국주의를 물리칠 수 있다고 본 것이
다. 이러한 생각에는 구체적으로 2천만 민중의 대동단결에 의해서
중국과 러시아의 후원을 받을 수 있고, 당시 평등·평화를 추구하
는 세계 각 민족의 한민족의 독립정신과 평화사상에 대한 감동에
의해서 원조를 받을 수 있다는60) 기대를 내포하고 있다.

한민족의 광복은 강권주의를 증오하는 세계 각 민족이 새로운
평등사상의 조류에 힘입어 우리를 도울 때 가능하다는 인식으로
보아 박은식의 세계평화사상은 나라 안으로 한민족의 자주독립사
상과 나라 밖으로 동양평화건설 내지 세계의 평등사상이란 이중적
인 구조가 하나로 융합되어 있음을 알 수 있다. 여기에서 이중적인
구조의 핵은 외세의 도움이 아니라 민족의 주체와 단결과 자유·
평등사상에 두고 있으며, 한민족이 일제의 침략을 벗어나기 위해
대동단결로 평화사상을 선양 실행치 않으면 다른 민족의 도움을
기대할 수 없으며, 나아가서 민족의 광복은 물론 세계의 평화는 이

---

59) 『獨立新聞』 1920년 6월 22일 「敵을 戰勝할 能力을 求하라」 ; 『전서』
하, 164쪽.

60) "우리 二千萬衆이 能히 大同團結의 精神으로 內部의 結束이 强固하야
他人觀測의 信用得할 價値가 有하면 中國의 四億萬과 俄國의 二億萬
이 皆親切한 後援者가 될지며 世界各族이 쏘 한 人道의 和平과 民族
의 自由를 贊同하는 潮流로써 吾族의 忠誠과 毅力을 感嘆하야 德義上
援助를 予할 것은 必然한 結果라"(『獨立新聞』 1922년 6월 24일 「早速
悔改하야 大同團 結에 努力하라」 ; 앞의 책, 171쪽).

루어질 수 없음을 지적해 주고 있다.

박은식은 세계평화사상의 정립을 통해서 우승열패의 사회진화론을 독자적인 자기방식으로 여과 흡수하여 그 사상이 가지는 대외적용의 모순을 지양할 수 있게 되었다. 61) 그의 사상은 외경의 침략적인 것이 아니고 민족의 대동단결과 자주독립사상에 의해 제국주의의 침략을 막고, 동시에 세계인류의 평화를 이룩하는 것을 지상목표로 하고 있기 때문이다.62)

이로써 보면 박은식의 세계평화사상은 약소국의 저항적 민족주의에 잠재되어 있는 사회진화론에 입각한 제국적·강권적 침략주의와 식민주의를 극복하는 논리를 표방하고 있다.

한국의 저항적 민족주의는 민족자주권이 밖으로부터 통째로 부정되는 상태의 민족주의였던고로 첫째, 대외적으로 강권주의 적에 대한 극한적 투쟁적 대립이 가능했다. 둘째, 대내적으로 외적침입의 위기감을 극복하고 민족의 일체감과 우수성을 강화하기 위해 민족내부의 봉건체제적 갈등과 모순을 돌아볼 여지도 없이 민족의 전통과 문화에 집착하여 이를 배타적으로 미화하는 국수주의적 성

---

61) 신용하, 1975, 「朴殷植의 敎育救國思想」『韓國學報』제1집, 일지사 ; 『朴殷植의 社會思想硏究』41쪽 ; ______, 1977, 「朴殷植의 儒敎求新論·陽明學論·大同思想」『歷史學報』73 ; 앞의 책, 196쪽 참조.

62) "此日에 至하여 如此 重大한 責任을 專혀 靑年諸君에게만 信賴하여 所謂 老人界는 下等의 思想도 없고 安坐傍觀하므로써 可타 하겠는가 元來 氣魄衰耗로 活動의 能力이 없다 하겠으나 今日의 問題는 武力解決의 行動이 아니오 正義 人道에 據하여 我民族의 精神을 世界에 發表하는 것으로 精神上의 作用은 老少 共히一般이다"(「大韓國民老人同盟團趣旨書」『전서』하, 213쪽). 그가 애국계몽운동기 때 때때로 사회진화론의 경쟁의 원리를 구태어 '外競'이라고 번역하여 대외적 경쟁에 만 국한시키고 동포사회내에서는 大同思想의 원리를 적용했다는 견해(신용하, 앞의 책, 196쪽)는 박은식의 세계평화사상의 입론을 이해하는 데에 도움을 주고 있다.

격을 들어낼 수 있었던 것도 사실이다.

그러나 박은식은 세계평화사상을 주창함으로써 저항적 민족주의의 두 한계적 속성을 극복해 나갔는데, 특히 그가 내쇼날리즘의 국민주의적 차원에서 비록 국가를 구성하는 국민 개개인을 하나의 유기체로서 확대된 자아집단으로 인식하기도 하였으나 근대국민이 가져야 하는 평등과 주권에 대한 기본적인 인식을 앞세우며 평화사상을 개진한 것은 긍정적인 의미를 지닌다 하겠다. 그가 하층서민의 상향에 의한 평등과 전국민의 대동단결에 의한 민족자결의 자주독립정신에 입각하여 일반청년이 모두 영웅이 되어 강권주의와 평등주의가 교체되는 시기에 그 선봉이 되어야 함을 누누히 강조한 것은 그러한 사상의 논리에서 비롯된 것이다.

뿐만 아니라 그는 탈민족의 '계급'개념을 들고 나온 공산사회주의가 단일 민족주의와 국민의 대동단결에 혼란을 가져다 주고 또한 세계평등의 공산사회건설이라는 미명하에 프롤레타리아혁명에 의한 세계적 공산당의 독재체제를 구축하려는 숨은 실체를 간파함으로써 근대 한국민족주의사상의 한 특성을 형성하게 되었다.

지금까지 살펴본 박은식의 세계평화사상의 근본개념은 서구의 사회·경제·과학의 개념보다 동양의 도덕적 개념에 바탕을 두고 있다. 전개구조가 비록 첫째 평화민주적인 공화국건설이며, 둘째 동양평화의 건설이며, 셋째 세계인류의 복지사회를 건설하는 것이지만, 이 사상은 민족의 당면 과제인 광복을 위한 방편과 광복후 민족이 지향해야 할 민주적 삶의 체제와 미래 세계인류의 이상적 사회의 모형을 제시한 데에 큰 뜻이 있다. 그의 세계평화사상은 전 생애를 통한 학문·철학·사상이 하나로 온축 종합되어 이루어졌을 뿐만 아니라 한국사서술·단체결성·언론활동·청년교육·임정활동 등 각종 애국계몽운동과 독립운동에 적극 참여하여 민족의 자주독립과 국민국가건설의 실천에 앞장섬으로써 그 사명을 다하고 있다.

따라서 그의 세계평화사상은 단순한 이론과 사상으로 짜여진 추상적인 이상론에 머물지 않고 근대 한국민족의 전통에 입각한 현실적인 사상으로 발전된 것이다. 즉, 실학사상→위정척사사상·개화사상·동학사상→자강독립사상으로 반영 승화되어 민족과 세계인류의 밝은 미래를 조명한 실천적인 사상이 되어 한국근대사상사를 대표하는 하나의 사상적 맥락을 형성한 데에 큰 의미를 지닌다.

박은식의 세계평화사상에 대한 애착과 열성은 尹世復이 쓴 『夢拜金太祖』의 서문 "그는 자신이 믿고 있는 평등주의 하나만 가지고 오늘날 세계의 패권을 독점하고 있는 강권주의자들에 도전코자 하면서 얼마나 많은 것을 생각하고 연구하고 또 생각했겠는가?"[63] 라는 대목이 잘 대변해 주고 있다.

그는 1919년 10월 61세의 고령임에도 임정지원단체로서 10월 15일 大韓教育會를 상해 寶康里에 조직하여 회장이 되고, 1921년에는 『獨立新聞』[64]의 주필이 되고, 1924년 말에는 『독립신문』의 사장으로 취임하여[65] 독립운동을 이론적 사상적으로 지도해 나갔다.

---

63) "然ᄒ나 其所力持ᄒᄂᆫ 平等主義로써 現世界에 覇權을 獨佔ᄒᆫ 強勸主義者와 挑戰코져홈이 其精神所注가 何處不到리오"(『전서』중, 190∼191쪽).

64) 上海臨政 수립 후 1919년 8월 21일에 『獨立』이라는 題號로 창간되어 주 3회(火·木·土)로 발간되었으며, 동년 10월 25일 제 22호부터 『獨立新聞』이라 고쳤고, 1924년 1월 1일 제 169호부터는 한글로 『독립신문』이라고 고쳐 발행하였으며, 1925년 11월 11일까지 모두 198호를 발행하고 정간되었다. 현재 남아있는 마지막 호는 189호이며, 196호 기사 일부의 역문이 남아 있다(독립운동사편찬위원회, 1969, 『獨立運動史』제4권, 411∼415쪽 : 국회도서관, 『韓國民族運動史料(중국편)』, 610∼612쪽 : 국사편찬위원회, 「대한민국립시정부」『한국사』21, 23쪽).

65) 『東亞日報』 1924년 12월 6일 「上海의 獨立新聞 더욱더 내용을 충실히

이러한 그의 애국계몽사상가와 독립운동가로서의 실천적인 삶은 여타 독립운동지사들의 귀감이 되어 그로 하여금 당시 국민대표회의의 어느편에도 가담하지 않고 시종일관 독립운동의 통일로선을 추구케 하여 1924년 12월 13일에 상해임시정부의 대통령대리겸 국무총리로 推選된 후[66] 마침내 1925년 3월 23일 大韓民國臨時政府의 제2대 임시대통령으로 선출되기까지에 이른 것이다.

박은식의 세계평화사상은 1925년 11월 1일(음력 9월 15일) 이역에서 소원이던 독립을 보지 못하고 타계하면서 남긴 "全族的으로 통일하고, 수단과 방법을 가리지 말고, 대동단결하여 광복을 이룩해야 한다."는[67] 독립운동에 대한 3가지 방향을 제시한 '遺囑'에까지 명료하게 이어져, 민족의 광복과 세계의 평화를 기원하였다.

Ⅱ. 신채호의 민중혁명사상

신채호의 근대민족주의에 입각한 독립운동사상은 형성시기와 내용으로 보아 제2기(1905~1910) 국내 애국계몽운동기의 민족주체의 자강독립사상과 경술국치 후 1910년대와 1920년대 국외 독립운동기의 민중혁명의 광복운동사상으로 대별할 수 있다. 그의 민

하여 新任 社長은 朴殷植氏」; 국사편찬위원회, 1968, 『韓國獨立運動史』 자료3(임정Ⅲ), 282~283쪽.

66) 『조선일보』 1924년 12월 14일 ; 1976, 『한국민족운동사료(중국편)』, 대한민국국회도서관, 541쪽.

67) 『獨立新聞』 1925년 11월 11일 「白岩先生의 遺囑」 ; 『전서』 하, 202~203쪽.

족독립운동사상은 1910년대 말 3·1운동을 전후한 역사조건의 변혁으로 1920년대에 획기적인 변환기를 맞아 한국근대사상의 형성과 발전에 새로운 한 획을 그었으니, 민족주의와 무정부주의에 입각한 민중혁명의 광복운동사상이 그것이다.

이러한 사상의 형성에는 특히 일제의 아시아지역 강점과 식민지 수탈이 강화되던 1910년대 후반의 러시아혁명(1917), 한국의 3·1운동, 중국의 5·4운동의 영향이 컸다. 3·1운동이 국내외적으로 확산되는 과정에서 일제가 이를 무력으로 탄압하자 한국의 상인·노동자·농민·학생·지식인 등의 민중들이 일제에 대한 대중투쟁에 적극적으로 참여한 결과 독립주체세력은 신지식인층보다 민족의 대중적 개념을 띤 대규모의 민중에게로 전환되었다. 1920년 이후 농민들의 소작쟁의와 노동자들의 노동쟁의가 확산되고 6·10만세운동이나 광주학생운동이 전개되는 과정에서 민중의식이 성장되어 간 것이다.

1920년대에 있어서 신채호사상의 변화는 기존의 한국민족주의 운동의 몇가지 문제점에 대한 자기극복의 형태로 나타난 것이라 할 수 있다. 애국계몽사상기에 주장했던 그의 자강론적 논리가 민족의 독립과 새로운 국민국가를 형성하는 논리로는 국망 앞에서 무력할 뿐만 아니라 오히려 일제의 지배를 합리화시키는 강권적 논리로 발전될 수밖에 없음을 3·1운동의 실패와 세계사의 흐름을 통해서 인식했기 때문이다. 그가 한말 역사의 주체로서 각성된 국민, 즉 국민적 영웅의 한 사람으로서 민중을 계몽하고자한 사상이 3·1운동을 계기로 민중의 거대한 역량을 발견함으로써 민중이 계몽의 대상, 즉 역사의 객체에서 현실을 타개하는 실체, 즉 역사의 주체로서 인식하는 사상의 대전환이 가능하게 된 것이다.

신채호의 이러한 사상의 전환은 내적으로는 자신의 전기 민족주의사상의 모순과 갈등을 극복하고, 외적으로는 1920년대 이후 나타난 민족독립운동 노선의 괴리현상을 극복하려고한 노력의 산물이라 할 수 있다.

이러한 노력의 결정으로 1923년 義烈團의 선언문인「朝鮮革命宣言」, 1924년의「문제없는 논문」, 1925년의「浪客의 新年漫筆」, 1928년의「大黑虎의 一夕談」·「龍과 龍의 大激戰」·「宣言文」등이 쓰여졌다. 이들을 중점적으로 분석하면 그의 국내의 전기 민족주의사상, 즉 민족자강의 근대국가·신국민사상이 후기 민족주의사상, 즉 민중혁명의 광복운동사상으로 크게 변화 발전된 특징을 집약적으로 고찰할 수 있다.

특히 이 장에서는 망명 후 1910년대와 1920년대에 걸쳐 민족주체의 도덕론과 무정부주의사상에 논리적 근거를 두고 內外의 敵宣言과 독립운동의 방법론 비판을 통해 정립한 민중혁명의 광복운동사상의 형성·전개과정·특성 등을 구명하고자 한다. 이 방면에 대한 연구는 그동안 지속적으로 이루어져 좋은 논문들이 나온 바 있다.[68] 이를 바탕으로 신채호의 민족독립운동사상의 논리적 실체

---

68) 신일철, 1977,「申采浩의 無政府主義思想」『韓國思想』제15집 ; 1981,
   『申采浩의 歷史思想研究』, 고대출판부 : 이만열, 1980,「丹齋史學에 있
   어서의 歷史主體 認識의 問題」『丹齋申采浩와 民族史觀(단재신채호선
   생 탄신100주년 기념논집)』, 형설출판사 : 河岐洛,「丹齋와 아나키즘」,
   앞의 책 : 張乙炳,「丹齋 申采浩의 民族主義와 無政府主義」, 앞의 책 :
   최홍규, 1986,「申采浩의 民衆的 民族主義와 獨立路線」『亞細亞學報』
   제18집 : 신용하, 1984,「申采浩의 無政府主義 獨立思想」『申采浩의
   社會思想研究』, 한길사 : 姜萬吉, 1986,「申采浩의 英雄·國民·民衆
   主義」『申采浩의 思想과 民族獨立運動』(丹齋申采浩先生殉國50周年
   追慕紀念論叢), 형설출판사 : 陳德奎,「단재 신채호의 민중·민족주의
   인식」, 앞의 책 : 金炯培,「申采浩의 無政府主義에 관한 一考察」, 앞의
   책 : 李延馥,「大韓民國臨時政府와 丹齋」, 앞의 책 : 趙恒來, 1994,「朝
   鮮革命宣言의 背景과 理念」『한국민족운동사연구』10집, 한국민족운

가 무엇인가를 재조명하여, 박은식의 세계평화사상과 비교함으로
써 그의 광복운동사상의 형성 발전의 실상과 그 특성을 객관화하
고자 한다.

1. 민족주체의 도덕론

신채호는 망명후 일제에 의한 망국의 국치를 당한 후에도 좌절
하지 않고 한국민족의 주권상실과 생존권 피탈의 도덕적 원인을
규명하여 국권회복을 위한 한국인의 신도덕관에 의한 광복운동사
상의 기준을 제시하고자 노력하였다. 특히 그는 '無國民의 특별도
덕관'의 수립을 강조하였다. 그의 신도덕론은 국권을 상실한 망국
민의 도덕은 독립국민의 도덕과 달라야 한다는 데에서 출발하고
있다.

신채호는 한반도 한구석의 조그마한 부락으로서 출발한 신라가
삼국통일을 달성할 수 있었던 것은 그 국력이 남보다 나아서가 아
니라 오직 그 국민의 근검 용감한 '民德', 즉 국민공동의 도덕에 기
인한 것이라 하고, 겨우 2만의 소수 인구로 페르시아 백만 대병을
물리쳤던 스팔타가 무너지고, 일개 소부락으로 차차 강대하여 서
구를 통일했던 로마가 이즈러진 것도 民智・物力・軍容・國土가
전만 못해서가 아니라 쇠하고 썩은 민덕 때문이었다고 진단하였
다.[69] 이러한 시각에서 그는 한국의 망국은 다음과 같은 민덕의 네
가지 폐해에 연유하였음을 지적하였다.

동사연구회 : 이현희, 「大韓民國臨時政府와 丹齋의 位置」 앞의 책.
69) 「道德」 『개전집』 하, 136～137쪽.

① 觀念의 誤謬 : 剛毅·勇敢도 아닌 오직 仁柔·溫厚만 내세우는 偏頗的 道德論
② 服從의 偏重 : 忠臣은 날지언정 革命家는 나지 못하고, 狗儒는 날지언정 破壞者는 나지못하는 전제시대의 專制的 道德論
③ 公私의 顚倒 : 國家와 社會에 관계되는 公德보다 개개인의 관계를 중시하는 五倫 일변도의 私德論
④ 消極의 太甚 : 進取보다 保守, 積極보다 消極적인 결점을 지닌 동양의 偏傾한 道德論[70]

민덕의 네가지 폐해에 대해서는 그가 민족자강에 의한 국권회복을 위해 중세 봉건적인 사상의 개혁에 대한 비판의 목소리를 높였던 애국계몽운동기에 이미 유사한 주장을 피력한 바 있었으나, 이 시기만 하더라도 그는 유교의 본지와 유교도덕의 진리를 신뢰하고 그것의 현실적 적합성을 인정하여[71] 유교가치관의 근대화를 기대하고 있었다. 1910년 망국의 현실에 직면함으로써 신채호는 급기야 이 민덕의 폐해를 망국의 원인으로까지 인식하기에 이르렀다. 1920년대를 전후하여 그는 민족의 광복을 위한 신도덕관 수립의 필요성을 절감하고 유교개혁의 차원보다 한걸음 나아가 도덕개념 자체에 대한 강한 의문을 제기하고 이에 대한 새로운 이론을 정립코자 하였다.

우선 그는 시대에 따라 윤리 도덕의 조건과 형식이 변천되어야 함을 깨닫고, 당시 나라를 잃은 망국민의 도덕은 하릴없는 有國民의 도덕과는 달라야 함을 대전제로 하여 民德論의 근거를 민족주체의 현실적 이해에 입각한 실용성에다 두었다. 그는 인간의 生存·善惡·正邪·是非 등에 관한 일체의 가치기준을 민족의 현

---

70) 「道德」, 앞의 책, 137~139쪽.
71) 金基承, 1994, 「단재의 사상적 변화와 유교」『대동문화연구』 제29집, 성균관대학교, 288쪽.

실적 이해에 두는 실용적 입장을 취했다.

> 대개 人類는 生存하는 이외에 다른 目的이 없는 것이라, 生存에 符合하는 것은 利라 하며, 生存에 反對되는 것은 害라 하여, 利害의 權衡으로 온갖 論說이 생길새, 人類에 利되는 것은 善이라 하며, 害되는 것은 惡이라 하며, 利되는 것은 正이라 하며, 害되는 것은 邪라 하며, … 倫理·道德·宗敎·政治·風俗·習慣 모든 것이 모두 '利害' 二字 밑에서 批評을 하는 것이라. … 나의 이른바 生存은 個身의 生存이 아니라 全體의 生存이며, 軀殼의 生存이 아니라 精神의 生存이니, 軀殼과 個身의 生存만 알면 이는 禽獸요, 精神과 全體의 生存을 알아야 이를 사람의 生存이라 하나니, 나는 사람의 生存을 위하여 利害를 가리라 함이요, 禽獸의 生存을 위하여 利害를 가리라 함이 아니로다. 個身의 生存만 구하다가 全體의 死滅을 이루면 個身도 따라 死滅하나니, 그러므로 君子는 個身을 犧牲하여서라도 全體를 살리려 하며, 軀殼의 生存만 구하다가 精神이 死滅되면 쓸데 없는 일부의 臭皮囊만 남아 무엇이 귀하리오.[72]

이때의 이해는 정신과 전체의 생존을 위한 이해, 즉 민족의 시대정신과 민족전체의 생존을 위한 이해임을 명확히 하였다. 그는 이해를 소극적 이해와 적극적 이해로 구분하여, 매국노가 되지 않고 애국자가 되거나 외국 보호의 善政下에서보다 독립자유의 苛政下에서 생활하는 것을 선택하는 이해를 소극적인 이해로 보고, 민족의 자유를 위하거나 계급의 평등을 위하여 목전의 流血千里 伏屍百萬의 慘害가 있음을 불고하고 미래의 실제상 혹 정신상의 어떠한 이익을 취하는 것을 적극적 이해로 보았다.[73] 그리하여 그는 一身一家의 개인적 생존을 위한 협소하고 근시안적 이해가 아닌 대를 위해 소를, 미래를 위해 현재를 희생할 수 있는 민족과 인류 전체를 위한 이해가 실로 크고 참다운 이해임을 인식하였다.

---

72) 「利害」『개전집』 하, 145·150~151쪽.
73) 「浪客의 新年漫筆」, 앞의 책, 26~27쪽 참조.

　신채호는 "天時는 循環하고 人事는 變換하는 것이라." 전제하고, 利害에는 변천의 속성이 있음을 지적하여, 인간생존을 위한 이해는 결국 평가자의 시대와 입장에 따라 다를 수밖에 없는 주체적이고 상대적이라는 것을 밝혔다. 또한 그는 이해에는 모순의 속성이 있어서, 고구려에 이가 되는 것은 당에 해가 되고, 당에 이가 되는 것은 고구려에게 해가 되며, 마찬가지로 식민지 민중에게 이가 되는 것은 제국주의에게 해가 되고, 제국주의에 이가 되는 것은 식민지 민중에게 해가 되는 이치를 밝혔다.74) 이러한 민족의 주체주의와 실용주의의 입장에서 그는 국민에게 민족국가의 생존을 목표로 오직 이해만을 위한 활동을 이행할 것을 촉구하였다.

> 　칼을 가지고 殺戮을 부름이 우리에게 利하거든 이대로 하며, 눈을 감고 平和를 찾음이 우리에게 利하거든 이대로 하며, 倫理·道德으로 터를 잡아 前途를 開拓함이 우리에게 利하거든 倫理·道德을 힘쓰며, 暴動·暗殺로 先鋒을 삼아 敵의 治安을 흔듦이 우리에게 利하거든 暴動·暗殺로 일하며, 佛을 좇음이 利하다 하면 좇으려니와 屠刀를 잡고 佛의 목을 베임이 利하다하거든 佛의 목을 베이며, 耶蘇를 믿음이 利하다 하면 믿으려니와 猶太 사람을 따라 耶蘇의 머리에 못박음이 利하다 하거든 耶蘇의 머리에 못박아, 이 세계 안에 무릇 우리에게 利되는 것이라 하거든 歡迎하며 輸入하고, 害되는 것이거든 排斥하여 抹殺할지라. 무엇에 躊躇하며 무엇에 恐怕하리오.75)

　여기에서 한국민족을 주체로 하는 이해에 생존의 모든 가치를 두고 있음을 확인할 수 있게 된다. 이해의 변천은 시대와 현실적 입장에 따라 변한다는 인식에서 민족의 국리민복에 이가 되는 것은 모두 정당하고, 그것에 해가 되는 경우에는 세계적 종교의 교주까지 목베이고서라도 이를 부정해야 한다는 혁명적인 논리이다.

---

74) 「利害」, 앞의 책, 145~146쪽.
75) 「利害」, 앞의 책, 146~147쪽.

이로써 신채호의 제2기 애국계몽운동기의 개혁위주의 사상체계는 기존의 잘못된 모든 도덕과 가치체계를 부정·비판하는 혁명의 사상체계로 발전하기에 이르렀다. 그의 혁명적인 사상의 발상은 한민족의 망국의 원인이 한국의 민덕의 폐해, 즉 중세 노예적인 도덕론에 있음을 깨닫고, 민족국가의 자주독립을 민족의 현실적 이해에 터한 민족주체의 실용적인 도덕론을 수립해야 한다는 가치관의 대전환에서 비롯된 것이다.

이러한 민족생존의 이해론에 입각한 신채호는 감정상으로나 이성상으로나 우리 나라 구래의 악도덕과 강국의 도덕은 버리고 배척하여, 망국민은 유국민과는 달리 특별 도덕을 세워야 함을 주장하며 특별도덕이 갖추어야 할 몇 가지 조건을 제시하였다. 그는 기본조건으로 첫째 유제한적 도덕, 둘째 무공포적 도덕, 셋째 국수적 도덕을 거론하였다.76)

첫째의 유제한적 도덕이 되어야 함은 강권주의시대의 약육강식의 속성을 모르고 동양평화와 인류박애를 내세우는 몰지각한 인사들의 문화주의나 세계주의를 경계한 것으로, 자국도 보존치 못한 자가 박애를 말하고 세계를 돌아보는 것은 어리석은 생각이라 하며 민족과 국가의 이익을 위주로 한 제한적 도덕이 되어야 함을 다음과 같이 주장하였다.

> 이 境遇에 앉은 우리로는 사랑은 二千萬 以內에 떨어지며, 생각은 大韓國 以外에 나지 말 아, 世界는 關係上으로는 研究할지언정 國家主義를 넘어 世界主義에 미치지 말며, 크로포트킨의 相互扶助論보다 다아윈의 生存競爭說을 더 수입하며, 플라톤의 博愛說보다 베이컨의 利己說을 더 주장하여 道德의 制限을 定할지니라.77)

---

76) 「道德」, 앞의 책, 141~143쪽 참조.
77) 「道德」, 앞의 책, 141쪽.

둘째의 무공포적 도덕이 되어야 함은 국가주의에 입각하여 도덕을 제한한 이상 조선을 위한 모든 행위는 합당한 도덕이 되므로 이러한 행위에 대한 세간의 是非나 毁譽에 초조하거나 겁내지 말라는 지적이다.

셋째의 국수적 도덕이 되어야 함은 우리나라 고유의 도덕이라야 약국을 강하게 할 도덕도 되고 망국을 흥하게 할 도덕이 될 수 있다는 민족고유의 주체적 도덕회복을 제창한 것이다. 이러한 노력과 성과는 어렵고 미미하지만 외래의 도덕 수입이나 외국의 윤리와 학설을 고취함보다 유익함을 강조하였다. 그는 구체적인 국수적 도덕으로 민족고래의 청년의 風氣, 朋友의 潔愛, 가정의 敎條, 전국의 謵尙 등을78) 제시하였는데 모두 사랑과 희생에 바탕을 둔 인간이 지향할 도덕의 기초적 덕목들이었다. 그는 외래도덕인 지배와 복종의 노예적 유교도덕, 현실도피적인 불교도덕을 배격하고 민족정기를 발굴 회복할 수 있는 민족고유의 도덕을 바탕으로 새 시대의 민족의 현실을 타개할 수 있는 신도덕을 창출하고자 한 것으로 이해된다. 이 때문에 그는 한국 고대에 풍미했던 殺身成人의 희생정신을 언급하며,79) 특히 청년들의 순결한 죽음을 높이 평가하였다.80) 나아가 그는 名과 利를 위한 희생보다 나라·민중·사회의 불평등을 타파하기 위해 명리를 초월하여 투쟁하는 것을 참희생으로 규정함으로써81) 광복을 위한 망국민의 진정한 희생정신의 발로를 강조하였다.

따라서 신채호의 특별도덕론은 한민족 고유의 도덕과 자주정신의 회복에 의한 국가와 민족의 현실적인 절대적 이익, 즉 국권회복

---

78) 「道德」, 앞의 책, 141쪽.
79) 「피의 因果」, 앞의 책, 383쪽.
80) 「靑年의 犧牲」, 앞의 책, 386~387쪽 참조.
81) 「名과 利와 眞의 三人」, 앞의 책, 377~378쪽.

을 지향하는 光復道德論이다. 이 도덕론은 제국주의의 강권적 발상인 동양주의나 인류평화사상을 배격하는 동시에 한국민족의 생존을 최고의 가치기준으로 설정하고 있음을 알 수 있다. 그는 국내의 애국계몽운동기 때 이미 제국주의의 속성을 간파하여 동양주의나 인류평화사상을 부정 비판한 바 있었다.[82] 이러한 시각은 국망과 세계 제1차대전 후 대두된 제국주의적 또 다른 논리인 인도주의의 위장과 환상을 분쇄하기 위한 논조로 강화됨으로써[83] 그의 광복을 일념으로 한 비타협적인 성격의 사회진화론적 전기 민족주의사상은 민중폭력혁명의 후기 민족주의사상으로 변화 발전되어 간 것이다.

신채호의 도덕론을 요약하면, ① 五倫 일변도의 보수적인 私德論인 봉건시대의 전제적·사대적 도덕론을 타파하고, ② 人道·溫厚·仁柔만을 내세우는 종교의 비주체적·이상적 도덕론을 배격하는 것을 전제로 하여 민족국가의 주체적·현실적·실용적인 입장에서 이가 되는 것은 적극적으로 자기화하고, 그것에 해가 되는 것은 모두 부정해야 한다는 혁명적인 논리가 된다. 신채호가 주창한 이와 같은 망국민의 특별도덕은 한마디로 한국독립을 위한 민족주체의 도덕이다. 이 때문에 그는 이러한 민족주체의 이해론과 도덕론에 입각하여 조선을 위한 조선의 도덕과 주의를 내세우

---

82) 『대한매일신보』 1908년 4월 12일~14일, 「與友人絶交書」; 앞의 책, 61쪽 : 『대한매일신보』 1908년 8월 8일~10일 「東洋主義에 對한 批評」; 앞의 책, 90~91쪽 참조.

83) ① 신채호는 세계대전 후 人道主義가 각광을 받고 있지만 그 인도주의니, 민주주의니, 기타 무엇이니 하는 소리에는 반드시 大砲소리와 함께 하여야 성공할 수 있다고 통찰하였다(「人道主義의 可哀」, 앞의 책, 374쪽). ② 이 세계는 약육강식의 강권의 세계로 仁義를 말하면서 손으로 총검을 빼드는데, 어찌 어리석게 自國의 保存도 못하면서 博愛를 말하며 세계를 돌아보는가라고 통박하였다(「도덕」, 앞의 책, 141쪽 참조).

고 나아가 반종교론까지 전개하였다.

신채호는 한국의 지식인들이 외래사상을 비주체적으로 수용해 온 역사적 사실에 근거하여, 그동안 "道德과 主義를 위하는 朝鮮은 있고, 조선을 위한 도덕과 주의는 없다."는 민족역사의 사상적 주체성 결여를 통열히 비판하였다.

> 우리 朝鮮 사람은 매양 利害 以外에서 眞理를 찾으려 하므로, 釋迦가 들어오면 朝鮮의 釋迦가 되지 않고 釋迦의 朝鮮이 되며, 孔子가 들어오면 朝鮮의 孔子가 되지 않고 孔子의 朝鮮이되며, 무슨 主義가 들어와도 朝鮮의 主義가 되지 않고 主義의 朝鮮이 되려 한다. 그리하여 道德과 主義를 위하는 朝鮮은 있고 朝鮮을 위하는 道德과 主義는 없다.
> 아! 이것이 朝鮮의 特色이냐, 特色이라면 特色이나 奴隷의 특색이다. 나는 朝鮮의 道德과 朝鮮의 主義를 爲하여 哭하려 한다.[84]

한국이 필요에 따라 도덕과 주의 등의 외래사상을 수용하는 경우에는 한국의 주체적 이해의 관점인 한국 전통사상의 입장에서 수용하여 이를 한국화해야 한다는 주장이다. 이러한 인식은 당시의 모든 생활과 문화영역에까지 확대되어 그는 일제하의 국내 예술주의 문예도 '現朝鮮'을 그리는 예술이 되어야 하고, 인도주의 문예도 '조선을 구하는 人道'가 되어야 한다[85]고 주장하게 되었다.

한편 신채호의 민족주체의 도덕론에 입각한 1920년대의 반종교적 논리는 애국계몽운동기의 긍정적인 종교관과 큰 차이를 보이며, 이를 크게 경계 비판하고 있다. 그는 전기 민족주의 시기에 종교는 국민에게 '良感化'를 주는 일대 기관이며 국민의 정신기개와 정의도덕이 이에서 나오는 것이 많아 종교와 교육은 자매관계에

---

84) 『동아일보』 1925년 1월 2일 「浪客의 新年漫筆」 ; 앞의 책, 26쪽.
85) 「浪客의 新年漫筆」, 앞의 책, 34쪽.

있다고 보고[86] 종교의 사회적 역할을 긍정적으로 평가한 때도 있었다. 그리하여 심지어 외래종교인 기독교가 한국의 救濟蒼生의 덕육에 큰 힘이 될 것으로 기대하여 기독교의 확장을 주장하기도 하였다.[87] 그러나 망명 후 그의 종교관은 민족주체의 도덕론과 무정부주의의 관점에서[88] 부정적으로 변모되어 종교·윤리 등은 일반민중을 노예화하고 그들의 고통을 참게 하던 마취제라[89]고 규정하였다. 그의 반종교론은 서양의 기독교와 동양의 불교·유교 등 모든 종교에 해당되었다. 이 가운데 특히 기독교의 죄상을 철저히 비판하여, 기독이 1900년 동안이나 민중을 협잡, 사기, 기만하여 강권자와 지배자에게 편의를 준 奸譎險惡한 성질의 聖子로서 "서양에서 협잡한 것도 적지 않을 터인데 왜 또 동양까지 건너와 사기하느냐."[90]며 이를 부정하였다.

신채호는 한국은 역사적으로 삼국 중엽과 고려시대에는 불교의, 조선시대에는 유교의, 근래에는 야소교의 나라가 되어 '單調로 진행되는 사회', '附和雷同하기를 즐기는 사회'가 되었다고 비판하였다.[91]

또한 그는 그동안 조선을 위한 조선의 사상가가 잘 나오지 못한

---

86) 「二十世紀 新國民」『전집』별집, 227쪽.
87) 『대한매일신보』 1908년 3월 5일~3월 18일 「西湖問答」 ; 앞의 책, 138~139쪽 및 『대한매일신보』 1910년 2월 22일~3월 3일 「20世紀 新國民」 ; 앞의 책, 228쪽.
88) 신채호의 反基督敎論은 일본 무정부주의자 코도쿠슈스이(幸德秋水)의 『基督抹殺論』의 영향을 받은 것으 로 보인다(무정부주의운동사편찬위회, 1978, 『한국아나키즘운동사』 전편, 142쪽).
89) 「朝鮮革命宣言」『개전집』하, 44~45쪽과 「龍과 龍의 大激戰」『전집』별집, 278쪽.
90) 「용과 용의 대격전」, 앞의 책, 281~283쪽 참조.
91) 『동아일보』 1924년 10월 13일 「問題없는 論文」 ;『전집』하, 156쪽 :「차라리 怪物을 取하리라」, 앞의 책, 369쪽의 동일한 구절 참조.

사회적 원인을 전통적 사대주의에 의한 '나는 없고 남만 있고, 주장은 없고 복종만 있는 노예근성'에서 찾아, 이러한 심리로는 혁명의 조건을 갖출 수 없다고 진단하였다.[92]

이러한 노예근성은 위에서 언급된 바와 같이 사상·도덕·주의·종교의 평가기준을 인류의 '利害'에 두지 않고 외부의 '是非'에 두었기 때문이라고 인식하여, 이해와 시비에 대한 개념규정을 명확히 하였다.

> 磋乎라. 倫理·道德·宗敎·政治·風俗·習慣 모든 것이 '利害' 二字 밑에서 批評을 하는 것이라, 是非가 어디 있느뇨! 是非가 어디 있느뇨! 是非가 어디 있느뇨! 만일 是非가 있다 하면 이는 '利害'의 別名뿐이니라.[93]

이 때문에 신채호는 이해를 기준으로 한 민족의 주체성 회복에 대한 강열한 희구를 표명하여 노예근성의 부화뇌동을 거역하는 주체성이 있는 사람이라면 괴물일지라도 그 출현을 고대한 것이다.[94] 결국 신채호의 민족주체의 도덕론은 광복이란 민족의 현실적인 당면과제가 한국인의 최우선적인 '利'이며 '公德'이라는 논리에 입각하여 인도주의에 의한 세계평화는 약자의 고통을 가중시키는 이상론일 뿐만 아니라 강권적인 제국주의자들의 위장된 형식적인 구호임을 간파하여 이를 통박한 것이다.

따라서 신채호의 민족주체의 도덕론은 1920년대에 무정부주의 사상 수용의 중요한 이념적 배경이 되어, 이후 신채호 특유의 무정부주의사상에 입각한 민중혁명론을 형성하여 그의 후기 민족주의 사상인 民衆革命의 光復運動思想을 정립해 간 데에 큰 뜻이 있다.

---

92) 「차라리 怪物을 取하리라」, 앞의 책, 370쪽.
93) 「利害」, 앞의 책, 145쪽.
94) 「차라리 怪物을 取하리라」, 앞의 책, 372쪽.

2. 무정부주의사상의 수용

신채호의 민족주의사상은 민족주체의 현실적인 이해를 바탕으로 한 도덕론에 입각해서 광복운동의 실천을 통해 전개되었기 때문에, 민족과 시대의 현실적 환경이 변화함에 따라 그의 운동이념으로서 또는 운동의 전술노선으로서 주의와 논리가 변하지 않을 수 없었다. 특히 1920년대 중반 그의 무정부주의자로서의 변신은 국내외 역사적 여건의 변화에 능동적·적극적으로 대응하고, 기존의 사회진화론적·저항적 민족주의사상에 대한 이론적 모순과 한계점을 극복하여, 광복운동의 사상과 실천 양면에 있어서의 독자적인 발전을 이룩하였다.

1920년대 신채호가 무정부주의로 기울게 된 데에는 몇 가지 사회적 조건과 사상적 배경이 작용되었다.[95]

그 사회적 조건으로 첫째, 1918년 11월 독일의 패전으로 미국대통령 윌슨의 民族自決主義가 재확인됨으로써 망명독립운동가들은 국제정세의 변화를 능동적으로 포착하여 선언서를 발표함에 이르렀다.

1918년을 전후하여 신채호는 「大同團結宣言」과 1919년 2월 「大韓獨立宣言書」의 작성 발표에 참여하여, '절대완전독립'과 '항일 무장독립전쟁'의 결의를 뚜렷이 표명하였다.[96] 그는 자신의 능한

---

95) 이 방면의 연구는 신일철, 『申采浩의 歷史思想硏究』, 167～187쪽과 신용하, 「申采浩의 無政府主義 獨立思想」, 앞의 책, 271～294쪽에서 잘 밝히고 있어, 시사받은 바 컸다.

96) 신채호는 무장투쟁을 '武裝段鬪'라 표현하며, 무장단투가 儒生만의 능사가 아님을 40이 넘어서야 깨달았다고 하였다(「李수상에게 圖書閱覽을 요청하는 편지」『개전집』 별집, 368쪽).

바에 따라 다양한 방법으로 광복을 위한 독립운동을 전개할 것을 주장하였으나[97] 그 중추적 방법은 총칼과 암살·폭동의 항일무장 독립투쟁임을 밝혔다.

신채호는 무장투쟁이 광복운동의 중추적 방략이 되어야 할 중요한 이유로서 "한민족의 생존을 위협하는 야만적·사술적 일제의 식민통치를 분쇄해야 자존할 수 있으며, 그 실천방법은 동포들이 창과 포를 만들어 왜구를 소탕하고 암살·폭동의 장거가 아니면 불가능 함"[98]을 내세웠다. 따라서 이러한 광복운동의 실천방법에 있어서 무장투쟁적 결의는 1912년 노령의 블라디보스톡의 光復會가 조직된 이후 그의 일관된 광복운동노선의 반영이라 할 수 있다.[99]

둘째 3·1운동의 충격을 들 수 있다. 일제의 강권주의적인 식민지배가 더욱 가혹해지고, 상대적으로 독립운동이 위축되던 상황에서 폭발한 민중의 3·1운동은 어떤 독립운동가들도 해내지 못한 일을 민중이 자발적으로 직접 봉기하여 민족의 거대한 자주독립의 역량을 국내외에 선양하여 민족의 광복을 보장한 민중직접독립운동으로서[100] 광복운동의 주체가 민중임을 깨닫게 해주었기 때문이다. 그가 이 운동을 통해 민중직접혁명의 이념과 실천적 주체를 발

---

97) 신용하, 1983, 「申采浩의 光復會 通告文과 告示文」『韓國學報』 제32집, 일지사, 227쪽.

98) 「天鼓」 창간사, 1921.1 ;『개전집』 별집, 248~250쪽.

99) 조항래, 앞 논문, 53~54쪽 참조. 광복회는 신민회 계통의 민족주의자들과 대종교 계통 의 민족주의자들이 합작하여 조직된 것으로 회장은 尹世復, 부회장은 申采浩, 총무는 李東輝가 맡았다. 당시 신채호는 광복회의 「通告文」과 「告示文」을 지었다(신용하, 「申采浩의 光復會 通告文과 告示文(해제)」『한국학보』 제32집).

100) 신채호는 「三·一運動의 萬歲소리에 民衆的一致의 意氣가 瞥現하였지만, 또한 폭력적 중심을 가지지 못하였다」라 하여 3·1운동을 민중운동임을 밝히고 있다(「朝鮮革命宣言」『개전집』 하, 42쪽).

견하게 되었다.

셋째, 상해임시정부에 대한 실망과 반임정활동의 전개이다. 그는 상해임정이 조선의 '위임통치'청원서를 제출한 일이 있는 李承晩을 국무총리로, 또 대통령으로 선출하자 1919년 10월 17일에 주간신문『新大韓』을 창간하여 주필이 되어 임정의 독립노선을 극렬히 비판 공격하였다.[101] 그가 절대독립노선을 실천하는 전투적 민족주의자로서 나약한 외교·준비·자치론적인 임정의 독립노선을 지속적으로 비판 공격한 것으로 보아 정부 자체를 부인한 것은 아니었다. 그러나 그의 순국할 때까지의 시종일관한 반임정노선은 민족의 완전독립을 위해야 하는 정부의 조직과 활동에 근본적인 회의를 갖게 되었을 것이며, 이는 결국 무정부주의의 반정부사상에 동조할 수 있는 경험적 배경으로 온축되었을 것으로 보인다.

넷째, 독립군활동의 난항이었다. 3·1운동 직후 만주와 노령지방에는 수많은 독립군 단체들이 창단되어 무장독립군을 통한 광복운동에 대한 기대를 가졌으나 특히 1921년 초부터 독립군부대들에 대한 임시정부의 통솔능력의 약화로 독립군부대들은 거의 모두 개별적으로 분산 독립하여 활동하게 되었다. 당시 신채호는 독립군의 독립전쟁을 최고의 유일한 광복운동의 방략으로 생각하여 독립군부대의 군사통일운동에 많은 노력을 기울였으나[102] 결국 실패로 끝났다. 더우기 黑河事變(自由市慘變 : 1921년 6월)으로 독립군이

---

101) 이연복,「大韓民國臨時政府와 丹齋」, 앞의 책, 356쪽 : 이광수,「脫出途中의 丹齋印象」『개전집』하, 473쪽 : 金正明 편, 1967,『朝鮮獨立運動』Ⅱ, 原書房, 408·458~460쪽 참조.

102) 신채호는 朴容萬·申肅 등과 함께 독립군부대들의 통일의 필요성을 절감하고 북경에서 1920년 9월에 '군사통일촉성회'를 발기하고 이의 실천을 위하여 1921년 4월 21일에 '軍統一籌備會'를 개최해서 독립군부대의 지휘계통의 통일을 기도하였다(「中國各地における獨立運動者の動靜報告の件」: 김정명 편, 앞의 책, 407~408쪽).

소련군에게 무장해제를 당해 독립군의 역량이 큰 타격을 입게 되자, 종래의 독립군양성과 대규모의 독립전쟁 수행이라는 독립운동방략에 대한 신념에 회의를 갖게 된 것으로 보인다.

다섯째, 국민대표회의의 실패이다. 상해임정의 내부분열을 정비하기 위하여 박은식·元世勳·金昌淑 등이 국민대표회의의 소집을 요구하자 그는 이 회의에 희망을 걸고 이를 적극 지지하였다. 마침내 1923년 1월 3일부터 국민대표회의를 개최하여 여기에서 현 대통령의 불신임안을 가결하였으나, 임시정부의 개편문제에 대한 처리에서 '改造'와 '創造'의 의견이 팽팽히 대립되어 개조파·창조파·중립파 등으로 분열되어 결국 이 회의는 실패로 끝나고 말았다.[103] 창조파인 그는 강력한 새정부가 창조되어 독립군의 활동이 통일되기를 열망하였으나 국민대표회의 실패로 큰 좌절감을 맛보았다. 그리하여 그는 기존의 광복운동노선 (민족주의노선과 공산주의노선 포함)에 대해 실망한 나머지 제 3의 새로운 광복운동노선의 방략을 강구코자 한 것으로 보인다.

여섯째, 義烈團운동의 성장이다. 의열단은 3·1운동 직후 1919년 11월 10일 만주 길림성에서 혁명적 민족주의자 金元鳳을 義伯 (단장)으로 하여 결성된 비밀결사의 광복운동단체로서 일제구축에 의한 민족의 자주독립을 목적으로 정하고, 암살·파괴·폭동의 결사적인 폭력을 그 운동방법으로 규정하였다. 이즈음 평소 남보다 과격한 성향을 지녔던 신채호는 자신의 무장적 독립군양성과 투쟁이 한계와 좌절에 직면하자 새로이 의열단의 폭력적 광복운동방법에 공감하게 되고, 급기야 의열단의 선언문「朝鮮革命宣言」의 집필을 의뢰받고 상해에서 柳子明과 합숙하면서 의열단의 혁명이념

---

103) 국사편찬위원회, 「국민대표회의 결렬」『한국독립운동사』자료2(임정편 Ⅱ), 651~654쪽 참조.

과 무정부주의에 대한 이론체계를 터득하여, 1923년 1월 이를 완성하였다. 그는 조선혁명선언의 집필을 계기로 무정부주의사상을 수용하게 되고, 이를 새로운 광복운동의 이론과 실천의 방편으로 삼게 되었다. 다음으로 신채호가 무정부주의사상을 수용하게 된 데에는 위의 사회조건 외에도 사상적 배경을 들 수 있다. 앞에서 고찰한 바와 같이 국망 전 그는 사회진화론을 수용하여 제국주의 침략에 민족단위의 '外競'으로 대항하여 한국민족 등 약소민족이 優者・强者・勝者가 되는 이데올로기로서 민족주의를 주장하고 자강독립을 주장하였다. 그의 사회진화론에 입각한 민족주의와 제국주의는 애초부터 비자유적 저항적 민족주의와 자유적 강권적 민족주의라는 민족주의의 양면적 성격으로 인해 제국주의에 대한 그의 이론적 비판은 근본적으로 모순과 한계를 지닐 수 밖에 없었다. 제국주의를 국제간의 민족경쟁에서 適者・우자 등으로 보는 것은 優勝劣敗・弱肉强食의 사회진화론에 의거할 때에는 외경에 의한 제국주의의 강권과 패배한 약소민족의 도태를 공례로서 묵시적으로 인정하는 것이 될 수 있기 때문이다.

이러한 이론적 한계와 위의 사회적 조건에 의한 독립운동의 실천에 대한 회의를 극복하고, 일제구축의 절대독립운동을 위한 새로운 투쟁명분이 될 수 있는 주의와 사상 및 그 실천방략의 출현은 신채호 개인의 욕구는 물론 3・1운동 이후의 시대적 요청이었다. 이 시기에 일제의 강권을 부정하고 약소민족의 생존권을 옹호할 수 있는 사상적 이념으로 無政府主義의 반강권적 논리와 편협한 민족주의를 극복할 수 있는 동방 약소민족의 국제적 연대성 논리는 수용의 대상이 되기에 충분하였다.104) 또한 코민테른의 지령하

---

104) 신채호가 세계무정부주의 혁명을 논하는 부분은 전세계의 다른 무정부주의자들의 주장과 동일한 것이지만 그가 '東方無政府主義 革命'

에서 움직이는 좌익운동자들의 공세로부터 민족주의를 수호하기 위해서도 무정부주의의 민중혁명론을 채용하지 않을 수 없었다. 그는 프랑스의 프루동, 러시아의 바쿠닌·로포트킨, 중국의 李石曾·劉師復 및 일본의 코도쿠슈스이(幸德秋水) 등의 무정부주의 저작들을 읽었으나 이 가운데 특히 크로포트킨(Kropotkin, 1842~1921)과105) 이석증 등 중국 무정부주의사상의 영향을 많이 받은 것 같다.

크로포트킨은 수많은 무정부주의자 중에서도 다아원의 진화론을 가장 적극적으로 수용하여 사회진화의 보편성을 가장 강력하게 주장한 사상가이었다. 이러한 사실이 사회진화론에서 출발한 신채호의 사상에 친화력을 가지고 쉽게 수용되었던 것으로 보인다. 크로포트킨은 사회진화를 추진하는 원동력으로서 '경쟁'·'자기궁정'·'상호부조'의 3요소를 들고, 이중에서 가장 지배적인 요인은 경쟁이 아니라 상호부조라고 주장하였다. 크로포트킨은 가능한 한 개별적 투쟁을 적게 하고 상호부조를 많이 발달시킨 種은 適者로서 살아남아 더 번성하고 진화하였다 하며, 인류의 문명을 발달시킨 사회생활의 조건을 창조해온 것은 상호부조이며, 앞으로 인류의 이상적인 사회생활을 가져올 요소도 상호부조임을 강조하였다.106) 크로포트킨은 이러한 사상에 입각하여 '민중혁명론'을 주장

을 주장하는 부분은(「宣言文」『개전집』하, 50쪽) 그의 독자적인 주장이라는 견해에(신용하, 앞의 책, 306·311쪽)공감을 가지며, 신채호의 이러한 독자적인 주장은 그의 무정부주의 사상이 일제구축의 민족주의 광복사상에 그 바탕을 두고 있는 데에서 필연적으로 연유되는 것이다.

105) 신채호는 인류의 5대 사상가에 석가·공자·예수·마르크스 외에 크로포트킨을 넣고, 한국청년들에게 유독 "아아, 크로포트킨의 「靑年에게 告하노라」란 論文의 洗禮를 받자."고 외친 데에서 잘 나타나고 있다(「浪客의 新年漫筆」『개전집』하, 25쪽과 30쪽 참조).

하게 된다.[107) 크로포트킨은 이러한 관점에서 스펜스 등의 사회진화론이 가지고 있는 우승열패·약육강식을 공례로 보는 강권주의와 제국주의를 인류의 최대의 악과 적으로 격렬하게 비판 부정하게 된 것이다.

또한 중국의 무정부주의사상 역시 반군국주의·반엘리트주의의 반강권주의 사상으로서 정의와 공리를 신장하기 위한 수단으로 민중에 의한 폭력혁명을 내세웠다.[108) 특히 신채호는 1923년 8월 노령 블라디보스톡으로 옮아간 창조파 계열의 임시정부가 소련정부로부터 인정을 받지 못하고 해산되자, 1924년 북경 교외 觀音寺에 들어가 국사연구에 몰두하였다. 이때 그는 중국사료를 섭렵하고자 당시 프랑스 유학을 통해 무정부주의를 수용하여 중국 무정부주의 사상을 형성시키고 무정부주의의 선전지『新世界』를 발간하여 큰 자취를 남긴 북경대학의 이석증의 소개로 대학 도서관을 출입하는 동안 그로부터 무정부주의사상의 영향을 받았던 것으로 이해된다.[109)

이 밖에도 신채호는 재중국 조선아나키스트의 원로인 李會榮과 의열단의 정신적 지주였던 유자명 등의 한국인 무정부주의자들과의 사상적 교류[110)를 통해 무정부주의사상에 대한 이해의 폭을 넓

---

106) Peter Kropotkin, Mutual Aid; A Factor in Evolution (1902) ; 河岐洛 역, 1991,『相互扶助論』형설출판사, 258~263쪽 참조.
107) 크로포트킨은 "모든 革命은 民衆 속에서 시작되는 것이다."라 하여 강권주의 타도를 위한 민중혁명을 주장하였다(Perter Kropotkin, *La Science Moderne et L'Anarchie*(1912) ; 李乙奎 역, 1973,『현대과학과 아나키즘』, 139쪽).
108) 신일철, 1981,『신채호의 역사사상연구』, 고려대출판부, 176~183쪽.
109) 신채호가 타계한 후『世界社』대표 이석증이 鄭華岩과 협력하여 1945년『申采浩學社』를 설립한 사실로 보아 두사람 사상의 밀접한 관계를 엿볼 수 있다(조선무정부주의운동사 편찬위원회, 1978,『한국아나키즘 운동사』전편, 1978, 148쪽),

혔던 것으로 보인다.

　이러한 사상의 시대상황적 배경에서 신채호가 당시 상해임정과의 대결에서도 무력급진주의 입장을 옹호하지 않으면 안되었고, 또한 좌익에 대해서는 공산독재의 강권주의를 부정할 수 있는 자유의 철학이 절실한 상황에서 반제·반식민주의 이데올로기에 입각한 무정부·자유연합의 혁명적 급진사상을 그의 전투적인 민족주의사상을 강화 발전시킬 수 있는 전술적인 수단으로 인식함에 따라 무정부주의사상에 기울게 되는 것은 당연한 귀결이다.111) 신채호의 무정부주의 사상의 수용에는 당시 일제 압제하에 있던 한국인들에게 반강권적 자유평등의 무정부주의사상이 매력적인 새로운 사상으로 등장하여 중국·일본·국내 등지에서 많은 공명자들을 얻게 된 사실과도 깊은 연관을 맺고 있다.

　결국 신채호는 크로포트킨의 상호부조의 사회이론 수용과 중국 무정부주의와의 만남을 통해서 저항적 민족주의의 이론적 한계와 모순을 극복하여 제국주의와 강권주의를 철저하게 비판할 수 있게 되었다. 한 마디로 신채호의 민족주의는 일제의 강도적 강권에 대한 폭력수단이 정당화 된다는 폭력철학인 무정부주의사상에 의해 그 수단이 보완될 수 있었다.112) 일찌기 千寬宇는『전집』별집에

---

110) 李丁奎, 1974,『又觀文存』, 평화인쇄출판부, 49쪽 : 조선무정부주의운동사 편찬위원회, 1978,『韓國아나키즘運動史』(前編·民族解放鬪爭), 125～140쪽 참조.

111) 신채호가『新世紀』(1907년에 이석증 등 4인에 의해 창간된 중국 무정부주의 선전지) 아나키즘에 깊은 관심을 가졌다는 증거는 옥중에서 그가 에스페란토語 책을 차입 해줄 것을 부탁한 데도(申榮雨,「朝鮮의 歷史大家 丹齋 獄中會見記」『개전집』하, 444쪽) 잘 나타나고 있다.『신세기』는 에스페란트語로 La Tempoi Nova 라고 했고, 당시 애너키스트들간에 에스페란토어 학습열이 대단했다.

112) 申一澈과 崔洪奎는 "民族主義의 실천을 위한 수단으로서 無政府主義

서 다음의 견해를 밝힌 바가 있다.

> 선생은 1925년 전후부터 無政府主義運動에 關心을 갖기 시작하여, 결국은 그 운동과의 關聯으로 日本 警察에 잡혀 投獄되고, 마침내 獄死에 이르르게 된다. 그렇다 하여 선생을 간단히 아나키스트로 처리할 수는 없다. 바로 이 전후의 것으로 보이는 글에, "道德과 主義를 위하는 朝鮮"이 아니라, "朝鮮을 위하는 道德과 主義"어야 한다고 하고(「浪客의 新年漫筆」), 뒤에 마지막 公判에서 "우리 동포가 나라를 찾기 위하여 취하는 手段은 모두 正當한 것이라고 陳述했다."는 데서도(公判記錄), 참 精神이 어떤 것이었는가를 짐작할 수 있다.[113]

오히려 그의 민족주의가 일제부정의 명분과 광복의 방략을 강화하기 위해 무정부주의의 민중폭력론으로 무장했다고 보는 것이 옳을 것이다.[114] 즉, 그의 모든 주의와 사상은 한국 민족독립운동의 실천적 이념의 선상에서 개진되는 것이기 때문에 민족주의와 무정부주의라는 것도 이것 아니면 저것이라는 양자택일의 관계가 아니라, 이것이 저것으로 내실화하는 상호보완관계에 있는 것이다.[115]

의 방법을 채택한 것 뿐이라."(신일철, 앞의 책, 177쪽과 최홍규, 위의 책, 222쪽 참조)하고, 愼鏞廈는 "신채호가 스스로 무정부주의사상에 공감을 갖고 진정한 무정부주의자가 되어 있었다."(앞의 책, 298쪽)고 하였는데, 이러한 견해의 차이는 해석의 중점을 목표와 수단 어디에 두느냐에 따라 일어날 수 있다고 본다. 신채호가 생을 마무리할 때까지 일제구축을 목표로 한 한국의 독립운동가로서 최후의 독립운동의 사상적 수단으로서 무정부주의 사상을 수용하여 목표와 수단을 하나로 승화시켰음을 인지한다면, 민족주의와 무정부주의사상을 한국의 자주독립을 위한 二卽一의 목적과 수단으로 이해할 수 있을 것으로 본다.

113) 「申采浩선생의 民族主義思想(序에 대하여)」『전집』별집, 7쪽과 『개전집』하, 428쪽.

114) 신일철, 앞의 책, 177쪽 참조.

115) 하기락, 1980, 「丹齋의 아나키즘」『단재신채호와 민족사관(단재신채호선생탄신 100주년기념논집)』, 형설출판사, 371쪽.

신채호의 경우 감성적 민족주의란 원색의 바탕속에 무정부주의 이념이 가미 보완되어 그의 사상적 이념과 실천 양면에 성숙과 발전을 가져오게 되었다고 할 수 있다. 신채호가 1921년 1월『天鼓』에서 "국수적 영토라는 것은 망상이다, 그리하여 국수라는 것은 즉 군국침략의 별명이다."[116]라고 선언하여 애국계몽운동기의 제국주의와 민족주의론·국수론 등의 사상적 한계를 극복하고자 한 점 등에서 그러한 노력의 단면을 발견하게 된다.

한편 신채호는 3·1운동을 전후하여 전 세계는 물론 한국의 독립운동가들과 국민들 사이에 풍미하기 시작한 공산주의에 대해서는 본장 5의 1)「민중의 개념과 민중관」에서 언급하겠지만 매우 비판적이었다.

이러한 비판적인 시각은 민족의 주체와 민중의 자유·평등[117]을 크게 중요시하는 그가 대내적으로 임정지도자의 한사람인 李東輝가 소련으로부터 접수된 군자금을 韓人共産黨의 육성자금으로 쓰고 더구나 國民代表會議의 개회자금화하여 임정을 깨고 러시아 공산주의를 추종하여 새로운 공산정권을 수립하려는 비주체적이고 사대적인 획책을 간파하고, 대외적으로 공산주의의 프롤레타리아 독재론을 하나의 새로운 강권주의사상의 '공산독재'로[118] 통찰

---

116) "國粹之疆土之妄想也　然則國粹者　卽軍國侵略之別名也"(『전집』별집, 266쪽).

117) 신채호는 무정부주의를 "旣成의 國體를 變革하여 다같이 自由로서 잘 사는 것"이라 하였다(『동아일보』1929년 10월 7일「제4회 공판기사」;『개전집』하, 433쪽 참조).

118) 무정부주의자들은 러시아의 10월 혁명에 실제로 가담하고 있었으며, 그 속에서 참된 혁명의 가능성을 찾고 있었다. 그러나 크로포트킨은 이미 프롤레타리아독재를 표방하는 볼셰비키의 정책 속에 숨겨진 그들의 속셈을 간파하고 "이것은 혁명의 葬送을 의미한다"고 예언했다. 과연 비밀경찰의 포악한 박해는 좌파 이외의 모든 사회주의 세력들에

한 데에서 비롯되었다. 이로부터 당시 일부 좌익운동자들이 일본의 무산계급과 일제하의 조선의 무산계급과의 '연대'주장을 반대할 수 있게 된 것이다.[119]

신채호는 3·1운동 후 1920년대 한국을 둘러싼 주변국의 사회적 조건의 변동과 이에 따른 새로운 사상의 풍미를 주체적이고 적극적으로 자기화하여 무정부주의사상의 이념과 수단을 내세워 마침내 1923년 1월 『朝鮮革命宣言』을 탈고하였으며, 이 '선언'은 의열단의 신조와 강령으로서 뿐만 아니라 한국민족의 독립운동의 새로운 투쟁이념과 전술적 방편으로 민중의 直接暴力革命의 정당성을 극명하게 천명한 역사적 문서가 되었다.

결국 『조선혁명선언』의 탈고를 계기로 신채호의 저항적 민족주의가 다윈의 생존경쟁설에 입각한 사회진화론의 이론적 모순과 한계를 극복하여 일제의 강권주의를 철저히 분쇄할 수 있는 실천적 명분을 얻게 된 것이다.[120]

이후 그는 의열단의 이 선언을 기초해준 데에 머무르지 않고, 이후 계속하여 여러 선언과 논설을 통해서 일관되게 무정부주의사상을 강조하고, 동시에 실천적인 무장폭력의 독립운동에 직접·간접으로 적극 참여함으로써[121] 근대한국민족독립운동의 대표적 사상가와 운동가로서 명성을 남기게 되었다.

게 가차없이 가해졌다(하기락, 1981, 『서양사회사상사』, 계명대학교출판부, 130~131쪽 참조).

119) 「浪客의 新年漫筆」 『개전집』 하, 28~29쪽 : 최홍규, 앞의 책, 175~183 참조.

120) 그는 3·1운동 후 『朝鮮革命宣言』 탈고 전의 1922년경만 하더라도 국가주의 단위의 사회진화론적 생존경쟁설에 애착과 당위성을 굳게 믿고 있었다(「道德」 『개전집』 하, 141쪽).

121) 최홍규, 앞의 책, 191~192쪽.

3. 내외의 적 선언

1) 외적 — 일제

신채호는 1920년대 그의 대표적인 민족독립사상의 표현인 「朝鮮革命宣言」 서두에서 강도 일본국을 외적으로 규정하고, 민중혁명의 수단으로 생존의 적인 강도 일본을 살벌하는 것이 정당함을 선언함으로써 강도 일제에 대한 혁명적 선언의 성격을 분명히 하였다.그는 이족 일본의 강도적인 식민통치가 정권을 빼앗고 국호를 없애며 민족생존의 필수적인 조건을 다 박탈한 사례를 명시하였다. 그는 강도 일본이 조선민족의 생존권을 박탈하는 실상 가운데 특히 경제적 수탈과 정치적 착취에 주목하여 이를 고발하였다.

첫째, 일제의 경제적 침략에 대한 고발이다. 3·1독립선언이 일제의 경제적 침략에 대해 전혀 언급이 없었던데 비해 이 선언은 성숙된 사회사상의 이념에 입각해서 강도적 일제식민지배의 최악의 침략행위가 경제적 수탈임을 다음과 같이 밝히며, 이 때에 이전의 문장에서는 볼 수 없었던 사회과학적 용어를 자주 원용하고 있음이 눈에 뜨인다.

① 經濟의 生命인 山林·川澤·鑛山·漁場 … 내지 小工業原料까지 다 빼앗아 一切의 生産機能을 칼로 베이며 도끼로 끊고 土地稅·家屋稅·人口稅·家畜稅·百日稅·地方稅 등등 … 其他 各種 雜稅가 逐日 增加하야 血液은 있는 대로 다 빨아가고,
② 如干 商業家들은 日本의 製造品을 朝鮮人에게 媒介하는 中間人이 되어 차차 資本集中의 原則下에서 滅亡할 뿐이오,
③ 大多數 人民 곧 一般農民들은 피땀을 흘리어 土地를 갈아, 그 終

> 年 所得으로 一身과 妻子의 糊口거리도 남기지 못하고, 우리를
> 잡아 먹으려는 日本 强盜에게 進供하여 그 살을 찌워 주는 永世
> 의 牛馬가 될 뿐이오, 終乃에는 그 牛馬의 生活도 못하게 日本
> 移民의 輸入이 年年高度의 速率로 增加하여「딸각발이」등쌀에,
> 우리 民族은 발 디딜 땅이 없어 山으로 물로 西間島로 北間島로
> 西比利亞의 荒野로 몰리어가 餓鬼부터 流鬼가 될 뿐이며,122)

신채호는 제국적 자본주의와 식민지의 경제적 수탈정책의 원칙
에 의한 일제의 경제적 수탈이 민족과 국가의 근본인 農·工·商
에 종사하는 조선의 백성 즉, 피지배층의 민중에 집중되고 있는 특
성을 사회과학적인 입장에서 밝혀주고 있다. 이는 앞에서 살펴본
바와 같이 이미 1923년 경에는 서구와 중국의 무정부주의자들을
통한 사회경제사상을 수용하여, 자본주의 비판과 경제적 평등의
이념에 공명하고 있었음을 시사해 주고 있다. 따라서 그는 경제면
에 있어서 약육강식의 자유방임적 경제사회를 부정하게 되고 부국
강병형의 자강주의적 국가관도 탈피하여「조선혁명선언」중에서는
'국가'란 단어를 의식적으로 피하여 이를 사용하지 않고 그 대신
'민족' 또는 '조선'으로 대치함으로써 자신의 전기 민족주의의 국
가관념을 극복하고자 노력한 것 같다.123)

신채호는 일제가 오랜 역사와 문화적 전통을 유지해온 한국의
정치적 독립과 경제적 생존권을 말살하여 영구적인 식민체제의 구
축을 획책하고 있음을 간파하고, 이를 위한 그들의 식민지정책이
일찌기 세계사에 유례가 없는 극악무도한 강도적 침략주의라는 사
실을 폭로하고 밝히는 것이 민족의 적극적이고 효과적인 광복운동
의 실천이념의 고리로 인식한 것 같다. 그가 일제에 대한 완전부정
과 일제타도에 의한 절대독립만이 민족독립운동의 궁극적 목표임

---

122)「朝鮮革命宣言」『개전집』하, 35쪽(번호는 필자주).
123) 신일철, 앞의 책, 191~192쪽.

을 자각하여 일제에 대한 적 인식을 강화하고 고조시킴으로써 자신의 일관된 무장적 독립투쟁노선이 무정부주의적 민중폭력혁명의 전술을 수용하는 발전적 이념과 실천의 명분을 얻을 수 있게 되었다.

이러한 극한적 적인식이 무정부주의적 사회경제사상에 접목될 때 민중의 파괴에 의한 폭력혁명은 그 이념과 실천의 구체성을 확보할 수 있게 된다.

> 우리가 日本勢力을 破壞하려는 것이 第一은 異族統治를 破壞하자 함이다. 왜? '朝鮮民衆'이란 그 위에 '日本'이란 異族 그것이 專制하여 있으니, 異族專制의 밑에 있는 朝鮮은 固有的 朝鮮이 아니니, 固有的 朝鮮을 發見하기 爲하여 異族統治를 破壞함이니라. 第二는 特權階級을 破壞하자 함이다. 왜? '朝鮮民衆'이란 그 위에 총독이니 무엇이니 하는 强盜團의 特權階級이 壓迫하여 있으니, 特權階級의 壓迫 밑에 있는 朝鮮民衆은 自由的 朝鮮民衆이 아니니, 自由的 朝鮮民衆을 發見하기 爲하여 特權階級을 打破함이라, 第三은 經濟 掠奪制度를 破壞하자함이다. 왜? 掠奪 밑에 있는 經濟는 民衆 自己가 生活하기 爲하여 組織한 經濟가 아니요, 곧民衆을 잡아먹으려는 强盜의 살을 찌우기 爲하여 組織한 經濟니, 民衆生活을 發展하기 爲하여 經濟 掠奪制度를 破壞함이라.[124]

신채호가 자유적 조선민중을 압살하려는 일제 강도단의 이족통치·특권계급·약탈경제제도를 파괴할 것을 선언한 것은 종족의 보존을 위한 고유한 조선과 자유적 조선민중의 발견 및 민중생활의 발전이 절대절명의 시급한 과제임을 천명한 것이다. 그가 경제 약탈의 제도 하에서 생존권이 약탈된 민족은 그 종족의 보전도 의문이라고[125] 말한 것도 조선민중이 더이상 인간의 원초적인 생의

---

124) 「朝鮮革命宣言」, 앞의 책, 44쪽.
125) 「조선혁명선언」, 앞의 책, 38쪽.

욕구마저 억압되어 종족의 말살까지 겪을 수 없다는 최후의 결사적 결의에서 연유된 것이다.

둘째, 강도 일본의 헌병·경찰정치를 고발하였다. 신채호는 우리 민족이 일제의 헌병경찰정치에 의하여 행동의 자유를 박탈당하여, 언론·출판·결사·집회의 일체 자유가 없으며, 자녀가 나면 「日語를 國語라, 日文을 國文이라」하는 노예양성소(학교)로 보내고 조선사람으로 혹 朝鮮史를 읽게 된다 하면 일본놈들의 적은 대로 읽게 되며, 신문이나 잡지를 본다 하면 강도정치를 찬미하는 半日本化한 노예적 문자뿐이며, 똑똑한 자제가 난다 하면 환경의 압박에서 염세절망의 타락자가 되거나 그렇지 않으면 '음모사건'으로 감옥에 구류되어야만 전제국의 형률사전에도 없는 갖은 악형을 다 당하고 죽거나, 요행히 살아서 옥문에서 나온대야 종신 불구의 廢疾者가 될 뿐이라고[126], 민족의 자유를 박탈하는 일제의 악랄한 헌병 경찰정치의 진상을 폭로하였다. 나아가 그는 한반도 삼천리가 일제에 의해 일개의 대감옥이 되어, 우리 민족으로 하여금 인간의 '산 송장'이 되게 하고 있음을 다음과 같이 적나라 하게 파헤쳤다.

> 環海 三千里가 一個 大監獄이 되어, 우리 民族은 아주 人類의 自覺을 잃을 뿐아니라, 곧 自動的 本能까지 잃어 奴隸부터 機械가 되어 强盜手中의 使用品이 되고 말 뿐이며, 强盜 日本이우리의 生命을 草芥로 보아, 乙巳 以後 十三道의 義兵 나던 各 地方에서 日本軍隊의 行한 暴行도 이루 다 적을 수 없거니와, 卽 最近 三·一運動以後 水原·宣川 … 等의 國內 各地부터 北間島·西間島·露領沿海州 各處에 居民을 屠戮한다, 村落을 燒火한다, 財産을 掠奪한다, 婦女를 汚辱 한다, 목을 끊는다, 산채로 묻는다, 불에 사른다, 或 一身을 두 동가리·세 동가리로 내어 죽인다, 兒童을 惡刑한다, 婦女의 生殖器를 破壞한다 하여, 할 수 있는 데까지 慘酷한 手段을 써서

---

126) 「조선혁명선언」, 앞의 책, 35~36쪽.

恐怖와 戰慄로 우리 民族을 壓迫하여 人間의 '산 송장'을 만들려 하는도다.[127]

신채호는 위에서 지적한 바와 같이 우리 민족이 일제에 의해 인간 삶의 원초적인 두 가지 욕구 즉, 衣食의 방책을 위한 경제적 욕구와 사상과 행동의 자유를 위한 정치적 권리를 박탈당하는 상황을 파괴하기 위하여 일본의 강도정치 곧 異族統治가 우리 민족생존의 적임을 규정하고, 동시에 조선민중이 혁명으로서 민족생존의 적인 강도 일본을 살벌함이 곧 우리의 정당한 수단임을 선언하였던 것이다.

2) 內敵 − 內政독립론자 · 자치론자 · 참정권론자 · 문화운동자

신채호의 적 규정은 일제의 지배층과 그들의 식민정책에 동조하는 친일적인 민족반역자에만 한정된 것이 아니고, 3 · 1운동 이후 일제가 소위 문화정치를 표방하면서 반일 역량을 약화시키기 위한 계층분할통치에 꼭둑각시가 된 사이비 민족운동자까지도 반민족적 적대세력으로 확대 규정하였다. 당시 일제는 민족의 자주독립을 부정하는 민족개량주의 내지 타협적 민족주의 우파를 적극 지원하여 민족내부의 갈등을 조장하고 국내 민족운동세력을 타협주의노선으로 유도하는 등 간교한 방법으로 민족분열정책을 획책하였다.[128]

---

127) 「조선혁명선언」, 앞의 책, 36쪽.
128) 姜東鎭, 1980, 『일제의 한국침략정책사』, 한길사, 377～379쪽.

이러한 상황을 직시한 신채호는 국내 민족운동자들 중 국망 전의 한국독립보전과 동양평화달성이란 일제의 허구와 기만의 경험을 망각하고 다시 일제의 회유에 말려들어 내정독립·참정권운동·자치론 등을 주장하는 자들을 모두 일제와 타협한 적으로 규정하였다.

> 內政獨立이나 參政權이나 自治를 運動하는 者—누구이냐? 너희들이 '東洋平和' '韓國獨立保全' 等을 擔保한 盟約이 墨도 마르지 아니하여 三千里 疆土를 집어먹던 歷史를 잊었느냐? '朝鮮人民 生命財産 自由保護' '朝鮮人民 幸福增進' 등을 申明한 宣言이 땅에 떨어지지 아니하여 二千萬의 生命이 地獄에 빠지던 實際를 못보느냐? 三·一運動 以後에 强盜 日本이 또 우리의 獨立運動을 緩和시키려고 宋秉畯·閔元植 等 一二 賣國奴를 시키어 이따위 狂論을 부름이니, 이에 附和하는 者-盲人이 아니면 어찌 奸賊이 아니냐?[129]

이러한 규정은 신채호가 일제 당국이 국내의 타협주의 경향에 대하여 一進會의 宋秉畯, 國民協會의 閔元植[130] 등 매국노를 시켜 독립운동의 예봉을 꺽고 민족운동을 말살하려는 간계와 사술을 허명으로 위장하고 있음을 간파함으로써 이루어진 것이다. 즉 자본주의 강도국이 그러한 내정독립·참정권·자치 등을 허용하지도 않을 것이며, 설사 허용한다 해도 강도적 침략주의인 제국이란 명칭이 존재하는한 허명에 불과하여, 민족의 생존을 유지할 수 없다는 판단이었다.

---

129) 「조선혁명선언」, 앞의 책, 37쪽.
130) 합병 전부터 친일분자로 활약한 자로서 1918년 8월 친일단체 國民協會를 조직, 일제의 內地延長主義라는 새로운 동화정책에 발맞추어 친일여론의 방편으로 1920년부터 일본의회에 참가시켜 달라는 청원운동을 벌였는데, 「朝鮮에 衆議員 選擧法 施行의 請願」은 그 대표적인 것이다(金正柱편, 1970~75, 『朝鮮統治史料』 제7권, 741쪽).

한일 양민족의 동화에 목표를 두었던 참정권과 내정독립 청원운동은 1922년 민원식이 梁槿煥에게 암살된 이후에도 金明濬·尹甲炳·申錫麟 등 친일파들에 의해 되풀이 되었다.

이 참정권 청원운동은 식민지 피지배민족이 본국 의회에 대한 정치적 참여방식으로서 그 허구성이 폭로되자, 일제 당국은 표면적으로 참정권보다는 자주성이 높은 것으로 보이는 식민지 총독 밑에 식민지의회를 두자는 자치론을 전파시켰다. 자치론은 참정권론과 함께 민족의 독립투쟁력을 완화시키기 위한 분할통치의 교묘한 방법의 하나로서 일제는 崔麟을 비롯한 硏政會 간부들을 포섭하여 이를 널리 유포시키려 하였다. 참정권과 자치론은 그 주창자가 매판적 친일파와 타협적 개량주의자의 차이일 뿐 광복운동의 포기라는 점에서 일치하였다.

이러한 타협주의적 경향은 일제총독부가 1921년 상해의 이광수를 회유 귀국시키고, 최린·최남선을 가출옥시킨 뒤 자치론과 짝하여 문화운동을 널리 유포케 하였다.[131] 이러한 일제의 책동을 꿰뚫어 본 신채호는 '강도정치하에서 기생하려는 주의'를 가진 문화운동 제창자들을 또한 적으로 지목하였다. "일제에 의한 경제약탈의 제도 밑에서 생존권이 박탈된 민족이 그 종족의 보전도 의문인 시점에서 하물며 산업과 문물발달의 총적을 가리키는 문화의 발전 가능성이 웬말이냐."[132] 라는 것이다. 한 마디로 일제의 강도적 경제약탈에 의한 생존권 박탈의 예속하에서는 자율적인 문화적 활동은 전혀 불가능함을 지적한 것이다.

여기서 '문화운동'이란 당시 崔南善·李光洙·李能和 등의 문

---

131) 최홍규, 「신채호의 민중적 민족주의와 독립노선」『아세아학보』 제18
　　집, 92~93쪽.
132) 「조선혁명선언」, 앞의 책, 38쪽.

화적 민족주의를 지칭하는 것인데, 이 발상도 정치적 주권회복을 위한 독립운동을 포기하고 한국의 종교·습관·생활양식 등의 문화보전과 학교설립·신문·잡지·출판 등의 문화사업의 진흥을 통한 '民族保全'에 힘쓰자는 일종의 타협주의이다. 이러한 상황에 맞서 신채호는 주체적인 민중문화의 제창을 위해 노예적 문화사상을 파괴할 것을 강조하였던 것이다.[133]

특히 이광수는 「民族改造論」(1922)·「民族的 經綸」(1924)이란 논설을 통해 민족성의 부정적인 측면을 강조하여 정치적 독립은 운동으로만 되는 것이 아니고 문명한 생활을 경영할만한 자격과 능력을 갖춘 후라야 국제적 법률의 허용으로 가능하다 하고, 이를 위한 민족개조와 실력양성의 길이 민족의 대도임을 밝히어[134], 결과적으로 민족의 허무주의를 조장하였던 것이다.

이광수의 타협주의적 논리는 당시 한국 민족성으로서는 아직 독립할 자격을 갖추지 못했다는 전제에 입각한 것으로 결국 한민족에 대한 이민족 일제의 식민통치를 잠정적이나마 시인하여 급기야 민족의 독립을 부정하게 되는 투항주의적 성격을 내포하고 있었기 때문에 신채호의 무장급진적·민중혁명적 독립투쟁 논리와는 본질상 적대적일 수밖에 없다.

신채호의 국내의 적 규정은 3·1운동 후 일제와의 타협과 기생으로 우리 민족주의가 적에 대한 확고한 인식의 능력을 상실하고 그 존립이 위기에 처했을 때 민족의 절대적인 일제의 강도정치에 기생 타협하려는 자를 민족의 적으로 선언하여 일제하 한국 민족주의사상의 존립과 민족광복운동의 실천적 명분을 제시한 데에 그

---

133) 「朝鮮革命宣言」, 앞의 책, 45쪽.
134) 이광수, 1922.5, 「民族改造論」『開闢』; 1966, 『李光洙全集』 제17권, 三中堂, 194쪽.

특성을 발견하게 된다.

4. 광복운동방법 − 외교론 · 준비론 − 비판

신채호는 「朝鮮革命宣言」을 통해 민중이 주체가 되어 민중을 위한, 즉 민족의 광복을 위한 최선의 수단과 방법은 혁명임을 주장하였다. 그는 강도 일본을 타도하기 위한 한민족의 절대독립노선으로서, 상해 임정에 참여했을 때의 비타협적이었던 무력급진투쟁이념에 민중과 폭력혁명의 개념을 도입하여 구체적으로 무장투쟁적이고 폭력적인 民衆直接革命論을 제창하였다. 그는 강도 일제의 이족통치를 조선민족 생존의 적임을 규정하고, 이러한 적을 살벌구축하는 유일한 방법은 오직 혁명 뿐이며 이는 정당한 것이라 선언하였다.

> ① 우리는 日本 强盜政治 곧 異族統治가 우리 朝鮮民族 生存의 敵임을 宣言하는 同時에, 우리는 革命手段으로 우리 生存의 敵인 强盜 日本을 殺伐함이 곧 우리의 正當한 手段임을 宣言하노라.
> ② 朝鮮民族의 生存을 維持하자면 强盜 日本을 驅逐할지며, 强盜 日本을 驅逐하자면 오직 革命으로써 할 뿐이니, 革命이 아니고는 强盜 日本을 驅逐할 方法이 없는 바이다.[135]

이러한 적 규정과 광복운동의 수단에 입각할 때 국외에 있어서의 李承晚과 安昌浩 등의 독립운동가들은 같은 상해 임정의 요원으로서 적이 아닌 동지로 이해되었다. 그러나 이승만의 외교론과 안창호의 준비론 등 온건적인 다양한 광복운동노선은 무장급진논

---

135) 「조선혁명선언」, 앞의 책, 36~37과 40~41쪽(번호는 필자주).

자인 그에 의해 비판 부정될 수밖에 없었다.136) 외교론은 주로 이승만과 歐美委員部의 獨立請願運動을 지칭하고, 준비론은 안창호와 홍사단 계의 점진적 독립준비를 위한 實力養成論을 지칭하는 것으로 보인다.

1921년 임정내의 내분과 대립 이후 속칭 '창조파'의 주동 인물이 되어 급진적·혁명적 민족주의로서 해외독립운동의 큰 줄기를 형성했던 신채호에 있어서는 외교론과 준비론이 결코 광복운동의 올바른 방편이 될 수 없었다. 그는 한국사 전개의 역사적 경험에 입각하여 외교론의 폐해를 다음과 같이 밝히며 비판하였다.

> 李朝 五百年 文弱政治가 '外交'로써 護國의 長策을 삼아 더욱 그 末世에 尤甚하여, 甲申以來 維新黨·守舊黨의 盛衰가 거의 外援의 有無에서 判決되며, 爲政者의 政策은 오직 甲國을 引하여 國을 制함에 不過하였고, 그 依賴의 習性이 一般政治社會에 傳染되어 卽甲午·甲辰 兩戰役에 日本이 累十萬의 生命과 累億萬의 財産을 犧牲하여 淸·露 兩國을 물리고, 朝鮮에 대하여 强盜的 侵略主義를 貫徹하려 하는데 우리 朝鮮의 '祖國을 사랑한다, 民族을 건지려 한다' 하는 이들은 一劍一彈으로 昏庸貪暴한 官吏나 國賊에게 던지지 못하고, 公函이나 列國公館에던지며 長書나 日本政府에 보내어 國勢의 孤弱을 哀訴하여 國家存亡·民族死活의 大問題를 外國人 甚至 於 敵國人의 處分으로 決定하기만 기다리었도다.137)

여기에서 신채호는 외교론의 본질이 反帝·反封建의 國敵에게 직접 위해를 가하지 못하고 문장이나 호소문을 써서 외국에 哀訴하고, 국가 독립의 대문제를 외국 특히 적국의 처분에 맡기려는 비주체적 타율적 논리에 있다고 그 성격을 규정하였다. 국망 전부터 비주체적인 사대주의를 격렬하게 비판해 왔던 그가 외교론적 광복

---

136) 「조선혁명선언」, 앞의 책, 37~40쪽.
137) 「조선혁명선언」, 앞의 책, 38~39쪽.

운동의 방편이 조선시대의 사대외교에서 연유한다고 보고 개화파의 유신당이나 척사파의 수구당이 모두 외세의존으로 흘러 민족운동의 자주역량을 키우지 못했음을 지적한 것은 그의 민족독립운동사상에 있어서 일관되게 주장되어 왔다.

신채호의 이러한 외교론 비판은 李承晩의 외교독립노선이 사대외교의 전철을 밟는다는 인식에서 출발한 것이다. 그는 임정 초기부터 이승만의 위임통치청원과 대통령선임문제로 반이승만노선을 분명히 하며138), 임정 외무차장 呂運亨의 渡日을 극렬히 비판 공격하는139) 등으로 소위 '新大韓事件'(1919)을 유발하면서 점차 반이승만·반임정노선의 선봉적 역할을 하였다. 그리하여 신채호는 북경에서 독립운동가 54명의 공동성명으로 「聲討文」(1921)을 기초 발표하여 자주독립국의 위치에서 이승만·鄭翰景 등의 위임통치청원사건을 규탄하고, 이승만을 국무총리 및 대통령에 추대한 안창호에 대해서도 비판의 화살을 겨눈 바 있었다.

신채호 등은 이 「성토문」에서 이승만 등이 위임통치청원으로 한국의 자주독립을 포기하고 '미국의 식민지'를 꿈꾸는 매국·매족 행위를 감행했다고 규탄하였다. '독립'이란 일제에 대한 끊임없는 혈전의 무력항쟁 속에서 쟁취할 수 있는 것이지, 국제열강에 대한 외교적·依附的인 태도가 아님을 밝혔다.140) 신채호는 절대자주독립론의 처지에서 이승만의 위임통치청원사건을 규탄했고, 무력투쟁론의 처지에서 이승만의 외교독립노선을 비판했던 것이다.141)

신채호는 광복운동의 방편으로서 외교론의 부당성을 역사적 시

---

138) 金昌淑, 「獨立運動 秘話」『전집』별집, 401~403쪽.
139) 「上海居住抗日獨立運動者の書信入手の件」 ; 김정명 편, 앞의 책, 407~408쪽 참조.
140) 「성토문」『전집』별집, 87~90쪽.
141) 최홍규, 「신채호의 민중적 민족주의와 독립노선」, 앞의 책, 97쪽.

각과 현실적 입장에서 날카롭게 지적함과 동시에 한걸음 나아가 외교론의 민중에 대한 독성을 피력하여 "최근 3·1운동에 일반 인사의 「平和會義·國際聯盟」에 대한 과신의 선전이 도리어 이천만 민중의 奮勇前進의 의기를 打消하는 매개가 될 뿐이었도다."라[142] 하였다.

이러한 시각은 3·1운동 직후 파리강화회의(1919)와 워싱턴의 태평양회의(1921) 등에서 독립청원운동이 실패된 데에서 오는 민족의 좌절감을 극복하고자 한 의식의 소산으로 보인다. 광복운동에 있어서 사대적 외교와 전승국 중심의 평화회의에 대한 기대와 과신은 민중의 혁명적 독립운동의 실천적 의기를 꺾는다고 한 것은 외교론이 광복운동의 방편으로서 부당할 뿐만 아니라 적에 대한 적개심과 적을 구축코자 하는 민족의 혈전분투적인 자주독립정신을 마비시키는 폐해를 초래할 수 있음을 지적하여 경고한 것이다.

다음은 점진적인 방법에 의해 민족의 실력양성과 독립전쟁준비를 하자는 '준비론'에 대한 비판이다. 이 비판의 주된 대상은 1920년대 초 상해 임정의 실질적인 지도자인 안창호 등의 민족개량주의적인 준비론이었다. 신채호는 '先準備 後獨立鬪爭'이란 준비론의 주장은 실제 한바탕의 잠꼬대에 불과하다고 비판하였다.

> 이에 "今日 今時로 곧 日本과 戰爭한다는 것은 妄發이다. 총도 장만하고 돈도 장만하고 大砲도 장만하고 將官이나 士卒감까지라도 다 장만한 뒤에야 日本과 戰爭한다"함이니, 이것이 이른바 準備論 곧 獨立戰爭을 準備하자 함이다. 外勢의 侵入이 더할수록 우리의 不足한 것이 자꾸 感覺되어, 그 準備論의 範圍가 戰爭 以外까지 擴張되어 教育도 振興해야겠다, 商工業도 發展해야겠다, 其他 무엇무엇 一切가 모두 準備論의 部分이 되었다. 庚戌 이후 各志士들이 … 十餘星霜 內外 各地에서 목이 터질 만치 準備! 준비! 를 불렀지만, 그

---

142) 「조선혁명선언」『개전집』하, 39쪽.

所得이 몇개 不完全한 學校와 實力없는 會 뿐이었다.[143]

신채호는 독립지사들이 10여년간 국내외 각처에서 준비론을 외치며 독립을 위한 준비를 했지만 그 결과가 너무 미약한 것은 誠力의 부족이 아니라 실은 그 주장의 착오에 있었음을 지적하였다. 강도 일본의 압박하에서 경제가 날로 곤란하고 생산기관이 전부 박탈되어 衣食이 단절되는 판국에 실업진흥·교육확장·군인양성은 주장의 착오이며 그 주장은 거의 불가능한 것으로 잘못되었다는 반론이다.

이와 같은 외교론과 준비론에 대한 신채호의 비판과 성토가 비록 준엄하여 그 실현 불가능한 이론과 실천의 착오에 의한 매국·매족의 행위를 응징하여 그들을 주살 토벌하지 않을 수 없음을 천명하였으나, 결코 그들을 민족의 절대적인 적으로 규정하지 않았던 데에서 무장투쟁적인 혁명가로서의 그의 고뇌를 엿볼 수 있다. 만약 그가 외교론과 준비론을 비판 성토하지 않는다면 그의 후기 독립운동노선인 민중직접혁명론은 그 정당성을 잃고 한국근대민족독립운동사에 있어서 한국민중의 무장투쟁적인 절대독립론·완전독립론으로서의 위치를 상실할 수 있기 때문이다.

신채호는 외교론과 준비론 등에 대한 이러한 비판과 판단에 입각하여 결국 민족독립운동의 최선·최후의 수단으로서 민중직접혁명의 길을 택할 수 있는 명분을 얻게 되고, 동시에 1920년대 변화 발전하는 새로운 광복운동의 이념형성과 실천에 선구적인 역할을 할 수 있게 되었다.

---

143) 「조선혁명선언」, 앞의 책, 40쪽.

5. 민중혁명사상

1) 민중의 개념과 민중관

신채호는 대한제국 때의 논설에서 피지배대중을 가리켜 주로 國民·人民·民 등으로 표현하였으나, 간혹 "上帝의 희망으로 세계가 卽有하며 민중의 희망으로 국가가 즉유하며"[144]라 하고, "彼 虛名充數의 민중으로 어찌 국가를 유지하리오."[145]라고 한 것같이 민중이란 용어를 쓰기도 하였다. 그러나 이 시기의 민중은 역사의 주체라는 사상적 개념이 아닌 피지배대중이라는 일반적인 의미로 사용된 데에 불과하였다.

신채호가 사상적 개념으로서의 민중의 용어를 처음으로 나타낸 글은 「朝鮮革命宣言」이 아닌가 한다. 그는 이 글에서 처음으로 민중을 우리 역사의 주체로 인식하였다. 그는 조선민족의 생존, 즉 일제 구축의 광복운동은 오직 혁명의 길 밖에 없음을 통찰하고, 이 혁명은 민중이 자기자신을 위하여 하는 혁명인고로 담당주체는 민중이라 못밖았다.[146] 그는 이 글에서 민족역사의 주체로서, 민중직접혁명의 주체세력으로서의 민중의 정체가 무엇인가에 대한 개념설정은 아래와 같이 포괄적으로 하여 얼핏 애매한 감이 없지 않다.

> 一般民衆이 飢·寒·困·苦·妻呼·兒啼·納稅의 督棒·私債의 催促·行動의 不自由·모든 壓迫에 졸리어, 살려니 살 수 없고

---

144) 「大韓의 希望」, 앞의 책, 63쪽.
145) 「歷史와 愛國心의 關係」, 앞의 책, 78쪽.
146) 「조선혁명선언」, 앞의 책, 40~41쪽.

죽으려 하여도 죽을 바를 모르는 ….[147]

신채호는 여기에서 민중이 구체적으로 어떤 사회계층인지를 명확히 지적은 하지 않았으나 일제의 강압적인 식민통치를 일방적으로 받아 질곡과 착취 속에서 허덕이며 헐벗고 굶주려 죽지 못해 사는 한국의 식민대중, 즉 피지배대중을 염두에 두고 있음이 분명하다.

1920년대는 일제 식민지정책에 의해 일본의 자본주의가 파행적으로 발전하는 반면 한국의 자본주의는 몰락하여 민족운동의 주도세력으로서 민족자본가의 역할도 점차 의미를 상실해가던 시기였다. 당시 한국은 한말의 봉건세력과 신지식층 다수가 일제식민지 지배의 동조자 또는 하수인으로 전락해가는 역사조건의 위급한 현상에 직면하고 있었다. 이러한 때에 새로운 민족독립운동의 주도세력의 등장은 민족사의 시대적 요청이었다.

신채호는 국가간과 국민간의 불평등과 부자유를 동시에 타파할 수 있는 한국근대사의 주체적 실체로서의 핍박받는 식민대중을 민중으로 개념화하여 이에 혁명적 동력을 부여한 것이다. 그리하여 그는 개혁과 혁명의 목적을 달성하는 정신적 동인으로서 약자의 유일한 무기인 노예적 피지배자의 酷烈한 '詛呪'를 내세웠다. 그는 동시에 그동안 주자학의 숭상으로 哀乞·諷諫·祈禱·頌德의 유풍이 성행하여 저주성이 소멸되었음을 지적하며[148] 한국민중의 저주성의 발분을 촉구하였다. 그는 이러한 시대적 요청에 적극 부응하여 민족독립운동의 새로운 주도세력은 민중이 되어야 함을 깊이 통찰하고, 민중은 우리 혁명의 대본영임을 선언하며 독립운동의

---

147) 「조선혁명선언」, 앞의 책, 42쪽.
148) 「金錢·鐵砲·詛呪」, 앞의 책, 127~128쪽 참조.

목표는 민중의 이상적 조선을 건설하는 데 있다고[149] 주창하기에
이르렀다.

당시 혁명운동의 역량으로서 민중은 우리 나라 뿐만 아니라 중
국이나 일본에서도 아주 중요시되고 있었다.

> 民衆이란 무엇인가. 民衆이기 때문에 官吏 기타 特權階級일 수는
> 없다. 즉 民衆의 첫째 特徵은 官吏가 아닌 것이다. 다음에 民衆이기
> 때문에 小數階級일 수는 없을 것이다. 그러므로 소수인 財産階級은
> 民衆이 아니요, 소수인 知識階級은 民衆이 아니요, 소수인 自由業者
> 는 民衆이아니다. … 그것은 多數라야 할 것이니 그런 意味로 보아
> 朝鮮의 民衆은 農民·漁民·勞動者를 합한 것이라야 할 것이다. 그
> 중에 가장 多數를 占領한 것이 全 人口의 10分의 8强이나 되는 農民
> 인즉 朝鮮民衆의 中心은 農民에 있을 것이다.[150]

위의 개념과 연관되는 신채호의 민중은 크게 프롤레타리아·반
프롤레타리아와 소부르즈와지의 연합체로도 이해할 수 있다.[151]
그러나 앞에서 지적된 바와 같이 전 인구의 80%를 차지하고 있는
농민을 중심으로 한 피지배층을 지칭하고 있기 때문에 공산·사회
주의의 프롤레타리아적 개념인 인민과는 다른 민족적 민중의 개념
이다. 신채호는 "「조선민중」이란 그 위에 총독이니 무엇이니 하는
강도단의 특권계급이 압박하여 있으니, 특권계급의 압박 밑에 있
는 조선민중은 자유적 조선민중이 아니니 … 민중 전체의 행복을
증진하기 위하여 사회적 불평균을 파괴함"[152] 이라고 표현한 것으

---

149) 「조선혁명선언」, 앞의 책, 45~46쪽 참조.
150) 『동아일보』 1924년 2월 6일.
151) 안병직, 1973, 「단재 신채호의 민족주의」 『창작과 비평』 29호 ; 이우
　　　성·강만길편, 1976, 『韓國의 歷史認識』 (下), 창작과 비평사, 466쪽.
　　　그는 이후 「한국근대사의 전개-신채호의 민족사상」 『마당』, 1981년
　　　9월호에서 당시의 주장을 일부 수정하였다.
152) 「조선혁명선언」, 앞의 책, 44쪽.

로 보아 당시 그는 일제지배층・매국노・친일인사・지주계층 등
을 제외한 반강권적인 반일의식과 평균적 평민의식을 가진 민족구
성원 모두를 조선민중이라153) 인식한 듯하다. 따라서 이때의 민중
의 개념은 민족적인 의미를 강하게 내포하고 있음을 알 수 있다.

　이 때문에 비록 한국인이나 우리 생존의 적인 강도 일본과 타협
하려는 자(내정독립・자치・참정권 등의 논자)나 강도 정치하에서
기생하려는 주의를 가진자(문화운동자)는 민중에서 제외시킬 뿐만
아니라 적으로 규정한 것이다.154) 신채호는 1925년 상해의 『週日新
聞』에 실린 어떤 문사의 「民衆」이라는 논문에서 "조선인 가운데도
유산자는 세력있는 일본인과 같고, 일본인 중에도 무산자는 가련
한 조선인과 한가지니 우리 운동을 민족으로는 나눌 것이 아니요
有無産으로 나눌 것이라."는 것을 읽고, 제국주의 민중과 식민지의
민중이 무산자로서 같다는 판단이 잘못되었음을 지적함으로써 민
족독립운동의 주체로서 민중의 개념을 한결 선명히 하였다.

　　有産階級의 朝鮮人이 日本人과 같다 함은 우리도 承認하는 바이
　어니와, 無産階級의 日本人을 朝鮮人으로 본다 함은 沒常識한 言論
　인가 하니, 日本人이 아무리 無産者일지라도 그래도 그 뒤에 日本帝
　國이 있어 危險이 있을까 保護하며, 災害에 걸리면 補助하며, 子女
　가 나면 敎育으로 知識을 주도록 하여, 朝鮮의 有産者보다 豪强한
　生活을 누릴 뿐더러, 하물며 朝鮮에 移殖한 者는 朝鮮人의 生活을
　威하는 殖民의 先鋒이니, 無産者의 日人을 歡迎함이 곧 殖民의 先
　鋒을 歡迎함이 아니냐.155)

---

153) 당시 신채호의 논설에 표현된 민중은 '二千萬 民衆'・'朝鮮民衆'(「朝
　　鮮革命宣言」, 1923), '朝鮮民衆'(「浪客의 新年漫筆」, 1925), '植民地民
　　衆'・'弱小國民衆'(「龍과 龍의大激戰」, 1928), '無産民衆'・'朝鮮民
　　衆'(「宣言文」, 1928) 등이었다.
154) 「조선혁명선언」, 앞의 책, 37~40쪽.
155) 『동아일보』 1925년 1월 2일 「낭객의 신년만필」 ; 『개전집』 하, 28~29쪽.

　말하자면 일제의 자본주의 울타리 안에 있는 일본인 무산계급과 일제 자본주의 착취의 주 대상인 식민지 한국의 무산계급과는 인권과 주권의 유무가 상반되게 인식되어 근본적으로 같이 취급할 수가 없다는 것이다. 이러한 무산계급적 민중의 인식은 무정부주의사상의 영향에 의한 것으로 이후 신채호의 확고한 신념이 되어 1928년에 쓴 소설 『龍과 龍의 大激戰』에서도 상술되고 있다.

　　地上의 民衆을 대개 두 部分으로 나눌 수 있으니, (一)은 强國의 民衆이요 또(一)은 植民地의 民衆이올시다. 强國의 民衆은 아주 그 惰力的의 愛國心을 가진 동시에 國을 支配階級의 國으로 誤認하여 支配階級의 勢力을 擴張 增進케 하는 일을 愛國으로 誤信하여 그 愛國心이 僞國心이 되고 말았읍니다. 그런즉 强國의 民衆에게는 얼마큼 普通選擧의 權利같은 것, 勞動賃金의 增加 같은 것이나 許하여 주고, 一面으로 그 僞國心을 獎勵하여 弱小國의 民衆을 征服케 하며, 植民地의 民衆을 壓迫케 하여 支配階級－資本主義－의 先鋒이 되게 하면 彼等의 고픈 배가 다시 이 利益 없는 虛榮에 불러져 우리가 비록 몇 十年 동안 彼等의 피를 빨아 먹어도 아픈지를 모를 것이요, 植民地의 民衆은 그 苦痛의 程度가 다른 民衆보다 만 배나 되지만 매양 그 虛妄한 僥倖心을 가져 굶어 죽는 놈이 僥倖의 飽食을 바라며, 얼어 죽는 놈이 僥倖의 暖衣를 바라며, 絞首臺에 목을 디민 놈이 僥倖의 生을 바랍니다. 그래서 反抗할 境遇에도 反抗을 잘 못합니다. 그런즉 植民地의 民衆처럼 속이기 쉬운 民衆이 없읍니다.156)

　강국의 민중은 식민지 민중을 압박하는 자본주의 착취계급의 선봉이며, 식민지 민중은 그 핍박의 고통이 다른 민중보다 훨씬 심하여 매양 요행의 생을 바라 반항을 잘 못하는 반면 잘 속는 망국의

---

156) 「龍과 龍의 大激戰」 『전집』 별집, 279～280쪽.
　　여기의 民衆은 無産階級을 가리킨다고 하여 「조선혁명선언」의 民衆과 차별화 되는 것은 아니라고 본다. 민중이나 무산계급이 모두 민족독립혁명을 그 이념으로 삼고 있기 때문이다.

무산계급임을 밝힌 것이다. 이러한 민중의 속성은 "耶蘇가 늘 고통자가 복 받는다, 핍박자가 복 받는다는 거짓말로 亡國民衆과 無産民衆을 거룩하게 속이사 실제의 적을 잊고 허망한 천국을 꿈꾸게 하여 모든 강권자와 지배자의 편의를 주었다."157)는 대목에서도 피력되었다.

따라서 신채호가 내세운 자주독립의 역사주체로서의 민중의 개념은 나라를 잃은 모든 망국 식민지의 고통과 핍박을 받는 피지배 대중, 즉 무산계급으로 규정지어짐을 알게 된다. 그는 1928년경의 「선언문」에서 이 개념을 다음과 같이 재인식하였다.

우리의 世界 無産大衆! 더욱 우리 東方 各 植民地 無産民衆의 血·皮·肉·骨을 빨고, 짜고, 씹고, 물고, 깨물어 먹어 온 資本主義의 強盜帝國 野獸群들은 지금에 그 창자가 꿰어지려 한다. 배가 터지려 한다. 그래서 彼等이 그 最後의 發惡으로 우리 無産民衆―더욱 東方 各 植民地民衆을 대가리에서부터 발 끝까지 박박 찢으며 아삭아삭 깨물어, 우리 民衆은 死滅보다도 더 陰慘한 不生存의 生存을 가지고 있다. 아, 世界無産民衆의 生存! 東方無産民衆의 생존!158)

여기에서 신채호는 이전과는 달리 무산민중의 국제적 연대를 내세워 민중을 세계자본주의 침해를 받고 있는 모든 무산대중, 특히 아시아지역 식민지사회의 연대적인 무산대중에게 촛점을 맞추고 있음을 알 수 있다.

그러나 그가 「조선혁명선언」 등에서 자본주의의 강권에 반대하고 무계급의 평균사회를 표방하고 있다고 해서, 실제 그의 민중개념이 이 시기에 풍미한 사회·공산주의 이념에 입각하여 민족을 초월하여 조직되고 의식화 된 무산대중, 즉 프롤레타리아의 개념

---

157) 「용과 용의 대격전」, 앞의 책, 283쪽.
158) 「宣言文」『개전집』하, 47쪽.

을 수용하거나 동조한 것은 아니다.159) 비록 그는 마르크스를 명인으로 높이 평가하면서도 도리어 사회·공산주의의 새로운 강권주의 사상과 이념을 경계하고, 모스크바를 추종하는 임정 내의 비주체적인 공산주의자의 독립운동에 실망하며, 심지어 공산주의의 대조류에 독립군이 흩어진다고까지 깊은 우려를 하였다.160) 이러한 공산주의에 대한 비판적 시각은 이 무렵의 在中國 朝鮮無政府主義者聯盟이 공산주의에 대항하기 위하여 프롤레타리아독재를 표방하는 볼셰비키혁명이론을 비판하고 있었던 사실161)에 견주어 볼 때 그는 특히 아시아 무정부주의 운동이념에 입각하고 있음을 알 수 있다.

본래 무정부주의는 극좌노선을 추구하는 것이었으나, 아시아 무정부주의운동은 소련혁명의 진행을 지켜보면서 공산주의운동과의 연대를 포기하고 1923년경부터 민족혁명노선을 택하게 되고, 한국의 무정부주의운동도 이러한 이념을 수용한 李會榮·신채호·柳子明·李乙奎 등의 주도에 의해 부각 주도되었던 것이다.결국 신채호가 규정한 민중은 광의로는 제국주의 일본을 타도해야 하는 적대적 개념의 목적의식을 지닌 식민지 한국민족을 뜻하고 있다. 그리고 협의로는 자주·자유·평등 이념에 입각하여 식민지시대를 청산하고 민족사 발전의 주체적 역할을 수행해야 할 목적 지향적 실체로서 단순히 제국주의와 자본주의에 시달리기만 하는 민중이 아니라 당연히 식민지통치와 자본주의의 수탈에 저항하기 위해

---

159) 신일철, 1981,『신채호의 역사사상연구』, 고려대출판부, 175·203쪽 : 최홍규, 1983,『신채호의 민족주의사상』, 형설출판사, 177~180쪽.
160)「浪客의 新年漫筆」, 앞의 책, 25쪽과「용과 용의 대격전」『전집』별집, 280쪽
161) 무정부주의운동사 편찬위원회, 1978,『韓國아나키즘運動史』前編·民族解放鬪爭, 129쪽.

새로운 사상과 전술로 일제구축의 투쟁력을 강화하고 근대적 사회 개혁을 추진할 수 있는 혁명적 주체자인 민족적 피지배대중, 곧 조선민중을 의미하고 있다. 한 마디로 국망 후 신채호에 의해 제시된 민중의 개념은 반외세·반봉건의 한국민족독립운동세력, 즉 한국민중(깨어난 한국민족)을 뜻하는 것이다.

신채호는 이러한 민족적 민중·한국민중을 각오케 하는 제 1의 길은 선각의 민중이 스스로 혁명의 선구가 되어야 한다고 다음과 같이 주장하였다.

> 민중은 神人이나 聖人이나 어떤 英雄 豪傑이 있어 '民衆을 覺悟' 하도록 指導하는 데서 覺悟하는 것도 아니요, '民衆아 覺悟하자' '民衆이여 각오하여라'그런 熱叫의 소리에서 각오하는 것도 아니오. 오직 民衆이 民衆을 위하여 一切 不平·不自然·不合理한 民衆向上의 障碍부터 먼저 打破함이 곧 '民衆을 覺悟케'하는 唯一方法이니, 다시 말하자면 곧 先覺한 民衆이 民衆의 全體를 爲하여 革命的 先驅가 됨이 民衆 覺悟의 第一路니라.162)

신채호는 경술국치 이전에도 애국계몽운동의 목표가 '각성된 신국민'을 양성하여 국권회복을 이룩하는 것이었듯이 민중혁명사상기의 목표도 '각오한 민중', '선각한 민중'을 겨냥하고 있다. 이는 현실타개를 위한 의식개혁과 사상변화의 중요성은 통시대적이라는 사실을 지적하는 것이나 국망 전의 계몽적이고 교설적인 知先行後의 운동법칙이 이 시기에는 그 한계를 극복하고자 知行合一의 운동법칙으로 크게 변환 된 것이 특징으로 나타나고 있다. 선각적인 사상가의 이론적 계몽이 아닌 민족독립운동의 새로운 목표·방향·방법을 전술적으로 제시하며, 민중 향상의 장애부터 타파하는 적극적인 선각의 민중 즉, 혁명의 주체·담당세력인 민중이 자

---

162) 「조선혁명선언」『개전집』하, 41~42쪽.

발적으로 혁명적 선구가 되어야 함을 외친 것이다. 실제 그는 혁명적 광복운동사상을 몸소 실천함으로써 민족주체사상에 입각한 선각된 민중이었음을 스스로 증명해 보였던 것이다.

2) 민중의 폭력혁명론

신채호는 「朝鮮革命宣言」의 첫머리에서부터 강도 일본의 한국식민지에 대한 정치적 주권박탈의 부당성과 함께 경제적 수탈의 부당성을 고발하고, 그 파괴를 선창하였다. 그는 정치침략 못지않게 경제침략이 한국인의 생존의 필수요건을 다 박탈하였다고 지적하였다.

> 强盜 日本이 우리의 國號를 없이하며, 우리의 정권을 빼앗으며, 우리의 生存的必要條件을 다剝奪하였다. 經濟의 生命인 山林·川澤·鑛山·漁場 … 乃至 小工業 原料까지 다 빼앗아 一切의 生産機能을 칼로 베이며 도끼로 끊고, 土地稅·家屋稅·人口稅·家畜稅·百日稅·地方稅·酒草稅·肥料稅·種子稅·營業稅·淸潔稅·所得稅 … 其他 各種 雜稅가 逐日 增加하야 血液은 있는 대로 다 빨아가고, 如干 商業家들은 日本의 製造品을 朝鮮人에게 媒介하는 中間人이 되어 차차 資本集中의 原則下에서 滅亡할 뿐이오[163]

신채호는 "경제침탈의 제도하에서 생존권이 박탈된 민족은 그 종족의 보전도 의문이 된다."며, 식민지 경제침탈에 의한 비인간화의 종족멸망을 우려하고 있었다. 그에게 있어서 일찍기 볼 수 없었던 이러한 사회과학적 지식과 안목은 1923년경 중국 무정부주의자들을 통한 프루동·바쿠닌 등의 사회경제사상을 수용하고 있음을

---

163) 「조선혁명선언」, 앞의 책, 35쪽.

보여주고, 자본주의비판, 경제적 평등이념에 공명하고 있음을 말해 준다. 그가 소작인의 운동을 지주의 잔악을 억제하여 일시 급박한 동포의 窮民을 구하는 유일한 방법이라164) 하여 제국주의적 자본주의경제를 비판한 것도 이러한 인식에서 나온 것이다.

그는 박탈된 정치적 주권과 경제적 생존권은 혁명에 의해서만 쟁취할 수 있다고 인식하였다. 그는 현재의 혁명은 특수지배세력의 명칭변경의 성격을 지녔던 과거의 혁명과는 다른, 민중자신을 위한 민중직접혁명의 성격을 지닌다 하며, 이러한 민중직접혁명에서 가장 중요한 것은 혁명이념의 시대적 변화를 일깨우는 '민중각오'임을 밝혔다.

> 舊時代의 革命으로 말하면, 人民은 國家의 奴隷가 되고 그 以上에 人民을 支配하는 上典 곧 特殊勢力이 있어 그 所謂 革命이란 것은 特殊勢力의 명칭을 變更함에 불과하였다. … 今日 革命으로 말하면 民衆이 곧 民衆 자기를 爲하여 하는 革命인 故로 '民衆革命'이라 '直接革命'이라 稱함이며, 民衆 直接의 革命인 故로 그 沸騰 膨脹의 熱度가 數字上 强弱比較의 觀念을 打破하며, 그 結果이 成敗가 매양 戰爭學上의 定軌에 逸出하여 無錢 無兵한 民衆으로 百萬의 軍隊와 億萬의 富力을 가진 帝王도 打破하며 倭寇도 驅逐하나니, 그러므로 우리 革命의 第一步는 民衆覺悟의 要求니라.165)

신채호는 금일의 혁명은 과거와는 달리 정부 또는 당의 지도나 매개 없이 민중 자신를 위한 민중직접의 혁명임을 강조하며, 새로운 광복운동의 강력한 실천방략으로서의 민중직접혁명의 우수성을 내세웠다. 그의 '直接革命'의 직접은 본질적으로 무정부주의적 개념으로서 무정부주의가 '민중'을 고도로 자율적이고 주체적인

---

164) 「낭객의 신년만필」, 앞의 책, 28쪽.
165) 「조선혁명선언」, 앞의 책, 41쪽.

사고와 행동을 하는 자주인이라고 보는 관점에서 나온 것이라 할 수 있다.166)

그러나 다음의 인용문에서 나타나는 바와 같이 무정부주의 사상과 개념이 형성되기 이전의 역사상에 나타났던 피지배층의 폭력적 혁명의 개념이 전혀 배제된 것은 아닌 것으로 보인다. 그는 돈없고 병사 없는 하잘것 없어 보이는 민중이지만 능히 백만의 군대와 억만의 부력을 가진 제왕도 타도하며 왜구도 구축할 수 있는데167), 과거의 민중이 그동안 폭력적 혁명을 실천하지 못하여 이러한 힘과 능력을 발휘하지 못한 것은 오로지 민중각오의 결여에 있다고 본 것이다. 한 마디로 혁명주체인 민중의 깨달음 없이 새 시대의 혁명은 불가능하다는 것이다.

그리하여 그는 혁명이 성공할 수 있는 두 가지 필수요건으로 혁명의 주체인 깨달은 '민중'과 혁명의 수단으로서 '폭력' 두 가지를 내세우고, 지난날의 혁명이 두가지 요건을 다 구비하지 못했기 때문에 성공하지 못한 실례를 다음과 같이 들며, 민중과 폭력 양자합일의 이념을 구현하는 민중의 폭력적 혁명을 촉구하였다.

> 甲申政變은 特殊勢力이 특수세력과 싸우던 宮中 一時의 活劇이 될 뿐이며, 庚戌 전후의 義兵들은 忠君愛國의 大義로 激起한 讀書階級의 사상이며 安重根·李在明 등 烈士의 暴力的 行動이 熱烈하였지만 그 後面에 民衆的 力量의 基礎가 없었으며, 三·一運動의 萬歲소리에 民衆的 一致의 意氣가 瞥現하였지만 또한 暴力的 中心을 가지지 못하였도다.168)

---

166) 신용하, 앞의 책, 256쪽.
  이러한 논리로 본다면 성장기의 학문수학기와 애국계몽 활동에서 보여준 신채호의 주체적 성품과 한국민족의 주체성 강조는 망명 후 무정부주의사상에 쉽게 경도될 수 있는 요인이 되었다고 할 수 있다.
167) 「조선혁명선언」, 앞의 책, 41쪽.
168) 「조선혁명선언」, 앞의 책, 42쪽.

신채호는 혁명의 體로서 '民衆'을 혁명의 '用'으로서 暴力을 동시에 합일코자 한 것이다. 여기에서 「독립을 못하면 살지 않으리라」, 「일본을 구축하지 못하면 물러서지 않으리라」라는 민중의 결연한 각오와 혁명의 폭력적 방법의 실천만 있다면 민중혁명은 반드시 성공할 수 있다는 그의 절대절명의 광복운동사상과 광복운동전술의 이념과 구조를 이해하게 된다. 그의 이러한 광복운동의 사상과 운동방략은 당시로서는 한민족의 적인 투쟁대상이 날로 강대해지는 현실에서 약자인 식민지 민중이 제국의 강자를 대항하는 길은 테러리즘, 즉 비합법적인 폭력수단의 행사밖에 다른 방도가 없다는 확고한 신념에서 비롯된 것이다.

신채호는 민중혁명의 성공에 대한 확신을 가지고 그 방안으로서 정규군에 의한 결전이 아닌 게릴라적인 암살·파괴·폭동의 세 가지 폭력을 내세웠다. 그는 상해 임정 산하의 정규독립군이나 부대조직에 의한 군사활동과는 달리 무정부주의사상을 수용하고 義烈團의 투쟁방법을 합리화하여 폭력적 혁명의 방법을 주장하고 있다. 그가 무정부주의자들이 일반적으로 주장하는 것처럼 기존의 윤리와 도덕을 반대 배격하고 지배와 권위를 상징하는 정부와 강도적 지배층을 부정 부인하여 무산민중의 폭력혁명으로 이를 파괴할 것을 강력히 주창하고 있으나, 그 대상 목표가 기존의 전통윤리나 한국정부가 아닌 일제로 국한된 것이 독특하다.

이러한 논리에서 신채호는 "獨立軍을 10만 양성하는 것보다 한 발의 폭탄을 던지는 것이 더 나으며, 億千張의 신문·잡지보다 1회의 폭동이 더 나은 것이라."169)고 주장한 것이다. 이는 결코 신채호 자신이 무정부주의자로 완전 변신하여 주장한 결과는 아니다. 1910년대 민족의 독립운동이 실패하게 된 현실적인 한계와 그 전

---

169) 「조선혁명선언」, 앞의 책, 42쪽.

술적 방법론을 반성하여, 당시 세계적인 제국주의적 자본주의체제였던 일본의 구축에 의한 한민족의 광복을 위한 최후의 수단과 방략으로 민중폭력혁명론을 채용한 것이다.

그의 민중혁명사상에 있어서 폭력의 목적은 극좌의 무정부주의적 사회혁명이 아니라 일제구축의 광복혁명이었다. 즉 그는 혁명에 있어서 대립 투쟁관계의 규정을 '조선민중' 대 '자본주의 특권계급'이라고 무정부주의적으로 설정하지 않고 '朝鮮民衆' 對 '強盜日本' 또는 '강도단의 특별계급'이라고 민족주의적으로 설정하고 있다. 이러한 주장은 1928년의 「宣言書」를 통해 더욱 명백해진다.

> 우리 無産民衆의 最後 勝利는 確定必然한 事實이지만, 다만 東方 各 '植民地'·'半植民地'의 無産民衆은 自來로 釋迦·孔子 등이 提倡한 곰팡내 나는 道德의 '독' 안에 빠지며, 帝王·酋長 등이 建設한 비린내 나는 政治의 '그물' 속에 걸리어 數千年 헤메다가, 一朝에 英·法·日本 等資本帝國 經濟的 野獸들의 經濟的 搾取와 政治的 壓力이 全速力으로 前進하여 우리 民衆을 맷돌의 한 돌림에 다 갈아 죽이려는 판인즉, 우리 東方民衆의 革命이 萬一 急速度로 進行되지 않으면 東方民衆은 그 存在를 잃어버릴 것이다. 그래도 존재한다면 이는 墳墓의 속 … (中間 脫落-編輯者註) 우리가 徹底히 이를 否認하고 破壞하는 날이 곧 彼等이 그 존재를 잃는 날이다.[170]

신채호는 무산민중들이 강도 일제의 경제적 착취와 정치적 압력에서도 존재를 잃지 않기 위해서는 급속히 민중직접혁명으로 철저히 일제를 부정하고 이를 파괴 구축하여 저들의 존재가 말살되어야 진정한 민족의 자주독립을 획득할 수 있음을 강조하였다. 이러한 주장은 식민지 민중의 자유와 평등을 찾기 위하여 한민족과 일제가 공존할 수 없다는 극단적인 적대의식에서 이루어진 것이다.

---

170) 「선언서」, 앞의 책, 50쪽.

이러한 인식에서 신채호가 폭력의 구체적인 대상으로 (1) 조선총독 및 각 관공리, (2) 일본천황 및 각 관공리, (3) 偵探奴·賣國賊, (4) 적의 일체 시설물, (5) 각 지방의 신사·부호로서 혁명운동을 완화하고 중상하는 자 및 일본인 이주민을[171] 설정함으로써 그의 파괴와 폭력에 의한 민중직접혁명의 공격목표는 투명하게 되었다. 뿐만 아니라 그가 「용과 용의 대격전」에서 共産黨의 大潮流에 獨立軍이 약화되는 것을 개탄하고, 또한 그의 공판기록에서 "내가 본시 무정부주의연맹을 조직할 때 어떤 책자를 보고 동기가 되었다고 말한 듯하나, 절대로 그런 것은 아니고 오직 현 제국주의제도에 불평과 약소민족의 미래를 위하여 단행한 것이라."[172] 하는 데에서도 일제 그 자체와 그것에 동조하는 자가 모두 폭력의 대상임을 확인시켜 주고 있다.

신채호는 혁명은 파괴로부터 개척되는 것이며, 파괴는 건설을 위해 파괴하는 것이기 때문에 건설과 파괴가 다만 형식상에서 보아 구별될 뿐이요, 정신상에서는 파괴가 곧 건설이라 주장하며 일본세력의 5파괴와 조선의 5건설을 제시하였다. 그 내용은 (1) 고유적 조선을 발견하기 위한 이족통치의 파괴, (2) 자유적 조선민중을 발견하기 위한 특권계급의 타파, (3) 민중생활의 발전을 위한 경제약탈제도의 파괴, (4) 민중 전체의 행복을 증진하기 위한 사회적 불평균의 파괴, (5) 민중문화를 제창하기 위한 노예적 문화사상의 파괴였다. 5파괴와 5건설의 선언에서 신채호의 사회사상에 대한 큰 변화와 그의 독자적인 무정부주의사상을 읽을 수 있다.

그가 무엇보다 첫째, 일제 파괴에 의한 「고유적 조선」의 건설을 지향함으로써 스스로 그의 사상이 당시 중국 무정부주의의 반민족

---

171) 「조선혁명선언」, 앞의 책, 43쪽.
172) 「公判記錄(제3회 공판)」, 앞의 책, 429쪽.

주의사상이나 프롤레타리아계급의 국제적 연대를 주장하는 공산주의사상과 다른 민족주의사상임을 표방하였다.

둘째, 일제의 특권계급의 파괴에 의한 「자유적 조선민중」을 지향한 것은 이민족 강도정치의 피지배에서 벗어난 자유민을 가르키는 것이지 자본가계급과 대립되는 무산계급을 지칭한 것은 아니다.

셋째, 일제 경제약탈제도의 파괴에 의한 「민중적 경제」의 건설은 제국의 약탈적이고 자유방임적인 자본주의의 폐해를 지적하며173), 민중생활의 향상을 위한 경제를 지향하였다.

넷째, 사회적 불평균의 파괴에 의한 「민중적 사회」의 건설은 민중전체의 행복을 위해 권력과 부의 사회적 불평균의 해소를 주장한 것으로서 무정부주의적 반강권의 논리에서 민중의 자유연합에 기초한 사회적 평균주의를 선언하였다.

마지막으로 그는 노예적 문화사상의 파괴에 의한 「민중적 문화」의 건설은 다수의 민중을 노예화한 마취제로서의 지배층 강자 중심의 문화사상을 파괴하여 민중의 권리와 자유를 향상시킬 수 있는 반강권의 민중문화를 지향하였다.

신채호는 1900년대의 사회진화론에 입각한 민족자강에 의한 자주독립의 국민국가상에서 1920년대에 이르러 무정부주의의 상부상조사상에 입각하여 정치적으로는 반강권적인 자유국가상, 경제·사회적으로는 평균주의적 자유사회상을 지향함으로써 종전의 우선시 했던 민족의 '국가' 관념에서 벗어나 민족의 '사회·경제' 관념을 포용함으로써 그의 후기 민족주의사상은 그 폭을 넓히며

---

173) 신채호는 다른 글(『동아일보』 1924년 10월 13일 「問題없는 論文」; 앞의 책, 156~160쪽)을 통해서도 자본주의적 금전만능 풍조를 경계하며, 금전 이외에도 「朝鮮」·「同志」·「同族」 등이 있음을 깨우치고 있었다.

더욱 성숙되었던 것이다.

3) 이상적 한국건설

신채호는 일찍기 국내 애국계몽운동기 때 국권회복 후 건설해야 할 자강독립의 신한국상으로서 '입헌국가'를 지목한 바 있었다. 그의 입헌국가 건설에 대한 확고한 신념은 인류의 역사관에까지 연결되었다. 그는 國家政體의 발달을 문명진보의 차원에서 제1기를 酋長時代, 제2기를 貴族時代, 제3기를 專制時代, 제4기를 立憲時代라 하여 20세기를 입헌적 국민국가의 시대로 명백히 인식하고,[174] 서양의 예를 들어 입헌공화제를 찬양하였다.

> 彼 西洋은 暗黑時代가 暫過하고 黃金時代가 復回하여 文明의 氣運이 精神界와 物質界에 膨脹하여 道德·政治·經濟·宗敎·武力·法律·學術·工藝 等이 長足의 進步를 作하니, 於是乎 國家의 利가 日로 多하며, 人民의 福이 日로 大하여 專制封建의 舊陋가 去하고, 立憲共和의 福音이 遍하여 國家는 人民의 樂園이 되며, 人民은 國家의 主人이 되어 孔·孟의 輔世長民主義가 此에 實行되며 루소의 平等自由精神이 此에 成功되었도다.[175]

나아가 신채호는 당시 대한제국이란 식민지 상황의 전제군주제 아래에서 공개적으로 "국민적 국가가 아닌 나라, 즉 입헌국이 아닌 1, 2인이 전제하는 나라는 세계대세를 거역하는 나라로서 반드시 망한다."[176]하며 반제·반봉건의 자주와 개혁의 독립선언을 하여,

---

174) 『대한매일신보』 1910년 1월 8일 「進化와 退化」; 『전집』 별집, 208쪽.
175) 『대한매일신보』 1910년 2월 22일~3월 3일 「二十世紀 新國民」; 『전집』 별집, 213쪽.
176) 「二十世紀 新國民」, 앞의 책, 229쪽

민족국가의 나아갈 길은 오직 한 길 '입헌공화제의 국민국가'임을 분명히 천명하였다.

당시 입헌공화제의 국민국가론은 新民會가 신국가의 정체로서 '共和政'을 목표로 삼은 것과 관련을 가지며, 신채호가 이러한 신민회의 이념정립과 그 실천활동에 참여하여 그 사상을 대변하고,177) 이를 구체적으로 자기화한 것으로 이해된다. 근대적인 서구의 자유주의에 바탕을 둔178) 민족주의에 입각한 자주독립의 국민국가를 건설한다는 원대한 목표는 궁극적으로 반침략의 저항적 민족주의와 반봉건의 시민적 민족주의라는 이중구조를 그 이념과 내용으로 하는 근대적 자주독립국가수립이라는 민족의 정치적 이상을 실현하는 것이 된다.

이와 같은 국민주권의 민주주의 평화공화국건설에 대한 열망은 망명 후에도 이어져 1917년 7월에 국내외 정세의 변화에 대응해서 申檉(申圭植)·趙鏞殷(趙素昂)·朴容萬·박은식·신채호·尹世復·韓震 등 14명이 새로운 독립운동의 활로개척을 위한 '민족대회의'를 소집하여 임시정부를 수립하려 계획했던 '大同團結宣言'에서 제창되고179) 있는 것으로 보아, 이는 당시 박은식과 신채호를 위시한 다수의 독립운동가들이 국권회복 후의 국체와 정체를 밝힌 국민주권의 민주주의 신한국상의 반영이라 할 수 있다.

그러나 1920년대 당시는 국망 전의 애국계몽사상기 때처럼 국권회복 후 신국민에 의한 자주부강한 민주적 '입헌공화국' 건설과 '자유사회' 실현을 위한 구체적인 논리를 전개할 수 없을 정도로

---

177) 신용하, 1977, 「신민회의 창건과 그 국권회복운동」 『한국학보』 제8~9집.

178) 「二十世紀 新國民」 『전집』 별집, 213쪽.

179) 조동걸, 1987, 「임시정부수립을 위한 1917년의 '대동단결선언'」 『한국학논총』 제9집, 국민대학 한국학연구소 참조.

국망을 둘러싼 국내외의 상황은 급박하였다. 따라서 신채호는「조선혁명선언」등에서 무정부주의적 폭력이념의 방법에 입각하여 민족의 광복을 쟁취코자한 義烈團의 특성을 규정하고, 그 목적과 방법을 구체적으로 명시하여 민중폭력혁명의 이념정립과 그 실천에 주력하였기 때문에 '이상적 조선'의 '국체'와 '정체'의 모델 제시에는 적극적이지 못했던 것 같다.

신채호가 국권회복 후의 민족국가의 구체적인 국가형태와 정치형태를 밝히지 않고 유보한 것은, 첫째 폭력혁명에 의한 제1단계의 시급한 과제는 일제구축이고, 구체적인 신한국상의 모델 제시는 일제구축 후의 제2단계 목표였기 때문이었고, 둘째 독립된 민족국가의 구체적인 국체와 정체의 제시는 민중폭력혁명에 의한 일제구축의 독립운동의 실천이념에 배치되는 논리적인 모순을 노정할 수 있기 때문이었던 것으로 보인다.

「조선혁명선언」에서 제시된 '이상적 조선'의 상은 1923년 이후 새로운 독립투쟁의 방략인 민중의 폭력을 합리화하는 이론적 근거와 그 실천이념으로서 일제에 대한 철저한 저항의 투쟁명분으로 제시된 것이다. 신채호가 일제의 파괴는 곧 새 한국의 건설로 인식한 것은 강권주의적인 일제와 이상적인 한국이 본질상 동지로서 공존될 수 없다는 데에서 파괴의 명분을 발견할 수 있었기 때문이다. 한마디로 적 일본의 부정은 한국의 긍정이며, 적 일본의 파괴는 한국의 건설이라는 논리이다. 이로부터 사회진화론에 입각했던 반강권적인 저항적·자강적인 그의 전기 민족주의는 극복되어 무강권의 무정부주의적 후기민족주의로 변환 발전하게 되었다.[180]

신채호는 민족주의사상에 입각한 무정부주의적 테러리즘의 폭

---

180) 申一澈,「申采浩의 近代國家觀」『신채호의 사상과 민족독립운동(단재 신채호선생 순국50주년추모논총)』, 형설출판사, 389~390쪽.

력투쟁수단으로 우리 민족의 민중폭력혁명이 성공하여 강도 일본의 통치를 타도하고, 우리 생활의 불합리한 일체 제도를 개조하여, 다시는 사람이 사람을, 사회가 사회를 강권으로 착취하지 못하는 이상적 한국의 건설을 추구하고 있었다. 그가 「조선혁명선언」의 끝에서 "현재 조선민중은 오직 민중적 폭력으로 新朝鮮 건설의 장애인 강도 일본세력을 파괴할 것 뿐인줄을 알진대, 조선 민중이 한편이 되고 일본 강도가 한편이 되어, 네가 망하지 아니하면 내가 망하게 된 '외나무다리 위'에 선 줄을 알진대, 우리 2천만 민중은 일치로 폭력 파괴의 길로 나아갈지니라."고 하며, 다음과 같이 결론을 내렸다.

> 民衆은 우리 革命의 大本營이다. 暴力은 우리 革命의 唯一武器이다. 우리는 民衆속에 가서 民衆과 提携하여 不絶하는 暴力— 殺·破壞·暴動으로써 强盜 日本의 統治를 打倒하고, 우리 生活에 不合理한 一切 制度를 改造하여 人類로써 人類를 壓迫치 못하며, 社會로써 社會를 剝削치 못하는 理想的 朝鮮을 建設할지니라.181)

신채호는 폭력의 대상과 파괴의 대상을 각각 5가지씩으로 명확히 제시하고 있으나, 그가 여기에서 설정한 '이상적 조선'은 추상적인 표현으로 구체적으로 어떤 나라 또는 어떤 사회를 지칭하는지를 명확히 밝히지는 않았다. 앞에서 지적한 바와 같이 그가 무정부주의 이념의 수용으로 인해 이상적 조선의 구체적 모델을 밝힐 수가 없었다고 보는 것이 타당할 것이다.

그러나 그가 추구하는 한국의 이상사회는 고유의 민족을 바탕으로 한 무정부주의적 상부상조사회, 민중의 자유연합에 기초한 반강권의 평균사회, 금전만능의 반자본주의사회, 어떤 도덕과 주의가

---

181) 「조선혁명선언」 『개전집』 하, 45~46쪽.

들어와도 한국의 도덕과 주의로 만드는 주체적 사회[182]였다.

따라서 그가 내세운 이상적 조선, 즉 신조선은 '고유적 조선의'·'자유적 조선민중의'·'민중적 경제의'·'민중적 사회의'·'민중적 문화의' 조선으로서 한국민족국가의 광복과 함께 정치·경제·사회·문화에 대한 민중의 주체적 참여에 의한 반봉건·반외세의 민중적 조선, 즉 국민주권적 자유사회인 近代民主自由社會를 구상하였던 것으로 이해된다.

Ⅲ. 광복운동사상의 특성

박은식과 신채호의 상징적이며 대표적 사상인 세계평화사상과 민중혁명사상은 국내 애국계몽기 때부터 형성되었던 국권회복사상을 바탕으로 하여 1910년 이후 국망에 따른 민족국가의 암울한 현실과 강권적 국제정세의 추이에 대처하는 과정에서 광복운동사상으로 성숙 발전하여 근대 한국민족주의 독립운동사상의 쌍벽을 이루게 되었다.

이들 두 사상의 목적은 망국 한국의 광복에 있으나 사상의 발전 배경과 이념 및 전술방안 등은 독자적인 차별성과 보편성을 띠고 있다. 이러한 두 사람의 사상적 특성을 앞서 고찰한 바를 중심으로 비교하고자 한다.

---

182) 『동아일보』 1925년 1월 2일 「浪客의 新年漫筆」 ; 앞의 책, 26쪽.

1. 사상발전의 배경

박은식은 1898년 『皇城新聞』에서 애국계몽운동을 전개하게 되는 40대 이후부터 제국주의 침략하의 민족적 현실과 시대적 상황에 대응하는 새로운 사상으로 세계평화사상을 구상하기 시작여 67세로 운명할 때까지 이를 정립코자 노력하였고, 신채호는 박은식과는 달리 제국주의 침탈에 의한 국망과 임정의 시련을 극복하는 최상의 방편으로 평소 전개했던 무장독립투쟁사상에 1920년대인 40대 이후에 무정부주의사상을 새로이 수용 접목함으로써 1923년 광복운동사상의 새로운 장으로서 민중혁명사상을 수립하였다.

박은식의 세계평화사상은 첫째, 학문수학기와 애국계몽운동기에 발상된 동양의 유학사상과 한국의 개신유학사상인 실학사상을 바탕으로 형성되어 그의 철학적 가치관으로 온축된 데에서 비롯되었다. 그는 이 사상의 형성동기가 근대 서구의 신학식과 신기술의 접함에 있었고, 이 사상의 이념적 뿌리는 실학의 自奮·自强·自育의 민권적 주체사상과 평등사상에 두면서, 동서양의 명인으로부터 비롯된 평화사상을 수용하여 그 내용으로 삼았다고 밝힌 바 있다. 따라서 이 사상은 한국과 동양의 전통사상과 서구의 근대문명이 조우되면서 싹트기 시작하였음을 인지하게 된다.

둘째, 그의 사상은 당시의 시대를 제국적 강권주의 시대가 끝나고 인도주의와 평등주의의 세계평화시대가 도래한다는 신념에 찬 시대통찰에 의해 형성 발전되었다.[183] 일찌기 박은식이 다가올 21세기를 동양문화의 대발달기로 전망하며 陽明學을 기초로 하여 전

---

183) 『夢拜金太祖』 ; 『전집』 중, 217·249·274~275·309쪽.

근대적 유교를 민중의 유교, 실천의 유교, 세계의 유교로 개혁되어야 함을 주장하였다.[184] 그리고 그는 민족의 내적 역량인 동양과 한국의 전통사상을 변혁의 정신적 주체와 기반으로 삼아 선진 서양문명을 수용함으로써 자강독립의 근대적 민족국가를 수립하여 동양평화와 세계평화에 이바지하려는 데에 큰 뜻을 두었다. 그가 장래 세계사의 진운이 대서양 중심에서 태평양 중심시대로 전이될 것임을 내다본 것은 식민지상태의 한국민족은 물론 동양인에게 희망의 복음으로써 뿐만 아니라 약 1세기가 지난 오늘의 입장에서 볼 때 실로 예언적 탁견이 아닐 수 없다.

셋째, 그의 사상은 3·1운동을 경험하면서부터 孔孟이나 康有爲의 이상론과는 달리 현실적인 사상으로서 실천성을 부여받으며 크게 고무 성숙되었다. 3·1운동으로 전근대적인 보수주의는 불식되고 식민지의 저항적·자강적 민족주의와 약육강식의 강권적 사회진화론이 더 이상 이념적 기반을 잃고 점차 인도주의 사상으로 대치되어 가는 시대적 상황에서, 박은식은 예리한 시대감각으로 3·1운동의 역사적 경험을 독자적으로 소화하고 자기화하여 더욱 성숙된 세계평화사상을 정립할 수 있게 되었다. 한국민족의 청년·학생·지식층이 앞장서고 농민·노동자·부녀자·노인 등 전국민이 대동단결하여 세계평화사상의 기치를 전세계에 고양한 3·1운동의 실천이념이 그의 사상과 맥락을 같이 하고 있다. 그가 당시 3·1운동을 대동단결과 일치행동으로 이룩한 세계 역사상 미증유의 '徒手革命'의 독립선언이며,[185] 2천만 민중의 '자유전쟁'의 시작이라고[186] 평가한 데에서 그의 세계평화사상의 이념이 3·1운동

---

184) 「儒敎求新論」『전서』 하, 48쪽.
185) 『獨立新聞』 1923년 3월 1일 「痛告二千萬同胞」 ;『전서』 하, 174쪽.
186) 앞의 신문, 1923년 3월 1일 ; 앞의 책, 169쪽.

을 통해 구현코자 하는 선언적 의미를 이해할 수 있게 된다.

결국 박은식은 3·1운동에서 한국민족이 광복할 수 있는 자격과 능력을 가지고 있다고 확신함으로써[187] 그의 사상의 이념을 구현할 수 있는 활력을 얻게 된 것이다. 특히 3·1운동의 이념을 구체적으로 표방한 독립선언서를 비롯하여 각종 국제회의의 적극적 후원을 얻기 위한 효과적인 대책으로서 발표하는 각종 선언서와 결의문의 주장이[188] 그의 세계평화사상과 합치되고 있는 점이 주목된다. 그는 청일전쟁이나 러일전쟁이 한국으로 인해 생겨난 것은 한국이 동양의 요충이자 중심이라는 사실을 반영한 것으로 한국은 실로 동양의 중심이 아닐 수 없다는 생각이다.

당시나 장래의 세계의 문제는 동양을 중심으로 발생하게 되니 한국의 문제가 곧 세계의 문제가 된다 하며, 太平洋會議에서[189] 한국문제를 최선으로 해결하지 못하면 동양의 평화는 물론 회의의 목적인 세계평화를 성취할 수 없기 때문에 한국인의 안전을 보장하고 어떤 이민족이라도 한국을 유린치 못하게 되어서야 비로소

---

187) 앞의 신문, 1922년 6월 24일 「早速悔改하야 大同團結에 努力하라」 ; 앞의 신문, 1923년 3월 1일 「痛告二千萬同胞」 ; 앞의 책, 170·174쪽.

188) (1) 太平洋會議에 참여한 列國은 東洋平和의 근본적 문제인 大韓獨立을 완전히 승인할 때까지 활동을 계속할 것[日本總領事館, 1932,『朝鮮民族運動年鑑』, 上海, 大韓民國 3년(1921) 9월 말경 條 ; 金正明 編, 1967,『朝鮮獨立運動』 제Ⅱ, 原書房, 283쪽].

189) 1921년 7월 미국 대통령 하아딩(W.G.Harding)이 주창하여 1921년 11월 11일~1922년 2월6일 워싱턴에서 개최된 해군군비축소 및 극동문제를 해결하기 위한 미국·일본 등 9개국의 국제 열국대표자 회담이었다. 한국대표단은 비록 이 대회에 참석하지 못하고 공식적으로 한국의 독립문제가 승인되지 못한 결과를 가져 왔으나 개인적인 접촉효과는 일제의 식민정책의 포학성을 폭로하여 한국인의 노예적 상황을 인식케 함으로써 세계여론의 환기 및 조성에는 기여한 바 있었다(이현희, 1976, 「태평양회의의 한국외교 후원문제」『한국사논총』 제1집, 성신여대 사학과).

동양평화, 나아가서 세계평화를 이룩할 수 있다는 것을 천명하였다. 이는 한국은 동양과 태평양의 주인으로서 한국이 독립되지 않으면 동양평화나 세계평화는 공담에 지나지 않은 것임을 지적한 것이다.[190]

이에 비해 신채호는 첫째, 1910년 국망을 당한 후 애국계몽사상기에 주장했던 사회진화론적 민족자강사상이 오히려 일제의 강권적 지배를 확립시키는 논리로 발전하자 그는 1912년 광복회 결성 이후 일관되게 주장했던 민족주체의 도덕론에 의한 항일무장폭력투쟁론과 3·1운동 후 민중을 역사변혁의 실체로 인식하여[191] 비록 3·1운동이 실패로 돌아갔지만 식민지의 피지배층인 민중의 폭력혁명을 내세우는 무정부주의 사상을 수용하여 광복운동의 혁신적인 사상과 실천이념의 일대 전환을 가져왔다.

따라서 그는 시대와 상황적 변화에 대처하는 이념의 무장과 실천적 행동에 능동성과 기민성을 보여줌으로써 항상 새로운 독립운동의 이념과 방략이 기약되고 또한 창출될 수 있었다.

신채호는 3·1운동이 전개되자 韓龍雲의 공약(公約) 3장을 지키는 일반 민중들과는 달리 崔南善 집필의 '3·1독립선언서'나 민족 지도층의 처사에 크게 실망하였다. 그가 3·1독립선언서를 읽다가 "불과 몇년짜리 운동을 선언했군, 이 판에 평화운동이 다 뭐하자는 겨요. 에잉! 이것두 독립선언 …"[192]라는 말과 함께 선언서를 내팽개쳤다는 일화와 "3·1운동의 만세소리에 민중적 일치의 의기가

---

190) 『獨立新聞』 1921년 11월 19일 「韓國人民致太平洋會議書」 ;국사편찬위원회, 1968, 『韓國獨立運動史』 자료2(임정편 Ⅱ), 301~302쪽.

191) 신채호는 "三·一運動의 萬歲소리에 民衆的 一致의 意氣가 瞥現하였지만, 또한 폭력적 중심을 가지지 못하였도다."라 하여 3·1운동이 민중운동임을 밝히고 있다(「조선혁명선언」 『개전집』 하, 42쪽).

192) 任重彬, 1986, 『先覺者 丹齋申采浩』, 충청출판사, 223쪽.

발현하였지만 폭력적 중심을 가지지 못하였도다."라 하여 3·1운동이 민중직접의 봉기이지만 민중폭력의 혁명이 아닌 것을 문제점으로 지적한 것은 그의 사상발전의 배경적 일면을 반영해 준다. 평화적이며 비폭력적인 3·1운동에 대한 이러한 비판적 시각은 민족대표 33인 중 최고가 3년형이었고, 그 가운데 상당수 인사가 뒷날 변절하고 마는 사실을 이미 통찰하고, 광복투쟁을 위한 일치된 民衆意氣의 폭발적인 새로운 전술의 모색을 전제하는 것이었다.

둘째, 그는 1920년대를 전후하여 나라를 잃은 亡國民은 하릴없는 有國民과는 달리 인간의 생존·선악·正邪·是非 등에 관한 일체의 가치기준을 민족주체의 현실적·실용적 利害에 두는 有制限的·無恐怖的·國粹的 도덕 등 새로운 특별도덕의 수립을 강조하여 그의 민중혁명사상의 철학적·이념적 배경을 형성하였다.

이로써 보면 이들 두 사람의 사상은 이미 3·1운동 전에 그 사상의 이념의 틀은 형성되었으나 각자의 사상이 탄력과 명분을 실으며 성숙 정립하게 된 가장 큰 배경적 요인은 3·1운동의 경험과 그 영향이라 할 수 있다. 두 사람은 3·1운동으로 그 이전까지의 보수주의적 의병투쟁론(위정척사파)·시민민족주의(개화파)·민중민족주의(동학농민운동파) 등의 세력들이 새로운 근대적 민중의 힘과 능력을 경험함으로써 독립운동의 사상과 방편이 발전적 단계로 발돋움하는 시대적 영향을 받았을 뿐만 아니라 이러한 사상적 변혁을 앞장서 주도하였던 것이다.

박은식과 신채호는 모두 1917년 7월 국내외 정세에 대응하여 새로운 광복운동의 활로를 개척하기 위해 민족대회의를 소집하여 임시정부를 수립하려 14명이 제창한 「大同團結宣言」과 1919년 2월 초순(1~7일사이) 길림에서 세계대전 종결(1918. 11) 후 국제정세의 변동을 포착하여 만주와 노령 한인사회의 저명한 민족독립운동자

39명이 발표한 「大韓獨立宣言書」에 함께 참여하여 서명하였다. 이들이 발기 서명한 두 선언서는 「2·8독립선언서」와 「3·1독립선언서」의 선구적인 선언서로서 이를 기초한 趙素昻 등 소장 인사들이 박은식과 신채호 등 종래의 新韓革命黨(1915) 선배의 이념적 지도를 받았던 것으로193) 보아 두 사람의 광복운동사상의 골간은 이 때 이미 형성되었다고 하겠다.

결국 두 사람의 사상은 3·1운동을 계기로 각자의 대표적 광복운동사상으로 발전 성숙되었으나 각각 독자적인 면을 나타내고 있다. 박은식은 민중의 평등된 단합과 평화주의에 의한 무저항적 독립운동의 실천성을 확인할 수 있었고, 신채호는 3·1운동으로 생성된 민중의 힘, 즉 민중일치의 의기와 분발정신이 사회 지도급 인사들의 평화주의에 입각한 외교론 때문에 3·1운동으로 생성된 민중의 힘이 사그러지게 되었다고 비판하였다.194) 그러나 반면에 3·1운동을 통해 민중일치의 의기가 폭력혁명으로 발전하여 강도 일본을 살벌할 수 있다는 희망을 가질 수 있었던 데에서195) 3·1운동에 대한 신채호 사회인식의 또 다른 의미를 발견하게 된다.

---

193) 조동걸, 1987, 「臨時政府樹立을 위한 1917년의 「大同團結宣言」『한국학논총』제9집, 국민대학교 한국학연구소 ; 조항래, 1991, 「3·1獨立宣言書의 理念的 背景」『汕耘史學』제5집.

194) 最近 3·1運動에 一般人士의 「平和會議·國際聯盟」에 對한 過信의 宣傳이 도리어 二千萬民衆의 奮勇前進의 意氣를 打消하는 媒介가 될 뿐이었다(「조선혁명선언」『개전집』하, 39쪽).

195) "安重根·李在明 等 烈士의 暴力的 行動이 熱烈하였지만 그 後面에 民衆的 力量의 基礎가없었으며, 三·一運動의 萬歲소리에 民衆的 一致의 意氣가 瞥現하였지만, 또한 暴力的中心을 가지지 못하였다." 라 하여 3·1운동을 민중운동임을 밝히고 있다(「조선혁명선언」, 앞의 책, 42쪽.)

2. 독자적 특성

1) 사상의 이념

박은식의 세계평화사상의 이념은 실학과 동학의 개혁사상과 서구의 신학술과 신기술을 참고하여 전개한 애국계몽운동기의 교육개혁론·유교구신론 등에서 제시된 陽明學과 大同思想의 學理와 宗旨에 그 뿌리를 두고 있다. 그의 세계평화사상은 일견 東道西器的 입장을 띠고 있는 것 같으나 실제로는 동도와 서기의 융합보다 東道와 西道의 융합을 지향하였다.

광복운동사상으로서의 이같은 박은식의 세계평화사상의 형성과 정립에서 나타난 이념의 특성은 다음 두 가지로 크게 요약할 수 있다.

첫째, 그의 사상은 종교적 도덕론에 입각하여 근대사상을 수용한 데 있다. 그의 사상은 공자의 '大同之義'와 맹자의 '民爲重之說'에 입각한 대동사상196)과 '致良知'와 '知行合一'의 양명학의 종

---

196) "盖孔門의 大同敎는 其言이 載於禮經ᄒ고 其義가 寓於春秋ᄒ얏스니 聖人經世의 志가 大同之治에 在ᄒ신 것은 昭如日星ᄒ니다 自孟子歿ᄒ심으로 其傳이 遂絶ᄒ고 其義가 不行ᄒ야數千載 歷史에 大同의 學을 講혼 者 未有ᄒ얏스니 엇지 大同의 治를 得見홀 時期가 有ᄒ리오 世運이 變遷ᄒ고 人文이 增進홈이 學者의 思想이 從而日新일식 於是乎 最近 東洋學界에一二豪傑之士(康有爲·梁啓超: 필자주)가 出ᄒ야 吾孔敎의 大同學을 表而出之홈이 有ᄒ니 自今으로 世界의 進化가 日趨高度ᄒ면 必然코 大同敎가 行于世ᄒ야 天下爲公의 至治를 可觀홀줄노 思惟ᄒ옵ᄂ이다. … 人人所固有혼 本心의 明을 因ᄒ야 開之導之ᄒ야 其形體의 私와 物慾의 蔽를 極治ᄒ야 其心體의 同然者를 回復ᄒ면 天下之人이 同歸于仁ᄒ야 太平의 福樂을 共享홀지니 此는 大同敎의 宗旨로소이다."(『西北學會月報』 제1권 제18호,

지를 바탕으로 동서고금의 종교적 성현과 사상가의 도덕사상을 그의 근대적 자아의식에 의해 주체적으로 융합하였다.

박은식은 유교적 본성의 '마음'(致良知:필자주)과 '仁'을 강조하여 『夢拜金太祖』 말미에서 인간의 마음이 참으로 위대한 것이서 이 세상의 모든 일은 오로지 마음 먹기에 달린 것이라 밝히며, 오늘날 적과 싸워 이길 능력은 오직 우리의 인도주의로서 적의 군국주의를 성토하여 우리의 仁으로서 적의 횡포를 다스리고, 우리의 正으로서 적의 詐를 정벌하면 결코 승리를 얻지 못할 리가 없다고 주장하였다. 그의 세계평화사상의 철학적 논거는 인간의 마음은 본래 모두 같다고 보는 양명학의 치양지론에 두고 있다. 그가 공자의 仁, 맹자의 良知, 석가의 話頭, 예수의 靈魂 등을 정신의 주인이라 밝히고,197) 양지의 본체는 곧 天理로서 聖愚無間之知며 天人合

1909.12.1, 「孔夫子誕辰紀念會講演」 ; 앞의 책, 59~60쪽).
따라서 박은식의 대동사상은 孔孟의 대동사상을 바탕으로 하고 국내의 退栗의 사상과 근대 중국의 康有爲·梁啓超사상의 영향으로 이루어지고 있다(『西北學會月報』 제1권 5호 「謹於微와 無我라는 演論」 ; 『전서』 하, 28쪽, 「孔夫子誕辰紀念會講演」, 앞의 책, 61쪽 ; 『王陽明實記』, 『전서』 중, 143~144쪽 참조).
대동사상의 기원은 『禮記』, 「禮運」편에서 대동사회의 기본 요건으로 내세운 천하만민의 利를 위해서 자기자신의 利를 쫓지 않고 천하만민의 公利를 따르는 '天下爲公'의 이념과 『春秋』에서 天下의 변천을 ① 據亂世(私利를 위해서 서로 다투는 大亂사회), ② 小康世(禮로서 질서화 된 소강사회), ③ 大同世(大道가 실현된 사회)의 발전적 단계로 이해한 데에서 비롯되었다. 이러한 대동사상은 오랫동안 전승되어 온 유가의 사회이상이 秦·漢간의 대혼란기를 통해 평화로운 사회를 염원하는 사람들의 열망과 함께 새롭게 제기된 이상사회의 한 모형으로서 특히 커다란 변화의 소용돌이에 휩싸인 근대 중국에서 이 대동사상을 계승하여 공자의 '仁' 사상을 중심으로 세계주의적인 통일된 이상사회를 재조명한 것이 한국의 애국계몽사상가들에게 영향을 주었다고 볼 수 있다.
197) 『서북학회월보』 제1권 제10호 「告我學生諸君」 ; 『전서』 하, 49쪽.

一之知로서 천지인의 만물일체의 인을 강조한 것은[198] 그의 사상
이 천인이 한 몸인 것과 같이 어리석은 백성들도 성인과 같이 모두
동일하므로 본심의 양지를 기르고 밝혀 그에 따라 행동하면 성현
이 될 수 있다는 종교적 도덕론인 평등·평화론에 입각하고 있음
을 말해주고 있다.

박은식의 세계평화사상은 인간의 도덕적 평등을 강조함으로써
천하를 하나의 집안으로 보는 대동사상과의 철학적인 연결을 이루
고 있다. 이러한 철학적 인식은 박은식 등이 1909년 9월 11일 大同
思想을 기초로 하여 창건한 大同敎의 종지와 대동교 부활의 기대
등에서 밝혀진 바다.

박은식의 세계평화사상은 공맹의 평화사상인 인의·도덕사상에
기독교의 박애사상과 불교의 평등사상을 접목시켜 이룩한 세계적
종교의 평등·평화사상 위에 墨子의 兼愛·非攻論, 루터(馬丁路得)
의 자유론, 루소(盧梭)의 민약론, 워싱턴(華盛頓)의 자유주의, 다아윈
(達爾文)의 강권론(진화론), 칸트(康德)의 영구평화론, 톨스토이(突徐
德耳)의 평화론 등의 서구 근대사상과 梁啓超·康有爲의 학설 등을
광범위하게 섭렵하여[199] 이를 주체적으로 종합한 것이다.[200]

따라서 그의 세계평화사상은 유교의 '인', 불교의 '자비', 기독교
의 '사랑'을 하나의 사상으로 융합 승화시켜 동양사상과 서양사상

---

198) 『王陽明實記』, 『전서』 중, 48~49쪽과 「按先生之學이 致本心之良知
     ᄒ야 以同體萬物爲仁이라」, 앞의 책, 63쪽.
199) 박은식은 동서양의 성현·사상가·명인들의 평등·평화·진보·개
     혁·혁명사상 등을 광범위하게 섭렵한 것으로 이해된다(『夢拜金太祖
     』; 『전서』 하, 262·282~284·309쪽).
200) 『몽배금태조』; 『전서』 중, 309쪽 및 "素白巖曰 余之吓平和思想 卽緣
     起東洋及西洋之名人 邈由於基督 釋迦牟尼 東學 孔孟老莊楊墨申韓
     邇由於西則達爾文 康德 突徐德耳 馬丁路得 盧梭 華盛頓 基德 東則
     梁啓超及康有爲之新學說"(『장효근일기』 1925년 12월 7일).

의 이념은 하나이며 같다는 것임을 밝힘으로써 동양의 유학적 사상과 이념의 근대화와 세계화를 부르짖는[201] 애국계몽운동사상의 큰 줄기를 주도하였다. 그리고 이를 발전시켜 나간 것은 진보적인 서양근대사상과 문물을 수용하면서도 서양사상에 대한 동양사상의 주체성과 우월성을 견지코자 하는 의미를 갖는다고 할 수 있다.

결국 박은식의 세계평화사상은 동서의 사상 즉, 동양의 전통사상과 서양의 근대사상을 개량적으로 융합하여 이를 닥아올 새 시대의 새 사상으로 내세웠고 그 이념인 평등·평화·진보·개혁주의에 입각하여 한국의 국권을 회복코자 하는 광복운동사상으로 발전 정립되었다.

둘째, 그의 사상은 민족의 대동단합과 평등에 의한 자강독립의 실천적 이념을 지향하였다. 그의 세계평화사상은 대내적으로 민족의 대동단합과 평등에 의해 民智啓發을 꾀함으로써 대외적으로 강권의 제국주의 침략을 극복하여 인류의 평화를 달성할 수 있다는 단계적 이념구조를 띠고 있다. 즉 한민족의 평등·대동단합에 의한 민지계발→자강독립→동양·세계평화사상이라는 구조를 이루고 있다. 세계평화는 동양의 평화에 의해 이루어지고, 동양의 평화는 한·중·일 삼국의 자주독립에 의한 평화적 화목에 의해 이루어지기 때문에 한국의 독립없는 세계평화는 이루어질 수 없는 것

---

201) "世界平和의 最大基礎는 宗敎範圍에 在혼 것이니 佛敎의 普度와 耶敎의 博愛가 莫非平和主義어니와 吾東洋의 儒敎로 言홀지라도 世界平和가 一大主義라. 論語의 忠恕, 中庸의 中和位育, 禮運의 大同이 皆平和의 本原이며 平和의 極功이오. … 此等主義가 目下競爭時代에는 適合지 아니혼듯 ᄒ나 將來 社會影響이 平和에 傾向ᄒ는 日에는 吾儒敎의 大發達을 確然可期홀지로다. … 我東儒敎여 儒敎의 形式을 勿泥ᄒ고 儒敎의 精神을 發揮ᄒ야 世界同胞로 ᄒ여곰 대동평화의 幸福을 均一享有케 홀지어다."(『皇城新聞』 1909년 11월 16일 논설 「儒敎發達이 爲平和之最大基礎」).

이며, 세계평화를 달성하기 위해서는 한국의 광복이 가장 시급히 해결해야 할 선결과제라는 주장이다. 이를 위해 그가 일찍부터 제시한 사상적 이념은 민지계발에 의한 지식의 평등(균등)·도덕적 평등·정치적 평등·경제적 평등·문화적 평등·기술적 평등에 의한 힘의 균형, 즉 자강된 힘의 세력균형으로 세계평화를 이룩할 수 있다는 것이다. 그리하여 그는 구체적으로 일반 부인사회와 하등사회의 지식계발론과202) 근대국민의 병역의무론을203) 제시하고, 실학자들이 주장하던 유학의 민중화 내지 평등화 작업을 더욱 발전시킨 「儒敎求新論」을 발표함으로써 그의 세계평화사상은 상층 지식인의 실학·개화사상과 하층백성의 동학사상, 즉 민족구성원 전체의 평등사상에 의한 자강독립에 그 실천적 목표를 두었다.

그가 일찌기 陽明學의 致良知에 입각한 知行合一을 중시하여 "알면서 행동으로 실천하지 않는 것은 참으로 아는 것이 아니다."204)라 하고, 말년에 양명학의 지행합일론을 서양의 소크라테스·데카르트·베이컨 등의 학설과도 부합된다 하며205) 그 가치를 제고한 것은 양명학 宗旨의 실천성을 높이 평가했기 때문이다.

이러한 이념으로 그는 국내의 애국계몽운동기부터 평등·대동단합에 의한 민지계발의 실천에 앞장섰다. 이 기간에『皇城新聞』과『大韓每日申報』의 언론과 저술을 통한 교육논설을 발표하고, 1906년 10월에 조직된 西友學會와 1908년 1월에 서우학회와 韓北興學會가 통합되어 창립된 西北學會를 지도하며 그 기관지인『西

---

202)「帝國新聞贊成趣旨書」『전서』하, 212쪽.

203)『夢拜金太祖』;『전서』중, 240~241쪽.

204) "按知行合一之旨는 先生이 論之詳矣라 最是知而不行只是昧知兩語-爲知行合一之要點이라"(『陽明學實記』; 앞의 책, 64쪽).

205)『동아일보』1925년 4월 3일「學의 眞理를 쫒차 求하라」;『전서』하, 128쪽.

友』와『西北學會月報』의 주필이 되고, 1907년 서우학회 산하 師範夜學校와 1908년 五星學校·西北協成學校의 교장이 되어 교육현장에서 활동하는 등 특히 교육분야에서 크게 활약하였다.

그는 西道의 인사들이 개연히 분발해서 민지계발에 앞장서서 檀君과 箕子의 사상을 열었던 關西지방이 개명하고 유신하여 나라 안의 신문화를 일으켜야 된다는 사명감을 고취하며 다른 지방과의 경쟁심을 유발시키는 노력을 전개하였다.206) 또한 新民會와 國文研究會·光文會 등의 회원으로서 교육과 출판부문의 활동에도 적극 참여하였다.

이러한 실천적 이념은 국망 후『夢拜金太祖』에서부터 강조되면서 1915년 申圭植 등과 大同輔國團을 조직하여 단장으로 추대되고, 1917년 임정수립을 위한 '大同團結宣言'의 14인 발기자로 참여하여,207) 애국계몽운동 때의 민족대동과 인류대동사상, 즉 세계평화사상으로서의 대동사상을 계승하고 이를 실천했다.

뿐만 아니라 특히 그는 3·1운동 이후 재외 독립지사의 통일적 공론의 실현과 독립운동의 최량의 방침을 수립하고자 1921년 2월 金昌淑·安昌浩·呂運亨 등 15인과 國民代表會議 소집 제창을 위한 촉진선언문「我 同胞에 告함」을208) 발표하였다. 이후 소집 개회된 국민대표회의(1923. 1～1923. 5)209) 기간 전후의『獨立新聞』논

---

206) 「西友學會趣旨書」·「西北學會趣旨書」, 앞의 책, 207～210쪽.
207) 「대동단결선언」의 大同의 용어는 구한말에 大同敎를 제창한 바 있는 박은식이 제공했을 가능성이 있다(조동걸, 1987, 「임시정부수립을 위한 1917년의 '大同團結宣言'」『한국학논총』제9집, 국민대 한국학연구소 참조).
208) 국사편찬위원회, 『韓國獨立運動史』자료 3(임정편 Ⅲ), 342쪽.
209) 벽두부터 改造派(대한민국 임시정부를 개조하여 그대로 존속시키고자 한 파로서, 安昌浩 등 임정 옹호파와 윤자영 등 高麗共産黨 상해파로 구성 됨)와 創造派(개조파의 제안에 대해 임정을 부정하고 새로운 정

설 등을 통해서 한국민족이 조국을 광복하고 동족을 구제하자면 오직 대동단결로 일치행동해야 함을 강조하고, 세계평화사상의 도덕주의에 입각한 포용력과 인내력을 발휘할 것을 주창하였다.

그리고 그는 創造니 新建이니 하는 임정에 대한 승인·불승인 문제와 국호·연호 등의 문제로 풍파를 야기하면서 세월을 허비하지 말 것을 요청하였다. 오로지 독립운동에 관한 실질적 사업을 연구하여 결행하는 것이 가장 시급한 큰 문제로 인식하며 만일 임시정부를 중심으로 대동단결의 통일된 독립운동을 전개치 못한다면 제 2의 亡國種이 되어 광복사상과 운동이 될 수 없다고 경고하였다.210)

이에 비해 신채호의 광복운동사상으로서의 민중혁명사상의 특성은 민족주체의 현실적 이해에 바탕을 두는 신도덕론에 입각하여 민족독립운동의 주체로서 민중을 발견한 데 있다.

그는 기존의 구도덕관의 소유자인 기존의 지배적 수구세력으로는 민족독립의 쟁취가 불가능하다고 인식하여 광복의 새 시대·새 역사의 개척자로서 민족주의에 입각한 반외세·반봉건의 깨어난

부를 세우려 했던 신숙 등 북경파와 윤해 등 고려공산당 이르쿠츠크파로 구성됨)의 논란으로 무의미하게 약 5개월 버틴 채 아무 타협도 보지못한 채 안창호 등 40여명의 개조파가 탈퇴함으로써 결렬되고 말았다(이현희, 1979, 『한국근대사의 모색』, 이우출판사, 200~245쪽).

210) 『獨立新聞』 1920년 6월 24일 「우리 國民이 期待하는 政府 諸公에게」, 앞의 신문, 1922년 3월 1일 「三一節 紀念詞」, 앞의 신문, 1922년 6월 24일 「早速悔改하야 大同團結에 努力하라」, 앞의 신문, 1923년 3월 1일 「三月一日」, 앞의 신문, 1923년 3월 1일 「痛告二千萬同胞」;『전서』하, 166~167·170~172·168·169·173~176쪽 참조. 그는 국망의 최대 원인이 政治不良, 敎育不興, 實業不盡, 武備不張, 弊習許多 등에 보다 政界의 黨爭과 지방의 차별로 團結精神과 合作적 사업이 결핍하여 人心이 부패하고 國力이 허약한 데 있음을 지적하였다(『독립신문』 1923년 3월 1일 「痛告二千萬同胞」;『전서』하, 174쪽).

한국민중을 한국근대사 전면에 내세웠다. 그는 역사적 사실에 근거하여 한국은 그동안 道德과 主義를 위하는 朝鮮은 있고, 조선을 위한 도덕과 주의는 없었다고 비판하였다. 한국이 노예근성을 극복하고 광복을 달성하기 위해서는 박은식의 종교적 도덕론인 인도주의나 평화사상과는 달리 한국민족의 주체적·현실적 이해를 기준으로 한 새로운 가치관에 의해 모든 사상·도덕·주의·종교를 비판 평가해야 함을 주장한 것이다.

이러한 시각에 의해 신채호는 한국민중의 주체사상과 한국민족주의의 현실적 입장에서 기존의 사상·질서·가치를 부정하는 반강권적인 폭력적인 무정부주의의 수용이 가능하게 된 것이다.

신채호는 박은식과는 달리 무장투쟁론자로서, 민중혁명사상가로서 동서고금의 성현과 세계 명인들이 주창한 평화사상에 대한 깊은 학리적인 탐구에 큰 비중을 두지 않았던 것으로 보인다. 그도 당시 주자학의 철학적 한계성을 극복코자 한 양명학의 실천적 인식체계를 이해하여 관심을 표하고, 정통유학의 근본사상으로서의 '實'과 '大同'을 經世와 救世의 정신으로 받아들여 이의 실천을 주장하기도 하였다.211)

그러나 그는 양명학을 주자학 극복의 학문으로서, 즉 유학을 개혁하는 근본적인 방편의 학문으로서 차별성을 두고 생각한 것 같지는 않다. 그는 다만 두 학문을 같은 뿌리를 지닌 유교의 같은 범주로서 인식한 것 뿐이며, 大同思想에 대한 이해는 민족의 전통사상으로서의 유교를 부정할 수 없다는 입장의 일반적인 철학적 배경으로서 이루어진 것이지 유교개혁을 위한 특별한 학리적인 논지로서나 또는 이를 세계평화사상의 차원으로 이해하려고 주장된 것

---

211) 「儒敎擴張에 對한 論」, 앞의 책 , 119～120쪽과 「儒敎界에 對한 一論」
　　　『전집』 별집, 109～110쪽.

은 아니었다.

2) 평화와 혁명투쟁의 양면전술

박은식의 세계평화사상은 대외적으로 2천만 민중의 대동단결에 의한 독립정신과 평화사상을 바탕으로 상대국인 일본의 한국처지에 대한 인도주의적인 선처, 중국과 러시아의 후원, 평화를 희구하고 정의를 주장하는 세계 각국 인사들의 동정을 기대하였다.[212] 그는 당시의 평등주의는 하늘의 운세이고 시대의 대세이기 때문에 세계의 문명사회가 이에 동조하는 국제적 노력이 필수적이라는 확신에서 일본의 인도적 각성과 평화주의에 대한 세계 여론을 환기코자 하였다.

그의 사상에 있어서 이러한 인도주의에 입각한 호소적 성격과 자세는 3·1운동 당시 한국 민족이 인도주의로서 적 일본의 군국주의를 성토하며 한국의 독립을 세계만방에 선언한 잠재적 능력에 힘입고 있다. 대한민국임시정부에서 파리강화회의의 실패 후 스위스에서 열린 萬國社會黨大會와 太平洋會議에 적극 대처하여 對太平洋會議의 선언서와 결의문을 발표하고 주간지 『宣傳』[213]을 제작하여 외교적 후원을 모색한 이념은 한국의 독립승인에 대한 세계적 여론을 환기코자 한 것이다.

박은식은 광복운동세력의 대동단결을 위해 國民代表會議의 소집과 신채호·金昌淑 등과 미국 윌슨대통령에게 위임통치청원서

---

212) 『獨立新聞』 1923년 3월 1일 「痛告二千萬同胞」; 『전서』 하, 170~171쪽.

213) 對太平洋會議 外交後援會 『宣傳』 대한민국 3년 (1921) 11월 30일자 ; 국사편위원회, 1968, 『한국독립운동사』 자료 2(임정 Ⅱ), 305~307쪽.

를 제출한 이승만을 임정에서 제거하는데 앞장서고,[214] 1923년 5월 15일의 회의를 마지막으로 국민대표회의가 결렬된 후 그는 신채호·李東輝 등 30인과 함께 창조파만의 새로운 정부의 國民委員會의 고문으로 추대되었다.

그러나 그는 독립전쟁과 함께 자유열국을 상대로 적극적인 외교정책을 수행해야 한다는 임정의 기본 입장을[215] 임정의 기관지인 『獨立新聞』의 주필로서 그의 세계평화사상의 실천적 이념과 방책으로 맥락지어 포용 대변하였다.

따라서 그가 이승만을 임정에서 제거하려한 것은 임정의 외교활동을 부정한 것이 아니라 이승만의 위임통치의 청원을 강력히 비판한 데에 큰 뜻이 있었다. 실제 미국정부 당국자들의 한국에 대한 인식이 歐美委員部의 외교적 활동으로 크게 전환된 예를 들 수 있

---

214) "나와 申采浩선생은 第 二次 서신을 내자 했고, 白巖선생은 즉각 罷免工作을 하자고 우겼다. 그래서 우리가 白巖선생을 이해시켜 四十日間만 기다려보자고 했다. 그러나 李承晩씨는 끝내 回信을 보내지 않았다"(『경향신문』, 1962.3.2, 金昌淑, 「獨立運動秘話(李承晩 大統領 罷免 決議당시의 丹齋)」 ; 『별집』, 402쪽.

215) 安昌浩는 1920년 대한민국 임시정부 신년 축하회 석상에서 美·英·佛·伊·露 등 세계열강의 동정과 후원을 얻음으로써 日本을 국제사회에서 고립시켜 우리의 독립을 용이하게 쟁취하자고 주장하였으며, 지금의 국제정세가 한국에게 유리하게 전개되어 있다면서 우리의 독립이 열국의 이익 및 세계평화에 큰 기여가 될 것임을 세계 각국에 선전하여야 한다고 강조하며 「吾國民이 決行해야 할 6大事(군사운동·외교운동·재정운동·문화운동·식산운동·통일운동)」 중의 하나로 외교운동을 꼽았는데 이러한 주장은 임정의 기본방향 이기도 하였다(『獨立新聞』, 1920.5.8일과 1921.5.21일자). 그리고 임정의 외교정책의 강령으로, ―世界에 대한 宣傳―세계열강으로 하여금 대한의 독립 세계평화 유지상 필요함을 깨닫게 하여 我民國에 동정케 하도록 여러 방법으로 선전을 실행토록 하였다(李炫熙, 1982, 『大韓民國 臨時政府史』集文堂, 110·111·187쪽).

는데, 1919년 3월부터 1920년 9월 1일까지 18개월간 미국신문에 약 9,000회에 걸쳐 한국의 문제가 게재되었고, 그중 50회만이 친일적인 기사였던 사실은[216] 외교적 활동의 중요성을 반영해주고 있다.

박은식은 신채호와는 시각을 달리하여 이승만의 위임통치청원류의 잘못된 외교를 비판하였으나 원천적으로 광복운동의 한 방편으로서의 외교론이나 준비론을 부정한 것은 아니었다. 그는 1921년『獨立新聞』의 주필이 되어 독립사상 고취와 국내외의 여론환기에 주력하였으며[217), 1923년 1월 임시정부의 개조와 독립운동노선의 통일화합을 위한 국민대표회의의 개최를 주도하고, 1924년『독립신문』사장으로 취임하였다.

박은식은 1924년 6월 임시정부의 혼란수습과 대동단결을 위한 원로로서 임시정부의 국무총리겸 대통령으로 추대되었으며, 박은식 대통령 명의로 행정령 제1호로서 「구미위원부 폐지에 관한 건」을 발표한 것은[218) 그가 李承晩의 위임통치적 외교를 반대한 것이지 安昌浩 등이 주장한 임시정부의 기본노선의 하나인 외교론을 부정한 것은 아니라는 사실을 반영해주고 있다. 박은식은 외교론을 광복독립운동의 최후수단인 혈전의 전단계로서, 그의 세계평화사상 구현의 한 방편으로서 수용한 것이다.

박은식은 당시 한결같이 한국의 독립문제 승인 여하가 동양평화와 세계평화에 직결된다고 인식하여, 인도주의와 평화주의에 호소

---

216)『獨立新聞』1921년 1월 14일~15일.
217)『獨立新聞』의 사명은 ① 독립사상 고취와 민족통일, ② 우리의 사명과 사상은 우리의 입을 통해서만 전파되어야 하는 것, ③ 여론의 환기, ④ 신학술과 신사상의 소개, ⑤역사와 국민성을 고취하고 신사상을 섭취하여 신국민을 육성한다는 것(『獨立新聞』창간호, 1918년 8월 21일).
218) 金元容, 1959,『재미한인 50년사』, 캘리포니아, 397~398쪽 ; 이현희, 1983,『大韓民國臨時政府史』, 집문당, 123쪽 주 62) 재인용.

하여 세계여론을 환기코자 하는 임정 독립지사들의 사상적 지도자이며 원로로서 노력을 경주함으로써 임정을 위시한 한국의 광복운동에 대한 사상과 전술의 공론을 종합하고 이를 체계화하여 한국 근대 독립운동사상으로서 큰 줄기를 형성하였다.

박은식이 외교론에 대한 구체적인 언급은 하지 않았으나 동양평화와 세계평화를 위한 전제로서 한국의 독립을 호소한 것은 외교적 인식의 차원으로서 그 중요성은 인정하고 있었던 것으로 보인다. 이러한 인식은 개화초기부터 거론된 '동양평화와 한국독립 유지'는 불가분의 관계에 있다는 지식인들의 주장과 관련성을 갖는다. 일본의 한국지배가 확실하게 된 이후에도 한국독립운동가들에 의해 한국의 독립은 한국인에게 좋을 뿐만 아니라 동양평화에 기여하여 결과적으로 일본에도 유익한 일이 된다는 논리 아래 일본의 각성을 바라고 열강의 한국독립에 대한 지지를 호소한 것과 맥을 같이 하는 것이다.[219]

박은식은 무력일변도의 투쟁이나 물리적인 힘만으로 민족의 광복을 추구하는 것은 시대착오적인 구시대적인 발상으로 인식한 것이다. 그러나 그의 사상과 전술은 흑백논리의 입장에서나 이상주의적 이념의 입장에서 세계평화사상을 고집한 것은 아니다. 이는 그가 국내의 애국계몽운동 때부터 文弱의 폐해와 尙武교육의 중시를 깨우친 것을[220] 바탕으로 국망 후에도 "하늘은 마땅히 애써 일하고 무강하며 진실된 사람들을 도울 것이다."[221]라 하고, 의병운동을 높이 평가하여 "義兵은 우리 민족의 國粹다."[222]라 하며 文武兼全사상을 표방해 왔다.

---

219) 李昊宰, 1987, 『약소국 외교정책론』, 법문사, 285~287쪽.
220) 『西友』 제2호 「舊習改良論」 ; 『전서』 하, 8~11쪽.
221) 『몽배금태조』 ; 『전서』 중, 238~239쪽.
222) "義兵者吾族之國粹也"(『한국독립운동지혈사』 ; 『전서』 上, 466쪽).

그의 무장투쟁에 대한 인식은 신채호와 같이 그것이 광복운동의 최선의 수단으로서 이해한 것은 아니며, 어디까지나 광복운동의 핵심적인 방편으로 내세운 평화적 수단의 제 1의적인 최후의 협력 보조자로서의 무장적 기능과 역할에 큰 뜻을 둔 것이라고 할 수 있다. 그는 일본의 인도적 자각과 평화에 대한 국제적 노력이 없을 때는 그 전적인 책임이 일본에 있다고 규정하고, 마지막 수단인 결사투쟁, 즉 혈전의 방법을 쓸 수밖에 없다고 단언하였다.

이는 그의 세계평화사상이 이념과 전술의 최후 수단으로서 武裝血戰論을 수용 융합한 一卽二, 二卽一의 구조를 함유한 폭넓은 원융적 사상임을 말해주고 있다. 만약 최후의 혈전을 결행하게 되는 경우에는 동양의 평화는 깨어지고 세계평화의 달성은 불가능하다는 논리이다. 동양평화의 초래와 한국민족의 일본에 대한 결사투쟁은 오로지 일본에 달려 있음을 주지시키며 동양평화 달성을 위한 마지막 솔선적 기회를 일본에게 먼저 넘겨주어 세계평화사상에 입각한 그들의 인도주의와 정의심의 발로를 촉구하였다.

따라서 그에게 있어서 일제극복에 대한 마지막 수단으로서의 혈전은 광복운동의 최후의 전술적 방략이지 최선의 전술적 방략이 아닌 점에서 그의 세계평화사상의 이념과 그 지향점을 이해하게 된다.

박은식이 세계평화사상을 전개할 때 주된 이념으로 내세우지는 않았지만 그의 사상을 엿보면 그 저변에 인도주의와 평화주의와는 상극적인 혁명주의적 이념이 도사리고 있다.[223] 즉 평소 일본의 손에 넘겨진 한국의 독립과 동양평화의 주도권을 바로 행사하지 못

---

223) 그는 동서양의 크롬웰·루터·王守仁·요시다노리가다(吉田矩方) 등
    의 정치와 학술혁명가를 소개하며 새 시대 한국의 혁명적 호걸의 출
    현을 고대하였다(『夢拜金太祖』;『전서』중, 262~263쪽).

할 때는 한국민족의 인도와 평화주의에 입각한 결사투쟁을 감행해야 된다는 당위적 이념을 설정하고 있다. 이러한 이념에서 임종 직전 그의 유촉 둘째에서 "독립운동을 최고운동으로 하여 독립운동을 위하여는 어떠한 수단방략이라도 쓸 수 있는 것이고"라는 대전제를 발하게 되며, 그의 사상과 전술의 외유내강적 투쟁성을 발견하게 된다.

반면에 신채호의 광복운동사상의 전술적 특성은 첫째, 그가 평소 지론으로 내세웠던 독립운동의 실천적 방법인 무장투쟁적 전술에 무정부주의의 민중폭력혁명적 전술을 수용하여 한국근대 광복운동의 새로운 형태인 반강권적이며 비타협적인 민중폭력혁명론을 정립한 데에 있다. 그는 애국계몽운동기 때부터 文武雙全論과 무력양성론을 내세워 乙支文德・崔瑩・李舜臣 등 무장을 역사상 영웅으로 부각시키고, 의병운동을 지지하는 등 제국주의와 강권주의에 대항하는 길은 무력에 의한 무장투쟁임을 확신하였다.224)

국망 후에도 국내의 신민회 이념을 계승한 그는 1912년의 光復會 이후 줄곧 비타협적인 武裝段鬪의 主戰論을 주장하였다.225) 3・1운동 직후 임시정부의 광복운동노선이 무장투쟁적이 못됨을 비판하며 統一促成會를 발기하고,226) 국민대표회의 개최를 주도하였으며, 잡지『天鼓』227)와「聲討文」228) 등을 통한 언론활동을 전

---

224) "二十世紀의 世界는 軍國世界라, 强兵이 向하는 處에 正義가 不靈하며 大砲가 到하는 處에 公法이 無用하여 오직 强權이 有할 뿐이니 慘憺하도다"(「二十世紀 新國民」,『전집』별집, 219쪽).

225)「李수상에게 圖書閱覽을 要請하는 便紙」,『전집』별집, 367~368쪽과 李克魯, 1936,「西間島時代의 先生」『朝光誌』4월호 ;『개전집』하, 477쪽.

226) 申肅, 1963,『나의 一生』, 日新社, 61쪽과 崔洪奎, 1983,『申采浩의 民族主義思想』, 형설출판사, 167쪽.

227)『전집』별집, 247~253쪽.

개하였다. 그리하여 그는 창조파의 맹장으로서 새로운 임시정부의 수립과 무장투쟁노선에 의한 군사통일운동에 혼신의 힘을 기울여 광복운동의 큰 줄기인 무장투쟁론적 논리를 대변한 실천적 이념가로서의 독보적 위치를 확립하게 되었다.

따라서 그의 전술이념은 인도주의니 평화주의니 민주주의니 하는 것도 무력을 전제로 함으로써만 가능한 것이며, 나아가 제국주의와 강권주의에 대항하는 길은 무장투쟁이 가장 필수적인 방책일 뿐이었다. 그가 비폭력의 평화적 3·1운동의 전술적 실패를 경험한 직후에 쓴 논설에서 간디의 비폭력주의와 무저항정신의 독립운동 방략을 노골적으로 비판하며,229) 일제를 타도하고 광복을 성취하기 위해서는 혈전을 전개해야 한다고 주장한 것도 인도나 평화주의의 도덕은 제국주의 강국의 도덕으로서 평화적 방법의 광복운동은 일본에 협력적일 뿐이라는 대외인식에 근거하고 있기 때문이었다.

여기에서 주의해야 할 것은 신채호가 무장투쟁을 광복운동의 최상의 수단으로 주장한 것은 사실이나 그것이 유일한 수단으로만 인식된 것은 아니라는 사실이다. 그의 "40이 지나 무장단투가 유생의 능사가 아님을 깨달았다."230)고 한 술회에서 무장투쟁 일변도에 의한 광복운동의 성과가 기대에 미치지 못한 데 대한 자성적인 고뇌를 읽을 수 있다. 그는 애국계몽운동기부터 文武의 雙全을 주장하고, 231) 그가 쓴 광복회 告示文(1917. 11)에서 文에 능한 자는 문

---

228) 그가 1921년 4월 19일 기초 발표하여 이승만의 위임통치청원의 반민족적 허구성을 유탄함으로써 이는 1925년 3월 11일 이승만을 탄핵케 하는 결정적인 단서가 되었다(국회도서관, 1976,「在上海韓人獨立運動者의 內訌에 關한 件」『韓國民族運動史料(중국편)』, 331쪽 :『전집』별집, 87~90쪽 참조).

229)「人道主義 可哀」『개전집』하, 375쪽.

230)「李수상에게 圖書閱覽을 要請하는 便紙」『전집』별집, 368쪽.

231) "國을 謀하는 者- 文武에 其一을 偏廢함이 不可하나니, 文이 無하면

으로, 武에 능한 자는 무로, 術에 능한 자는 술로, 業務에 능한 자
는 업무로, 財에 능한 자는 재로써 광복운동을 전개할 것을 호소하
였다.[232]

이러한 주장은 광복운동을 위해서는 다양하고 폭넓은 수단이 동
원되어야 하나 이 모든 운동을 주도하는 핵심은 무장투쟁에 있다
는 인식에서 출발한다. 한 마디로 그는 인도주의나 민족주의와 같
은 훌륭한 목적도 궁극적으로 무장투쟁이 앞서지 않고서는 성공할
수 없다는 주장이다.[233] '拍掌'이란 표현도 모든 독립운동이 독립
운동의 핵심적인 방편인 무장투쟁의 다른 한 쪽의 보조적 손뼉이
되어야 광복운동의 성공이 가능하다는 인식이다.

그러나 그는 인도주의나 평화주의 도덕은 제국주의적 도덕으로
인식하여 한국 역사의 경험을 통하여 이를 크게 경계할 것을 촉구하
였다. 신채호는 우리나라 역사가 신라로부터 수천년간에 걸친 「왜놈
과 싸운 혈전사」라 인식하였다.[234] 목숨을 희생해서라도 왜놈을 토
벌하는 것이 한민족 최고의 가치로서 國是・國防・勇士・英雄
등은 왜놈 토벌 후의 부차적인 가치일 뿐이라는 비장한 혈전의 각
오를 다짐하였다.

國家의 精神을 維持할 器具가 無하여 비록 孟賁・烏獲 같은 勇士가
全國에 充滿할지라도 한갓 敵人의 鷹犬이 되어 祖國을 反噬하기 易
할지며, 武가 無하면 비록 釋迦・文殊 같은 活佛이 各地에 普現할지
라도다만 其 慈悲의 淚를 灑하고 一身을 將하여 餓虎의 口에 供할
뿐이니 國家滅亡에 何益이 有하리오"(『대한매일신보』1910년 2월 19
일 「文化와 武力」 ; 앞의 책, 200쪽).
232) 신용하, 1983, 「光復會 告示文」『한국학보』제32집, 일지사, 227쪽.
233) "世界大戰이 마치자 人道主義가 大光明을 放하였다. 그러나 實際를
    調査하면 人道主義니, 民主主義니, 기타 무엇이니 하는 소리가 반드
    시 大砲소리와 함께 떨어지는 소리라야 成功하며, 成功을 못할지라도
    一部의 拍掌소리가 높았다"(「人道主義의 可哀」『개전집』하, 374쪽).
234)『天鼓』「창간사」, 1921.1 ;『전집』별집, 248쪽.

그는 당시 세계가 약육강식의 拳權利의 세계이라서 仁義를 말하며 총검을 빼어들기 때문에 만국평화회의의 내면에는 전란의 고통이 숨어있고 동양평화 주창자의 배후에는 살인의 利器가 있다는 것을 깨달을 것을 촉구하였다. 그리하여 그는 자국도 보전 못하는 자는 인류박애와 세계평화를 말할 수 없다고 하며[235] 인도주의적인 평화사상의 허구성과 기만성을 비판하였다.

특히 신채호의 동양평화론에 대한 인식은 박은식이 일본이 인도주의 입장에서 한국의 독립을 돌려준다면 한국은 동양평화를 위해 영원히 손잡을 수 있다는 주장같은 것을 일제의 기만술책에 동조하는 것으로 보고 처음부터 부정적이며 비판적이었다.

신채호가 주장하는 동양평화론은 일본이 주장하는 제국주의적 동양평화론에는 비판적이었으나 그도 역시 동양평화와 한국독립의 불가분성은 인정하고 있었다. 그는 일찌기 한국은 역사적 지정학적으로 동양평화의 완충적 요충지로서 그 공로를 높이 평가함으로써 한국독립과 동양평화의 불가분성을 입증하였다. 그는 애국계몽운동기부터 한국의 위치를 지정학적으로 중요시하여 한국을 유럽의 이태리로 비견하였다.

한국인이 人心을 喚醒하고 국가사상을 진작하면 한국이 지리적뿐만 아니라 人事上에서도 동양의 이태리를 만들 수 있다고 주장하며,[236] 한일친선을 한국의 멸망 원인으로 지적하고, 중일친선의 허구성을 폭로하였다.[237]

---

235)「道德」『개전집』하, 141쪽.

236)『대한매일신보』1909년 1월 28일～29일「東洋伊太利」;『전집』별집, 187쪽.

237) "韓國之亡 非亡於砲火也 非亡於金錢也 而亡於韓日親善之一名詞也 … 中國之民今日覺醒矣 日本之所以唱中日親善 固無以異於昔日之韓日親善"(「倭所謂親善者 如是」『天鼓』창간호 ; 앞의 책, 260쪽).

이러한 인식을 토대로 그는 한국을 지정학상 유럽의 발칸반도로 인식하여 동양평화를 위한 한국독립의 필연성을 역설하며,[238] 3·1운동 후 1920년대 초부터 그는 한국이 망한 것은 포화도 아니오 금전도 아닌 '한일친선' 한 마디로 망했다고 단언하였다. 그는 중국 국민도 중일친선에 대한 허구성을 깨달을 것을 주장하고 한국과 중국의 군사동맹 즉, 한중항일연합전선의 필요성을 제기하여[239] 일제에 대한 비타협적인 주체적 동양평화론을 주장하였다.

그리하여 그는 열강들이 일본을 신뢰하는 것은 실로 옳은 일이 못된다면서 굳이 동양평화를 말하려 한다면 그 상책이 조선독립을 주장하고, 죄악만 있고 공덕이 없는 일본과의 타협은 역사적으로 문화적으로 불가능함을 인식하였다.[240] 이러한 이념에 의해 신채호는 일본을 구축하여 광복을 이룩하지 못하면 자존할 수 없다는 각오에 의한 새로운 광복운동의 최선의 이념과 전술로서 민중폭력혁명을 택하게 된 것이다.

신채호의 일제타도를 전제로 한 절대적 광복사상의 시각에서 볼 때 강도 일본은 민족생존의 외적일 뿐이며, 한국인으로서의 내정독립론자·자치론자·참정권론자·문화운동자는 반민족의 적대세력일 뿐이었다.

신채호의 왜적과 내적에 대한 혈전의 인식은 박은식이 혈전을 광복운동의 최후의 전술적 방략으로 택한 데 대해 그는 이를 시종일관 최선의 전술적 방략으로 규정한데 차이점이 있다.

따라서 신채호의 민중혁명사상은 일제를 타도하고 민족의 광복을 쟁취하기 위한 최선의 운동주체는 민중으로, 전술의 대상은 일

---

238) 「朝鮮獨立과 東洋平和」『천고』 창간호 ; 앞의 책, 251~252쪽.
239) 「倭所謂親善者 如是」『천고』 창간호 ; 앞의 책, 260쪽.
240) 「朝鮮獨立及東洋平和」·「論日本之有罪惡無功德」『천고』 창간호 ;
    앞의 책, 252·254~257쪽.

제로 규정하고 있다. 그리고 전술의 방법은 민족주의와 공산주의 독립운동자들이 앞세우는 정부나 당의 지도나 매개없이 민중이 직접 암살·파괴·폭동 등의 폭력으로 혁명을 이룩하는 것을 그 이념적 특성으로 하고 있다. 그가 내세운 광복혁명의 주체인 민중은 강권주의·제국주의 이론과 그 대상을 극복하기 위한 최선의 수단으로서의 의미를 지니며 그것이 뜻하는 궁극적인 핵심개념은 민족적 민중임이 자명하다.

신채호의 민중폭력혁명사상에 의한 광복사상의 이념과 전술은 1920년대 후반 金元鳳의 義烈團과 1930년대 金九의 愛國團 등 임정의 광복운동사상의 전술적 이념으로 계승되어 羅錫疇·李奉昌·尹奉吉의사 등의 역사적 쾌거를 이룰 수 있었던 데에 한국근대 광복운동사의 큰 획으로서 자취와 의의를 찾게 된다.

둘째, 그는 박은식의 외교론에 대한 인식과는 달리 종교적 윤리도덕론과 외교론이 결코 광복운동의 전술과 방편이 될 수 없음을 비판하였다.

국망 전부터 비주체적인 사대주의를 격렬하게 비판해 왔던 신채호가 외교론적 독립운동의 방편이 조선시대의 사대외교에서 연유한다고 보고 개화파의 유신당이나 척사파의 수구당이 모두 외세의 존으로 흘러 민족운동의 자주역량을 키우지 못했음을 지적하였다. 외교론의 본질이 반제·반봉건의 국적에게 직접 위해를 가하지 못하고 문장이나 호소문을 써서 외국에 애소하고, 국가독립의 대문제를 외국 특히 적국의 처분에 맡기려는 비주체적 타율적 논리에 있음을 신랄하게 비판하였다.241)

외교론 비판은 3·1운동 전후의 국제적 평화회의에 대한 과신과 선전이 2천만 민중의 광복의 의기를 소멸케 하고, 이승만의 외교독

---

241) 「조선혁명선언」 『개전집』 하, 38~39쪽.

립로선이 사대외교의 전철을 밟는다는 인식에서 출발한 것이었다. 그는 성토문을 통해 '독립'이란 일제에 대한 끊임없는 혈전의 무력항쟁 속에서 쟁취할 수 있는 것이지, 국제열강에 대한 외교적·의부적인 태도가 아님을 밝혔다. 그는 외교론이 독립운동의 방편으로서 부당할 뿐만 아니라 일제에 대한 적개심과 일제를 구축코자 하는 혈전분투의 한국의 영원한 광복운동정신을 마비시키는 폐해를 초래할 수 있음을 경고한 것이다.

뿐만 아니라 그는 종교와 윤리 등은 일반민중을 노예화하고 그들의 고통을 참게하는 마취제라 규정하며 반종교적인 입장을 취하였다. 이러한 주장 역시 무정부주의 사상의 영향에서 비롯된 것이기도 하나, 그것이 가지는 절대적 가치는 한국민중의 적인 일제를 파괴하기 위한 투쟁정신과 혁명사상을 약화시키는 종교적인 박애사상과 일제에 대한 유화적인 비적화 경향에 대한 마취적 현상을 경계 경고하는 데 있었다.[242]

신채호는 제국주의 상호간의 공존공영을 추구하는 미국·러시아·영국·프랑스·일본 등에 대한 인도주의와 평화사상에 입각한 외세의존의 호소적 외교를 반대하여 일제에 대한 자주적 대외투쟁 인식을 표방하였다.

이러한 맥락에서 그는 점진적인 방법에 의해 민족의 실력양성과 독립전쟁준비를 하자는 '준비론'도 함께 비판하여 현상타파적 현실적 대외인식을 아울러 표방하였다.

비판의 대상은 1920년대 초 상해 임정의 실질적인 지도자인 안창호 등의 '선준비 후독립투쟁'이란 민족개량주의적인 준비론으로서 독립지사들이 10여년간 국내외 각처에서 준비론을 외치며 독립을 위한 준비를 했지만 그 결과가 너무 미약한 것은 성력의 부족이

---

242) 최홍규, 앞의 책, 234쪽.

아니라 실은 그 주장의 착오에 있었음을 지적하였다. 강도 일본의 압박하에서 경제가 날로 곤란하고 생산기관이 전부 박탈되어 衣食이 단절되는 판국에 실업진흥·교육확장·군인양성은 주장의 착오이며 그 주장은 현실적으로 한바탕의 잠꼬대에 불과하다고 비판하였다.243)

한편 신채호가 대일 한중연합전선과 식민지 민중의 연대의 필요성을 제기하였으나 그것이 열강에 대한 시대적 호소적 외교론의 입장이 아닌 어디까지나 광복을 위한 최선의 방편으로써 무장투쟁적·민중혁명의 주체적 실체화와 전술의 자주화·극대화를 실현하고자 한 주장이었다.

그러나 그의 외교론에 대한 인식이 박은식과는 달리 인도주의에 입각한 호소적 대외인식이 아닌 식민지민중의 반제국주의와의 연대를 주장하는 점에서 외세이용적인 대외인식이라고도 말할 수 있으나 정부간의 외교를 통한 군사동맹외교와 같은 적극적 의미의 외교론이 아닌 데에 그 한계점을 발견할 수 있겠다.

따라서 신채호는 박은식과는 달리 혈전의 전단계로서 일본을 비롯한 세계 각국의 세계평화사상에 의한 인도주의적인 동정과 후원을 내다본 세계여론의 환기 단계를 설정하지 않았던 것이다.

그는 또한 외교론과 함께 자치론을 비판하였다. 그는 박은식이 동양평화의 회복에 대한 마지막 기회를 일본에 넘겨 그들의 각성을 촉구한 것과는 달리 일본이 러일전쟁 때 「동양평화」·「한국독립보전」의 기만과 3·1운동 이후 강도 일본이 매국노를 앞세워 독립운동을 완화시키고 분열시키는 책동을 직시하지 못하고 일제에 타협하려는 자치론을 격렬히 비판하였다.

신채호는 한국민족의 민중직접폭력혁명을 정립함으로써 「조선

---

243) 「朝鮮革命宣言」, 앞의 책, 40쪽.

혁명선언」이전의 임시정부의 독립전쟁준비론이나 독립군의 군사
활동까지[244] 비판하게 되었다.

3) 원융의 공통적·독자적 특성

박은식과 신채호의 광복운동사상의 원융의 공통적 특성으로 주
목되는 점은 다음과 같다. 첫째, 국내 애국계몽사상기의 사회진화
론적 민족자강론에 의한 국권회복사상은 국망 후 3·1운동을 경험
하면서 광복운동의 새로운 사상과 전술의 이념으로 발전 정립됨으
로써 그것이 갖는 이론적 모순과 한계를 극복하게 되었다. 이들은
世界平和思想과 民衆革命思想을 임정을 필두로 한 독립운동진영
의 대표적인 광복운동사상으로 제시하고 이를 구현하려함으로써
실제 한국 근대 민족독립운동사상의 쌍벽을 이루게 되었다.

박은식은 제1차 세계대전과 3·1운동을 겪으며 세계의 진운이
전쟁에서 평화를, 강권에서 평등을 요구하는 시대적 변화를 예견
하여 종교적 도덕성의 회복이념으로 강권적인 사회진화론의 자강
논리의 모순과 한계점을 극복하게 되었다. 그는 이 사상을 실현하
고자 국내의 동포사회는 물론 일본·중국 등 국외에까지 보급을
주장하였다.

신채호 역시 민중폭력의 무정부주의사상에 의해 사회진화론이

---

244) "더구나 어디서? 얼마나? 軍人을 養成하며, 養成한들 日本 戰鬪力의
百分之一의 比較라도되게 할 수 있느냐? 實로 一場의 잠꼬대가 될 뿐
이로다" 및 "… 그러므로 우리의 民衆을 喚醒하여 强盜의 統治를 打
倒하고 우리 民族의 新生命을 開拓하자면 養兵 十萬이 一擲의 炸彈
만 못하며 億千張 新聞·雜誌가 一回 暴動만 못할지니라"(「조선혁명
선언」, 앞의 책, 40·42쪽).

가지는 優勝劣敗·弱肉强食을 공례로 보는 강권·제국주의를 인류의 적으로 인식하여 이를 비판함으로써 그의 社會進化論에 입각했던 전기 민족주의사상의 모순과 한계점을 극복할 수 있었고, 일제의 강권주의를 철저히 분쇄할 수 있는 실천적 명분을 얻게 되었다.

둘째, 두 사람은 1920년대부터 풍미한 공산주의 사상과 운동에 대해 모두 비판적이었다는 사실이다. 박은식은 볼셰비키혁명 직후에는 공산주의 이념에 대해서 많은 관심과 기대를 가진 것으로 보인다. 공산주의 이념이 근원적으로는 강국의 침략을 억제하고 약국을 원조하는 등 墨子의 兼愛主義와 유사하여 자신의 세계평화사상의 이념인 종교적·도덕적 평등주의와 구세주의와 합치된다고 인식하여 우호적이었다.

그가 『血史』에서 소련의 공산혁명을 세계 개조의 첫번째 동기였다고 지적하였고,[245] 『獨立新聞』(1923. 3. 1)에서 러시아의 후원을 기대한 데에서 짐작할 수 있다. 이러한 對蘇인식은 임정이 對美외교에의 실망과 허탈로 좌절상태에 놓여 있을 때 소련이 약소국의 지도자를 유혹하기 위해 모스크바에서 極東人民代表者會議(1922년 1월 21일~2월 2일)를 개최함으로써 임정에서 큰 관심을 보이며 많은 대표자를 파견하였던 사실에서 저간의 대소분위기[246]를 짐작케 한다.

그러나 박은식은 1925년 『東亞日報』에서 공산주의의 정치방법이 극단적인 전제정치라며 그 이상적 이념과 현실적 실천의 괴리성에 비판적 인식을 가하였다. 이러한 인식은 그의 사상이 정치적

---

245) "俄國革黨首擧紅旗推翻專制宣佈 廣義許各民族 以自由自治向之 極端侵略主義者一變 而爲極端共和 此改造世界之最善動機也"(『혈사』하편, 제2장 ; 『전서』상, 513쪽).
246) 독립운동사편찬위원회, 1969, 『독립운동사』제4권, 355~360쪽.

목적을 달성하기 위해 수단과 방법을 가리지 않는 사회·경제적인 경쟁·투쟁의 이념보다 겸애·사랑·박애·평화 등의 종교적·도덕적 이념에 더 큰 비중과 바탕을 두는 이론 위에 그동안 공산주의 독립운동가들이 이르크츠파와 상해파로 대립되고, 自由市(스포보드니)사변에서 독립군이 소련군에 의해 무장해제 된 현실에서 심화된 것이다. 말하자면 이는 사상의 이념과 실천, 이상과 현실이 합치되어야 하는 양명학적 지행합일의 종지에 밝은 박은식의 학문과 사상편력에서 비롯된 것이라 할 수 있다.

신채호는 당시의 시대사상을 서구의 문화와 북구의 사상이 세계사의 중심이 된 바라고 서술하고,[247] 인류의 5대 사상가의 한 사람으로 마르크스를 지목한 사실로[248] 미루어 보아 마르크스의 영향을 받았음이 확실하다.

그러나 그가 마르크스사상에서 긍정적으로 생각하는 부분은 그것이 피지배 민중들의 혁명적인 방법이라는 것에 한정될 뿐이지, 민족을 초월하고 민족의 주체성을 타파하는 의식화된 무산대중, 즉 프롤레타리아의 혁명적 개념과 그 혁명이 강권적인 공산당 독재를 위한 사대주의적인 이념을 수용하거나 동조한 것은 결코 아니었다.

그는 1922년의 자유시 사변에서 소련군이 독립군을 무장해제 시킨 점, 소련정부가 창조파의 새임시정부의 활동에 대해 불인정 조치한 점에 대해서 크게 충격을 받았을 것이며, 그의 평소 민족의 주체성 강조와 창조파의 맹장으로서 모스크바를 추종하는 임정 내의 사대주의적인 공산주의자의 독립운동에 실망하여 국내외의 공산주의 활동을 경계하고 비판하는 것은 당연한 귀결이었다.

---

247)『朝鮮上古史』「총론」;『개전집』상, 34쪽.
248)『浪客의 新年漫筆』;『개전집』하, 25쪽.

여기에다 재중국 조선무정부주의자들이 공산주의 독립운동노선을 '공산당 이용자의 애매한 사대사상'이라는 공산주의 비판에도 영향을 받았던 것으로 보인다.[249] 1925년 「龍과 龍의 大激戰」에서 "공산주의의 대조류에 독립군이 떠나갑니다."고 깊은 우려를 한 것은 그의 공산주의에 대한 인식의 반영이며 한 단면인 것이다.

이들의 애국계몽사상과 광복운동사상이 한국민족주의에 이념의 뿌리를 두고 일제 지배하에 있는 국내외의 식민지 민중과 독립운동가들이 대동단결에 의해 평화적 수단과 무장투쟁적·민중혁명적 수단으로 광복을 달성할 수 있다는 사상적 신념에 기인한 때문이다. 이러한 사상적 신념에서 프로레타리아 혁명과 세계 무산계급의 연대라는 미명 아래 비주체적이고 강권적인 공산독재에 의해 임정과 민족의 분열이 획책되고 이에 동조하는 세력이 국내외적으로 늘어나는 것을 앞장서서 막고자 한 것은 일견 반봉건적인 민족 내부의 모순과 갈등을 해결하는 문제의식의 결여로도 볼 수 있지만 근대와 현대의 정치사적 경험으로 비추어 당시로서는 통찰적 혜안들이 아닐 수 없다.

따라서 지금까지의 박은식의 세계평화사상과 신채호의 민중혁명사상의 공통적인 특성과 독자적인 특성에서 규지되는 것은 박은식과 신채호의 光復運動思想이 근대 한국독립운동사상의 양 수레바퀴로서, 두 바퀴가 서로 수레의 축에 연결되어 있는 바와 같이, 근대 한국민족독립운동이란 축을 통해 두 사람의 사상과 실천 이념이 상호작용하면서 보완·융합되었다는 사실이다.

박은식의 학문과 사상은 한국사상을 통해 나타나는 보다 폭넓은 동양사상에 그 이념의 뿌리를 두고 있으며, 신채호는 주체적인 한

---

249) 조선총독부 경찰국, 1934, 『最近に於ける朝鮮治安狀況』, 笠井清 기증본, 276쪽.

국사상에 그 이념의 뿌리를 두고 있다. 그리고 이들의 사상은 박은식이 종교와 도덕의 정신적인 것에 중점을 두는 유심론적인 총론적 이론의 성격이 짙다면 신채호는 물리적인 것에 큰 비중을 두는 유물론적인 각론적 실천의 성격이 짙다. 한 마디로 두 사람 사상의 圓融의 독자적 특성은 박은식의 경우 外柔內剛的인 반면에 신채호의 경우는 外剛內柔的이다.

박은식의 외유내강적인 특성은 윤세복이 『夢拜金太祖』의 서문에서 그의 반항과 도전사상을 거론하면서 박은식은 그가 믿고 있는 평등·평화주의 사상 하나만으로 당시의 세계패권을 독점하고 있는 강권주의·제국주의자들에게 도전하기 위해 평생을 고뇌하였다는 평가에서 잘 밝혀져 있다. 반면에 신채호의 외강내유적인 특성은 이수상에게 쓴 편지에서 武裝段鬪란 유생의 능사가 아니고 국가흥망이란 일조에 돌발하는 것이 아니라는 것을 깨닫고 남은 인생을 역사연구사업을 계속 진행하는 데에 일조하고자 피력한 감회를250) 통해 이해하게 된다.

이러한 특성은 보편적으로 그들의 출신 고향이 박은식이 이북의 황해도, 신채호가 이남의 충청도로서 서로 출신 지역의 기질과는 상응하지 않는 점이 주목된다. 이는 궁극적으로 대현실적 인식의 차이에서 비롯된 것이지만 개인의 성장과 교육·학문의 영향도 관계가 있을 것으로 보인다.

이로써 보면 두 사람의 광복운동사상은 한국의 전통적 가정에 비유한다면, 박은식은 母心과 婦心, 신채호는 父心과 夫心으로써 두 기둥의 성격을 띠고 있다. 이들 두 마음은 一卽二, 二卽一로써 서로 원융적인 화합이 이루어질 때 원만한 가정을 이룩하듯이 두 사람의 광복운동사상이 실제 근대 한국민족의 광복을 위해 최상의

---

250) 「李수상에게 도서열람을 요청하는 편지」『전집』 별집, 368쪽.

융합을 이루고자 서로 작용하고 있음을 인지하게 된다.

두 사람의 독자적인 사상이 근대한국민족독립운동사상의 중추로서 서로 융화 보편화될 수 있는 和而不同의 특성을 지니고 있음은 자주독립국가로서의 근대 한국의 미래를 약속할 수 있는 다양한 국민사상과 민족정기의 원융적 융합으로서의 미래지향적인 의미를 갖게 된다.

결 론

    지금까지 박은식과 신채호의 사상을 비교함에 있어서 두 사람의 성장과 학문수학, 애국계몽사상, 역사사상, 광복운동사상 등을 주목하여 살펴보았다. 이를 요약 정리하면 다음과 같다.

    1. 박은식과 신채호는 생활이 궁핍한 가운데서도 각각 서당의 훈장인 아버지와 할아버지로부터 정통 유학교육을 엄격하게 받음으로써 일찍부터 세속적인 일보다 大義名分에 투철할 수 있는 올바른 인생의 가치관을 세울 수 있었다.

    박은식은 朴文一 형제를 통해 李恒老와 鮮于浹의 학풍으로 師承관계를 뚜렷이 하여 주자학을 정통적으로 천착한 까닭에 주자학의 뿌리인 공맹사상을 근간으로 학자풍의 온건한 성품을 형성하게 되었다.

    이와 달리 신채호는 早失父兄, 엄격한 조부훈육, 신체의 병약 등의 성장여건에 따라 박은식보다 기존의 가치체계와 시대적 진운에 대해서 주체적·저항적·변혁적인 자세로 불의와 타협을 불허하는 급진적인 외골수의 鐵血的 성품을 형성하였다.

    2. 애국계몽사상기에 있어서 두 사람이 反帝의 자주화와 反封建의 근대화를 위해 전개한 중요한 사상은 1) 敎育救國自强論으로서 그들의 주장은 정통 유학교육의 도덕교육에 기본을 두었으나 당시

무엇보다 시급한 현실적 요구는 국권회복의 민족자강을 위한 서구의 근대사상과 제도의 주체적 수용과 보급에 있었다.

박은식의 교육구국자강론은 신채호에 비해 보다 체계적이고 논리적이다. 그는 교육의 대상으로 청소년, 국민, 부녀자 뿐만 아니라 西北人을 지목하여 이들의 교육계몽과 학교설립에 앞장섰다. 또한 근대적 평등교육이념을 구현하여 국가의 흥망이 국민교육에 달렸음을 선도적으로 계몽함으로써 근대교육의 개척자로서의 위치에 서게 되었다.

반면에 신채호는 박은식보다는 국가주의에 입각하여 외세에 대한 저항성을 강하게 나타내는 무장투쟁과 급진적인 상무교육론을 개진한 것이 특이하다.

2) 대한정신·국혼·국수 등 민족정신 배양론을 내세워 국권회복의 근원적인 에너지로 설정하여 역사를 민족정신배양의 중요한 요소로 주장한 점이 공통적이다.

적어도 애국계몽운동기 동안에는 박은식의 경우 역사를 민족정신배양의 방법론적 입장에서, 신채호는 목적론적 입장에서 전면에 내세우는 특성을 보여주게 되어, 신채호는 박은식에 앞서 近代民族主義史學의 개척자로 평가받을 수 있게 되었다.

3) 박은식은 한국과 동양중세사상의 근대화에 대한 확신을 가지고 친일단체에 맞서 적극적인 종교활동으로 다수의 유림들을 애국계몽운동의 편에 서게 하는데 진력함으로써 유교의 근대적 개혁과 종교화에 크게 기여하였다. 그는 유교개혁론, 즉 儒教求新論에서 양명학적 종지에 의한 방법론에 입각하여 학문적 차원에서 유교개혁을 이론화함으로써 애국계몽사상의 관념화를 극복하였다.

이에 비해 신채호는 한국유교가 본뜻을 잃고 시대의 변혁에 적응하지 못한 것은 역사적 경험과 인물들의 비주체적인 사대주의,

즉 중세적 중국숭배사상에 있음을 지적함으로써 전근대적인 학문·종교·사상의 사대성 극복과 자주성 회복을 강조하는 근대 한국의 주체적 사상론을 전개한 점이 다르다.

4) 박은식과 신채호는 제국주의적 강권론에 저항하는 국권회복의 근대민족주의사상에 입각한 근대국가관과 신국민론을 제시하였다. 이들은 모두 새 시대의 가치관과 도덕관에 의한 민족국가이자 국민국가 형태를 지닌 민주공화국으로서의 입헌국가를 지향하고 있는 가운데, 박은식은 동양유교의 평등이념에 근거하여 세계평화사상을 입론하고, 신채호는 평등과 함께 근대 서구의 자유주의 이념을 수용 강조한 점이 두드러진다.

박은식과 신채호는 주권회복과 근대국민국가 건설의 주체세력으로 근대국민상을 설정하여, 박은식은 공익의 권리와 의무를 수행하는 근대적 국민적 영웅으로서 특히 청년교육에 의한 신국민 양성을, 신채호는 개화와 자주독립의 근대적 인권과 국권론에 입각하여 문무겸전의 무수한 국민적 영웅의 출현을 촉구하였다.

박은식의 신민론은 일반적 인식으로 신민의 대사회적인 역활에 대한 구체적 인식이 결여된 점이 나타나는 데에 반해, 신채호는 비교적 근대적 사회관념에 의한 신민의 대사회적 역할을 비교적 구체적으로 제시하여 국권회복과 자주독립시대의 신국민상을 제시한 것은 당시의 애국계몽사상으로서는 가장 진보적인 발전형태로 평가된다.

따라서 두 사람의 애국계몽사상은 자주와 개화의 시대적 과제를 극복하고자 개진된 당시의 여러 사상 가운데서 일제와의 타협을 거부한 가장 선명한 논조를 유지하여 근대 한국민족주의사상의 양대 산맥을 이루어 그 폭과 질을 높이는데 큰 역할을 하였다.

3. 박은식과 신채호의 역사사상이 일제침략에 대한 부단한 항쟁,

자국역사와 전통사상에 대한 굳은 신뢰, 그리고 근대적인 비판정신에 입각했던 당시의 민족주의 정신사관에서 가장 선명한 주체적인 사관으로 평가될 수 있었던 것은 박은식이 역사국혼론을 정립하고, 신채호가 낭가사상을 발굴한 데에 있음을 두 사상의 형성과 그 이념 및 그 구현의 실체를 통해 밝히게 되었다.

1) 박은식의 역사국혼론과 신채호의 낭가사상은 애국계몽사상기부터 그 배경이 형성되기 시작하여, 박은식은 논설 「大韓精神」·「大韓精神의 血書」(1907)·「讀高句麗永樂大王墓碑謄本」(1909년) 등에서, 신채호는 논설 「國粹保全說」과 「大我와 小我」(1908)·「精神上 國家」(1909) 등에서 단군 이래 사천년 민족사에 매몰된 민족정신을 발굴하는 국혼·국수적 역사사상의 확립을 시도하였다.

박은식은 망명 후 『夢拜金太祖』 등에서 국혼적 역사인식을 심화하여 『痛史』에서 자신의 독자적인 역사국혼론을, 신채호는 경술국치 직전 「東國古代仙敎考」에서 역사사상의 구체적인 윤곽을 발상하고, 망명 후 「꿈하늘」·『朝鮮上古文化史』 등에서 입론을 보강하여 「朝鮮歷史上 一千年來 第一大事件」과 『朝鮮上古史』에서 독창적인 낭가사상을 정립하였다.

2) 두 사람의 사상은 모두 민족주의 정신사관의 추상적인 관념을 불식하는 인자가 될 이론적 배경을 고대 동양의 전통사상에서 원용한 것은 공통적이나, 박은식은 유교이념을, 신채호는 불교이념을 원용한 것이 서로 다르다. 박은식의 경우는 그의 학문이 성리학에서 출발하여 양명학으로 대성한 개혁적인 유학자로서 그 학문의 뿌리가 공맹의 유학이념에 있었고, 신채호의 경우는 한국불교의 第一義가 호국의 구세에 있었던 점을 역사사상 형성의 수단으로 인식했기 때문에 각각 유교와 불교이념을 수용한 것이다.

3) 두 사람 모두 망명지에서 역사국혼론과 낭가사상에 의해 민족

주체의 사서를 저술하여 자신들의 역사사상과 그 이념을 구현하였다. 신채호는 근대민족주의 사론과 역사방법에 의해 왜곡된 한국고대사를, 박은식은 단절된 한국근대사를 체계화하여 한국사의 사통을 바로 세움으로써 신채호는 근대민족주의사학의 개창자로서, 박은식은 근대민족주의사학의 확립자로서 근대한국사학사상 불멸의 업적을 남기게 되었다.

박은식은 애국계몽운동기 동안에는 역사민족주의와 단군민족주의 단계의 정신사관에 머물렀으나, 망명 후 여러 권의 사서 특히 『痛史』를 집필하여 '國은 形體요 史는 神(國魂)이라'는 국혼적 역사인식의 이념을 이론화하고, 통한의 일제침략사를 국내외에 비판 고발하여 망국민으로 하여금 일제침략의 恥痛을 씻는 격발심을 일으켜 광복운동의 실천적 원동력으로 전환케 하였다. 비록 그가 역사국혼론의 이념을 구체화하는 방법이 학문적이고 논리적인 것이라고 할 수 없으나 민족주의 정신사관의 일반론과는 다른 독자적인 영역을 개척한 것이 분명하다. 그는 역사국혼론으로 『통사』를 저술하여 민족의 국혼적 역사인식을 한국근대사 단절의 극복에 적용 서술함으로써 역사인식의 현재성 구현에 충실하였다.

한편 신채호는 광막한 역사의 처녀지인 한국고대사를 개척하려는 사명감, 즉 한국사연구는 먼저 고대사의 체계화부터라는 역사인식에서 출발하였다. 그리하여 그는 주체적·혁명적·전통적인 민족정신으로서의 郎家思想을 사상사적 입장에서 발굴키 위해 단군으로부터 삼국시대에 이르는 이민족과의 투쟁적 한국고대사연구에 집착하였다. 그의 이러한 학문적 신념이 소박한 형태로나마 민속학적인 방법을 채용하고, 한국사의 흐름을 사상사적 측면에서 시고하여 낭가사상을 구명한 것은 한국고대사 서술에 있어서 방법론상 역사인식의 단계를 높여주고, 나아가서 花郎道 기원에 대한 재해석의 길을 열어준 점은 높이 평가되어야 한다. 뿐만 아니라 낭가사상을 근본으로 한 그의 한국고대사연구는 일제의 식민주의사관에 정면에서 맞섬으로써 왜곡되는 한국고대사의 뿌리를 바로잡아 한국의 사통을 확립하는데 큰 업적을 남겼다.

4) 박은식과 신채호가 국권회복과 광복이라는 당면목표를 해결하는 최선의 방편으로서 독창적인 역사국혼론과 낭가사상을 수립하여 근대민족주의사학 개창의 단서를 열었다. 그러나 이들의 한국사연구와 이론정립이 정치사와 문화사에 치중됨으로써 사회·경제사적 안목이 결여되고, 객관적인 고증이 강렬한 주관적인 신념을 수반하여 다소 추상적인 관념이나 논리적인 비약이 파생된 점이 없지 않다.

박은식은 국내의 애국계몽운동기에 근대민족주의 사관으로서의 歷史國魂論을 발상하고, 국외의 광복운동기에 『痛史』를 집필하여 역사국혼론의 실천적 구현을 이룩하였으나, 한국사에 내재한 국혼을 학문적인 입장에서 체계적으로 발굴하지 못한 점이 아쉽다.

이에 비해 신채호의 낭가사상은 자신의 근대민족주의사학의 구체적인 사론적 이념으로서 그 독창성을 인정받을 수 있는 반면, 그 사상의 구조와 전개상 어느 경우에는 부정적인 한계점이 노출되는 것도 사실이다. 즉, 민족의 전통적인 사상을 바탕으로 민족의 웅건한 고대사를 체계화해야 된다는 당위성으로 인해 이 방면에 대한 사료의 零星을 독단적인 사료선택과 언어해석방법으로 메꾸고, 낭가사상의 시원과 시대적 연결부분이 추상적으로 처리되었다. 또한 낭가사상의 대사회적·대국가적 기능(군사적 기능)을 지나치게 강조하여 대외항쟁에 승리했을 때만 그 사상이 존재한 것같은 모순에 빠져 민족의 내적인 갈등과 대립을 통한 민족사의 발전적인 면이 부정되었다. 이밖에도 단군 때부터 독자적으로 형성되어 고구려 때 구체적으로 제도화된 후 삼국을 거쳐 고려 중기까지 명맥을 유지했다는 낭가사상의 구조적 특성 때문에 그 이후의 한국사서술은 불가능하게 될 수 밖에 없는 점이 지적된다.

박은식과 신채호의 역사학이 근대민족주의사학을 개창한 근대사학으로 자리매김이 되었으나, 근대사학의 사론적 이념으로 핵심적 역할을 한 박은식의 역사국혼론과 신채호의 낭가사상이 지금까지 민족주의 정신사관의 범주에 속한다는 대전제에 가리어져 그 독창적 이론이 실질적인 평가를 받지 못하였다. 필자는 이에 대한 재해석을 통하여, 이들 사상이 두 사람 역사인식의 근본 이념으로서 기능한 사실을 도출할 수 있게 되었다.

4. 박은식과 신채호의 世界平和思想과 民衆革命思想은 국내의 애국계몽사상기부터 발상되기 시작하여 1910년 일제병탄에 따른 민족의 암울한 현실과 강권적 국제정세의 추이에 대처하고, 거족적인 3 · 1운동을 경험하면서 성숙 발전되어 각각 그들의 상징적인 대표사상으로 근대 한국의 광복운동사상의 중추적 쌍벽을 이루게 되었다.

박은식의 세계평화사상은 1) 이념적 바탕을 한국의 실학 · 동학의 개화 · 민권사상과 동양 종교의 도덕론에 두고 서구의 종교적 성현과 도덕사상을 근대적 자아의식에 의해 주체적으로 수용 융합하여 민족의 광복과 세계인류의 밝은 미래를 조명한 데에 있다. 그는 사상의 철학적 논거를 천하를 하나의 집안으로 보는 공맹의 대동사상과 인간의 마음은 본래 모두 같다고 보는 양명학의 致良知論에 두었다. 그는 유교의 '인', 불교의 '자비', 기독교의 '사랑'을 하나의 사상으로 융합 승화시켜 동양사상과 서양사상의 이념은 하나라는 가치체계를 밝혀 놓았다. 서양사상에 대한 한국과 동양사상의 주체성과 대등성 내지 우월성을 견지코자 하고, 세계문명에 대한 그의 인식의 범위가 세계적 차원으로 심화 확대되어 한국사상의 세계화를 선구적으로 시도한 점에 큰 뜻이 있다.

　2) 박은식은 3·1운동 당시 한국민족이 인도주의와 평화주의 정신으로 일본의 군국주의를 성토하며 한국의 독립의지를 세계만방에 선언한 민족의 잠재적 능력에 고무되어 한국의 광복과 동양평화의 달성을 위해 일본의 인도적 차원의 자각과 정의심의 발로를 촉구하고, 중국과 러시아의 후원 및 세계 각국의 평화주의 인사들의 동정을 기대하였다.

　박은식의 사상은 얼핏 보아 감상주의적인 이상론의 나약한 발상으로도 생각할 수 있겠으나 실제 그의 평화사상을 꿰뚫어 보면, 무력 일변도의 투쟁은 제국주의·강권주의의 퇴조기에 있어서 시대착오적이라는 세계사상의 진운에 입각하고, 차선의 수단으로서 인류평화에 대한 도덕심의 발로를 촉구하여 광복을 달성하겠다는 새로운 방안으로서 제시된 것이다. 그는 일본의 인도주의적 자각과 평화에 대한 국제적 노력이 없을 때는 그 전적인 책임이 일본에 있다고 규정하고, 마지막 수단인 결사투쟁, 즉 혈전의 방법을 쓸 수밖에 없다고 단언한 데에서 그의 세계평화사상은 이념과 전술의 최후 수단으로서 무장혈전론을 수용 융합한 폭넓은 원융적 사상임을 이해하게 된다.

　3) 박은식의 세계평화사상은 대내적으로 민족의 대동단합과 평등에 의해 민지계발을 달성함으로써만 대외적으로 강권의 제국주의 침략을 극복하여 인류의 평화를 달성할 수 있다는 단계적 이념구조를 띠고 있다. 즉 한국민족의 평등·대동단합에 의한 민지계발→자강독립→동양·세계평화사상이라는 구조를 이루고 있다. 그는 세계평화사상 실현의 일차적 목표를 한민족의 대동단결에 의한 민족의 광복과 국민주권의 평화민주공화국 건설에 두었다. 이

는 세계인류의 평화는 한국민족의 대동단합에 의한 자강·평등·자유의 평화민주공화국 건설을 전제로 하여 이루어지는 것으로서 한국의 일제구축 구축에 의한 자주독립 없이 세계평화는 있을 수 없다는 논리에서 광복에 대한 민족의 강한 의지를 국내외에 천명한 것이다.

한편 신채호의 민중혁명사상은 1) 그 이념적 바탕을 민족주체의 현실적 利害論에 입각한 실용적 도덕론에 두었다. 특히 민족의 전통사상의 주체성 결여를 비판하는 그의 도덕론에서 민족주의사상에 투철한 자주독립정신을 발견하게 되었다.

2) 신채호는 특히 3·1운동을 전후한 역사조건의 변혁에 대처하여 광복의 원천적인 힘의 소재가 민중에 있음을 발견하고, 광복운동의 새로운 전술로서 자신의 비타협적인 무장투쟁적 전술에 민중폭력의 무정부주의적 전술을 수용하였다. 이러한 이념은 '독립을 못하면 살지 않으리라.', '일본을 구축하지 못하면 물러서지 않으리라.'라는 민중의 결연한 각오와 혁명의 폭력적 방법의 실천만 있으면 민중혁명은 성공할 수 있다는 신념의 발로에서 비롯된 것이었다.

신채호는 우리 민족이 일제에 의해 삶의 원초적인 두 가지 욕구 즉, 衣食의 방책을 위한 경제적 욕구와 사상과 행동의 자유를 위한 정치적 권리를 박탈당하는 상황을 파괴하기 위하여 일본의 강도정치, 곧 異族統治가 우리 민족생존의 적임을 규정하였다. 이와 동시에 조선민중이 혁명으로서 민족생존의 적인 강도 일본을 살벌함이 곧 우리의 정당한 수단임을 선언한 것이다.

당시 그가 식민지 민중이 제국의 강자를 대항하는 길은 테러리즘, 즉 비합법적인 폭력수단의 행사밖에 다른 방도가 없음을 누구보다 먼저 깨닫고 이를 한국독립운동의 실천노선으로 자기화하여 내세움으로써 1920년대 민중폭력혁명에 의한 광복운동의 사상과 방략의 새로운 단계를 개척하여 민족독립운동노선의 획기적인 변환의 주역이 되었다.

3) 신채호의 동양평화론에 대한 인식은 평화로 위장한 강대국의 강권주의의 현실을 통찰한 것으로서 박은식이 일본이 인도주의 입장에서 한국의 독립을 돌려준다면 한국은 동양평화를 위해 영원히 손잡을 수 있다는 주장같은 것을 일제의 기만술책에 동조하는 것으로 보고 처음부터 철저하리만큼 부정적이며 비판적이었다. 그는 인도주의나 평화주의 도덕은 제국주의적 도덕으로 인식하여 한국사의 경험을 통하여 이를 크게 경계할 것을 촉구하였다. 신채호는 우리나라 역사가 신라로부터 천수백년동안 '왜놈과 싸운 혈전사'이기 때문에 목숨을 희생해서라도 왜놈을 토벌하는 것이 한민족 최고의 가치라는 인식으로 동양평화 주창자의 배후에는 살인의 이기가 있다는 것을 깨우치고, "자국도 보전 못하는 자가 인류박애와 세계평화를 말할 수 있는가."라 하며 인도주의적인 평화사상의 허구성과 기만성을 비판하였다.

4) 신채호는 최종적으로 민중폭력혁명의 성공에 의한 '이상적 조선'의 상을 제시하였다. 그는 1900년대 국내의 애국계몽운동기에 자강독립의 신한국상으로 '입헌국가'를 지목하고, 망명후에도 국민주권의 신한국상을 거론한 바 있다. 1923년 그가 밝힌 신한국상은 민중폭력으로서 강도 일본을 타도하고 불합리한 우리생활의 일체 제도를 개조하여 인간이 인간을, 사회가 사회를 강권으로 압박하지 못하는 이상적인 조선을 건설하는 것이었다.

신채호가 마지막으로 추구했던 이상적인 조선은 본질적으로 격렬한 투쟁의 고통을 통해 쟁취되는 반제·반봉건의 완전한 광복을 바탕으로 하는 자유·평등의 민중적 조선, 즉 국민주권의 근대민주자유사회라는 이상적 한국이었다는 사실에서 큰 의미를 발견하게 된다.

5. 박은식의 光復平和思想과 신채호의 光復革命思想의 이념과 전개과정을 고찰하여 비교한 결과 두 사상의 독자적인 특성을 밝혀낼 수 있었다. 그러나 동시에 두 사상이 결코 대립적이거나 배타적인 이념으로 형성된 별개의 사상이 아닌 공통적이거나 상호보완적인 원융사상이라는 사실도 밝힐 수 있게 되었다.

두 사상의 異同的인 특성과 한계성 및 그 圓融的 성격을 보면,

1) 두 사상은 국내의 애국계몽사상기에 발상되어 3·1운동을 계기로 각자의 대표적 사상으로 발전 정립되었다는 사실이다.

2) 두 사상은 국내의 애국계몽운동기에 서구에서 수용되어 민족자강사상의 중요 이념적 배경이 되었던 사회진화론의 모순과 한계를 이론적으로 극복하게 된 점을 들 수 있다.

박은식은 애국계몽운동기 이후 특히 제1차 세계대전과 3·1운동을 경험하면서 세계의 진운이 전쟁에서 평화를, 강권에서 평등을 요구하는 시대적 변화를 예견하여, 세계평화사상의 개념을 단순히 제국주의와 강권주의의 상대적·적대적 개념으로 적용하지 않고 이를 포용하는 실천적 개념으로 발전시켜, 사회진화론이 내포한 강권적 자강논리의 모순과 한계점을 극복하게 되었다.

신채호 역시 경술국치 전 제국주의 침략에 대해 강권적 제국주의와 표리관계를 이루는 저항적 민족주의로 제국주의를 비판하며 민족의 자강독립을 주장함으로써 결국 제국주의 강권에 약소민족이 도태하는 공례를 묵시적으로 인정하는 이론적 모순과 한계를 벗어날 수 없었으나, 1920년대 조선민중의 광복혁명사상을 정립하여 이를 극복할 수 있게 되었다.

3) 두 사람은 1920년대부터 풍미한 공산주의사상과 운동에 대해

모두 비판적이었다.이는 일견 반봉건적인 민족내부의 모순과 갈등 해결에 .대한 문제의식의 결여로도 볼 수 있지만 근·현대의 정치 사적 경험으로 비추어 당시로서는 통찰력이 깃든 혜안들이 아닐 수 없다.

이러한 인식은 박은식의 평화사상이 일찍부터 정치적 목적 달성을 위해 수단과 방법을 가리지 않은 사회·경제적인 경쟁·투쟁의 이념보다 사랑·박애·평화 등의 도덕적 이념에 바탕을 두고 있는 데에서, 신채호는 대내적으로 임정의 지도적 인사가 임정을 깨고 러시아 공산주의를 추종하여 새로운 공산정권을 수립하려는 비주체적이고 사대적인 획책을 간파하고, 대외적으로 공산주의의 프롤레타리아 독재론을 하나의 새로운 강권주의사상의 '공산독재'로 통찰한 데에서 비롯된 것이다.

4) 박은식이 일본의 인도적 차원의 자각과 정의심의 발로 및 강대국의 한국독립에 대한 이해를 촉구한 동양·세계평화론과 신채호가 역사적 현실적으로 절대 불타협적인 외적 일제를 대상으로 한 민중폭력의 혁명투쟁론은 두 사상의 특성을 반영하는 핵심적인 논리를 함유하고 있다.

5) 박은식과 신채호의 광복운동사상은 광복운동진영의 실천적 이념으로서 실제 큰 영향을 미친 데에 민족독립운동사적 의의를 찾게 된다.

박은식은 당시 동양과 세계 각국의 한국의 독립문제 승인여부가 동양평화와 세계평화에 직결된다고 인식한 임정인사와 독립운동 지사들의 사상적 지도자이며 원로로서 한국의 광복운동에 대한 사상과 전술을 『獨立新聞』 등을 통해 공론화하고 이를 체계화하여 한국근대 민족독립운동사상의 한 줄기를 형성하는 데에 크게 기여하였다.

신채호의 민중폭력혁명사상에 의한 광복운동사상의 이념과 전술은 1920년대 金元鳳의 義烈團, 민족통일전선인 新幹會의 노선정립, 1930년대 金九의 愛國團 등 상해임정의 폭력수단의 전술이념으로 계승되어 羅錫疇・李奉昌・尹奉吉의사 등의 역사적 쾌거로 구현됨으로써 한국근대 민족독립운동사상의 큰 맥락을 형성하게 되었다.

6) 두 사상의 공통적인 한계점으로는 사회진화론의 강권주의에 역이용당할 논리적인 결함, 광복후의 박은식의 평화공화국과 신채호의 민주자유사회라는 이상적 조선의 구체적인 청사진을 밝히지 못한 점, 두 사상의 융화를 모색하여 서로의 한계성을 극복하고자 한 노력이 부족한 점, 그리고 민족내부의 모순과 갈등해소에 소홀했던 점 등이 지적된다.

이밖에도 박은식은 일본이 인도주의적 각성을 외면하여 한국독립에 의한 동양평화가 무산될 경우 마지막 수단인 결사적 투쟁에 의존할 수 밖에 없다는 비장한 결의에 대한 구체적인 방법의 제시가 미흡한 점이 지적된다.

그리고 신채호는 민중혁명의 전단계나 동시에 병행하는 전술로서 일본을 포함한 세계강국의 인도주의적 자각과 후원을 촉구하여 세계여론을 환기하는 외교적 노력의 단계를 설정하지 않은 대외인식에 문제점이 발견된다. 이는 그의 반종교적・반평화적 인식과 함께 광복운동의 다양한 전술적 방편을 외면한 한계점으로 지적된다.

그러나 이들 두 사상에 내포된 이러한 한계점들은 거의 대다수 당시 식민지 조선의 망명독립지사들의 열악한 학문적 여건에서 초래된 것이지 두 사람의 학문적・사상적 능력의 한계는 아니라 하겠다. 이들이 근대민족주의사학 개창의 양대 지주로서 각각 韓國古代史와 韓國近代史를 체계화하여 한국국민들로 하여금 역사정신을 애국계몽운동과 광복운동의 이념적 원동력으로 깨닫게 하고, 광복투쟁과 그 실천적 이념제시에 앞장서서 민족과 국가를 위해 헌신한 업적에 비하면 九牛一毛에 지나지 않을 만큼 미미한 것에 불과하다.

또한 두 사람이 광복후의 신한국의 국체와 정체를 구체적으로 밝힐 수 없었던 이유로는 민족내부의 갈등해소를 위한 여유를 갖지 못한 점을 들 수도 있다. 그러나 1920년대 당시는 애국계몽운동기의 근대국가관과 신국민론처럼 구체적인 논리를 전개할 수 없을 정도로 국내외정세가 급박한 데에서 비롯된 것이다. 신채호의 경우 정부형태의 구체적인 모델을 제시할 때 그의 대표적 사상인 민중폭력혁명사상이 자칫 일제구축의 실천이념에 배치되는 이론적 모순을 노정할 수 있다는 우려 때문일 수도 있다.

6. 끝으로 박은식과 신채호의 사상은 민족사의 숙명적 인연으로 만난 근대한국독립운동사상의 양 수레바퀴로서 외면적으로는 두 사람의 역사사상이 한국근대사와 한국고대사로, 광복독립운동의 실천이념이 이상론적 인도주의와 현실론적 폭력혁명사상으로 대립적인 독자성을 띤 것처럼 인식될 지도 모른다.

그러나 내면적으로는 한국사의 사통을 함께 체계화하고, 광복운동의 양대 실천노선을 함께 제시한 상호보완적인 원융사상임을 깨닫게 된다. 이와 함께 박은식이 종교와 도덕의 정신적인 것에 중점을 두는 유심론의 총론적 이론의 성격이 짙다면, 신채호는 물리적인 것에 큰 비중을 두는 유물론적인 각론적 실천의 성격이 짙은 것도 독자적이며 원융적 특성으로 지적된다.

한 마디로 두 사상의 독자적이며 원융적인 특성은 박은식의 경우 外柔內剛的인 반면에 신채호의 경우는 外剛內柔的이다. 박은식의 외유내강적인 특성은 자신이 혁명주의적 이념의 결사투쟁을 최후의 수단으로 선언하고, 尹世復이 『夢拜金太祖』의 서문에서 그의 반항과 도전사상을 거론하면서 박은식은 그가 믿고 있는 평등·평화주의 사상 하나만으로 당시의 세계 패권을 독점하고 있는 강권·제국주의자들에게 도전코자 평생을 고뇌하였다는 평가에서 밝혀진다.

신채호의 외강내유적인 특성은 애국계몽운동기부터 文武雙全을 주장하고, 그가 쓴 光復會 고시문(1917. 11)에서 文에 능한 자는 문으로, 武에 능한 자는 무로, 術에 능한 자는 술로, 業務에 능한 자는 업무로, 財에 능한 자는 재로써 광복운동을 전개할 것을 호소한 것과 더불어 한 서간문에서 武裝段鬪란 유생의 능사가 아니고 국가흥망이란 일조에 돌발하는 것이 아니라는 사실을 깨달아 자신의 남은 인생을 역사연구사업에 바치겠다고 피력한 감회를 통해 이해하게 된다.

따라서 이들 두사람의 사상은 한국의 전통적 가정에 비유한다면 박은식은 母心과 婦心, 신채호는 父心과 夫心으로서 두 마음이 一卽二, 二卽一의 원융적인 화합을 이룩하고, 두 사상이 和而不同의 金蘭的 사상으로 승화할 수 있는 민족독립사상의 양대 맥락으로서 근대 한국의 진로를 밝혀준 위대한 사상으로 평가할 수 있게 된 데에 한국민족독립운동사적 의의가 있는 것이다.

이제 우리는 이들의 사상과 업적을 받들고 그 한계점을 보완하여, 이들이 못다 이룬 민족적 사업을 추진해야 할 시대적 과제를 안고 있다. 우리는 이들의 사상을 당시의 민족문제의 해결에 대응한 광복운동기의 상징적인 대표사상으로만 규정하는 어리석음을 범하지 말고 이들의 시대와 오늘 우리들의 시대를 역사의식면에서 비교하는 가운데 오늘날 강대국 주도의 세계화 물결을 주체적으로 헤쳐나갈 국민사상과 민족정기의 모체로서 계승 발전시켜야 할 책무를 깨달아야 할 것이다. 박은식의 역사국혼론이나 신채호의 낭가사상을 민족독립운동기의 산물인 배타적인 국수주의로 규정하거나, 오늘날 세계화의 조류에 잘못 편승하여 이들 사상을 전시대적인 것으로 경시하는 풍조를 크게 경계하지 않으면 안된다.

우리는 두 사람의 광복운동사상을 평가함에 있어서 세계평화사상과 민중혁명사상의 원융적 융합으로 신강권주의와 신패권주의에 적극 대처하는 제2의 광복사상을 창출하여 남북통일과 선진민족국가 실현의 시대적 사명을 자담하는 국민적 각성과 동참이 있어야 할 것을 깨닫게 된다.

이 연구를 마무리하면서 두 사람의 구체적인 활동에 관한 것은 논구의 필요에 따라 각 장에서 고찰되어 이 책의 성격상 별도의 항목을 설정하지 않았음을 밝혀 둔다. 그리고 이 연구의 논제에 대한 애초의 기대감이 시간이 경과할수록 필자의 능력부족을 노정시켜 목적한 바의 결과를 달성하지 못했을 뿐만 아니라 도리어 민족의 스승으로서의 고매한 학문과 실천적인 사상, 즉 學行一致・知行合一의 귀감적 역정에 누를 끼친 것같아 송구스러운 마음이 앞선다.

그러나 아무쪼록 이 연구가 박은식과 신채호 사상의 바른 이해와 현대적 계승 창달에 조그마한 도움이 된다면 더이상의 바람이 없겠다. 아울러 이 연구를 진행하는 동안 이루어진 지나친 논리의 비약이나 전개의 미흡한 부분에 대해서는 江湖諸賢의 질정과 지도편달을 바란다.

참고문헌

1. 主要資料

1) 全集 및 一次資料

『三國史記』, 『三國遺事』, 『東史綱目』, 『與猶堂全書』, 『修山集』
『騎驢隨筆』, 『張志淵全書』, 『金澤榮全集』, 『湖巖全集』, 『六堂崔
南善全集』, 『民世安在鴻選集』, 『薝園鄭寅普全集』, 『洪以燮全集』.

단국대학교 동양학연구소, 1975, 『朴殷植全書』 上·中·下 3冊, 단
　　국대출판부.
단재신채호선생기념사업회, 1977, 『丹齋申采浩全集』 上·中·下·
　　別集 4책, 형설출판사.
國史編纂委員會 編, 1968, 『韓國獨立運動史』 5권 및 『韓國獨立運
　　動史資料集』.
慶北警察局, 1967, 『高等警察要史』, 고려대 아세아문제연구소 복간.
國會圖書館, 1974, 『大韓民國臨時政府議政院文書』.
　　________, 1976, 『韓國民族運動史料(중국편)』.
　　________, 1977, 『韓國民族運動史料』 3권.
獨立運動史編纂委員會 編, 1969~1978, 『獨立運動史』 10권.
한국독립운동사연구소(獨立記念館), 1989, 『韓國獨立運動史資料叢書』
　　1·2.

韓國學文獻硏究所, 1977,『韓國開化期敎科書叢書』(國史 X), 아세아문화사.
_________________,『歷史·傳記小說』10권, 아세아문화사, 1979.

2) 新聞·雜誌

『皇城新聞』,『大韓每日申報』,『獨立新聞』,『東亞日報』,『朝鮮日報』『大韓自强會月報』,『西友』,『西北學會月報』,『大韓協會會報』,『大東學會月報』,『獨立新聞』(漢城版·上海版)

2. 著書와 論文

1) 著　書

姜萬吉, 1978,『分斷時代의 歷史認識』, 창작과 비평사.
______, 1985,『韓國民族運動史論』, 한길사.
姜在彦, 1981,『韓國의 開化思想』, 비봉출판사.
______, 1982,『韓國近代史硏究』, 도서출판 한울.
高大民硏, 1964와 1970,『韓國文化史大系』I , Ⅳ.
________, 1971,『日帝下의 民族運動史』, 민중서관.
________, 1980,『韓國現代文化史大系』V .
國史編纂委員會, 1978,『한국사』22「근대민족운동의 전개」.
____________, 1981,『韓國史論』6「韓國史의 意識과 敍述」.
____________, 1987과 1993,『韓民族獨立運動史』2권, 12권.
琴章泰, 1984,『東西交涉과 近代韓國思想』, 성균관대학출판부.
金吉煥, 1981,『韓國陽明學研究』, 일지사.
金柄珉, 1988,『申采浩文學研究』, 료녕민족출판사.

金榮範, 1997, 『한국근대민족운동과 의열단』, 창작과 비평사.

金榮作, 1989, 『한말내셔널리즘 연구』, 청계연구소 출판국.

金載元, 1976, 『檀君神話의 新研究(탐구신서 104)』, 탐구당.

金貞培, 1980, 『韓國古代史論의 新潮流』, 고려대학교 출판부.

金俊燁·金昌順, 1967~1975, 『韓國共産主義運動史』 5권, 高大亞研.

金昌洙, 1987, 『韓國近代民族意識研究』, 동화출판사.

______, 1995, 『韓國民族運動史研究』, 범우사.

金哲埈, 1975, 『韓國古代社會研究』, 지식산업사.

______, 1976, 『韓國文化史論』, 지식산업사.

金孝善, 1989, 『白岩 朴殷植의 敎育思想과 民族主義』, 대왕사.

金興洙, 1990, 『韓國近代歷史敎育研究』, 삼영사.

金喜坤, 1995, 『中國關內 韓國獨立運動團體研究』, 지식산업사.

단재신채호선생기념사업회, 1980, 『丹齋申采浩와 民族史觀(단재신채
　　　호선생탄신100주년기념논집)』, 형설출판사.

______, 1986, 『申采浩의 思想과 民族獨立運動(순국 50주년 추모논
　　　총)』, 형설출판사.

東亞日報社, 1969, 『三·一運動50周年紀念論叢』.

閔斗基 編, 1985, 『中國의 歷史認識』 上·下, 창비사.

________, 1985, 『中國近代改革運動의 研究(康有爲中心의 1898년
　　　改革運動)』, 일조각.

朴慶植, 1986, 『日本帝國主義의 朝鮮支配』, 청아출판사.

朴成壽, 1982, 『獨立運動史研究』, 창작과 비평사.

朴永錫, 1982, 『韓民族獨立運動史研究』, 일조각.

______, 1984, 『日帝下 獨立運動史研究(滿洲露領地域을 中心으로)』, 일
　　　조각.

朴贊勝, 1992, 『한국근대정치사상사연구(민족주의 우파의 실력양성
　　　론운동론)』, 역사비평사.

朴泰遠, 1947, 『若山과 義烈團』, 白楊堂.

裵宗鎬, 1983, 『韓國儒學史』, 연세대출판부.

北涯子著(申學均譯), 1975, 『揆園史話』, 명지대출판부.

孫晉泰, 1948, 『韓國民族史槪論』, 을유문화사.

宋建鎬·姜萬吉 編, 1982, 『韓國民族主義論』 I, 창작과 비평사.

愼鏞廈, 1976, 『獨立協會硏究』, 일조각.

______, 1982, 『朴殷植의 社會思想硏究』, 서울대출판부.

______, 1984. 『申采浩의 社會思想硏究』, 한길사.

______, 1987, 『韓國近代民族主義의 形成과 發展』, 서울대학교 출판부.

______, 1987, 『韓國近代社會思想史硏究』, 일지사.

申圭植, 1974, 『韓國魂(박영문고 45)』, 박영사.

申一澈, 1981, 『申采浩의 歷史思想硏究』, 고대출판부.

亞細亞學術硏究會, 1978, 『韓國民族思想史大系』 4(近代篇·現代篇).

______________, 1986, 『亞細亞學報』 제18집(신채호 특집호).

歷史學會編, 1987, 『韓國近代民族運動史硏究』, 일조각.

외솔회, 1971, 『나라사랑』 3집 (단재 신채호선생 특집호).

______, 1971, 『나라사랑』 5집 (위암 장지연선생 특집호).

______, 1972, 『나라사랑』 8집 (백암 박은식선생 특집호).

安秉直 편, 1979, 『申采浩』, 한길사.

오장환, 1998, 『한국아나키즘운동사』, 국학자료원.

劉明鍾, 1983, 『韓國의 陽明學』, 동화출판사.

劉準基, 1994, 『한국근대유교개혁운동사』, 도서출판 삼문.

______, 2001, 『韓國民族運動과 宗敎活動』, 국학자료원

李光麟, 1979, 『韓國開化思想硏究』, 일조각.

______, 1986, 『한국 개화사의 제문제』, 일조각.

李基白, 1973, 『近代韓國史論選(삼성문화문고 34)』, 삼성출판사.

______, 1974, 『民族과 歷史』, 일조각.

______, 1978, 『韓國史學의 方向』, 일조각.

______, 1991, 『韓國思想의 再構成』, 일조각.

李基白 責任編輯, 1987, 『韓國史市民講座』 창간호, 일조각.

李基白 外, 1991, 『現代韓國史學과 史觀』, 일조각.

李德一, 2001, 『아나키스트 이회영과 젊은 그들』, 웅진닷컴.

李萬烈 편, 1980, 『朴殷植』, 한길사.

______, 1981, 『韓國近代歷史學의 理解』, 문학과 지성사.

______ 註釋, 1983, 『註釋 朝鮮上古史』(上)·(下), 형설출판사.

______, 1990, 『丹齋申采浩의 歷史學研究』, 문학과 지성사.

______ 주석, 1992, 『註釋 朝鮮上古文化史』, 형설출판사.

李用熙 저(盧在鳳 편), 1977, 『韓國民族主義』, 서문당.

李佑成·姜萬吉 편, 1976, 『韓國의 歷史認識』(上)·(下), 창작과 비평사.

李海暢, 1976, 『韓國新聞史研究』, 成文閣.

李炫熙, 1982, 『大韓民國臨時政府史』, 집문당.

______, 1987, 『三·一獨立運動과 臨時政府의 法統性』, 동방도서.

______, 1989, 『韓民族光復鬪爭史』, 정음문화사.

______, 1991, 『光復前後史의 再認識』Ⅰ·Ⅱ, 범우사.

______, 1991, 『大韓民國臨時政府』, 한국민족운동사연구회.

林鍾國, 1982, 『日帝侵略과 親日派』, 청사.

任重彬, 1986, 『先覺者 丹齋申采浩』, 단재신채호선생 추모사업회.

自由社會運動研究會, 1995, 『아나키즘연구』 창간호.

鄭寅普著, 洪以燮解題, 1972, 『陽明學演論(삼성문화문고 11)』外.

鄭普錫, 1975, 『일제하 한국언론 투쟁사』, 정음사.

趙東杰, 1989, 『韓國民族主義의 成立과 獨立運動史 研究』, 지식산업사.

______, 1993, 『韓國民族主義의 발전과 獨立運動史 研究』, 지식산업사.

趙容萬, 1964, 『六堂 崔南善(그의 生涯·思想·業績)』, 三中堂.

趙恒來, 1972, 『韓國社會團體史攷』, 형설출판사.

______ 편, 1993, 『1900년대의 愛國啓蒙運動研究』, 아세아문화사.

車基璧, 1978, 『韓國民族主義의 理念과 實態』, 도서출판 까치.

千寬宇, 1986, 『韓國近代史散策』, 정음문화사.

______, 1974, 『韓國史의 再發見』, 일조각.

崔 埈, 1976, 『韓國新聞史論攷』, 일조각.

崔洪奎, 1979, 『丹齋申采浩』, 태극출판사.

崔洪奎, 1983,『申采浩의 民族主義思想(生涯와 思想)』, 형설출판사.

河岐洛, 1991,『相互扶助論』, 형설출판사.

한국민족독립운동사연구회, 1994,『한국민족운동사연구』 10 (朴殷植 ·
申采浩 특집호).

韓國無政府主義運動史編纂委員會, 1978,『韓國아나키즘運動史』, 형설
출판사.

韓國史研究會 편, 1985,『韓國史學史의 研究』, 을유문화사.

韓國精神文化研究院, 1983,『韓國獨立運動史』, 박영사.

韓時俊, 1993,『韓國光復軍研究』, 일조각.

韓永愚, 1989,『朝鮮後期史學史研究』, 일지사.

______, 1994,『韓國民主主義 歷史學』, 일조각.

玄相允, 1949,『朝鮮儒學史』, 민중서관.

洪淳昶, 1988,『韓末의 民族思想(탐구신서 96)』, 탐구당.

洪以燮, 1968,『韓國史의 方法(탐구신서 35』, 탐구당.

______, 1975,『韓國近代史의 性格(春秋文庫)』, 한국일보사.

______, 1975,『韓國精神史序說』, 연대출판부.

洪一植, 1958,『六堂研究』, 日新社.

2) 論文 및 其他

－개인 논저나 연구특집에 수록된 논문은 제외－

姜萬吉, 1975,「民族史學論의 反省」『歷史學報』 68.

______, 1979,「韓國獨立運動의 歷史的性格」『亞細亞研究』 제59호, 고
려대 아세아연구소.

______, 1985,「日帝時代의 反植民史學論」『韓國史學史의 研究』, 을유
문화사.

______, 1996,「申采浩의 民族運動路線」『신채호와 한국민족주의』(단
재신채호선생순국 60주년기념 학술대회논문집).

강창일, 2000, 「단재 신채호의 아시아주의 비판」『丹齋의 歷史認識』
(단재탄신 120주년기념 학술대회논문집).

高珽烋, 1991, 「大韓民國臨時政府 歐美委員會(1919~1925) 研究」, 고
려대 박사학위논문.

권 철, 2001, 「신채호문학 연구에서의 몇가지 문제」『단재 신채호연구
중-한 국제학술회의 논문집』, 중국 연변대학교 과학연구처.

權熙永, 1976, 「丹齋史學과 史學史的 位置」『서울대』창간호.

近代史研究會 편, 1985, 『韓國現代史學의 理解』1·2 (史論·史學史
편).

吉玄謨, 1987.9, 「民族主義史學의 問題」『韓國史 市民講座』창간호.

金光男, 1983, 「文一平의 人物論에 對하여」『史學研究』36.

金光洙, 1992, 「朴殷植의 啓蒙思想」『韓民族獨立運動史論叢』(水邨朴
永錫교수화갑기념).

金基承, 1987, 「白巖 朴殷植의 思想的 變遷」-大同思想을 中心으로-,
『歷史學報』114집.

______, 1994, 「丹齋의 思想的 變化와 儒敎」『大東文化研究』29집, 성
균관대학교.

金吉煥, 1980, 「陽明學과 朝鮮朝 陽明學의 實際」『韓國學報』제21집.

金生基, 1972, 「韋庵張志淵의 歷史認識」『韓國民族獨立運動史의 諸問
題』(何石金昌洙교수화갑기념사학논총).

김성국, 1995, 「아나키스트 申采浩의 試論的 재인식」『아나키즘 연구』
창간호.

金度亨, 1986, 「韓末啓蒙運動의 政治論研究」『韓國史研究』54.

______, 1988, 「大韓帝國末期의 國權恢復運動과 그 思想」, 연세대대학
원박사학위논문.

金榮範, 2001, 「申采浩의 조선혁명의 길」『한국근현대사연구』제18집.

______, 2000, 「신채호와 '조선혁명'」『丹齋의 歷史認識(단재탄신 120
주년기념 학술대회논문집)』.

金泳鎬, 1976.7, 「丹齋申采浩의 史觀」『독서생활』.

金龍德, 1976, 「鄭汝立研究」『韓國學報』 4, 일지사.

金容燮, 1963, 「日帝官學者들의 韓國史觀」『思想界』 2월호.

______, 1970, 「近代歷史學의 成立」『韓國現代史』 6, 新丘文化社.

______, 1971, 「우리나라 近代歷史學의 發達」『文學과 知性』 4호 ; 1976, 『韓國의 歷史認識』 下, 창작과 비평사.

金允植, 1973, 「丹齋小說 및 文學思想의 問題點」『서울대학교 교양학부 논문집』 5집.

金貞培, 1979, 「民族史學의 올바른 理解」『뿌리깊은 나무』.

______, 1980, 「日帝下의 古代史研究家」『현상과 인식』 4권 1호.

______, 1986, 「申采浩 史學의 繼承과 批判」『亞細亞學報』 18집.

______, 1986, 「丹齋의 史學과 北韓의 古代史」『申采浩의 思想과 民族獨立運動』 단재신채호선생기념사업회, 형설출판사.

金貞和, 1994, 「民國初期 劉師復과 丹齋 申采浩의 무정부주의사상 비교」『단재신채호연구논집』.

金昌洙, 1969, 「民族運動으로서의 義烈團活動」『3·1運動50周年紀念論集』, 동아일보사.

______, 1994, 「韓國民族獨立運動史에서의 朴殷植의 位相」『한국민족운동사연구』 제10집.

金泉錫, 1962, 「白巖 朴殷植의 啓蒙思想」『漢陽』 제1권 9호.

金哲埈, 1971, 「丹齋史學의 位置」『나라사랑』 3집.

______, 1974, 「修山 李鍾徽의 史學」『東方學志』 15.

______, 1975, 「丹齋와 爲堂」『歷史教育』 17집.

______, 1983, 「韓國近代史學의 成長過程」『한국문화전통론』, 세종대왕기념사업회.

김춘선, 2001, 「신채호의 역사주체에 대한 인식과 재중독립운동」『단재신채호연구 중ー한 국제학술회의 논문집』, 중국 연변대학교 과학연구처.

金泰永, 1976, 「開化思想家 및 愛國啓蒙思想家의 史觀」『독서생활』 7월호 ; 1976, 『韓國의 歷史認識』 下, 창비사.

金炯孝, 1973.10,「丹齋, 그 主體史觀의 그늘」『文學思想』.

金興洙, 1982,「朴殷植의 新民論」-夢拜金太祖를 中心으로-『慶熙史學』9・10집.

______, 1992,「日帝下 敎育硏究의 實態와 性格」『韓國史學論叢』下 (수촌박영석교수화갑기념).

金鎬逸, 1994,「申采浩의 愛國啓蒙運動」『한국민족운동사연구』 제10집, 한국민족운동사연구회.

나까오 미치꼬(中尾美知子), 1997,「일본에서의 신채호연구」『국제학술토론대회논문집』, 청주대학교 사회과학연구소.

나절로, 1972,「백암선생의 업적과 회고」『나라사랑』8집 (백암 박은식선생 특집호).

盧承允, 1987,「朴殷植의 民族敎育思想 硏究」, 중앙대대학원 박사학위청구논문.

盧泰敦, 1991,「解放후 民族主義 史學論의 展開」『現代韓國史學과 史觀』, 일조각.

______, 2000,「고조선사연구와 단재사학」『단재의 역사인식(단재탄신 120주년기념 학술대회 논문집)』.

閔斗基, 1965,「梁啓超思想의 構造的 理解」『歷史學報』28집.

______, 1984,「康有爲의 改革運動(1898)과 孔敎 -康은 왜 孔敎에 끝까지 執着하였는가-)『歷史敎育』36.

박정규, 1997,「단재 신채호의 국내외 언론활동」『국제학술토론대회논문집』, 청주대학교 사회과학연구소.

______, 2000,「황성신문에 나타난 단재의 역사인식」『단재의 역사인식』(단재탄신 120주년기념 학술대회 논문집).

朴贊勝, 1988,「韓末 申采浩의 歷史觀과 歷史學(淸末 梁啓超와의 비교를 중심으로)」『韓國文化』9집.

______, 2000,「신채호의『조선상고사』총론 분석」『단재의 역사인식』(단재탄신 120주년기념 학술대회 논문집).

朴成壽, 1984,「丹齋의 古代史觀」『素軒 南都泳博士 華甲紀念史學論叢』

박성수, 1990,「朴殷植의「血史」에 나타난 3·1運動觀」『韓國近代史
　　論叢』(윤병석교수화갑기념).

朴永錫, 1977,「大倧敎의 獨立運動에 關한 硏究」-金敎獻 敎主時期를
　　中心으로-『姜晉哲교수화갑기념한국사논총』,『史叢』 21·
　　22합집.

＿＿＿, 1980,「丹齋申采浩의 滿洲觀」『丹齋申采浩와 民族史觀』, 형설
　　출판사.

＿＿＿, 1983,「大倧敎의 民族意識과 抗日民族獨立運動」上·下『韓
　　國學報』 31·32집.

박충록, 2001,「신채호의 문학평론에 대하여」『단재 신채호연구 중-한
　　국제학술회의 논문집』, 중국 연변대학교 과학연구처.

裵勇一, 1977,「申采浩의 古代史認識考」『白山學報』 23집.

＿＿＿, 1980,「申采浩의 郎家思想考」『丹齋申采浩와 民族史觀』, 형설
　　출판사.

＿＿＿, 1986,「申采浩의 郎家思想의 背景과 構造」『申采浩의 思想과
　　民族獨立運動』, 형설출판사.

＿＿＿, 1994,「朴殷植의 思想과 그 形成에 관한 硏究」『한국민족운동
　　사연구』 9집, 한국민족운동사연구회.

＿＿＿, 1995,「申采浩의 愛國啓蒙思想硏究」『韓國近現代史論叢』(吳
　　世昌교수화갑기념).

＿＿＿, 1995,「申采浩의 民衆革命의 光復運動思想考」『誠信史學』 제
　　12·13합집, 성신여자대학교 사학회.

＿＿＿, 1996,「朴殷植과 申采浩의 愛國啓蒙思想의 比較考察」『한국
　　민족운동사연구』 13, 한국민족운동사연구회.

＿＿＿, 1997,「朴殷植과 申采浩의 歷史思想比較」『韓國史學論叢』(죽
　　당이현희교수화갑기념), 동방도서.

＿＿＿, 1997,「朴殷植과 申采浩의 成長過程과 學問修學의 比較」『한
　　국민족운동사연구』(우송조동걸선생정년기념논총), 나남출판.

　　, 1997,「朴殷植과 申采浩 思想의 比較硏究」, 성신여대 대학원

박사학위논문.

卞榮魯, 1958, 「申采浩論」『思潮』 10월.

徐仲錫, 1982, 「民族史學과 民族主義」『韓國民族主義論』 1, 창비신서 38.

_____, 1997, 「申采浩의 무정부주의에 대한 小考」『又松趙東杰先生 停年紀念論叢Ⅱ,韓國民族運動史研究』 나남출판.

宋建鎬, 1990, 「言論人으로서의 단재」『申采浩』, 고려대출판부.

宋載邵, 1986, 「丹齋의 歷史認識과 歷史小說」 ―「一目大王鐵추槌」를 중심으로― 『아세아학보』 18집.

申奭鎬, 1966, 「韓國史의 무대는 韓半島만인가?」『新東亞』 8월호 (통권24호).

愼鏞廈, 1983, 「申采浩의 光復會 通告文과 告示文 解題」『한국학보』 32집.

_____, 1986, 「申采浩의 安昌浩에게의 書簡 2点」『韓國學報』 42집.

_____, 1994, 「白巖 朴殷植의 愛國啓蒙思想과 民族主義歷史觀」『한국민족운동사연구』 제10집.

_____, 「朴殷植」『韓國史市民講座』 제17집, 일조각.

_____, 1996, 「단재 신채호의 민족주의 사상의 성격」『신채호와 한국 민족주의』(단재 신채호선생 순국60주년기념 학술대회 논문집).

申一澈, 1972, 「申采浩의 自强論的 國史像」,『韓國思想』 10집.

_____, 1974, 「朴殷植의 「國魂」으로서의 國史槪念」「우리나라 近代 歷史學의 發達」『文學과 知性』.『韓國思想』 11집.

_____, 1977, 「申采浩의 無政府主義思想」『韓國思想』 15집.

_____, 1978, 「韓國獨立運動의 思想史的 性格」『亞細亞研究』 59.

_____, 1996, 「신채호의 민족주의적 세계관과 그 극복」『신채호와 한 국민족주의』(단재 신채호선생 순국60주년기념 학술대회 논문집).

安秉直, 1973, 「丹齋 申采浩의 民族主義」『창작과 비평』 29호.

安在鴻, 1936, 「申丹齋學說私觀」『朝光』 2권 4호(申丹齋특집호) (李光洙, 洪命憙, 李克魯, 李允宰, 朴慈惠 글 수록).

안재홍, 1948,「序文」(申丹齋의『朝鮮史』卷頭言)『朝鮮上古史』鐘路書院.

梁基善, 1994,「申采浩의 近代史觀의 根底와 發展」『단재신채호연구논집』.

梁秉祐, 1972,「丹齋史學과 프로이센學派의 比較」『新東亞』9월호.

______, 1980,「統一志向 民族主義 史學의 虛實」－강만길의「分斷時代史學」극본론－,『文學과 知性』39호.

柳永烈, 1990,「愛國啓蒙派의 民族運動論」『국사관논총』15집.

吳世昌, 1993,「1910년대 滿洲韓人의 反日獨立運動」『한국민족독립운동사연구』8.

오장환, 1995,「1920년대 초기 국내 아나키즘과 민족주의」『아나키즘연구』창간호.

유재천, 1997,「단재 언론정신에 비춰본 오늘의 언론인」『국제학술토론대회논문집』, 청주대학교 사회과학연구소.

劉準基, 1988,「朴殷植의 生涯와 學問(그의 유교개혁운동을 중심으로)」『汕耘史學』2.

______, 1991,「白岩 朴殷植의 民族主義 史學」『韓國獨立運動史의 認識』(白山 朴成 壽교수 화갑기념논총).

______, 1994,「朴殷植의 大同思想과 儒敎改革論」『한국민족운동사연구』10.

尹絲淳, 1980,「丹齋의 儒敎觀」『丹齋申采浩의 民族史觀』, 형설출판사.

______, 1986,「丹齋의 民族主體思想(그의 한국고유사상관)」『亞細亞學報』18.

尹南漢, 1972,「박은식선생의 유교사상」『나라사랑(백암 박은식선생 특집호)』8집.

尹炳奭, 1977,「朴殷植의 獨立思想」『韓國近代史論』Ⅲ, 지식산업사.

______, 1977,「1910년대의 韓國獨立運動」『史學研究』27.

尹炳喜, 1992,「白巖 朴殷植의 歷史意識(「韓國痛史」와「韓國獨立運動之血史」를 중심으로)」『韓國史學論叢』下(水村朴永錫교수화

갑기념).

윤해동, 2000, 「신채호의 민족주의」『단재의 역사인식』(단재탄신 120주년기념 학술대회 논문집).

李光麟, 1977, 「舊韓末 進化論의 受容과 그 影響」『世林韓國學論叢』 1.

______, 1980. 「舊韓末 新學과 舊學과의 論爭」『東方學志』 23·24.

______, 1988, 「開化期 韓國人의 아시아連帶論」『韓國史硏究』 61·62.

______, 1991, 「民衆史學論」『現代 韓國史學과 史觀』, 일조각.

李東洵, 1978, 「丹齋小說에 나타난 郎家思想」『慶北大語文論叢』 12집.

李萬烈, 1976, 「朴殷植의 敎育思想」『碧溪李寅基博士古稀紀念敎育論叢』, 螢雪出版社.

______, 1976, 「朴殷植의 史學思想」『淑大史論』 9집.

______, 1977, 「丹齋申采浩의 古代史認識 試考」『한국사연구』 15.

______, 1980, 「丹齋史學의 背景과 構造」『창작과 비평』 여름호.

______, 1985, 「丹齋申采浩의 歷史硏究方法論」『汕耘史學』 1.

______, 1996, 「신채호의 민족주의사학」『신채호와 한국민족주의』(단재 신채호선생 순국60주년기념 학술대회 논문집).

李瑄根, 1949, 「丹齋申采浩先生과 花郎道硏究」 東國文化社.

李松姬, 1984, 「韓末 愛國啓蒙思想과 社會進化論」『釜山女大史學』 2집.

______, 1985, 「大韓帝國末期 愛國啓蒙學會硏究」, 이화여대 대학원 박사학위논문.

李延馥, 1982, 「大韓民國臨時政府(1919-1948) 硏究」, 경희대 대학원 박사학위논문.

______, 1994, 「大韓民國臨時政府와 朴殷植」『韓國民族運動史硏究』 제10집.

李潤和, 1992, 「梁啓超와 申采浩史學의 比較 試論」『歷史敎育論集』 17, 역사교육학회.

李鉉淙, 1965, 「丹齋 申采浩」『漢陽』 9월호.

李炫熙, 1977, 「張孝根日記의 民族思想史的 檢討」『한국사연구』 17.

이현희, 1980, 「朴殷植의 平和思想」『東國史學』 14집.

이현희, 1983, 「白巖 朴殷植의 平和思想研究」『평화아카데미논총』 11.

______, 1994, 「大韓民國臨時政府와 申采浩의 位置」『韓國民族運動史研究』 제10집, 한국민족운동사연구회.

李浩龍, 2000, 「한국인의 아나키즘 受容과 展開」, 서울대학교 대학원 박사학위논문.

______, 2000, 「신채호의 아나키즘」『丹齋의 歷史認識』(단재탄신 120주년기념 학술대회논문집).

李薰玉, 1989, 「韓末 張志淵의 歷史認識」『韓國民族運動史研究』3, 지식산업사.

任椿洙, 1990, 「申圭植·申采浩 등의 山東門中 開化事例」『韓國近代史論叢』(尹炳奭교수화갑기념논총).

全容萬, 1986, 「梁啓超의 新民說에 관한 小考」『白山學報』 33.

鄭璟喜, 1989, 「三國時代 社會와 仙道의 研究」『史學研究』 제40호.

鄭 灌, 1982, 「舊韓末 愛國啓蒙團體의 活動과 性格」『大邱史學』20·21합집.

丁原鈺, 1986, 「「資料」丹齋先生의 海外에서의 抗日獨立運動」『申采浩의 思想과 民族獨立運動』, 형설출판사.

鄭榮薰, 1993, 「'檀君民族主義'와 政治思想的 性格에 관한 研究」-한말 정부수립기를 중심으로-.

鄭寅普, 1955, 「丹齋와 史學」『薝園國學散攷』;『담원정인보전집』2, 수록.

______, 1936.4, 「申丹齋를 追憶함」『신동아』.

鄭晋錫, 1990, 「상해판 獨立新聞에 관한 연구」『汕耘史學』 4집.

______, 1994, 「언론인 단재 신채호를」『丹齋申采浩研究論集』,충북대학교 인문과학연구소.

鄭昌烈, 1990, 「愛國啓蒙思想의 歷史意識」『國史館論叢』 15집.

______, 1985, 「韓末의 歷史認識」『韓國史學史의 研究』, 을유문화사.

______, 1988, 「韓末 申采浩의 歷史意識」『韓國史學論叢』(孫寶基博士停年記念), 지식산업사.

趙東杰, 1983, 「朝鮮光復會 研究」『韓國史研究』 42.

______, 2000, 「丹齋 申采浩의 삶과 遺訓」『신채호 사상의 현대적 조명과 그 과제』(단재 신채호 선생 탄신 120주년 기념 학술대회 논문집).

趙仁成, 1985, 「申采浩의 郎家思想에 대한 一考察」『慶大史論』제 2집, 경남대학교사학회.

趙鍾煥, 1992, 「朴殷植의 愛國啓蒙的 國權恢復思想研究」, 경희대 대학원 박사학위논문.

趙恒來, 1990, 「戊午大韓獨立宣言書의 發表經緯와 그 意義에 관한 檢討」『尹炳奭教授華甲紀念韓國近代史論叢』, 지식산업사.

______, 1991, 「韓日獨立運動史에서의 大韓獨立宣言書의 位相」『白山 朴成壽教授華甲 紀念論叢』, 同刊行委員會.

______, 1993, 「大倧敎를 통해 본 大韓獨立宣言書의 理念」『淑明韓國史論』 창간호, 숙명여대 한국사학과.

______, 1994, 「朝鮮革命宣言의 背景과 理念」『韓國民族運動史研究』제 10집, 한국민족운동사연구회.

陳英一, 1985, 「爲堂 鄭寅普의 史學思想」『公州教大 論文集』21집.

채상식, 2000, 「신채호의 아나키즘」『丹齋의 歷史認識』(단재탄신 120주년기념 학술대회논문집).

千寬宇, 1967, 「張志淵과 그 思想」『白山學報』3호.

______, 1977, 「신채호의 민족주의사상(序에 대하여)」『丹齋申采浩全集』別集.

千寬宇・申一澈 對談, 1979, 「丹齋申采浩論」『韓國學報』15집, 일지사.

崔光植, 2000, 「『天鼓』의 '考古'편에 보이는 신채호의 고대사 인식」『신채호 사상의현대적 조명과 그 과제』(단재 신채호 선생 탄신 120주년 기념 학술대회논문집).

______, 2001, 「『天鼓』에 보이는 신채호의 한국사인식」『단재 신채호 연구 중-한 국제학술회의 논문집』, 중국 연변대학교 과학연구처.

崔起榮, 2000, 「일제강점기 신채호의 언론활동」『신채호 사상의 현대적 조명과 그 과제』(단재 신채호 선생 탄신 120주년 기념 학술대회 논문집).

崔泳禧, 1969, 『朝鮮上古史』解題, 『韓國의 名著』, 현암사.

최옥산, 2001, 「동양 이태리의 꿈」『단재 신채호연구 중-한 국제학술회의 논문집』, 중국 연변대학교 과학연구처.

崔 埈, 1972, 「문필구국의 선봉」『나라사랑(백암 박은식선생 특집호)』8집, 외솔회.

崔洪奎, 1979, 「民族史의 探究와 實踐的 知性 - 신채호」『世代』7월호

______, 1984, 『申采浩의 歷史民族主義의 再評價』『新東亞』5월호.

______, 1986, 「申采浩의 民衆的 民族主義와 獨立路線(그 理念的 性格과 獨立運動의 戰術論)」『亞細亞學報』18집.

______, 1994, 「申采浩의 近代民族主義史學」『한국민족운동사연구』제 10집.

______, 1994, 「申采浩研究의 動向과 成果」『丹齋申采浩研究論集』, 충북대 인문과학연구소.

河岐洛, 1980, 「丹齋와 아나키즘」『丹齋申采浩의 民族史觀』, 형설출판사.

______譯, 1991, 「크로프트킨의『相互扶助論』」, 형설출판사.

河日植, 2000, 「신채호에게 있어서 '현실'과 '역사학'」『신채호 사상의 현대적 조명과그 과제』(단재 신채호 선생 탄신 120주년 기념 학술대회 논문집).

韓基亨, 2000, 「동아시아 담론과 민족주의(신채호를 중심으로)」『신채호 사상의 현대적 조명과 그 과제(단재 신채호 선생 탄신 120주년 기념 학술대회 논문집)』.

韓時俊, 1993, 「韓國光復軍 研究」, 인하대 대학원 박사학위논문.

______, 2000, 「신채호의 재중독립운동」『신채호 사상의 현대적 조명과 그 과제』(단재 신채호선생탄신120주년기념 학술대회논문집).

韓永愚, 1975, 「17世紀 反尊華的 道家史學의 成長」『韓國學報』1.

______, 1977, 「申采浩」『韓國近代史의 再照明』, 서울대출판부.

한영우, 1981, 「1910년대 申采浩의 歷史認識」『한우근박사정년기념사
　　학논총』.
______, 1992, 「「大東古代史論」 해제」『韓國學報』 67, 일지사.
咸洪根, 1955, 「康有爲의 思想에 대하여(大同思想을 중심으로)」『歷史
　　學報』 8집.
______, 1962, 「康有爲의 國家思想」『歷史學報』 17, 18집(東濱金庠基
　　교수화갑기념사학논총).
______, 1968, 「中國近代의 政治改革思想小考」『아세아학보』 제5집.
洪起文, 1936, 「朝鮮史學의 先驅者인 申丹齋學說의 批判」『朝鮮日報』
　　2월 29일~3월2일.
洪以燮, 1960, 「丹齋史學의 理念」『世界』 2권 4호.
______, 1962, 「丹齋 申采浩」『思想界』 4월호.
______, 1965, 「丹齋史學의 課題」『世代』 10월.
______, 1967, 「申采浩의 朝鮮史研究艸」『思想界』 1월호.
______, 1967, 「丹齋史學의 一面」, 「朝鮮上古史에 있어 高句麗의 疆域」
　　『白山學報』 3집.
______, 1968, 「朴殷植(「韓國痛史」와 「韓國獨立運動之血史」)」『韓國
　　史의 方法』, 探求堂.
______, 1971, 「단재사학의 주변」『나라사랑』 3집, 외솔회.
______, 1972, 「박은식선생과 독립투쟁사」『나라사랑(백암 박은식선생
　　특집호)』 8집, 외솔회.
黃元九, 1970, 「實學派의 史學理論」『延世論叢』 7집.
黃鍾東, 1982, 「梁啓超研究」, 영남대 대학원 박사학위논문.

3) 外國의 著書와 論文

姜德相 編, 1967,『現代史資料 朝鮮』 3冊, 東京 ミスス゛書房.
강덕상 편, 1983.6, 「朴殷植その人と, 痛史・血史」『朝鮮獨立運動の

群像』, 青林書店.

康有爲 著, 李聖愛 譯, 1991,『大同書』, 대우학술총서, 번역 43, 민음사.

宮嶋博史, 1976,「韓國史にぉける「民族史學」について」『歷史學研究』439호, 日本靑木書店.

金正明 編, 1967,『朝鮮獨立運動』1- 5, 東京 原書房.

金正柱 編, 1970~1975,『朝鮮統治史料』, 전7권, 한국사료연구소(동경).

東京大 中國哲學硏究室, 1992,『中國思想史』, 조경란역, 동녘.

杜維運・陳錦忠 編, 1979,『中國史學史論文選集』, 華世出版社印行.

梶村秀樹, 1969.3,「申采浩の 歷史學」『思想』537호, 東京 岩波書店.

______, 1977,「申采浩の 啓蒙思想」『三千里』(계간) 제9호, 東京.

______, 1978,「申采浩の 朝鮮古代史像」, 末松保和古稀記念會編『古代アシア史論集』上卷, 吉川弘文館, 東京.

______, 1983,「解題」, 申采浩と『朝鮮上古史』, 矢部敦子譯 朝鮮上古史, 綠陰書房, 東京.

梁啓超, 1905,『飮氷室文集』上・下, 上海, 廣智書局印行.

_____, 李民樹 역, 1974,『中國文化思想史』, 정음문고 57.

梁啓超・林毅校点, 1980,『新史學』,『梁啓超史學論著三種』, 三聯書店香港分店.

王建群, 1988,「신채호の"新聞"とその好太王碑た關ちる論述, 好太王碑と高句麗遺跡」, 讀賣新聞社, 東京.

原田環, 1986,「朝鮮 ナシヨナリス゛ムの 形成－朴殷植の‘大韓精神'－」『朝鮮民族運 動史研究』3, 靑丘社.

林泰輔, 1944,『朝鮮通史』, 進光社書店.

陳正炎・林其錟 共著, 李成珪 譯, 1990,『中國의 大同思想研究』지식산업사.

胡春惠, 1968,『韓國獨立運動在中國』, 中華民國史料 研究中心, 臺北.

Hans Kohn, Nationalism -It's Meaning and History-, An Anvil Original, Published by Van Nostrand. (Princeton), 1955 ; 車基璧譯, 1974,『民族主義』, 삼성문화문고, 50.

Peter Kropotkin, Mutual Aid; A Factor in Evolution (1902) ; 河岐洛 譯, 1991,『相互扶助論』, 형설출판사.

Propotkin, La Science Moderne et L'Anarchie (1912) ; 李乙奎譯, 1973,『現代科學과 아나키즘』.

Carr, E. H, What is History, London, 1962.

__________, Nationalism and After, London, 1968.

William E. Griffis, Corea, the Hermit Nation ; 申福龍譯, 1985, 평민사.

Frederick A. Mckenzie, korea's Fight for Freedom, copyright 1920 by Fleming H. Revell Company ; 申福龍譯, 1986, 평민사.

ABSTRACT

A Comparative Study Concerning the Thought of Park, Eun-Seek's and Shin, Chae-Ho's

Bae, Yong-Il

This study aimed to analize and compare the ideological thought of the two pioneers Park, Eun-Seek(朴殷植) and Shin,Chae-Ho's (申采浩), who accepted and harmonized western learnings and idea based on traditional Korean and oriental learning and thought with the spirit of self-reflection and self-reformation, and devoted their whole life to restoration of sovereignty and liberation of their native country in spite of their ideological discord between independence and civilization, conservation and renovation,tradition and revolution,and peace and dispute as intellectuals who witnessed and experienced the collapse of later Cho-Sun and cloudy colonial days.

I tried to represent the followings through this study:The first,I grasp that their patriotic campaign of enlightenment within the country and nation's independence movement outside the country were established according to growth backgrounds,the pursuit of learnings,and the spirit of the times. The second,considering that the analysis of their historical thought and ideology let them recognize the national history I compared Park,Eun-Seek's ;'theory of national spirit as history'(歷史國魂論) with Seen,chae-Ho's 'Nang-ga thought'(郎家思想) as their ideology of historical thought, which has been neglected in studying both of them that opened modern nationalistic history.The third,with their representative and symbolic thought which can generalize their variety of thought against the already established study having been investigated their diverse thought in classified way, I considered their thought with new approach of studying method which set up and compare Park, Eun-Seek's 'thought of world peace'(世界平和思想) and Seen, Chae-Ho's 'thought of populist revolution'(民衆革命思想).

1) Park, Eun-Seek and Seen, Chae-Ho established their sense of value through their growth and learning period.The one formed moderate and appeasable nature, 'being gentle in appearance but sturdy in its inner part' (外柔內剛) and the other resistant and radical nature, 'being sturdy in appearance but gentle in its inner part'(外剛內柔) indivisually, which functioned as the characteristic background of forming their thought.

2) Their `thought of patriotic enlightenment'(愛國啓蒙思想)such as the theory if self-strengthening education, the theory of reformation of Confucianism, the theory of cultivation of national spirit, the view of modern nation, the theory of new citizen and so on which were stated in order to restore sovereignty in the country showed the clearest tone among several thought at the time, denying to compromise with Japanese government.

Being Park Eun-Seek as an idealist of education and Seen, Chae-Ho an idealist of history, both of them left big accomplishment as leaders of modern nationalism.

3) After park,Eun-Seek's theory of national spirit as history and Shin, Chae-Ho's Nang-ga thought which were ideology of their historical recognition were concepted from the period of the patriotic campaign of enlightenment. Both of them opened historical study of modern nationalism with an original historical idea distinguished from other mental historical view ; Park,Eun-Seek's idea was materialized at 'the Resenful History of Korea'(『韓國痛史』) through 'Mong-bae Kum-Tae-Jo' (『夢拜金太祖』) after exile and Seen, Chae-Ho's 'the Greatest event since one thousand years through Korean history'(朝鮮歷史上 一千年來 第一大事件) and 'the Cho-Sun ancient history'(朝鮮上古史) in 1920's after extortion of the land through 'Dong-Guk Ko-Dae Sun-Kyo Ko'(東國古代仙敎考) before exil.

Park, Eun-Seek,through the theory of national spirit as history, systematized the modern Korean history which had been discontinued by urging Japanese pressure as 'the Resenful History of Korea' and 'The bloody history of korean independence movement'(『韓國獨立運動之血史』) and substantialize the present time of historical recognition Seen, Chae-Ho,through Nang-ga thought, systematized the ancient history of Korea which had been denied and distorted from 'Dan-gun Cho-Sun'(檀君朝鮮) by the Japanese historical view of colonization as the Cho-Sun ancient history and developed the new steps for descriping method of modern history in the position of ideology

4) Park, Eun-Seek's thought of world peace, his representative one was

ideal-ized at the period of the patriotic campaign of enlighentment, developed and es-tablished during loss of father land and the movement on the 1st of March. It is based on Korean thought of Real Science and Dong- Hahk thought, fused with western modern thought and humanitarianism subjectivelyt. Its theoretical base was in 'Confucius-Mencius'(孔孟) 'Dae dong thought'(大同思想) and 'the theory of Chee-Yang-Jee'(致良知論) in the philosophy of 'Yang-Ming Learning' (陽明學). Under the value of system which contains that the moral system of occidental and oriental thought is the same, he extended the scope of world-wide cultural recognition,pursued the globalization and universalization of Korean and oriental culture,and therefore played the large part in order to broaden the thought of national independence movement.

Shin,Che-ho's thought of people's revolution based on the actual moral theory of national identity and recognition the movement of the 1st of March as a failure can be described as follows ;the subject of national independence movement is people, the object of strategy is Japan,a foreign enemy of national survival, and the method of strategy is violence by people, such as assassina-tions, demolition and riots,in order to achieve revolution.And its ideology and strategy of the thought came to formulate a significant system of the thought of national independence movement in modern Korea by being Chosun as ideology and strategy of Sang-hae provisional government such as Eu-Yeol-Dan(義烈團) led by Kim,Won-Bong(金元鳳) in 1920's and Ae-Kuk-Dan(愛國團) led by Kim,Gu(金九) in 1930's.

5) Park, Eun-Seek's theory of national spirit as history and Seen,

Chae-Ho's Nang-ga thought systematizing the Korean modern and ancient history respective-ly could be seemingly recognized as incompatible,being mutual confrontation and different practical ideology of national independence movement ; the one is the ideological humanitarianism and the other is the real thought of violent revolution. They, however, systematized Korean general historical view and proposed two practical devices of independence movement together with 'fusing thought'(圓融思想) which had been discontinued and distorted by Japan,wherefrom the meaning of the feature could be found.

We should succeed to their thought and achivement which enlightened the way to the modern Korea as the thought of Korean people's independence movement,supplement its limitation, and participate in national-awakening and unity positively in order to establish the secondary idea of independence and create the unified new Korea.

부 록

1. 백암 박은식 연보

1859년 : 음력 9월 30일(양력 10월 25일) 황해도 黃州郡 南面에서
농촌 선비 朴用浩씨와 어머니 盧씨 사이에서 태어났다.
5형제 중 4형제가 早死한 가운데 獨存했다. 본관은 밀양,
자는 聖七이라 한다. 호는 謙谷, 白岩(白巖·白菴), 太白
狂奴라고도 하였는데, 이는 '태백산(지금의 백두산)이 있
는 나라의 사람으로 망국을 슬퍼하여 미쳐서 돌아다니는
노예'라는 뜻으로 『韓國痛史』에서 지은이 이름을 태백
광노라 밝히고 있다. 또한 無恥生이라고도 하였는데 이
는 나라를 잃고도 살아 있으니 부끄러움을 모르는 인간
이라는 뜻이었다. 『騎驢隨筆』에 의하면 선생은 중키에
턱뼈가 튀어나왔으며 항상 미소짓는 얼굴이었고 관후하
고 소탈한 성품이었다고 한다.

1868년(10세) : 당시에는 일찍이 공부를 시작하면 단명한다 하여
10세에 이르러서야 동네의 서당에 입학하였다. 재주가
뛰어나 2~3년 사이에 이미 동네의 신동으로 소문이 났
었으며 특히 시문에 밝았다 한다.

1875년(17세) : 이때까지 四書三經·諸子書 등을 두루 섭렵하였
으나 선생은 당시의 학문이 대부분 과거시험만을 염두에
두어 詩賦같은 것에 치우치는 모순을 깨닫고 도학·정
치·문장학 등 다방면에 대하여 공부했다. 이 때에 안악
군의 安重根의사의 부친 安泰勳과 교유하였으며 이 두
사람은 뛰어난 문장으로 당시 황해도의 양 신동으로 일
컬어졌다.

1877년(19세) : 부친 박용호씨가 별세하여 일찍이 연안 이씨와 약
혼이 있었으나 결혼은 3년상 후로 미뤘다.

1879년(21세) : 연안 이씨와 결혼한 후 평남 三登縣으로 이사했다.

1880년(22세) : 경기도 광주로 가서 申耆永과 丁觀燮에게서 고문
학을 배우고, 茶山學에 심취하여 다산의 정치·경제 등
제분야의 학문을 섭렵했다.

1882년(24세) : 7월에 서울에서 임오군란을 목격하고 난국에 대한
해결책을 지어 나라에 제출코자 하였으나 실패하고 고향
에 돌아와 평남 영변 산중에서 학문 연마에 힘써 由文入
道와 反躬實踐의 요체를 자득했다. 이해 8월에 제물포조
약이 체결됐다.

1884년(26세) : 泰川사람 雲菴 朴文一선생에게서 程子의 학설을
강론받고 고향에 돌아와 학생을 가르치고 설복시켜 누습
을 고치고 예의와 교육을 흥행케 했다. 이해 10월에 갑신
정변이 일어났다.

1885년(27세) : 어머니 노씨의 명에 따라 향시에 응했고 관찰사 南
廷哲선생이 특선을 내렸다.

1888년(30세) : 閔永駿의 추천으로 崇仁殿 참봉에 제수됐다.

1892년(34세) : 東明王의 陵會로 자리를 옮겨 황해도 中和郡에 거
주했다. 이는 왕릉이 중화 五峰山 아래 眞珠洞에 있으므로
관찰사 閔丙奭이 선생의 학문을 도우려는 마음에서였다.

1894년(36세) : 동학농민혁명이 일어나 세상이 어지러우매 강원도
原州郡 酒泉으로 이주하여 이듬해까지 이곳에서 생활했다.

1898년(40세) : 격변하는 국내외 정세 속에서 민족문화를 지키고
근대사회를 건설하는데에 구국의 방도를 두고 민족사 연
구와 민중계몽에 앞장을 섰다. 이해 9월 張志淵· 柳
瑾·南宮億 등이 『大韓皇城新聞』을 인수하여 『皇城新
聞』으로 개제하여 간행하자 장지연과 함께 주필에 취임
했다. 같은 무렵 金允植·申箕善·李道宰 등과 함께 독
립협회에 가입하여 문교부문의 일을 했다.

1900년(42세) : 經學院의 강사가 되어 郭鍾錫과 함께 경학을 강의
하였으며 관립 한성사범 학교의 교사로 취임하여 국민교
육담당자 양성에 매진했다.

1901년(43세) : 「興學說」(『謙谷文稿』)을 지어 학부에 건의 제출했다.

1903년(45세) : 11월 5일, 장남 始昌이 탄생했다.

1904년(46세) : 1900~1904년경에 저술한 『學規新論』을 11월에
박문사에서 출간했다. 이 책은 교육과 종교에 관한 제반
문제를 13항목으로 나누어 논술한 것으로 유교개혁 사상
이라는 측면에서나 교육사상이라는 측면에서나 매우 중
요한 저서이다. 李沂·金澤榮의 서문이 있고, 그의 제자

洪淳五가 교정을 보았다.

1905년(47세) : 장지연의 논설 「是日也放聲大哭」으로 『황성신문』
이 탄압을 받자 영국인 베델(Bethell : 裵說)이 발행하는
『大韓每日申報』로 옮겨 주필이 되었다. 이때 선생은 주
로 민족정신을 고취하고 유교개혁을 강조하는 논설을 주
로 썼다.

1906년(48세) : 申錫廈·金達河·金秉燾·金明濬 제씨 등 재
경·평안·황해도 인사들과 함께 西友學會를 조직하여
평의원으로서 애국계몽운동에 힘썼다. 선생은 동회의 회
지 『西友』의 주필로서 취임하고, 『서우』와 『大韓自强會
月報』 등의 잡지에 애국계몽사상을 고취하는 많은 논설
을 발표했다.

1907년(49세) : 중국 광동인 鄭哲貫이 지은 『瑞士建國誌』를 번역
하여 대한매일신보사에서 출간했다.

1908년(50세) : 선생이 지도하던 서우학회와 李儁 등이 조직한 漢
北興學會를 통하여 西北學會를 창설하여 초대회장으로
취임했다. 아울러 동회의 회지 『西北學會月報』의 주필
로서 애국계몽사상에 입각한 논설을 거의 매월 발표하여
한말 사상계에 지대한 영향을 미쳤다. 특히 제1의 10호
(1909년)에 발표한 「儒敎求新論」은 한말 유교의 근대화
내지 조선화운동을 주도한 중요한 논문으로서 많은 논쟁
을 불러일으켰다. 이 논문에서 공자의 大同主義와 맹자
의 民爲重之說에 의거하여 민중적 유교로, 세계를 대상
으로 하는 적극적인 유교로, 陽明學에 입각한 실천적인
유교로 개혁할 것을 주장했다.

1909년(51세) : 나라가 위기에 처할수록 民智를 일깨우고 인재를
양성하는 것이 급선무라 생각하고 교육사업에 치중하여
五星學校를 설립하여 교장이 되고, 이어 西北協成學校
를 설립하여 교장이 됐다. 민족고전의 보급이 시급함을
역설하고, 崔南善과 光文會를 조직하여 『東國通鑑』등
17종의 고전을 간행, 그 연구에 힘썼다.

1910년(52세) : 양명학에 대한 연구로 저술한 『陽明學實記』를 六
堂 崔南善이 『少年』지에 전재하였으나 불온서적이라 하
여 압수당하고, 이로써 『소년』지가 폐간되었다. 합병과
동시에 여러 언론기관이 문을 닫고, 또 일제가 모든 국사
책을 압수했다. 이에 선생은 "國體가 雖亡이나 國魂이
不滅하면 부활이 가능한데 지금 국혼인 국사책마져 焚滅
하니 痛嘆不已라", "一言一字의 자유가 없으니 오로지
해외로 나가서 4천년 문헌을 모아서 편찬하는 것이 우리
민족의 국혼을 유지하는 유일한 방법이라"고 한탄하고,
망명을 계획했다.

한문 교과서 『高等漢文讀本』을 편저하여 이해 9월 新
文館에서 출간하였다. 이해를 전후해서 『韓末秘錄』 4책
을 저술했다. 이 책은 고종 즉위년부터 합병 전후의 시기
까지를 대상으로 하여 일본에서 들어온 근대 역사학 방
법론과 실학적 역사서술 방법을 종합·통일한 새로운 민
족사관으로 다루고 있는데, 『韓國痛史』의 전신이 된다.
(내용상 『한국통사』와 별 차이가 없다).

1911년(53세) : 3월, 부인 연안 이씨가 병사한 후 5월 국경을 탈출
하여 만주의 서간도 桓仁縣 興道川의 지사 尹世復의 집

에 기거했다. 이때 윤세복의 집에서 『東明聖王實記』·
『渤海太祖建國誌』·『夢拜金太祖』·『明臨答夫傳』·『泉
蓋蘇文傳』·『大東古代史論』 등을 저술했다. 8월 중국의
지사들을 역방하여 우리나라의 독립 운동에 관한 협력
을 구할 계획을 세웠다.

1912년(54세) : 3월부터 봉천·북경·천진·상해·남경·홍콩
등지를 순력하여, 망명지사와 중국인 지사를 만나 독립
운동의 방법을 숙의했다. 북경에서는 동지 曹成煥의 집
에 머물다가 수색을 받아 경찰청에 잡혔다가 변성명으로
겨우 방면됐다. 7월 申圭植·洪命熹 등과 함께 同舟共
濟한다는 뜻으로 同濟社를 조직하여 총재로 추대되었다.
동제사는 상해에서 결성된 최초의 독립운동 단체였다.

1913년(55세) : 7월 6일, 申楗植·李瓚榮·金容浩·任相淳 등과
함께 상해로 가서 프랑스 조계에서 博達學院을 세워 교
민청년의 교육에 앞장섰다.

1914년(56세) : 5월 18일, 홍콩에 이르러 곧 『香江』지의 편집을 맡
아 일했다. 그러나 『향강』4호에서 袁世凱의 전제정치를
비판하여 출판을 금지당하고, 다시 상해로 돌아와서 『安
義士重根傳』과 『韓國痛史』를 완성했다. 『한국통사』는
대원군 집정에서부터 1911년까지의 한국근대사를 근대
역사학의 방법론을 도입하여 저술한 것으로, 한국민족사
학의 불후의 업적으로 평가된다.

　　이때 康有爲의 위촉으로 『國是日報』의 주간이 된 것
을 계기로 전 淸제독 吳長慶의 손녀 吳亞蘭의 집에 거주
하게 됐다. 이곳에서 『大東民族史』를 서술하였으나 완

성하지 못하였다.『국시일보』의 폐간으로 상해를 떠나 러시아령 교민의 요청으로 宋王領에 이르렀다. 이때 강유위는 선생을 가리켜 " 筆法이 司公(史馬遷)의 정수를 득하였다"고 하며 존경했다.(『한국통사』의 서문을 강유위가 썼다.)

1915년(57세) : 3월, 상해에서 李相卨·申圭植·柳東說(悅) 등과 함께 독립전쟁을 효과적으로 추진하기 위해 新韓革命團을 조직했다. 선생은 이 단체의 취지서와 규칙을 만들었으며 감독으로 선임됐다. 그후 다시 이곳에서 신규식과 함께 大同輔國團을 조직하여 단장에 추대됐다. 이 해에 『한국통사』가 발간됐다.

1917년(58세) : 7월 상해에서 신규식·신채호·趙素昻·韓震·朴容萬·윤세복·조성환 등 14명과 함께 大同團結宣言의 서명자로 참여했다. 이 선언은 국내외 독립운동 세력들이 대동단결하여 임시정부수립을 제창한 것이다.

1918년(60세) : 러시아령 雙城子에 머물며『韓族公報』를 주간했으나 곧 폐간되었다.『渤海史』와『金史』를 한글로 역술하고, 아울러『李儁傳』을 저술하였다. 또 한인학당을 다니며 한국역사를 강연하여 교민의 민족사상을 일깨웠다.

1919년(61세) : 러시아령 블라디보스톡(海蔘威)에서 大韓國民老人團을 조직하여 독립운동을 전개하였으며, 노인단은 조직된지 불과 수개월만에 단원이 수천명이 되었고, 姜宇奎의 일제총독 사이토오마코도(齊藤實)에 대한 폭탄투척 사건·李發의 자결사건 등을 유발했다.

4월, 서울에서 발표된 漢城臨政의 평정관에 임명되었

다. 민족대표 30인과 함께 공동명의로 '대한민국임시정부성립축하문'을 발표하고 상해임정에 참여했다.

선생은 독립운동사편찬을 도맡아『韓日關係史料』4권을 편찬하였으며, 이것을 토대로 1894년부터 3·1운동까지의 독립운동사를 저술하였으니, 이것이 바로 유명한『韓國獨立運動之血史』가 됐다.

9월, 임정에 참여한 애국지사들에 의해 선생의 회갑연이 베풀어졌고, 선생은 연회석상에서 "내가『한국통사』를 쓰고『한국독립운동지혈사』를 썼거니와 내가 비록 늙었더라도『建國史』를 쓰고 죽겠다."고 술회하였으나, 그 뜻을 이루지 못했다.

10월 朴桓·朴世忠·金九 등 30명의 명의로 한국독립에 대한 선언서와 공약을 작성 발표하는데 앞장서 참여했다.

1920년(62세) : 12월 8일 비밀리에 상해에 온 임정 대통령 이승만 박사에 대한 동월 28일의 환영회에서 선생은 환영사를 통해 "이박사가 애국자로서 국사에 진력한 점을 찬양하고 공화정치를 할 것을 기대하며, 모든 사람들은 이박사의 지도를 기꺼이 받아 단결해야 한다."고 역설했다. 이 때를 전후하여 중국인이 경영하는『求國日報』의 주필이 되고, 또『四民報』의 주필이 됐다.

한국의 독립운동사를 확고한 민족사관에 입각하여 치밀하게 실증한 불후의 고전으로 평가된『한국독립운동지혈사』를 출간했다. 大同團을 조직 지도하고, 강령·이념으로 대동주의를 제시하고 재산평등론을 구상했다. 그리고『新韓靑年』의 주간이 됐다.

1921년(63세) : 2월 초 元世勳·金昌淑 등과 북경에서 「우리 동포
에 고함」이라는 성명서를 발표하고 國民代表會議의 소
집을 요구하였다. 이 해에 『獨立新聞』주필에 취임했다.

1922년(64세) : 상해에서 추진된 '국민대표회의' 준비위의 명예회
장으로 추대되었다. 이 대회는 이듬해 1월 3일 100명에
달하는 각계 각층의 대표자가 참석하여 독립운동사상 일
대 성사를 이뤘다. 그러나 임정내의 창조파와 개조파의
격심한 대립으로 결국 비극적인 종말을 고하고 말았다.
1923년 6월 7일 창조파에서 조직한 새로운 임정기관 수
립을 위한 '국민위원회'의 고문으로 추대되었으나 별로
동조하지 않았던 것 같다.

1924년(66세) : 『독립신문』사장으로 취임되었다. 12월 11일, 상해
대한민국 임시정부 국무총리에 취임하고 대통령대리를
겸직했다.

1925년(67세) : 3월 16일 새벽, 오랫동안 생각해오던 주자학과 양
명학의 格物致知 개념을 大悟自得했다.
　　3월 23일(의정원 제13회 회의) 이승만 대통령 탄핵안이
가결된 후, 임정의 제2대 대통령으로 선임되었다. 상해
3·1당에서 순국열사에 대한 추도회를 개최하고, 추도문
을 낭독했다. 4월 10일, 상해 임정과는 독자노선을 펴는
이승만 중심의 歐美委員部를 폐지하고, 임정을 중심으로
독립운동가를 결속시키기 위해 헌법을 개정하여, 대통령
중심제를 國務領중심제로 바꿨다. 선생은 개정헌법에 따
라 국무령에 石洲 李相龍과 여타 국무원을 선임한 후 신
병의 악화로 국정의 일선에서 스스로 물러났다.

11월 1일(음력 9월 15일) 오후 7시 30분, 이해 7월부터 인후염으로 고생하다가 기관지염으로까지 전이하여 병세가 계속 악화되어, 향년 67세로 이역에서 소원이던 광복을 보지 못하고 독립운동에 대한 유촉만 남기고 서거했다.

11월 4일, 임정 주관으로 처음으로 국장을 치루었으며, 선생의 유해는 상해 靜安吉路 공동묘지 600번지에 안치됐다. 『독립신문』·『中華報』·『上海畵報』 등이 선생의 서거를 대대적으로 보도하여 애도했으며, 국내에서는 李商在·兪鎭泰·金性洙·申錫雨·權東鎭·최남선 제씨가 '고 박은식씨 추도발기회'를 만들고, 『동아일보』에서는 「哭白庵朴夫子」라는 사설을 실었다. 그리고 11월에 임정에서 는 『白巖集』을 편찬하기로 하고 崔昌植씨가 그 실무를 맡았다.

———————◦•—◦————◦•—◦————

1946년(순국 후 21년) :『한국독립운동지혈사』가 서울신문사에서 다시 간행되었다. 『한국통사』가 三千閣에서 재간되고, 이어 국문번역판도 출간되었으나 원본과 약간의 차이가 있었다. 『한국통사』는 다른 사람이 자기 저작인 것처럼 발간하여 빈축을 사기도 했다.

1962년(순국 후 37년) : 대한민국건국공로훈장 複章이 선생에게 수여되고, 遺子 始昌씨에게는 單章이 수여됐다.

1972년(순국 후 47년) : 외솔회의 『나라사랑』 8집에서 백암 박은식선생 특집호를 엮었다.

1975년(순국 후 50년) : 8월, 서울 단국대학교 동양학연구소에서 선생의 유고를 모두 모아 『朴殷植全書』 전3권을 발행하여, 박은식 연구에 큰 전기를 마련했다. 11월 1일, 진명여자고등학교 3·1당에서 백암 박은식선생 50주기추념식을 거행하였다.(집행위원회 회장 李殷相)

1980년(순국 후 55년) : 9월, 한길사에서 한국근대사상가선집 (4)로 『朴殷植』(李萬烈 편)을 펴냈다.

1982년(순국 후 57년) : 愼鏞廈 교수에 의해 『朴殷植의 社會思想研究』가 출판됐다.

1989년(순국 후 64년) : 金孝善씨에 의해 『白岩 朴殷植의 教育思想과 民族主義』가 7월에, 『夢拜金太祖』의 번역서 『조선동포에게 고함』이 10월에 각각 출간됐다.

1993년(순국 후 68년) : 8월 4일 오전 8시 박은식·盧伯麟·金仁全·申圭植·安泰國선생 등 대한민국 임시정부 선열 5위의 유해 발굴식이 상해 시내 萬國公墓에서 유족과 영사관 관계자 등이 참석한 가운데 묵념·헌화·유해발굴 순으로 2시간동안 진행됐다.

유해발굴은 8시 45분 유족들의 墓石 확인 후 흰 가운차림의 인부들이 묘석을 들어내는 것으로 시작돼 박은식선생 유골이 담긴 중국 항아리가 가장 먼저 발견 됐다. 5위의 유해는 오후 2시경 화장장 龍華賓儀館로 옮겨 화장한 뒤 한국에서 준비해온 玉函에 보관됐다. 이어 유해는 상해 盧灣區 馬堂路의 임시정부청사로 운구해 路祭행사를 치른 뒤 4시 만국공묘내 임시 안치소로 옮겨졌다.

이들 유해는 遺骸奉還團(단장 李春吉 국가보훈처차장) 60여명이 5일 오전 6시 중국 상해에 도착하여 9시 30분 遷墓式을 가진 뒤 11시 30분 대한항공 특별기편으로 상해를 출발하여 오후 1시 6분 김포공항에 운구되어 48년만에 고국의 품으로 되돌아왔다. 곧바로 유해는 경찰의 호위를 받으며 동작동 국립묘지 英顯奉安館으로 운구돼어 黃寅性총리 등 3부 요인과 각계 대표 등의 헌화와 분향을 받았다. 4시 30 분에 金泳三 대통령이 분향하고 유족들을 위로했다.

8월 10일 오전 10시 서울 동작동 국립묘지 현충문 앞에서 3부 요인과 외교사절·일반시민 등 각계 인사 3천 명이 참석한 가운데 국민제전으로 거행됐다. 이날 비가 내리는 가운데 거행된 영결식은 국민의례에 이어 고인에 대한 묵념과 약력보고, 추모사, 종교의식 등의 순으로 진행된 후 선열의 유해 5위는 새로 조성된 임정요인묘역으로 운구 안장됐다.

1994년(순국 후 69년) : 8월 12일 '박은식의 달' 기념 학술회의가 한국프레스센터에서 개최되어 4편의 논문이 발표되었으며, 논문집 『백암 박은식의 사상과 독립운동의 재인식』이 나왔다.

1999년(순국 후 74년) : 4월 국가보훈처·독립기념관·광복회에서 선생을 이달의 인물로 선정했다.

2. 단재 신채호 연보

1880년 : 12월 8일(음력 11월 7일) 충남 大德郡 山內面 於南里 도리미에서 농촌의 가난한 선비 申光植과 密陽 朴씨 사이에 차남으로 출생하였으며, 본관은 高靈으로 申叔舟의 후손이다. 할아버지 申星雨는 일찍이 문과에 합격하여 正言까지 지낸바 있으나 충북 淸原郡 琅城面 歸來里 고두미로 낙향하여 농사를 돌보았으며, 아버지 대에 와서 집안이 몰락하여 어머니 집이 있는 한밭(大田) 근교 안동권씨 촌 작은 묘막에서 은거 중 출생하여 콩죽으로 끼니를 잇는 어린 시절을 보냈다. 선생의 이름은 처음에 宋浩로 쓰다가 뒤에 采浩로 바꾸었으며, 아호는 丹心歌에서 따온 一片丹生을 줄인 丹生으로, 다시 丹齋로 고쳐 불렀다. 그밖에 필명으로 無涯生, 錦頰山 人, 한놈, 赤心, 燕市夢人 등을 썼으며, 독립운동시에는 劉孟源, 柳炳澤, 朴鐵(박은 한국 고유의 성씨로 한국의 돈없는 사람), 玉兆崇, 王國錦, 尹仁元 등의 가명을 사용했다.

1886년(7세) : 아버지 신광식이 37세로 별세했다.

1887년(8세) : 향리인 청원군 낭성면 귀래리 고두미로 이사했다. 이때 가족으로는 조부, 모친, 그리고 7세 연장인 형 在浩(1872~1892)가 있었으며, 할아버지가 향리에서 서당을 열어놓고 있었으므로 형과 함께 서당에서 한학 교육을 받게 됐다.

1888년(9세) : 이 무렵 워낙 재질이 뛰어나 『通鑑』을 해독하였고,

10세에 行詩를 지었다.

1892년(13세) : 형 재호가 20세를 일기로 요절했다.

1893년(14세) : 『四書三經』을 독파하고, 시문에 뛰어나서 文名이 인근 마을까지 널리 퍼졌다.

1895년(16세) : 전통적 풍습에 따라 향리에서 豊壤 趙씨와 결혼했다.

1896년(17세) : 조부를 따라 이웃한 가덕 청룡리의 진사를 지낸 申昇求에게서 한때 한학을 배우고 詩作도 했다.

1897년(18세) : 조부의 소개로 天原郡 木川面(현 천안시 목천면)에 있는 당시의 대학자이며 구한말 학부대신이었던 陽園 申箕善의 집에 드나들며 많은 책을 섭렵했다. 신기선은 선생의 재질을 총애하여 무슨 책이든 볼 수 있게 해주었다고 한다.

1898년(19세) : 이 해 가을 신기선의 추천으로 상경하여 성균관에 居齋했다. 11월경 독립협회운동에 적극 참여하여 소장파로 활약하다가 해산당할 무렵인 12월 25일 한때 투옥되었다. 당시의 성균관장 遂堂 李鐘元의 총애를 받는 한편 修堂 李南珪의 애제자인 山康 卞榮晩과 함께 실력을 인정받았다.

1901년(22세) : 한때 향리에서 20리되는 인차리에 睨觀 申圭植과 文東學院을 설립하여 애국계몽운동을 전개했다.

1903년(24세) : 6월 일본의 간계로 全國荒蕪地開墾許借約案이 조인되자 성균관에서 趙素昻 등과 항일성토문을 작성하고,

유생들과 함께 외부대신 李夏榮과 參將 玄映運 등의 친일·매국음모를 규탄하는 시위를 벌였다.

1905년(26세) : 2월에 合試에 입격하였으나 성균관 박사직에는 갈 바가 아니라고 하여 곧 바로 사퇴했다. 당시 단발을 결행하고 성균관 南齋에서 함께 머물고 있던 東山 柳寅植, 韋庵 張志淵 등 당대 저명 유생들과 단발 종용에 앞장도 섰다. 향리에 내려와 이웃한 墨井에서 申伯雨·신규식 등과 山東學堂을 개설하여 신교육운동을 전개했다.

향리를 찾아온 장지연의 초청으로 재차 상경하여 『皇城新聞』의 논설위원으로 활약했다. 을사오조약 체결로 통분한 나머지 11월 20일자 「是日也放聲大哭」이란 논설로 『황성신문』이 무기 정간당했다.

1906년(27세) : 위암의 사설 「시일야방성대곡」으로 『황성신문』이 폐간되자 얼마 뒤 雲岡 梁起鐸의 추천으로 영국인 베델(Bethell : 裵說)이 경영하는 『大韓每日申報』의 주필로 초빙되어 「再是日也又放聲大哭」이라는 논설을 비롯해 時論과 史論을 집필, 애국계몽사상을 고취하여 국권회복의 급선봉이 됐다.

1907년(28세) : 9월에 운강 양기탁·石吾 李東寧·友堂 李會榮·誠齋 李東輝·全德基·秋汀 李甲·南岡 李昇薰·島山 安昌浩 등과 항일 비밀결사 新民會 조직에 참가하여 그 취지문을 기초하고, 전국적인 민족의 자립경제운동인 國債報償運動에 적극 참여하여 논설로서 이를 주도하며, 스스로 斷煙을 결행하고, 헌금했다.

10월 25일 역술서 『伊太利建國三傑傳』을 廣學書鋪에

서 발행했다.

1908(29세) : 1월 가정교육과 여성계몽을 위하여 순 한글잡지인
『가뎡(정) 잡지』를 복간 발행했다. 4월부터 『大韓協會會
報』에 「대한의 희망」·「역사와 애국심의 관계」·「大我
와 小我」·「誠力과 功業」등을 발표하였다. 『대한매일신
보』에 논설 「西湖問答」·「일본의 三大忠奴」·「與友人
絶交書」·「금일 대한국민의 목적지」·「故田艮齋先生
足下」등을 발표했다. 『대한매일신보』에 역사전기물 『水
軍第一偉人 李舜臣傳』을 연재하였다(5월 2일~8월 18
일). 5월 30일 국한문판 『을지문덕』을 저술, 광학서포에
서 발행하고, 순국문판 『을지문덕전』을 펴내었다(7월). 6
월에는 순국문판 『리순신전』을 국문판 『대한매일신보』
에 연재하고(6월 11일~10월 24일), 사론(史論) 「역사에
대한 管見二則」을 발표하였다. 8월에는 畿湖興學會에
가입하여 그 취지문인 「기호흥학회는 何由로 起하였는
가」·「文法을 宜統一」등의 논설을 발표하고, 『대한매
일신보』에 『讀史新論』을 연재 발표했다(8월27일~12월
13일).

한편 論叢·詞操와 社會燈란에 정치풍자 譚詩類 등도
발표하였으며, 지금은 전해지지 않고 있으나 당시 미완
의 「大東四千年史」를 집필했다.

1909년(30세) : 『대한매일신보』에 「학생계의 특색」·「惜乎라, 禹
龍澤씨의 국민·대한 兩魔報의 鷹犬 됨이여」·「한국
자치제의 略史」·「국가를 멸망케 하는 學部」(3월 16
일)·「정신상 국가」(4월 29일)·「身·家·國 三觀念」(7

월 15일~17일) 등과 역사 전기물 『東國巨傑崔都統傳』
(1909년 12월 5일~1910년 5월 27일 연재)과·시론 「天
喜堂詩話」(11월 9일~12월 4일 연재)를 발표했다.

　　8월에　尹致昊·안창호·崔光玉·최남선·朴重華·
張膺震 등과 신민회의 방계 조직인 청년학우회를 발기하
여, 그 취지서를 집필했다.

　　아들 貫日이 태어 났으나 乳滯로 일찍 죽자 부인의 불
민을 꾸짖으며, 장차 망명에 대비하여 논 5두락을 사주고
이혼하였다. 이 때 조카딸 香蘭을 맡아 양육했다.

1910년(31세) : 『대한매일신보』에 논설 「한일합병론자에게 고함」
　　　　(1월 6일)·「20세기 신국민」(2월 22일 ~3월 3일)과 사론
　　　　「東國古代仙敎考」(3월 11일) 등을 발표했다.

　　　　이 해 4월 國恥를 예감한 신민회의 최종 회의의 결의
　　　　에 따라 順菴 安鼎福의 친필본 『東史綱目』만을 휴대하
　　　　고 金志侃과 함께 망명, 중국 산동반도 靑島에 안착했다.
　　　　그곳에 모인 신민회 동지들과 또 이미 국외로 망명해 있
　　　　던 동지들과 청도회의를 개최하고 장차의 독립운동 방략
　　　　을 논의했다.

　　　　그는 길림성 密山府에 설립될 무관학교 교관으로 선정
　　　　되었으나 자금 염출이 여의치 않아 이 해 여름 다른 동지
　　　　들과 露領 블라디보스톡(海蔘威)으로 갔다. 이곳에서 독
　　　　립사상고취와 동지규합을 목적으로 『海潮新聞』을 복간
　　　　했으나 계속하지 못하게되자 『靑丘新聞』에 간여했다.

1911년(32세) : 블라디보스톡에서 尹世復(회장)·李東輝(총무)·
　　　　李甲 등과 광복회를 조직하여 부회장으로 활약했다. 노

령 광복회는 항일 비밀결사로서 본부를 블라디보스톡에 두고 간도 懷仁縣 등에 지회를 설치하여 국내외에서 강력한 실천적인 독립운동을 전개한 단체였다.

5월 『大東共報』의 복간 형식으로 러시아 당국의 인가를 얻어 『大洋報』로 개칭하여, 그 주필이 되어 6월 5일에 제1호를 발행한 뒤, 갖은 우여곡절 끝에 제13호까지 속간하고, 9월 중순 휴간했다.

12월에 교민 단체인 勸業會에서 1912년 4월 기관지인 『권업신문』 창간호를 발행할 때 신채호는 부장 겸 주필로 선임되어 8월 말경까지 신문발행에 전력했다. 이 신문은 노어 번역판까지 내어가며 교민들의 권익보호와 항일 독립사상과 산업진흥을 고취하는 선도적 역할을 하다가 1914년 9월 일제의 간계로 러시아정부로부터 발매 금지를 당했다.

1912년(33세) : 블라디보스톡에서 병고에 시달리던 중 예관 신규식이 여비를 보내주어 북만주 밀산을 거쳐 상해로 갔다. 상해에서 박은식·신규식의 주동으로 조직된 同濟社에 참여하고, 이듬해 12월에는 박은식·文一平·鄭寅普·洪命憙·趙素昻 등과 博達學院을 세워 청년교육에 전력했다.

1914년(35세) : 상해에서 金奎植·李光洙에게 영어를 학습하며 자습으로 기본의 『로마흥망사』, 칼라일의 『영웅숭배론』을 원서로 직접 독파할 만큼의 어학능력을 갖추었다.

尹世茸·윤세복 형제의 초청으로 만주 봉천성 회인현에 가서 大倧敎에 입교하는 한편 李侗 등과 東昌學校에

서 교편을 잡고 교재로『朝鮮史』(不傳)를 집필하였다. 윤
세복·신백우·金思·李吉龍 등과 함께 장차 독립군양
성 기지도 시찰할겸 백두산에 올라 한국고대사의 지경을
확인하고, 광개토대왕능비를 비롯한 남북만 일대의 고구
려·발해의 사적과 옛땅을 답사했다.

1915년(36세) : 李會榮의 권고로 북경에 이주한 이후에도 도서관
생활을 하면서『조선사』집필을 구상하는 등 역사연구에
전념했다.

1916년(37세) : 3월 중편 소설『夢天』(민족 자강과 항일독립 의식
을 환상적으로 형상화한 그의 대표적인 창작 소설)을 탈
고했다.

　8월에 대종교의 羅喆이 구월산에서 항일 유서를 남기
고 자결하자「悼祭四言文」(不傳)을 지었다. 대종교와의
관계는 金敎獻·박은식·柳瑾 등과 같이 대종교 교육
책임자였다.

1917년(38세) : 조카딸 향란의 혼사 문제로 밀입국하여 진남포에
서 만났으나 숙부의 말을 듣지 않자 격분하여 斷指 義絶
하였다. 그는 진남포에서 서울에 잠입하여, 요절한 애제
자 金箕壽의 집을 찾아 조상한 후 아무도 찾지 않고 다
시 북경으로 망명했다.

　7월에 박은식·신규식·윤세복 등 14명과 함께 임시
정부수립을 제창하는 대동단결선언에 참여했다.

1918년(39세) : 북경 普陀庵에 우거하면서『조선사』집필을 계속
하는 한편 북경의 권위지『중화보』·『북경일보』등 중
국 신문에 논설을 기고하여 문명을 떨쳤다.

1919년(40세) : 1월(음력 1918년 무오년 11월) 만주 길림에서 大韓
獨立義軍府(또는 重光團)가 주동이 되어 선언한 『대한독
립선언서(일명 무오독립선언서)』에 민족 대표 39명의 한
사람으로 서명했다. 북경에서 韓震山과 같이 부정기 간
행으로 『震光時報』와 『앞재비』라는 잡지를 발행했다.

3월, 북경 北城 舊鼓樓大街 小石橋路에서 文哲·徐曰
甫 등과 애국청년 70여명으로 「大韓獨立靑年團(일명 학
생단)」을 조직했다.

4월 11일 『상해 임시정부』 수립에 참여하여 임시의정
원 의원이 되었고, 서울 한성정부－경성국민대회에서는
평정관에 선임됐다.

7월 임시의정원 제5회 회의에서 전원위원회 위원장겸
의정원 충북위원에 피임됐다. 당시 그는 상해 임정조직
당시부터 한성 임시정부의 법통을 따를 것을 주장했고,
미국의 윌슨 대통령에게 제출된 委任統治請願事件을 들
어 이승만의 국무총리 및 대통령 선임에 적극 반대했다.
그러나 그의 뜻이 관철되지 않자 전원위원회 위원장직
및 의정원 의원직을 사임했다.

10월 28일 이광수 주재의 임정 기관지 『獨立新聞』에
대립되는 주간신문 『新大韓』을 창간하여 주필이 되어,
상해 임정의 지도노선에 대하여 비판적 입장을 고수했
다. 또한 歐美委員部의 비리를 신랄하게 비판하면서 반
이승만 노선을 분명히 했다.

11월 일제와의 교섭으로 임정 외무차장 呂運亨을 비롯
하여 張德秀·崔謹愚·申尙玩 등 일행의 도일사건을
문제삼아 타협주의적인 외교독립노선에 대하여 비판을

가함으로써 소위 新大韓事件을 유발했다.

당시 임정에 반대 입장을 가진 인사들 40여명과 함께 新大韓同盟團을 창립하여 대한독립청년단 단장 南亨祐가 단주가 되고 그는 부단주가 되었다.

이 무렵 이미 국내에서 安熙濟·申伯雨·남형우·朴洸·徐世忠·尹炳浩 등이 1907년 조직했던 항일비밀결사「大東靑年團」이 재건되어 단장에 추대되었다. 이 결사는 끝내 비밀이 보장되어 해방 후 신백우·박광·윤병호 등이 모여 정식 해단식을 가졌다. 이 무렵 한때 상해 義英학교 교장직을 맡기도 했다.

1920년(41세) : 4월 북경에 돌아와 西城南位 兒翠花街에서 朴容萬·高一淸·金昌植 등과 제2회 普合團 조직에 참여하여, 內任長에 추대되었으며, 군자금 모집역할을 맡았다.

이 무렵 우당 李會榮의 부인 李恩淑 여사의 소개로 당년 28세의 朴慈惠 여사와 재혼하여 북경 錦什坊街에서 생활하였다. 박여사는 서울에서 3·1운동에 참가하였다가 看友會사건으로 북경에 망명하여 당시 燕京大學의 예과에 유학 중이었다.

9월 만주의 무장독립단체들의 통합을 위해 북경에서 이회영·박용만·申肅 등과 軍事統一籌備會를 조직하여, 裵達武를 남만주에, 南公善을 북만주에 파견하여 각 단체와 교섭토록하고, 자신도 잠시 봉천에 다녀왔다.

1921년(42세) : 1월 북경에서 金昌淑과 함께 순한문 잡지『天鼓』를 창간하여 제7호까지 속간하였다. 이 무렵 북경 北城 炒豆胡同에서 장남 秀凡이 태어났다.

　　4월 19일 김창숙·김원봉·남공선·李克魯·朴健秉·徐曰甫·배달무·宋虎 등 54 명의 연서로 이승만·鄭翰景 등의 위임통치청원이 민족의 자주독립과 독립운동을 부인하는 반민족적 행위임을 규탄하는「성토문」을 기초 발표하였다. 북경에 있으면서 金正默·朴鳳來 등과 統一策進會를 발기하고 ① 진정한 독립정신 아래 통일적 광복운동을 하고, ② 정부 문제를 근본적으로 해결하여 시국을 수습하며, ③ 군사단체를 완전히 통일해서 혈전을 꾀한다는 내용의 발기취지서를 작성 발표했다.

　　이즈음 아나키스트들과 교류하여 아나키스트들이 많이 참여하고 있는 義烈團의 독립운동에 공명하여 그들과 긴밀한 관계를 가지며 의열단의 정신적 지주이자 탁월한 이론가로서 활약했다.

　　『朝鮮史』(朝鮮上古史)「총론」을 발표하여 1908년의 『독사신론』의 사론을 보완했다.

1922년(43세) : 1월 3일부터 상해에서 개최된 국민대표회의에서 창조파의 대표적 인물로 활약했으나, 5월 국민 대표회가 결렬되자 민족독립운동 통합문제에 크게 회의와 실망을 느꼈다. 이에 그는 새로운 이념과 실천적인 독립노선 구축에 전력하는 한편, 극심한 생활난의 해결과 역사연구 및 독립운동에 전념하기 위해 망명 때와 같이 주변을 정리하였다.

　　우선 2세된 어린 아들 수범에게 "제 나라 말과 풍습을 익혀야 한다"고 해서 若山 金元鳳과 함께 상해에 가기 직전에 아내와 아들을 국내로 환국시켰다. 이때 북경에 왕래한 李允宰를 만나 역사연구의 의견을 나누었다.

12월에 의열단 단장 김원봉과 그 참모인 友槿 柳子明
(본명 柳興湜)의 간청을 받아들여 상해로 가서 의열단의
폭탄제조소를 시찰한 후 한 호텔에서 '義烈團宣言文'으
로서 「朝鮮革命宣言」의 집필에 들어갔다.

1923년(44세) : 1개월여의 산고 끝에 1월에 6천 4백 여자에 달하는
명문 「조선혁명선언」(일명 義烈團宣言)을 완성했다. 가
을에는 유자명과 함께 북경지역 한인 아나키스트의 대표
적 인물인 이회영의 집으로 옮겨가 살았다. 이 무렵부터
그는 아나키즘 관련 서적을 많이 접하고, 아나키즘에 입
각한 글들을 쓰기 시작하며 아니키스트로 활동했다.

1924년(45세) : 1월 1일 『동아일보』에 논문 「조선 고래의 문자와
시가의 변천」을 기고했다.

당시 극심한 생활고로 끼니를 잇지 못할 정도가 되어
북경 順治門 안에있는 石燈庵에 들어가 몸을 의탁했다.
이 무렵 본국에 보낸 처자로부터는 飢寒을 호소하는 편
지가 날아와 더욱 절망감에 빠진 상태였다.

그는 이같은 좌절과 실의를 극복하기 위해 3월 마침내
승려가 되려고 북경 교외에 있는 觀音寺에 들어가서 61
일간의 戒를 마치고 정식 승려가 되었다. 본국에 있을 때
부터 불교에 조예가 깊었던 그는 이 곳에서 『維摩經』과
『楞嚴經』및 馬鳴의 『大乘起信論』을 깊이 연구하여 불
학에 뛰어났다.

이를 계기로 국사연구에 몰두하게 되고, 북경대학 교
수 李石曾을 통해 북경대학 도서관의 '四庫全書' 등을
열람하면서 국사연구를 진행했다. 이해 여름에 「前後三

韓考」의 집필을 계기로 역사가로서의 사명을 깨닫고 본격적인 국사연구를 위해 마침내 6개월 간의 승려생활을 청산하고 그해 가을에 환속하였다. 동아일보 편집국장 洪命熹의 주선으로 10월부터 『동아일보』에 「문제없는 논문」·「上古史吏讀文名詞 解釋法」등의 논문을 발표 연재했다.

이후 북경의 이회영·김창숙·유자명 등 인사들과 자주 교류하며 대외활동을 재개하였다. 연말에는 李圭駿을 중심으로 조직된 독립 운동 단체인 多勿團의 취지문을 집필하였으며, 이 무렵 국내에서 崔南善이 경영하던 『時代日報』에서 환국을 간청했으나 단호히 거절했다.

1925년(46세) : 1월 『동아일보』에 「浪客의 新年漫筆」을 비롯하여 3월까지 「『三國史記』中 東西兩字相換考證」·「『三國志』 東夷列傳校正」·「평양패수고」·「전후삼한고」·「朝鮮歷史上 一千年來 第一大事件」 등 많은 사론을 발표했다.

1926년(47세) : 이 해 여름에 국권회복을 위한 적극적인 항쟁의 필요성을 통감하고 '在中 國朝鮮無政府主義者聯盟'에 가입했다.

1927년(48세) : 1월 홍벽초의 요청으로 항일 민족통일전선인 新幹會 발기인의 한 사람으로 참여했다. 이해부터 무정부주의자로서 적극적인 활동을 시작하여 9월에 중국·조선·일본·대만·안남·인도 등 6개 민족대표 120여명이 모인 '無政府主義東方聯盟'에 대만인 동지 林炳文의 안내로 李弼鉉과 함께 조선대표로 참가했다.

1928년(49세) : 『조선일보』 신년호에 「예언가가 본 戊辰－새해에 대한 側面觀)」을 기고 했다. 한편 민중 혁명의 꿈과 이념을 상징적으로 형상화한 『龍과 龍의 大激戰』이란 우화적인 사상 소설을 창작했다.

이해 초 독서와 집필로 안질이 악화되어 실명 직전에 그 자신 독립운동 실천을 앞두고 마지막이 될지도 모를 가족들과의 상봉을 하고자 인편을 통하여 비밀리에 부인과 아들 수범을 북경으로 불러 6년만에 처자를 만나 1개월여의 가정생활 끝에 다시 가족을 환국시켰다.

4월 북경에서 개최된 '무정부주의 동방연맹대회'를 주도하여, 이 대회의 「선언문」을 작성 발표하였다. 이 대회에서 결의된 바에 따라 독립운동 실천의 일선에 직접 투신하였다가 5월 8일 대만 基隆港에서 일경에 피체됐다.

10월 24일 『신간회』에서 파견한 李灌鎔이 대련 감옥으로, 11월 16일 『조선일보』 申榮雨가 이감된 여순감옥으로 면회를 왔다.

12월 13일 大連지방법원 형사법정 제1회 공판에서 「치안유지법 위반, 유가증권 사기위조, 동 행사, 살인 및 사체유기사건」이란 죄목하에 공모 연루자로서 그를 비롯하여 李志永(일명 이필현, 25세). 임병문(26세, 이 해 8월에 고문으로 이미 사망). 의열 단원인 李鐘元(24세) 등에 대한 인정 심문이 있었다.

1929년(50세) : 2월 7일 제2회, 4월 4일 제3회, 10월 3일 제4회 재판의 속개시 사실심리과정에서 피고인으로서 현 제국주의 제도에 대한 불평과 약소 민족의 미래를 위하여 단행된 것임을 밝히고 "사기행각을 나쁘게 생각지 않느냐?"는 질문에 대하여 "우리 동포가 나라를 찾기 위하여 취하는 수단은 모두 정당한 것이니 사기가 아니며 민족을 위하여 도적질을 할지라도 부끄러움이나 거리낌이 없다"고 답변하였다. 제4회 공판에는 국내에서 關西黑友會를 대표하여 蔡殷國(채명신장군 부친) 등이 방청했다.

차남 斗凡이 출생했다. 부인은 서울에서 産婆(조산원)라는 간판을 붙였으나 일경의 감시와 박해로 휴업 상태였고, 쉰밥을 얻어다 끓여먹는 등 생활 형편이 말이 아니었다. 가족의 곤경을 옥중에서 전해들은 그는 "정 할 수 없거든 아이들을 고아원으로 보내시오"라고 비통한 편지를 보냈다.

1930년(51세) : 7월 9일 투옥된지 2년 2개월만에 대련 법정의 최종 언도공판에서 치안유지법 위반, 유가증권 위조, 동 행사 및 사기는 유죄, 살인 및 사체유기는 무죄로 10년 형이 확정되어(죄수 번호 411번) 중죄의 사상범이라 독방에 수감됐다.

6월 15일, 1924~25년에 『동아일보』에 발표 연재하였던 국사연구 논문들을 묶어서 『朝鮮史硏究艸』라는 책명으로 조선도서주식회사에서 간행했다.

1931년(52세) : 民世 安在鴻과 畊夫 申伯雨의 주선으로 『조선일보』 학예란에 『朝鮮史』(朝鮮上古史)를 6월 10일부터 10월 14일까지 103회, 『朝鮮上古文化史』를 10월 15일부터 12월 30일까지와 이듬해 5월 27일~5월 31일까지 모두 40회에 걸쳐 연재됐다.

1935년(56세) : 8년의 옥고와 오랜 병마 끝에 건강이 악화되어 형무소 당국으로부터 병보석이 통고되자 서울의 친지들이 그의 옛 친구였던 종문의 친일인사의 보증 아래 출옥을 제의했다. 그러나 그는 친일파에게 일신을 의탁할 수 없다고 이 제의를 일축함으로써 생명의 등불이 깜박이는 마지막 순간까지 대의와 지조를 굽히지 않았다.

이즈음 자신의 연구와 사관을 투영시킬 야심작을 구상해오던 중 건강이 악화되자 친우인 洪碧初에게 유서 겸 보낸 편지에서 "두 개의 腹藁「大伽倻遷國考」·「鄭仁弘公略傳」이 있으나 자신과 함께 햇빛을 보지 못할 것 같다"고 안타까운 마음을 토로했다.

1936년(57세) : 출옥을 1년 8개월 앞두고(형기 만료일은 1937년 10월 17일), 마침내 2월 18일 뇌일혈로 쓰러져 의식을 잃었다. 서울의 가족은 여순감옥으로부터 '신채호 뇌일혈, 의식불명, 생명 위독'이란 전보를 받았다. 장례비용은 申錫雨를 비롯한 宋鎭禹(동아일보사장)·方應模(조선일보사장)·呂運亨(중앙일보사장)이 주선하고, 부인과 두 아들 인솔 그리고 유해 호송은 친우인 徐世忠이 맡아 여순감옥으로 급행했다.

2월 21일(음력 1월 29일) 오후 2시경 의식불명인 선생을 만나 오열한 가족들은 운명의 시간이 얼마남지 않았다는 입회의사의 말을 듣고 면회시간의 연장을 호소했으나 거절당하고 밖으로 물러나왔다. 이후 1시간 만에 아무도 지켜보지 못한채 유언 한 마디 없이 향년 57세로 그토록 염원하던 한국민족의 광복을 못본채 비통하게 옥중에서 서거했다.

23일 여순에서 화장한 후 서울로 출발하여 24일 오후 3시경 서울역에 도착하였다. 역두에는 신석우·정인보·홍벽초·원세훈·여운형·權東鎭·薛義植 등 다수의 각계 유지·친지들이 마중 나와 조문이 있은 후 유해는 향리인 청주로 출발했다.

『동아일보』·『조선일보』·『조선중앙일보』 등 각 신문사에서는 그의 높은 지조와 고결한 일생을 크게 보도하며 애도와 조의를 표했다.

충북 청원군 낭성면 귀래리 고두미 옛 집터이자 서당이었던 자리에 호적이 없어 모든 장례는 신백우씨의 치례와 면장 申文雨의 묵인 아래 비록 암장이지만 공공연하게 엄수되었다. 후일 그 책임을 물어 면장은 면직 당하고 신백우씨는 수차례에 걸쳐 일경의 문책을 당했다.

묘소의 비갈은 卍海 韓龍雲이 伐石하고 葦滄 吳世昌이 「丹齋 申采浩之墓」라고 서각하고, 만해가 따로 비문을 쓰기로 했으나 일본 경찰의 감시가 심하여 실현되지 못하고, 묘비만 신백우가 몰래 갖고 가서 세웠다. 이후 묘소에 참배했던 많은 애국 지사들이 일경에 발각되어 고초를 겪는 등 그의 타계로 인해 한동안 소란했다.

4월에 『신동아』·『朝光』·『삼천리』 등 잡지사에서 「단재 추모특집」을 마련했다.

1942년(순국 후 6년) : 차남 두범이 영양 실조로 병사하였다. 한용운·신백우·朴洸·崔凡述 등이 『丹齋 申采浩遺稿集』의 간행을 준비하다가 일제의 감시로 좌절됐다.

1943년(순국 후 7년) : 부인 박자혜 여사가 일생을 일경의 감시와 시달림 끝에 48세를 일기로 병사하였다. 아들 수범이 만주에 있었기 때문에 홀로 쓸쓸히 세상을 떠나자, 아들의 친구 李珣九와 이웃이 화장을 주선하여 유골을 한강에 띄웠다.

1945년(순국 후 9년) : 8·15광복 후 중국에서 중국인으로 世界社 대표 李石曾·中國學典 館 대표 楊家駱·상해 생물학 연구소 대표 朱洗등과 한국인으로는 鄭華岩·유자명 제씨가 상호 협조하여 朝鮮學典館과 申采浩學社를 설립하여 한문과 영문으로 遺文集 간행을 계획하였다.

1946년(순국 후 10년) : 4월에『조선일보』에 연재되었던『조선사』의「총론」을『朝鮮史論』이라는 표제로 출간하였다. 이것은 선생이 한말에 발표한『독사신론』과 만년에 집필한「朝鮮史의 整理에 關한 私疑」와 함께 선생의 역사방법론을 집약하고 있는 중요한 문헌이다.

1948년(순국 후 12년) : 10월,『조선일보』에 연재되었던『朝鮮史』를『朝鮮上古史』란 이름으로 발간했다. 그리고 신백우·박광·변영만 등의 발의로 다수 유지들의 참여와 협조로 서울에서 단재학사를 조직하여 단재 유고집 간행을 준비하여 오던 중 1950년 6·25전쟁의 발발로 자료를 항아리에 담아 영등포 모처 땅속에 묻어 놓았으나 수복 후 누구의 소행인지 파헤쳐져 유고가 남김없이 없어졌다.

1955년(순국 후 19년) : 卞榮魯 등이 '단재 유고 출판회'를 조직하여 우선『을지문덕』의 국역판을 출간했다.

1959년(순국 후 23년) : '단재 신채호선생 기념사업회'(회장 李殷相)가 발족되었다.

1960년(순국 후 24년) : 2월 21일 충무공기념사업회 김용태씨의 주선으로 광복 후 자유당 정권하에서는 처음으로 수도여자사범대학 강당에서 추도식을 가졌다.

1962년(순국 후 26년) : 3·1절에 정부로부터 '대한민국건국공로훈장 복장'을 추서 받았다.

1966년(순국 후 30년) : 서울신문 회관 강당에서 제 30주기 추념식 및 학술강연회를 가졌다. 이날 洪以燮 교수(연세대학교 문리대 학장)가 「단재 사학의 기본이념」이란 주제를, 李宣根 박사(아세아학술연구회 회장)가 「단재선생과 민족사관의 확립」이란 주제를 발표했다.

1970년(순국 후 34년) : 문화공보부 申範植 장관의 지원으로 '단재 신채호전집 간행위원회'(위원장 이선근, 위원 이은상·홍이섭·千寬宇·김정균·백순재·金泳鎬·신수범) 가 조직되어 전집 출간을 추진했다.

1971년(순국 후 35년) : 문화공보부의 선열추모기념사업의 일환으로 묘소를 보수하고, 외솔회에서 『나라사랑』 3집을 단재 특집호로 엮었다.

1972년(순국 후 36년) : 2월, 전집간행위원회에서 추진해 오던 『丹齋申采浩全集』(상·하) 2권이 출판되어 忌日에 천도교 수운회관 강당에서 기념강연회를 개최했다(「민족사가 신채호 선생」: 홍이섭 교수, 「단재선생의 역사관」: 이선근 박사).

1975년(순국 후 39년) : 12월, 문화공보부의 지원으로 전집「補遺篇」 한 권을 추가로 발간했다.

1976년(순국 후 40년) : 기일에 서울 신문회관에서 순국40주년 추모식 및 강연회를 개최했다 (「단재선생을 추모함」: 중앙대학교 金龍德 교수, 「단재선생을 회상함」: 애국지사 이규창－이회영선생 영식).

1977년(순국 후 41년) : 기념사업회는 전집 중 사론 부문에 대하여 사학자 천관우씨의 1년여 심혈을 기울인 교열과 율산실업(주) 신선호 사장의 호의와 신형식 건설부장관의 성원으로 7월에 「상·중·하」 3권의 개정판을 간행했다. 12월 한국문예진흥원의 지원으로『단재 신채호전집』은 別集 한 권을 추가 발행하여 전4권으로 집대성됐다.

　12월, 3·1운동의 공로로 부인 박자혜 여사에게 건국공로 대통령표창이 추서됐다.

1978년(순국 후 42년) : 6월 15일『전집』의 改訂과 再刊의 집대성과 청원군 낭성면 귀래리 305번지 묘소 앞의 단재 影堂의 착공(유족의 부지 제공과 문화공보부의 건립비 지원)을 기념하는 학술강연회가 향리의 단재선생 추모사업회(회장 신형식)와 서울의 기념사업회 (회장 이은상)의 공동 주최로 청주상공회의소 강당에서 개최됐다. 충북 정종택 지사의 인사말로 시작하여 서울대학교 金哲埈 교수의 「단재선생의 역사관」과 고려대학교 申一澈 교수의 「단재선생의 민족주의사상」 강연이 있었다.

1979년(순국 후 43년) : 9월, 崔洪奎(현 경기대학교 교수) 지음의

『단재 신채호』가 발간 됐다. 10월『단재 신채호전집』4권 500질이 중간됐다. 12월, 한길사에서 한국근대 사상가 선집(2)로『申采浩』(安秉直편)를 펴냈다.

1980년(순국 후 44년) : 탄신 100주년을 맞아 한국문예진흥원의 지원으로 학계의 권위 21명의 논문을 수록한『丹齋 申采浩와 民族史觀』이란 논문집이 '단재신채호선생 기념사업회'에 의해 간행됐다.

한편 향리 묘역에서는 임성재 충북도지사 임석하에 영당 준공식 겸 영정 봉안식이 있은 다음, 당 기념사업회 吳範秀 부회장이 기념 논문집을 헌정했다. 또 이곳 추모 사업회에서는 충청북도 총화은행의 지원으로 任重彬 지음의『단재 신채호전기』를 발간했다. 그리고 기념 강연회가 서울의 신문회관과 청주의 도청회의실에서 동시에 개최됐다.

1983년(순국 후 47년) : 6월 15일 최홍규 교수 집필로『申采浩의 民族主義思想)』이, 7월 25일에는 李萬烈 교수의 주석으로『조선상고사(朝鮮上古史)』(상) 권과 12월 30일 같은 책 (하)권이 두 교수의 열성적 노력으로 단재선생 기념사업회 (회장 송지영)에 의해 간행됐다.

1985년(순국 후 49년) : 충청북도에서는 향리 묘소까지의 진입로 (약 3km)에 새마을사업의 농로확장 일환으로 약 1억원의 예산을 투입하여 시멘트로 말끔이 도로를 포장했다.

한편 충청북도 교육위원회 劉成鍾 교육감은 청원군 가덕면 상야리 백족산 기슭일대 6만 7천여평의 부지를 구입하여 1987년 1월 개원 예정으로 '단재교육원' 건립을 추진하였다. 이 교육원의 설립취지는 현직 교원과 학생들의 정신교육과 집단활동을 통해 국가관을 확립하여 국가 발전에 기여할 자질 향상과 나라 사랑하는 국민 정신 함양을 도모함에 있었다.

1986년(순국 후 50년) : 2월 21일 단재 신채호선생 순국50주년 추모식 및 강연회가 프레스센타에서 단재 신채호선생 기념사업회 주최로 개최되었으며, 김정배교수(고려대) 의「단재사학의 사학사적 위치」와 신용하교수(서울대) 「단재 신채호의 독립사상」의 학술강연이 있었다. 이날 임중빈 지음의 『先覺者 丹齋 申采浩』가 단재 신채호선생 추모사업회에 의해 간행됐다.

또한 같은 날 단재선생동상건립추진위원회(위원장 박상진:충북일보사 사장)가 결성 됐다.

4월 11일 조선일보사(사장 방우영)가 조선일보 2만호 발행을 기념하기 위해 단재 신채호선생 동상을 조각가 민복진 작품으로 과천의 남서울대공원에 건립하였다.

9월 1일 아들 수범씨가 서울 가정법원에 낸 就籍신청이 허가되어, 망명으로부터 76년, 호적상실(1912년 일제가「朝鮮民事令」을 반포하여 호적을 새로 만들 때 일왕의 신민이 될 수 없다고 호적등재를 거부함)로부터 74년, 여순감옥에서 옥사한지 50년만에 대한민국 국적을 회복했다.(「호주 申秀凡, 남, 본 高靈, 부 亡 申采浩, 모 亡 朴慈惠」)

1987년(순국 후 51년) : 1월 단재교육원이 예정대로 개원되었다.

1988년(순국 후 52년) : 단재교육원에서는 이해 2월부터 해마다

모범교육자상으로 단재상을 제정 수여하기로 했다.

1991년(순국 후 55년) : 5월 10일 장남 수범씨가 작고했다.

1992년(순국 후 56년) : 대전광역시(시장 홍선기)는 단재선생 생가
　　　　를 복원하여 지역 청소년의 교육도장으로 활용한다는 목
　　　　적 아래 현 대전광역시 중구 어남동(옛지명:충남 대덕군
　　　　산내면 어남뫼－일명 도림마을)에서 기공식을 가졌다.

1994년(순국 후 58년) : 12월 1일 충북대학교 인문과학연구소(소
　　　　장 : 林東喆)에서 7편이 논문을 실은『丹齋申采浩研究論
　　　　集』을 발간했다.
　　　　　12월 5일 '신채호의 달' 기념학술회의가 세종문화회관
　　　　에서 개최되고, 4편의 논문이 실린 논문집『단재 신채호
　　　　의 사상과 민족독립운동의 재조명』이 나왔다.

1995년(순국 후 59년) : 5월 청주·청원지역의 사회단체와 학계가
　　　　중심이 되어 단재동상 건립추진위원회(상임위원장 김정
　　　　기: 서원대학교 교수)가 결성되었으며, 동상 제작자는 전
　　　　국 공모 결과 조각가 안규철(서울대학교 미대 강사)로 선
　　　　정됐다.

1996년(순국 후 60년) : 2월(작고한 달), 국가보훈처·독립기념
　　　　관·광복회에서 이달의 인물로 선정했다.
　　　　　11월 8일 단재의 생가(외가)인 대전 중구 산서동(어남
　　　　동)에 대전광역시(시장 홍선기)가 생가 주변정비사업의
　　　　일환으로 1억 5000만원의 예산을 들여 이영길(목원대 교
　　　　수)와 임선빈(대전조각가협회장)에 의해 제작된 단재선생
　　　　동상이 세워졌다.

해마다 열리는 충북문화예술제전을 단재문화예술제전으로 명칭을 변경하여 제1회 축제를 12월 3일～10일까지 열어 '꿈하늘 춤공연', '단재 신채호전', '단재학술토론대회', '고유제', '단재저서 영인발간' 행사를 개최하였다.

12월 4일 단재 신채호선생 기념사업회(회장 이우성)는 서울 프레스센터에서 단재 신채호선생순국60주년기념학술대회를 개최하여 5편의 논문이 발표되고 기념논문집 『신채호와 한국민족주의』가 나왔다.

12월 8일 단재동상건립추진위원회는 전국에서 답지한 5000여명의 성금 8000여만 원과 충청북도의 지원금 1억 1000만원 도합 1억 9000만원으로 단재선생동상을 제작하여 청주 예술의 전당 광장에 건립하였다.

12월 8일 단재선생의 며느리(장남 신수범의 부인) 李德南씨가 초·중학생을 독자층으로 한 단재의 전기『마지막 고구려인 단재 신채호』(동현출판사)를 펴냈다.

1997년(순국 후 61년) : 2월 예술의 전당에 동상을 세운 단재선생 동상건립추진위원회는 해체되고, 이후 단재선생의 민족정신 선양사업을 추진하기 위한 '단재를 기리는 모임'이 결성됐다.

12월 23일 4번째의 단재동상이 생존지사 李圭昌선생·장남 신수범씨의 고증과 김지택 교수(충북 교원대학교)의 조형으로 12년만에 단재교육원 앞마당에 건립되었다. (동상건립추진위원회는 1986년에 결성되었다가 신수범씨 작고로 활동이 중단되었다가 이후 재결성됐다.)

2000년(순국 후 64년) : 단재 신채호선생 탄신 120주년 11월 19일에 청주 예술의 전당에서 제5회 단재문화예술제전이 단재문화예술제전 추진위원회 주최로 열려 축하공연, 서예대전, 단재사상대토론회 등이 개최되었다.

12월 1일 단재 신채호선생 탄신 120주년기념 학술대회가 한국사 관계 5개 학회 공동주최와 교육부·국가보훈처·단재신채호선생기념사업회의 후원으로 세종문화회관에서 개최되어 6편의 논문이 게제된 논문집『신채호사상의 현대적 조명과 그 과제』가 발간됐다.

12월 8일 충북 청원군 낭성면 귀래리 고두미마을 단재사당 및 광장에서 단재탄신 120주년잔치가 단재문화예술제전추진위원회 주최로 열려 축하공연과 단재시화전이 개최되었다.

2001년(순국 후 65년) : 7월 2일 '단재 신채호연구 중 - 한국제학술회의'가 중국 연변대학에서 연변대학교 과학연구처·재중조선 - 한국문학연구회·단재문화예술제전추진위원회의 주최로 공동 개최되어 8편의 논문이 발표됐다.

【ㅂ】

輯安縣　121

【ㅊ】

【ㅋ】

【ㅌ】

【ㅍ】

배 용 일(裵勇一)

1941년 경북 포항 출신
고려대학교 문과대학 사학과, 동 대학원 사학과
성신여자대학교 대학원 사학과 수료(문학박사)
협성고등공민학교·협성상업전수학교 교사(1968~1977)
현재 포항1대학 교수, (사) 東大海문화연구소 소장
국무총리 표창장(1986)·경상북도 문화상(1995) 수상

저 서

『敎養韓國史』, 『韓國文化史講座』
『迎日灣지역 고인돌 문화연구』(공저), 『浦項市史』(공저)

논 문

「申采浩의 古代史 認識考」, 「申采浩의 郞家思想考」, 「山南義陣考」, 「朴殷植의 世界平和思想考」, 「朴殷植의 思想과 그 形成에 關한 研究」, 「申采浩의 愛國啓蒙思想 研究」, 「朴殷植과 申采浩의 愛國啓蒙思想 比較考察」, 「朴殷植과 申采浩의 歷史思想 比較」, 「浦項 精神文化의 傳統性과 現代的 發展方案」, 「山南義陣과 第三代 崔世允 義兵大將 研究」 등 다수

박은식과 신채호 사상의 비교연구

2001년 12월 28일 초판인쇄
2002년 1월 10일 초판발행

저   자 : 裵 勇 一
회   장 : 韓 相 夏
발 행 인 : 韓 政 熙
발 행 처 : 景仁文化社
편   집 : 申 鶴 泰
　　　　　　서울특별시 麻浦區 麻浦洞 324 - 3
　　　　　　電話 : 718 - 4831~2, 팩스 : 703 - 9711
　　　　　　E-mail : kyunginp@chollian.net
　　　　　　登錄番號 : 제10 - 18號(1973. 11. 8)

ISBN : 89-499-0136-6 93910　　　　　　　　　　　정가 : 20,000원
* 파본 및 훼손된 책은 교환해 드립니다.